法考一本通（2018年版）
行政法与行政诉讼法

编著 赵宏

北京大学出版社
PEKING UNIVERSITY PRESS

编 写 说 明

实行统一的国家法律职业资格考试,不仅是我国司法改革的一项重大举措,也是我国法学教育改革的突破口。从司考转变为法考后,使得更多适合条件的考生热衷于此,法律职业资格考试也逐渐形成了市场,辅导用书层出不穷。然而在众多的法考辅导用书当中,如何作出选择,便成了备考考生一个头痛的问题。

法考该用何种辅导书?我们认为,要用"看一本就能通"的书。为了达成此目的,我们努力使本书具备了如下特色:

特色一 名师编著、套书完整

本书由来胜全方位法律人培训力邀各科法考名师亲自执笔,集结了老师们多年的法考辅导经验和智慧。本书共分八小册,涵盖了最新考纲的重要考点。

特色二 内容精练、针对性强

本书强调内容的精练和实战性。针对重要的考点,我们结合历年考试的规律,对其进行精讲,并针对实际考查情况和精讲内容,提供例题以提高实战能力。

特色三 体例安排科学合理

根据考纲的要求及体系,我们选出了各科的重要考点并对其从以下三个方面为考生提供帮助。

一、精讲。对当前考点进行精当、有效的讲解,以帮助读者掌握当前考点的精要,具备解决问题的基本能力。

二、例题。针对当前考点,并结合精讲内容,使考生得到及时、有效的练习,提高应试能力,并在修正自己错误的过程中得到提高。

三、提示与预测。主要是针对一些应当特别注意的问题的提示,以及对2018年法考动向的预测。

业精于勤,荒于嬉;行成于思,毁于随。当您拥有了本书,您便得到了一片肥沃的黑土,若能加以勤耕,今日播下的种子,定能在那金秋结出胜利的果实!

编者

2018 年 5 月

目　录

第一章　行政法基础理论 …………………………………………………… (1)
第二章　行政行为理论 ……………………………………………………… (21)
第三章　公务员法 …………………………………………………………… (37)
第四章　行政处罚 …………………………………………………………… (52)
第五章　行政许可 …………………………………………………………… (79)
第六章　行政强制法 ………………………………………………………… (106)
第七章　政府信息公开条例 ………………………………………………… (128)
第八章　行政复议法 ………………………………………………………… (147)
第九章　行政诉讼法 ………………………………………………………… (181)
第十章　国家赔偿法 ………………………………………………………… (314)

第一章 行政法基础理论

【复习提要】

本章涉及行政法的基础理论,是展开行政法学习的基本前提。行政法的基础理论包括:行政与行政法;行政法的法律渊源;行政法的基本原则;行政组织与行政主体理论。其中"行政与行政法"是要求考生首先明确行政法的基本功能和学科框架,而行政法的法律渊源、行政法的基本原则、行政组织与行政主体理论,则是行政法中的核心理论,法考都会涉及。其中,行政法的基本原则更是频繁出现于近年行政法基础理论部分的考查中,而行政组织与行政主体理论、行政法的法律渊源则与行政法之后的诸多内容息息相关,是准确和熟练掌握其他知识要点的基本前提。

第一节 行政与行政法

一、行政

◆知识要点

行政法中的"行政"为国家行政,即国家行政机关行使行政职权、实现国家行政职能的活动。这种行政首先具有公共性,是行政机关基于公共利益而实施的活动,其范围和对象都是公共事务,这种行政也因此区别于私人所为的行政;其次是职权性,行政权发动的逻辑与私人活动不同,必须有授权基础,其职权要么来源于组织法上的直接规定,要么来源于法律、法规或规章的授予;再次,行政活动通常是对宪法与法律的执行与实施,是将抽象的法律规范具体落实于个案。

★特别提示

关于行政法中的"行政",在理解辨识上需注意如下问题:

(1)实施行政活动的主体一般是具有行政权的主体,但并非所有行政主体所为的活动均为行政活动。行政权主体以民事主体身份所为的行为,为学理上的"私经济行为",即民事法律行为,应受民事法律规范调整,而不受行政法规范调整。

(2)公共行政中有一类行为学理上称之为"政府行为"或"国家行为",即具有高度主权性、政治性的行为,此类行为原则上也不属于行政法研究的范畴。与此相应,《行政诉讼法》第13条亦规定,"国防、外交等国家行为"不属于行政诉讼的受案范围。

(3)在我国,公安机关、国家安全机关具有双重属性,既是行政管理机关,又是刑事侦查机关。因此,公安机关和国家安全机关的活动既包含行政管理活动,也包含刑事侦查活动,而公安、国家安全等机关依照《刑事诉讼法》的明确授权实施的行为,因不属于行政行为,因此也不属于行政诉讼的受案范围。

(4)并非只有行政机关所为的行为才是行政活动,法律、法规、规章可授权行政机关以外的其他组织行使某些特定的行政职权。如《行政处罚法》第17条规定:"法律、法规授权的具有管理公共事务职能的组织可以在法定授权范围内实施行政处罚。"《行政许可法》第23条规定,"法律、法规授权的具有管理公共事务职能的组织,在法定授权范围内,以自己的名义实施行政许可";此外,行政机关也可将自己的行政管理职权委托他人行使,如《行政处罚法》第18条第1款规定:"行政机关依照法律、法规或规章的规定,可以在其法定权限内委托符合本法第十九条规定条件的组织实施行政处罚。行政机关不得委托其他组织或者个人实施行政处罚。"

二、行政法

◆知识要点

行政法是调整行政关系(重点是行政管理的法律关系)的法律规范的总和。

1. 行政管理关系的特点

行政法调整的行政关系主要是行政机关在行政管理活动中与相对人之间的法律关系,这种关系有别于民事主体之间的平等关系,其主要特征在于权利义务分配的不对等,以及行政的单方意志性及强制性。反映在实体上,行政机关享有强制性的行政职权,相对人则处于被管理者的地位,行政机关作出行政决定并无须征得相对人的同意,相反,如相对人不履行行政决定中的义务,行政机关还有权借助国家强制力迫使其履行。但在程序上,行政机关却并没有民事主体一样的"程序选择"自由,它必须严格遵守法律规定的各种行政程序,而行政机关的程序义务对相对人而言,正是其程序权利,因此,如果说在行政管理关系中,行政机关的实体权利(力)多而义务少,那么在程序上则恰恰相反。

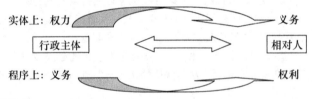

2. 行政法的特点

行政法不同于民法、刑法等部门法,大部分国家都不存在统一的行政法法典,有关行政法的法律规范散见于各种法律规范中。行政法不存在统一实体法典的原因,主要在于行政法的调整对象复杂多样,很难用统一的规范对其以调整,而且部分行政关系的稳定性低、变动性大,因此也不宜用统一的法典进行规范。但另一方面,很多国家都出台了统一的《行政程序法》,尝试对纷繁复杂的行政关系通过统一的程序规则予以调整和规范,而这也是行政程序在行政法中格外重要的原因。

3. 行政法的功能

正因为权利义务分配的不对等,以及行政机关在行政管理活动所处的优势地位,行政法的主要功能和目的即在于规范行政机关依法行政,防止其滥用行政权力,侵犯相对人的合法权益。

★特别提示

行政法的主要功能在于规范行政机关依法行政,这是所有行政法律规范的指导思想,也是我们认识行政法应持的基本立场。简言之,行政法就是规范行政机关、保护相对人合法权益的法律规范。在这一立场下重新审视行政法的法律规范,就会对行政法有更深入的了解,在复习时也会有了方向。例如,在大部分行政法规范都会侧重于规定行政机关在行政管理活动中应履行的义务，诸如《行政处罚法》中的程序规则，《行政许可法》中的程序规则，这些规则的目的就是通过规范行政机关的行政程序，来达到监督行政机关依法行政的目的，因此这些规范也成为法考中命题的重点。再如，《行政复议法》第9条第1款规定："公民、法人或其他组织认为具体行政行为侵犯其合法权益的，可以自知道该具体行政行为之日起六十日内提出行政复议申请，但是法律规定的申请期限超过六十日的除外。"而对于复议机关的审理期限，《行政复议法》第31条则规定，"行政复议机关应当自受理申请之日起六十日内作出行政复议决定；但是法律规定的行政复议期限少于六十日的除外"。前者是"超过六十日的除外"，后者是"少于六十日的除外"，很容易混淆，但考生在记忆时只要把握"保护相对人的合法权益"这一基本立场，就会很快记住这两个完全相反的法条。

4. 行政法的学科体系

如上文所述，行政法的主要功能和目的即在于规范行政机关依法行政，保护相对人的合法权益。而对行政机关的规范主要包括三个方面，这三个方面也因此构成了行政法学的整体框架体系：其一，主体规范，即规范行政活动主体的法律资格、行政机关的职权范围以及行政机关与内部公务员的职务委托关系；其二，行为规范，即规范行政活动的实体和程序规则；其三，救济后果规范，即行政机关违法行使行政职权后，相对人可采取的救济途径，或者说法律对行政机关合法行使行政职权的法定监督方式。

在这种功能指向下，行政法的学科框架以及每一部单行行政法规在行政法框架中的归属也如下文所示：

(1) 行政主体部分：《国务院机构设置与编制管理条例》《地方人民政府机构设置与编制管理条例》《公务员法》。

(2) 行政行为部分：《行政法规制定程序条例》《行政规章制定程序条例》《行政处罚法》《治安管理处罚法》《行政许可法》《政府信息公开条例》《行政强制法》。

(3) 行政救济部分：《行政复议法》《行政诉讼法》《国家赔偿法》。

★特别提示

大部分同学之所以会觉得行政法复习起来繁杂凌乱的原因就在于，在展开具体内容的学习前并未在脑中建立起有关行政法学科的整体框架，因此所学的具体内容也无法明确定位。而清晰了解行政法的功能价值，整体的学科体系，以及即将学习到的每部单行法律规范在行政法整体框架中的位置，是克服这一问题的最好方法。

第二节 行政法的法律渊源

行政法的法律渊源是行政法律规范的具体表现形式，这部分内容虽然不会直接出现在行政法的考题中，却是后续知识的重要基础。对于法律规范的名称及其制定主体，考生在复习时一定要牢记。而《立法法》修改后，对地方性法规和地方政府规章的制定主体都有所调整，考生同样要给予关注。

一、行政法的法律渊源

◆知识要点

法律渊源是法律的具体表现形式。与其他部门法不同，行政法的法律渊源相对而言较为复杂,包括宪法、法律、行政法规、地方性法规、部门规章、地方政府规章、自治条例、单行条例以及其他规范性文件。这些法律文件的制定主体和效力等级分别如下:

(1) 宪法。宪法是国家根本大法,具有最高的法律效力,任何立法性文件都不能与宪法相抵触。

(2) 法律。行政法中的法律大多为"狭义的法律",专指全国人大和全国人大常委会制定的法律。通常的法律文件名称上均为"××法",诸如《公务员法》《行政处罚法》《行政许可法》《行政复议法》《行政诉讼法》等。法律在效力上仅次于宪法,而高于其他一切立法性文件。

(3) 行政法规。行政法规由国务院制定,内容主要涉及行政管理事务。行政法规的效力低于宪法与法律,而高于其他立法性文件。

(4) 地方性法规。地方性法规由省级(省、自治区、直辖市)人大及其常委会、设区的市的人大及其常委会制定,其效力低于宪法、法律、行政法规。其中设区的市的人大及其常委会制定的地方性法规,效力还低于其所在地的省级地方性法规。

(5) 部门规章。部门规章由国务院各部门制定,制定主体不仅包括国务院的组成部门(各部、各委员会,中国人民银行和审计署),还包括国务院的直属机构等。部门规章在效力等级上低于宪法、法律和行政法规。

(6) 地方政府规章。地方政府规章由省级地方政府、省会所在地的市的人民政府,设区的市、自治州的政府制定,效力低于宪法、法律、行政法规和本级及本级以上地方性法规。

法律规范	制定机关
宪法	全国人大
法律	全国人大和全国人大常委会
行政法规	国务院
地方性法规	省级(省、自治区、直辖市)人大及其常委会、设区的市的人大及其常委会
部门规章	国务院各部、各委员会、中国人民银行、审计署、直属机构
地方政府规章	地方政府规章由省级地方政府、省会所在地的市的人民政府,设区的市、自治州的政府

二、法律规范的效力位阶

◆知识要点

(1) 宪法是国家根本大法,具有最高的法律效力。
(2) 法律在效力上仅次于宪法,而高于其他一切立法性文件。
(3) 行政法规的效力低于宪法与法律,而高于其他立法性文件。
(4) 地方性法规效力低于宪法、法律、行政法规。其中省会所在地的市的人大以及其常委会制定的地方性法规,效力高于设区的市的人大及其常委会制定的地方性法规。
(5) 部门规章在效力等级上低于宪法、法律和行政法规。
(6) 地方政府规章效力低于宪法、法律、行政法规和本级及本级以上地方性法规。
(7)《立法法》并未对部门规章与地方性法规效力的高低作出规定,原则上部门规章适用于全国,而地方性法规则仅适用于本地方,如部门规章的规定与地方性法规对同一事项的规定不一致时,首先由国务院提出意见,国务院认为应当适用地方性法规的,则适用地方性法规;国务院认为应当适用部门规章的,须提请全国人大常委会作出最终裁决。

(8) 地方政府规章,无论是省级地方政府规章,还是较大市的地方政府规章,在效力上都与部门规章平行,两者的区别也仅在于适用范围不同。部门规章适用于全国,而地方政府规章仅适用于地方,当两者发生冲突时,由国务院进行裁决。

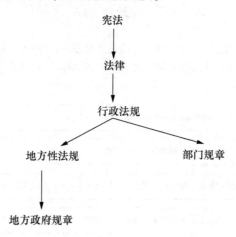

★ 特别提示

行政法的法律渊源尽管是行政法中的基础性理论,但却涉及部门法中的许多具体考点。考生必须牢记各类法律渊源的制定主体和效力等级,只有这样,在学习部门法时才不致混淆。法考内容以及具体单行法中有关行政法法律渊源的部分包括:

(1) 行政处罚、行政许可、行政强制的创设(参见后文的行政处罚设定图、行政许可设定图、行政强制设定图)。

《行政处罚法》《行政许可法》《行政强制法》中分别规定了不同法律文件对于行政处罚、行政许可、行政强制措施的设定权(包括创设权与规定权),考生在识记各类法律文件的设定权时,同样应牢记这些法律文件的制定主体,以免试题出现变通。

(2) 行政诉讼的受案范围。

《行政诉讼法》第13条第(四)项规定,"法律规定由行政机关最终裁决的行政行为"不属于行政诉讼的受案范围,此处的"法律"专指全国人大及全国人大常委会制定的法律,即"狭义的法律"。

(3) 行政主体资格的判断。

下文中会涉及,我国的行政主体除行政机关外,还包括法律、法规、规章授权的行政机关以外的组织,即所谓"法律、法规、规章授权组织"。

(4) 行政诉讼中的法律适用。

《行政诉讼法》第63条规定:"人民法院审理行政案件,以法律和行政法规、地方性法规为依据,地方性法规适用于本行政区域内发生的行政案件……人民法院审理行政案件,参照规章。"

（5）行政机关的强制执行权。

《行政强制法》第13条规定："行政强制执行由法律设定。法律没有规定行政机关强制执行的，作出行政决定的行政机关应当申请人民法院强制执行。"此处的"法律"同样是狭义的法律。

第三节 行政法的基本原则

行政法的基本原则是法考考查的重点，特别是卷四的论述题一般是围绕基本原则来命题的。此外，在选择题中也不可忽视基本原则的地位，随着法考行政法试题对理论知识的日益重视，这种趋势仍会延续。

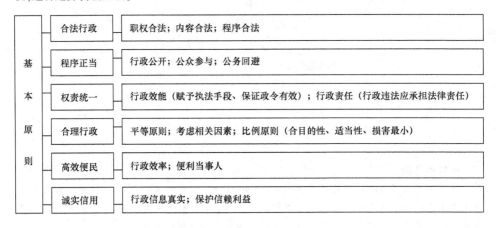

一、合法行政原则

◆知识要点

合法行政是所有行政活动必须遵循的首要原则，其他原则都可以理解为这一原则的扩展与延伸。合法行政原则的具体要求如下：

（1）职权合法。行政机关必须在法律规定的权限范围内活动，即行政活动必须有法律的授权，行政机关的活动逻辑与公民个体活动逻辑不同，对于行政机关而言，"法律无授权则为禁止"，而对于公民个体而言，"法律无禁止即为自由"，这一点对于强制性、命令性的行政行为尤其重要。

（2）内容合法。行政机关实施行政管理必须严格按照法律规定的诸项内容进行，要做到事实清楚、证据确凿、适用法律、法规正确。

（3）程序合法。这一点又体现出行政机关与公民个体的不同。对于公民个体而言，在从事民事活动时，只要没有法律的强行性规定，均可自由选择行为程序；但对于行政机关而言，必须严格遵守法律规定的程序规则。

★特别提示

合法行政原则着重体现于行政诉讼的维持判决理由中，《行政诉讼法》规定，具体行政行为事实清楚、证据确凿、适用法律法规正确、符合法定程序的，应判决维持。这也说明上述条件,具体行政行为必须全部具备才属于合法,这些条件缺一不可,即行政行为必须全部符合法律规定的条件才属于合法。

◆考点归纳

合法行政原则的考查通常就是直接考查《行政处罚法》《行政许可法》《行政强制法》的具体规定。只有符合上述法律规范中有关职权、内容和程序的具体规定,才符合合法行政要求。

◆经典真题

1. (2011-2-78)依法行政是法治国家对政府行政活动提出的基本要求,而合法行政则是依法行政的根本。下列哪些做法违反合法行政的要求?（ACD）

A. 因蔬菜价格上涨销路看好,某镇政府要求村民拔掉麦子改种蔬菜
B. 为解决残疾人就业难,某市政府发布《促进残疾人就业指导意见》,对录用残疾人达一定数量的企业予以奖励
C. 孙某受他人胁迫而殴打他人致轻微伤,某公安局决定对孙某从轻处罚
D. 某市政府发布文件规定,外地物流公司到本地运输货物,应事前得到当地交通管理部门的准许,并缴纳道路特别通行费

2. (2013-2-76)合法行政是行政法的重要原则。下列哪些做法违反了合法行政要求?（BC）

A. 某规章规定行政机关对行政许可事项进行监督时,不得妨碍被许可人正常的生产经营活动
B. 行政机关要求行政处罚听证申请人承担组织听证的费用
C. 行政机关将行政强制措施权委托给另一行政机关行使
D. 行政机关对行政许可事项进行监督时发现直接关系公共安全、人身健康的重要设备存在安全隐患,责令停止使用和立即改正

二、合理行政原则

◆知识要点

合理性正是指所有的行政活动,尤其是行政机关有裁量权的活动,都必须符合理性。具体而言包括:

(1) 平等原则。即行政机关应平等对待所有当事人,不能有所偏颇。

(2) 符合法律授权的目的。行政机关在实施行政活动时,只能考虑法律授权的目的,而不能考虑与此无关的其他因素。

(3) 符合比例原则。"比例原则"是行政法中的专业术语,具体而言是指行政机关在进行行政管理活动时,其手段和目标必须符合比例,其所选择的手段对于目标的达成必须是必要的,而且在各种可以实现其目标的手段中,应选择对当事人权利影响最小的手段,因此,比例原则又常常被称做"最小侵害原则"或"禁止过度原则"。

◆考点归纳

(1) 对于行政诉讼而言,法院原则上只审查行政行为的合法性,只适度审查行政行为的合理性。《行政诉讼法》第5条规定:"人民法院审理行政案件,对行政行为是否合法进行审查。"《行政诉讼法》第70条规定:"行政行为有下列情形之一的,人民法院判决撤销或者部分撤销,并可以判决被告重新作出行政行为:……(六) 明显不当的。"此处涉及的即为合理性审查。

(2) 对于合理行政原则,尤其是其中的"比例原则"是近年来论述题考查的重点。考生在复习时应给与特别关注。

◆**经典真题**

1. (2008-2-46)关于合理行政原则,下列哪一选项是正确的?(B)
   A. 遵循合理行政原则是行政活动区别于民事活动的主要标志
   B. 合理行政原则属实质行政法治范畴
   C. 合理行政原则是一项独立的原则,与合法行政原则无关
   D. 行政机关发布的信息应准确是合理行政原则的要求之一

2. (2010-02-39)关于行政法的比例原则,下列哪一说法是正确的?(D)
   A. 是权责统一原则的基本内容之一
   B. 主要适用于羁束行政行为
   C. 是合法行政的必然要求
   D. 属于实质行政法治范畴

3. (2012-2-78)合理行政是依法行政的基本要求之一。下列哪些做法体现了合理行政的要求?(BC)
   A. 行政机关在作出重要决定时充分听取公众的意见
   B. 行政机关要平等对待行政管理相对人
   C. 行政机关行使裁量权所采取的措施符合法律目的
   D. 非因法定事由并经法定程序,行政机关不得撤销已生效的行政决定

4. (2014-2-78)廖某在某镇沿街路边搭建小棚经营杂货,县建设局下发限期拆除通知后强制拆除,并对廖某作出罚款2万元的处罚。廖某起诉,法院审理认为廖某所建小棚未占用主干道,其违法行为没有严重到既需要拆除又需要实施顶格处罚的程度,判决将罚款改为1 000元。法院判决适用了下列哪些原则?(BC)
   A. 行政公开　　　　B. 比例原则　　　　C. 合理行政　　　　D. 诚实守信

三、程序正当原则

◆**知识要点**

程序正当的具体内容包括:

(1) 行政公开。行政活动应当公开,涉及国家秘密、商业秘密及个人隐私的除外。

(2) 公众参与。行政机关在作出重要决定时,应听取公众意见,尤其是应当听取相对人和其他利害关系人的陈述或申辩。

(3) 公务回避。行政机关工作人员履行职责,与行政管理相对人存在利害关系时,应当回避。

◆**考点归纳**

程序正当的要求几乎渗透行政法的所有法律规范中。例如《行政许可法》第30条规定:"行政机关应当将法律、法规、规章规定的有关行政许可的事项、依据、条件、数量、程序、期限以及需要提交的全部材料的目录和申请书示范文本等在办公场所公示。申请人要求行政机关对公示内容予以说明、解释的,行政机关应当说明、解释,提供准确、可靠的信息。"这就是行政公开的典型要求;再如,无论是《行政处罚法》还是《行政许可法》均规定,"听证应公开进行",

涉及国家秘密、商业秘密和个人隐私的除外;另外,行政处罚的听证主持人为"非本案调查人员","行政机关应当指定审查该行政许可申请的工作人员以外的人员为听证主持人,申请人、利害关系人认为主持人与该行政许可事项有直接利害关系的,有权申请回避",这些规定均体现出程序正当的要求。

◆ **经典真题**

1.（2012-2-77）程序正当是行政法的基本原则。下列哪些选项是程序正当要求的体现？（AD）

A. 实施行政管理活动,注意听取公民、法人或其他组织的意见
B. 对因违法行政给当事人造成的损失主动进行赔偿
C. 严格在法律授权的范围内实施行政管理活动
D. 行政执法中要求与其管理事项有利害关系的公务员回避

2.（2014-2-77）程序正当是当代行政法的基本原则,遵守程序是行政行为合法的要求之一。下列哪些做法违背了这一要求？（AD）

A. 某环保局对当事人的处罚听证,由本案的调查人员担任听证主持人
B. 某县政府自行决定征收基本农田35公顷
C. 某公安局拟给予甲拘留10日的治安处罚,告知其可以申请听证
D. 乙违反治安管理的事实清楚,某公安派出所当场对其作出罚款500元的处罚决定

四、高效便民原则

◆ **知识要点**

高效便民原则具体包含两个方面的要求：

（1）提高行政效率原则。行政机关应当积极、迅速、及时地履行职责、实现职能,严守时限规定,并不断降低行政成本。

（2）便利当事人原则。行政活动应尽可能减少当事人的程序负担,尽可能使当事人感觉便利。

◆ **考点归纳**

高效便民原则最重要的体现在《行政许可法》中,这些规则也常常成为考试热点。

（1）许可申请提出的便利。《行政许可法》第29条规定："公民、法人或者其他组织从事特定活动,依法需要取得行政许可的,应当向行政机关提出申请。申请书需要采用格式文本的,行政机关应当向申请人提供行政许可申请书格式文本。申请书格式文本中不得包含与申请行政许可事项没有直接关系的内容。申请人可以委托代理人提出行政许可申请。但依法应当由申请人到行政机关办公场所提出行政许可申请的除外。行政许可申请可以通过信函、电报、电传、传真、电子数据交换和电子邮件等方式提出。"

（2）"一站式办公"。《行政许可法》第26条规定："行政许可需要行政机关内设的多个机构办理的,该行政机关应当确定一个机构统一受理行政许可申请,统一送达行政许可决定。行政许可依法由地方人民政府两个以上部门分别实施的,本级人民政府可以确定一个部门受理行政许可申请并转告有关部门分别提出意见后统一办理,或者组织有关部门联合办理、集中办理。"

◆ 经典真题

1. (2011-2-77)高效便民是社会主义法治理念的要求,也是行政法的基本原则。关于高效便民,下列哪些说法是正确的?(BC)

A. 是依法行政的重要补充
B. 要求行政机关积极履行法定职责
C. 要求行政机关提高办事效率
D. 要求行政机关在实施行政管理时排除不相关因素的干扰

2. (2014-2-76)高效便民是行政管理的基本要求,是服务型政府的具体体现。下列哪些选项体现了这一要求?(AC)

A. 简化行政机关内部办理行政许可流程
B. 非因法定事由并经法定程序,行政机关不得撤回和变更已生效的行政许可
C. 对办理行政许可的当事人提出的问题给予及时、耐心的答复
D. 对违法实施行政许可给当事人造成侵害的执法人员予以责任追究

五、诚实守信原则

◆ 知识要点

诚实信用本来是对民事主体进行民事活动时的基本要求,近年来亦成为对政府活动的要求,要求政府在进行行政管理活动中同样应当诚实守信,其中最重要的体现即对相对人的**信赖利益进行保护**。信赖保护原则的要点包括:

(1) 行政机关的具体行政行为一经作出,即具有拘束力,作出行政行为的行政机关本身亦受其拘束,非因法定事由、法定依据不能随意对该行为予以变更、撤销或废止。

(2) 行政行为因具有国家公信力,因此,相对人对行政行为作出后能够存续的信赖值得保护,这就是相对人的信赖利益,即使行政行为违法,行政机关也不能随意对该行为予以变更、撤销或废止,必须在相对人的信赖利益和撤销该行为所保护的公益之间进行衡量,只有公益大于私益时,才能撤销,但如果是因为事后事实与法律发生变化要对行政行为进行废止,要对相对人因此受到的损失进行补偿;如果因为行政行为作出时就违法而事后将其撤销,则要对相对人进行赔偿。

(3) 相对人信赖利益产生的基础在于,行政行为的违法并非因相对人的原因造成,如果该违法是因为相对人行贿、威胁、提供虚假信息等行为造成的,相对人不存在值得保护的信赖利益。

◆ 考点归纳

行政法规范中最明显体现诚实信用原则的为《行政许可法》。《行政许可法》第8条规定:"公民、法人或其他组织依法取得的行政许可受法律保护,行政机关不得擅自改变已经生效的行政许可。行政许可所依据的法律、法规、规章修改或者废止,或者准予行政许可所依据的客观情况发生重大变化的,为了公共利益的需要,行政机关可以依法变更或者撤回已经生效的行政许可。由此给公民、法人或者其他组织造成财产损失的,行政机关应当给予补偿。"《行政许可法》第69条规定,"行政机关工作人员滥用职权、玩忽职守作出准予行政许可决定的",作出行政许可决定的机关或者上级机关,根据利害关系人的请求或者依据职权,可以撤销行政许

可，但"被许可人的合法权益受到损害的，行政机关应当依法给予赔偿"。

综上，《行政许可法》允许行政机关事后收回许可的情形主要包括两种，具体内容如下图所示：

（1）行政许可 **合法** —— 法律或事实发生变化 ——→ **撤回**许可 ——→ 对相对人进行**补偿**

（2）行政许可 **违法** —— 事后纠正违法 ——→ **撤销**许可 ——→ 对相对人进行**赔偿**

◆经典真题

1.（2013-2-78）某县政府发布通知，对直接介绍外地企业到本县投资的单位和个人按照投资项目实际到位资金金额的千分之一奖励。经张某引荐，某外地企业到该县投资500万元，但县政府拒绝支付奖励金。县政府的行为不违反下列哪些原则或要求？（ABCD）
　　A. 比例原则　　　B. 行政公开　　　C. 程序正当　　　D. 权责一致

2.（2015-2-43）行政机关公开的信息应当准确，是下列哪一项行政法原则的要求？（C）
　　A. 合理行政　　　B. 高效便民　　　C. 诚实守信　　　D. 程序正当

2. 诚实原则
诚实守信原则的另一方面是指行政机关公布的信息应当全面、准确和真实。

六、权责统一原则

◆知识要点

权责统一原则由两个方面的内涵构成：

（1）行政职权，为保证行政目标的顺利实现，法律、法规应赋予行政机关一定的执法手段，并通过这些手段的运用排除其在职能实现过程中遇到的障碍。

（2）行政责任，指行政机关违法或不当行使行政职权时，应依法承担法律责任，从而实现权力与责任的统一。

◆经典真题

1.（2011-2-76）权责一致是社会主义法治理念的要求，也是行政法的基本原则。下列哪些做法是权责一致的直接体现？（AC）
　　A. 某建设局发现所作出的行政决定违法后，主动纠正错误并赔偿当事人损失
　　B. 某镇政府定期向公众公布本镇公款接待费用情况
　　C. 某国土资源局局长因违规征地受到行政记过处分
　　D. 某政府召开座谈会听取群众对政府的意见

2.（2013-2-77）权责一致是行政法的基本要求。下列哪些选项符合权责一致的要求？（ACD）
　　A. 行政机关有权力必有责任
　　B. 行政机关作出决定时不得考虑不相关因素
　　C. 行政机关行使权力应当依法接受监督
　　D. 行政机关依法履行职责，法律、法规应赋予其相应的执法手段

第四节　行政组织与行政主体理论

行政组织与行政主体同样是基础理论部分重点考查的章节,考生应首先了解我国行政组织(行政机关与行政机构)的大体序列,之后重点掌握国务院组织与机构设置,以及地方政府组织与机构设置条例。

一、行政机关与行政机构

(一) 行政机关

◆知识要点

行政机关是依照宪法或行政组织法的规定而设置的行使国家行政职权的国家机关。行政机关可区分为综合权限的行政机关与特定权限的行政机关,前者是指各级人民政府,其享有综合行政管辖权;后者则是指政府的职能部门,只在其管辖的行政区域内就某方面的行政管理事项享有职权。

我国的行政机关包括中央国家行政机关和地方国家行政机关。

1. 中央国家行政机关

中央国家行政机关是指国务院和国务院的各组成部门,其中包括:国务院组成部门(各部、各委员会、中国人民银行、审计署)、国务院直属机构、国务院组成部门管理的国家机构。

★特别提示

在中央国家机关中,只有国务院及其组成部门,国务院的直属机构以及国务院部委管理的国家局具有独立的对外行政管理职能,而议事协调结构、办公机构、办事机构一般并不具备独立的行政管理职能。

2. 地方国家行政机关

地方国家行政机关是指地方各级人民政府及其工作部门(通常又被称为职权部门)。我国的地方政府共四级:省级人民政府(包括省、自治区、直辖市)、市级人民政府(包括设区的市、自治州)、县级人民政府(包括县、自治县、县级市和市辖区)、乡级人民政府(包括乡、民族乡和镇)。各级政府的工作部门(职能部门)与国务院的组成部门间存在相应的对应关系。例如省政府下属的公安厅、市政府下属的公安局和区政府下属的公安分局。但值得注意的是,只有县级以上(包含县级)人民政府才能设立这些职能部门,而乡级政府不设立职能部门。

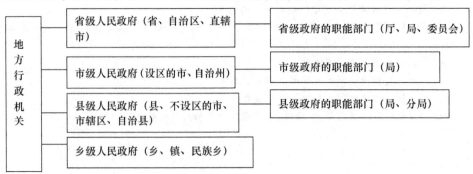

★ 特别提示

在常规的地方国家机关中，乡级人民政府没有职能部门，换言之，乡级人民政府是我国最低一级的地方行政机关，其下设的都是行政机构，这一点在行政法上至关重要，应牢记。

3. 派出机关

除上述中央国家机关和地方国家机关外，我国的行政机关序列中还包含派出机关。派出机关是由地方人民政府设立的，其职能相当于一级人民政府。在我国派出机关共有三类：

（1）行政公署：省、自治区政府设立的，职能相当于省级政府与市、县级政府之间的一级人民政府。

（2）区公所：县、自治县政府设立，职能相当于县级政府与乡、镇级政府之间的一级人民政府。

（3）街道办事处：由市辖区、不设区的市政府设立，职能相当于区级政府或不设区的市政府下属的一级人民政府。

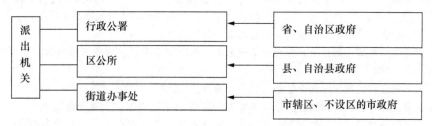

★ 特别提示

派出机关的属性是行政机关，他们均由一级人民政府设立，在职能上也相当于一级人民政府，具备对外的行政管理职能，其在行政法上的地位应与下文中的派出机构相区别。

（二）行政机构

与行政机关相对应的是行政机构，行政法中的行政机构主要包含三类：内设机构、新增机构和派出机构。这些机构原则上都从属于其隶属的行政机关，既不能以自己的名义对外行使职权，也不能独立承担因行使职权所产生的法律责任。其中派出机构是由政府的工作部门设立的，因此其职能也与工作部门一样是专门性的，例如公安局设立的派出所、税务局设立的税务所和工商局设立的工商所。

行政机构 { 新增机构 / 内设机构 / 派出机构（派出所、工商所、税务所）

	属性	是否有行政主体资格	设立机关	行使职能
派出机关	行政机关	有	政府	政府的职能
派出机构	行政机构	原则上无，除非有法律、法规、规章授权	政府的职能部门	职能部门的职能

◆ 考点归纳

（1）对我国行政组织的识记与考查，主要是与下文中的行政主体理论密切相关，学习时应与下面的行政主体知识相结合。

(2) 只有县级以上(包含县级)人民政府才能设立工作部门(职能部门),乡级政府一般不设立工作部门。

(3) 派出机关与派出机构之间的区别是经常考查的重点,请牢牢识记。

二、行政组织与行政编制

◆知识要点

(一) 国务院的机构设置与编制管理

1. 国务院的机构组成

◆重点法条

《国务院行政机构设置和编制管理条例》

第六条 国务院行政机构根据职能分为国务院办公厅、国务院组成部门、国务院直属机构、国务院办事机构、国务院组成部门管理的国家行政机构和国务院议事协调机构。

国务院办公厅协助国务院领导处理国务院日常工作。

国务院组成部门依法分别履行国务院基本的行政管理职能。国务院组成部门包括各部、各委员会、中国人民银行和审计署。

国务院直属机构主管国务院的某项专门业务,具有独立的行政管理职能。

国务院办事机构协助国务院总理办理专门事项,不具有独立的行政管理职能。

国务院组成部门管理的国家行政机构由国务院组成部门管理,主管特定业务,行使行政管理职能。

国务院议事协调机构承担跨国务院行政机构的重要业务工作的组织协调任务。国务院议事协调机构议定的事项,经国务院同意,由有关的行政机关按照各自的职责负责办理。在特殊或者紧急的情况下,经国务院同意,国务院议事机构可以规定临时性的行政管理措施。

◆知识要点

机构名称	职能	可否制定规章	是否有独立的行政管理职能
国务院办公厅	协助国务院领导处理国务院日常工作	不能	无
国务院组成部门(各部、委员会、中国人民银行、审计署)	依法分别履行国务院基本的行政管理职能	可以	有
国务院直属机构	主管国务院的某项专门业务	可以	有
国务院办事机构	协助国务院总理办理专门事项	不能	无
国务院组成部门管理的国家行政机构	由国务院组成部门管理,主管特定业务	不能	有
国务院议事协调机构	承担跨国务院行政机构的重要业务工作的组织协调任务	不能	无

2. 国务院机构的设立、撤销与合并

机构	设立、撤销或合并的批准程序	内设机构
组成部门	由国务院机构编制管理机关提出方案,经国务院常务会议讨论通过后,由国务院总理提请全国人民代表大会决定;在全国人民代表大会闭会期间,提请全国人民代表大会常务委员会决定	在职能分解的基础上设立司、处两级内设机构
国务院直属机构	由国务院机构编制管理机关提出方案,报国务院决定	
国务院办事机构		
国务院组成部门管理的国家行政机构		根据工作需要可以设立司、处两级内设机构,也可以只设立处级内设机构

3. 编制管理

◆重点法条

《国务院行政机构设置和编制管理条例》

第十七条 国务院行政机构的编制依据职能配置和职位分类,按照精简的原则确定。

前款所称编制,包括人员的数量定额和领导职数。

第十九条 国务院行政机构增加或者减少编制,由国务院机构编制管理机关审核方案,报国务院批准。

第二十条 国务院议事协调机构不单独确定编制,所需要的编制由承担具体工作的国务院行政机构解决。

第二十四条 地方各级人民政府行政机构的设置和编制管理办法另行制定。

国务院行政机构不得干预地方各级人民政府的行政机构设置和编制管理工作,不得要求地方各级人民政府设立与其业务对口的行政机构。

◆经典真题

1. (2009-2-83)下列哪些事项属于国务院行政机构编制管理的内容?(CD)
   A. 机构的名称　　　　　　　　B. 机构的职能
   C. 机构人员的数量定额　　　　D. 机构的领导职数

2. (2013-2-44)国家海洋局为国务院组成部门管理的国家局。关于国家海洋局,下列哪一说法是正确的?(C)
   A. 有权制定规章
   B. 主管国务院的某项专门业务,具有独立的行政管理职能
   C. 该局的设立由国务院编制管理机关提出方案,报国务院决定
   D. 该局增设司级内设机构,由国务院编制管理机关审核批准

3. (2014-2-43)国家税务总局为国务院直属机构。就其设置及编制,下列哪一说法是正确的?(B)

A. 设立由全国人大及其常委会最终决定
B. 合并由国务院最终决定
C. 编制的增加由国务院机构编制管理机关最终决定
D. 依法履行国务院基本的行政管理职能

4. (2015-2-45)甲市某县环保局与水利局对职责划分有异议,双方协商无法达成一致意见。关于异议的处理,下列哪一说法是正确的?(C)
A. 提请双方各自上一级主管机关协商确定
B. 提请县政府机构编制管理机关决定
C. 提请县政府机构编制管理机关提出协调意见,并由该机构编制管理机关报县政府决定
D. 提请县政府提出处理方案,经甲市政府机构编制管理机关审核后报甲市政府批准

5. (2017-2-43)关于国务院行政机构设置和编制管理的说法,下列哪一选项是正确的?(D)
A. 国务院议事协调机构的撤销经由国务院常务会议讨论通过后,由国务院总理提交国务院全体会议讨论决定
B. 国务院行政机构增设司级内设机构,由国务院机构编制管理机关提出方案,报国务院决定
C. 国务院议事协调机构的编制根据工作需要单独确定
D. 国务院行政机构的编制在国务院行政机构设立时确定

(二) 地方政府设置与编制管理
◆重点法条
《地方各级人民政府机构设置和编制管理条例》
第四条　地方各级人民政府的机构编制工作,实行中央统一领导、地方分级管理的体制。
第五条　县级以上各级人民政府机构编制管理机关应当按照管理权限履行管理职责,并对下级机构编制工作进行业务指导和监督。
第七条　县级以上地方各级人民政府行政机构不得干预下级人民政府行政机构的设置和编制管理工作,不得要求下级人民政府设立与其业务对口的行政机构。
第九条　地方各级人民政府行政机构的设立、撤销、合并或者变更规格、名称,由本级人民政府提出方案,经上一级人民政府机构编制管理机关审核后,报上一级人民政府批准;其中,县级以上地方各级人民政府行政机构的设立、撤销或者合并,还应当依法报本级人民代表大会常务委员会备案。
第十条　地方各级人民政府行政机构职责相同或者相近的,原则上由一个行政机构承担。
行政机构之间对职责划分有异议的,应当主动协商解决。协商一致的,报本级人民政府行政机构编制管理机关备案;协商不一致的,应当提请本级人民政府编制管理机关提出协调意见,由机构编制管理机关报本级人民政府决定。
第十一条第一款　地方各级人民政府设立议事协调结构,应当严格控制;可以交由现有机构承担职能的或者由现有机构可以进行协调可以解决问题的,不另设立议事协调机构。
第十三条　地方各级人民政府行政机构根据工作需要和精干的原则,设立必要的内设机构。县级以上地方各级人民政府行政机构的内设机构的设立、撤销、合并或者变更规格、名称,由该行政机构报本级人民政府机构编制管理机关审批。

第十六条 地方各级人民政府的行政编制总额,由省、自治区、直辖市人民政府提出,经国务院机构编制管理机关审核后,报国务院批准。

第十八条 地方各级人民政府根据调整职责的需要,可以在行政编制总额内调整本级人民政府有关部门的行政编制。但是,在同一个行政区域不同层级之间调配使用行政编制的,应当由省、自治区、直辖市人民政府机构编制管理机关报国务院机构编制管理机关审批。

◆ 知识要点

事项	提出机关	审核机关	批准机关
地方各级人民政府的行政机构的设立、撤销、合并或者变更规格、名称	本级人民政府	上一级人民政府机构编制管理机关	上一级人民政府
地方各级人民政府行政机构的内设机构的设立、撤销、合并或者变更规格、名称	该行政机关	本级人民政府机构编制管理机关	本级人民政府机构编制管理机关
地方各级人民政府的行政编制总额	省、自治区、直辖市人民政府	国务院机构编制管理机关审核	国务院
地方的事业单位机构和编制管理办法	省级人民政府机构编制管理机关拟定	国务院编制管理机关审核(省级人民政府发布)	

◆ 经典真题

1. (2008-2-81)下列哪些行政机构的设置事项,应当经上一级人民政府机构编制管理机关审核后,报上一级人民政府批准?(AC)
   A. 某县两个职能局的合并　　　　B. 某省民政厅增设内设机构
   C. 某市职能局名称的改变　　　　D. 某县人民政府设立议事协调机构

2. (2015-2-45)甲市某县环保局与水利局对职责划分有异议,双方协商无法达成一致意见。关于异议的处理,下列哪一说法是正确的?(C)
   A. 提请双方各自上一级主管机关协商确定
   B. 提请县政府机构编制管理机关决定
   C. 提请县政府机构编制管理机关提出协调意见,并由该机构编制管理机关报县政府决定
   D. 提请县政府提出处理方案,经甲市政府机构编制管理机关审核后报甲市政府批准

3. (2016-2-43)根据规定,地方的事业单位机构和编制管理办法由省、自治区、直辖市人民政府机构编制管理机关拟定,报国务院机构编制管理机关审核后,由下列哪一机关发布?(B)
   A. 国务院
   B. 省、自治区、直辖市人民政府
   C. 国务院机构编制管理机关
   D. 省、自治区、直辖市人民政府机构编制管理机关

三、行政主体理论

◆**知识要点**

（一）行政主体的概念与意义

行政主体理论是行政法基础理论中非常重要的一项，也是考生必须掌握的一项基本理论。行政主体是指享有行政职权，能够以自己的名义对外行使行政职能，并独立承担由此产生的法律后果的组织。

★**特别提示**

行政主体理论的意义在于：行政主体是确认行政复议被申请人（进而确认行政复议机关）、行政诉讼被告和行政赔偿赔偿义务机关的标准。因此，在行政复议、行政诉讼和国家赔偿中，也只有行政主体才能成为复议被申请人、诉讼被告和赔偿义务机关。从这个意义上说，行政法中的行政主体理论堪比民法中的法人理论。行政主体理论在行政法学中至关重要，考生在复习时必须全面掌握。

（二）行政主体种类

在我国行政主体主要包括两类：

1. 行政机关

对于行政机关而言，上文所讲的中央国家行政机关（包括国务院和国务院的各组成部门）以及地方国家行政机关（地方各级人民政府及其工作部门）原则上均具有行政主体资格，因此对其行为可独立承担相应的法律后果，可成为复议被申请人、诉讼被告和行政赔偿义务机关。

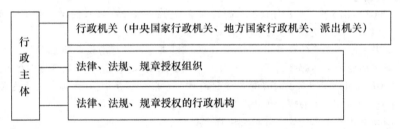

◆**考点归纳**

（1）如何判断某个行政组织是否具有行政主体资格？实践中的行政组织千差万别，考生不可能全部掌握，判断该机关是否具有行政主体资格，只要看它是否属于上文所列的中央国家行政机关、地方国家行政机关或派出机关即可。

（2）因为行政机关的工作部门仅设立到县级政府（包含县级政府），乡级政府（乡、镇政府）不能设立工作部门，因此乡级政府下属的机构所为的行为均由乡政府承担相应的法律责任。

2. 法律、法规、规章授权组织

除中央国家行政机关和地方国家行政机关外，我国还有许多行政机关以外的其他组织，例如事业单位，它们亦因有了"法律、法规、规章"的授权，而可以以自己的名义对外行使行政职能，并独立承担由此产生的法律后果，所以也属于行政主体，可成为复议被申请人、诉讼被告和行政赔偿义务机关。

◆**考点归纳**

（1）行政授权与行政委托的区别。

与行政授权相对应的是行政委托。行政委托是行政主体将自己的职权委托给其他机关、机构、组织或个人行使。根据委托的一般原理，受委托的机关、组织、机构或个人不能以自己的名义对外行使职权，不能独立承担由此产生的法律后果，因此不能成为行政复议的被申请人、行政诉讼的被告以及行政赔偿的赔偿义务机关。简言之，**行政机关委托的组织不是行政主体**。

行政授权与行政委托的区别主要是：

第一，两者的权力来源不同。行政授权组织的权力来源于"法律、法规"的授予；而行政委托组织的权力则来源于行政机关的委托。

第二，两者的法律后果不同。行政授权的结果是使被授权者获得了行政主体资格，因此，被授权者能够独立承担法律责任；而受委托组织并不具有行政主体资格，其实施的行为在法律后果上仍然归属于委托它的行政机关，因此对受委托组织作出的行政行为，应由委托机关来担任复议的被申请人、诉讼被告和赔偿义务机关。

名称	权力来源	行为名义	责任承担
行政机关	宪法、组织法	自己	自己
被授权的组织	特别的法律、法规、规章	自己	自己
被委托的组织	委托机关	委托机关	委托机关

（2）易混淆之处：判断"行政授权"还是"行政委托"的依据，不能仅根据文字表述，而应根据权力的真正来源。前者来源于法律、法规、规章；后者来源于行政机关。近年来考题中常常用"行政机关将职权授予某组织"这样的表述来混淆考生，事实上，此时因为权力仍旧来源于行政机关，所以，仍然属于行政委托，而不是行政授权。此外，考生也应牢记能够进行行政授权的只有"法律、法规、规章"，如果是行政机关通过其他规范性文件进行所谓的"授权"，在行政法上仍旧属于委托。

3. **行政机构的主体资格判断**

如前文所述，行政机关内部常常会有不同的组成部分，这些组成部分包括：内设机构，即行政机关内部固定设立的机构，例如地方公安部门内部设立的消防机构、公安交通管理机构、公安出入境管理机构等；派出机构，即上文所说的政府的工作部门所派出的机构，例如派出所、工商所和税务所等；新增机构，即行政机关为行政管理的需要而临时设立的一些机构。

原则上行政机构并不具有行政主体资格，其行为均由它所在的行政机关承担责任。但如果这些机构有了**法律、法规和规章的明确授权**，就具有了行政主体资格，可以独立承担法律责任。

◆**考点归纳**

（1）行政机构主体资格的判断表。

综上，行政机构的主体资格判断可总结为下表：

行政机构	一般情形下	有法律、法规、规章授权	超越法律、法规、规章授权的范围
行政主体资格的有无	无	有	有
法律责任的承担者	行政机构所属的行政机关	行政机构	行政机构

★特别提示

上表中的"超越法律、法规、规章授权的范围"仅指超越授权的幅度范围,例如《治安管理处罚法》授权派出所可进行500元以下的罚款,如派出所进行的是超过500元的罚款,仍以派出所为责任的承担者;但如果派出所超越了法律授权的处罚种类,例如进行了行政拘留的处罚,此时,派出所已经没有法律授权,其行为后果的责任承担者就是派出所所属的行政机关。

(2)派出机关与派出机构。如上文所述,派出机关具有行政主体资格,其行为均由自己来承担法律责任,而派出机构因属于行政机构,因此是否具有行政主体资格,要视是否有"法律、法规和规章"的授权。

第二章 行政行为理论

【复习提要】

本章涉及行政行为的总论部分。内容包括:行政行为的概念和基本分类;抽象行政行为;具体行政行为。其中行政法规、行政规章的制定,具体行政行为的合法/违法、生效/无效、效力内容、撤销、废止均是本章的重点内容,也是法考基础理论部分的高频考点。

第一节 行政行为的概念和基本分类

一、行政行为的概念

行政行为是行政法中的另一重要理论,它是所有行政方式的上位概念,是行政机关所有行为方式的总和。行政行为是行政主体行使行政职权作出的、能够产生一定法律后果(效果)的行为。

二、抽象行政行为与具体行政行为的划分

抽象行政行为与具体行政行为的区分以行为针对的对象是否特定为标准。抽象行政行为是行政机关针对不特定对象制定的、具有普遍约束力的、能够反复使用的规范性文件。而具体行政行为则是行政机关针对具体对象所作的具体处理。

区分标准:抽象行政行为与具体行政行为的区分标准主要是看行为所影响到的利害关系人是否是可以确定的,即便行为影响到的利害关系人不止一人,只要其范围和数量是可以确定的,该行为仍旧是具体行政行为。

★**特别提示**

抽象行政行为与具体行政行为的分类在行政法中具有特别的意义,考生必须掌握。其原因就在于抽象行政行为与具体行政行为的区分首先是确定行政诉讼受案范围的重要标准。《行政诉讼法》和《行政复议法》尽管一定程度上引入了对抽象行政行为的审查,但仅仅是部分的、有限的审查,因此他们二者的区分对于行政诉讼、行政复议同样重要。

◆**考点归纳**

(1)抽象行政行为与具体行政行为的区分是过去行政法司法考试中的重要考点,几乎每年都会涉及,很多时候还出现在案例分析中,所占的分值也相当多。其原因就在于抽象行政行为与具体行政行为的区分是确定行政诉讼受案范围的重要标准。

(2)易混淆之处:是否以规范性文件的方式作出并不是抽象行政行为与具体行政行为的区分标准,因此,即便某个行为是以规范性文件的方式作出的,但只要影响到的利害关系人可以确定,仍旧是具体行政行为。

◆**经典真题**

1.(2016-2-44)为落实淘汰落后产能政策,某区政府发布通告:凡在本通告附件所列名单中的企业两年内关闭。提前关闭或者积极配合的给予一定补贴,逾期不履行的强制关闭。关于通告的性质,下列哪一选项是正确的?(B)

A. 行政规范性文件 　　　　　B. 具体行政行为
C. 行政给付 　　　　　　　　D. 行政强制

2.（2017-2-46）行政机关所实施的下列行为中,哪一项属于具体行政行为？（C）
A. 公安交管局在辖区内城市快速路入口处悬挂"危险路段,谨慎驾驶"的横幅
B. 县公安局依照《刑事诉讼法》对李某进行拘留
C. 区政府对王某作出房屋征收决定
D. 因民间纠纷引起的打架斗殴双方经公安派出所调解达成的协议

第二节　抽象行政行为

一、抽象行政行为的概念与范围

抽象行政行为是行政机关针对不特定对象制定的、具有普遍约束力的、能够反复使用的规范性文件。实践中,抽象行政行为的范围包括行政立法行为和行政机关制定其他规范性文件的行为。

具体如下图所示：

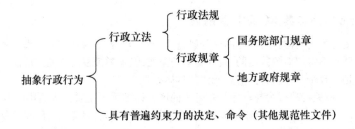

二、行政立法及其制定程序

在行政法学理上,通常将有权机关制定行政法规以及行政规章的活动称为行政立法。

（一）行政法规

◆**重点法条**

《行政法规制定程序条例》

第八条　国务院有关部门认为需要制定行政法规的,应当于国务院编制年度立法工作计划前,向国务院报请立项。

国务院有关部门报送的行政法规立项申请,应当说明立法项目所要解决的主要问题、依据的党的路线方针政策和决策部署,以及拟确立的主要制度。

第十一条　行政法规由国务院组织起草。国务院年度立法工作计划确定行政法规由国务院的一个部门或者几个部门具体负责起草工作,也可以确定由国务院法制机构起草或者组织起草。

第十二条　起草行政法规,应当符合本条例第三条、第四条的规定,并符合下列要求：
（一）弘扬社会主义核心价值观；
（二）体现全面深化改革精神,科学规范行政行为,促进政府职能向宏观调控、市场监管、

社会管理、公共服务、环境保护等方面转变;

（三）符合精简、统一、效能的原则,相同或者相近的职能规定由一个行政机关承担,简化行政管理手续;

（四）切实保障公民、法人和其他组织的合法权益,在规定其应当履行的义务的同时,应当规定其相应的权利和保障权利实现的途径;

（五）体现行政机关的职权与责任相统一的原则,在赋予有关行政机关必要的职权的同时,应当规定其行使职权的条件、程序和应承担的责任。

第十三条 起草行政法规,起草部门应当深入调查研究,总结实践经验,广泛听取有关机关、组织和公民的意见。涉及社会公众普遍关注的热点难点问题和经济社会发展遇到的突出矛盾、减损公民、法人和其他组织权利或者增加其义务,对社会公众有重要影响等重大利益调整事项的,应当进行论证咨询。听取意见可以采取召开座谈会、论证会、听证会等多种形式。

起草行政法规,起草部门应当将行政法规草案及其说明等向社会公布,征求意见,但是经国务院决定不公布的除外。向社会公布征求意见的期限一般不少于30日。

起草专业性较强的行政法规,起草部门可以吸收相关领域的专家参与起草工作,或者委托有关专家、教学科研单位、社会组织起草。

第十四条 起草行政法规,起草部门应当就涉及其他部门的职责或者与其他部门关系紧密的规定,与有关部门充分协商,涉及部门职责分工、行政许可、财政支持、税收优惠政策的,应当征得机构编制、财政、税务等相关部门同意。

第十五条 起草行政法规,起草部门应当对涉及有关管理体制、方针政策等需要国务院决策的重大问题提出解决方案,报国务院决定。

第十六条 起草部门向国务院报送的行政法规草案送审稿(以下简称行政法规送审稿),应当由起草部门主要负责人签署。

起草行政法规,涉及几个部门共同职责需要共同起草的,应当共同起草,达成一致意见后联合报送行政法规送审稿。几个部门共同起草的行政法规送审稿,应当由该几个部门主要负责人共同签署。

第十七条 起草部门将行政法规送审稿报送国务院审查时,应当一并报送行政法规送审稿的说明和有关材料。

行政法规送审稿的说明应当对立法的必要性、主要思路、确立的主要制度、征求有关机关、组织和公民意见的情况,各方面对送审稿主要问题的不同意见及其协调处理情况,拟设定、取消或者调整行政许可、行政强制的情况等作出说明。有关材料主要包括所规范领域的实际情况和相关数据、实践中存在的主要问题、国内外的有关立法资料、调研报告、考察报告等。

第十八条 报送国务院的行政法规送审稿,由国务院法制机构负责审查。

国务院法制机构主要从以下方面对行政法规送审稿进行审查:

（一）是否严格贯彻落实党的路线方针政策和决策部署,是否符合宪法和法律的规定,是否遵循立法法确定的立法原则;

（二）是否符合本条例第十二条的要求;

（三）是否与有关行政法规协调、衔接;

（四）是否正确处理有关机关、组织和公民对送审稿主要问题的意见；

（五）其他需要审查的内容。

第十九条 行政法规送审稿有下列情形之一的，国务院法制机构可以缓办或者退回起草部门：

（一）制定行政法规的基本条件尚不成熟或者发生重大变化的；

（二）有关部门对送审稿规定的主要制度存在较大争议，起草部门未征得机构编制、财政、税务等相关部门同意的；

（三）未按照本条例有关规定公开征求意见的；

（四）上报送审稿不符合本条例第十五条、第十六条、第十七条规定的。

第二十条 国务院法制机构应当将行政法规送审稿或者行政法规送审稿涉及的主要问题发送国务院有关部门、地方人民政府、有关组织和专家等各方面征求意见。国务院有关部门、地方人民政府应当在规定期限内反馈书面意见，并加盖本单位或者本单位办公厅（室）印章。

国务院法制机构可以将行政法规送审稿或者修改稿及其说明等向社会公布，征求意见。向社会公布征求意见的期限一般不少于30日。

第二十一条 国务院法制机构应当就行政法规送审稿涉及的主要问题，深入基层进行实地调查研究，听取基层有关机关、组织和公民的意见。

第二十二条 行政法规送审稿涉及重大利益调整的，国务院法制机构应当进行论证咨询，广泛听取有关方面的意见。论证咨询可以采取座谈会、论证会、听证会、委托研究等多种形式。

行政法规送审稿涉及重大利益调整或者存在重大意见分歧，对公民、法人或者其他组织的权利义务有较大影响，人民群众普遍关注的，国务院法制机构可以举行听证会，听取有关机关、组织和公民的意见。

第二十三条 国务院有关部门对行政法规送审稿涉及的主要制度、方针政策、管理体制、权限分工等有不同意见的，国务院法制机构应当进行协调，力求达成一致意见。对有较大争议的重要立法事项，国务院法制机构可以委托有关专家、教学科研单位、社会组织进行评估。

经过充分协调不能达成一致意见的，国务院法制机构、起草部门应当将争议的主要问题、有关部门的意见以及国务院法制机构的意见及时报国务院领导协调，或者报国务院决定。

第二十四条 国务院法制机构应当认真研究各方面的意见，与起草部门协商后，对行政法规送审稿进行修改，形成行政法规草案和对草案的说明。

第二十五条 行政法规草案由国务院法制机构主要负责人提出提请国务院常务会议审议的建议；对调整范围单一、各方面意见一致或者依照法律制定的配套行政法规草案，可以采取传批方式，由国务院法制机构直接提请国务院审批。

第二十六条 行政法规草案由国务院常务会议审议，或者由国务院审批。

国务院常务会议审议行政法规草案时，由国务院法制机构或者起草部门作说明。

第二十七条 国务院法制机构应当根据国务院对行政法规草案的审议意见，对行政法规草案进行修改，形成草案修改稿，报请总理签署国务院令公布施行。

签署公布行政法规的国务院令载明该行政法规的施行日期。

第二十八条 行政法规签署公布后,及时在国务院公报和中国政府法制信息网以及在全国范围内发行的报纸上刊载。国务院法制机构应当及时汇编出版行政法规的国家正式版本。

在国务院公报上刊登的行政法规文本为标准文本。

第二十九条 行政法规应当自公布之日起30日后施行;但是,涉及国家安全、外汇汇率、货币政策的确定以及公布后不立即施行将有碍行政法规施行的,可以自公布之日起施行。

第三十条 行政法规在公布后的30日内由国务院办公厅报全国人民代表大会常务委员会备案。

《立法法》

第六十五条 国务院根据宪法和法律,制定行政法规。

行政法规可以就下列事项作出规定:

(一)为执行法律的规定需要制定行政法规的事项;

(二)宪法第八十九条规定的国务院行政管理职权的事项。

应当由全国人民代表大会及其常务委员会制定法律的事项,国务院根据全国人民代表大会及其常务委员会的授权决定先制定的行政法规,经过实践检验,制定法律的条件成熟时,国务院应当及时提请全国人民代表大会及其常务委员会制定法律。

第六十六条 国务院法制机构应当根据国家总体工作部署拟定国务院年度立法计划,报国务院审批。国务院年度立法计划中的法律项目应当与全国人民代表大会常务委员会的立法规划和年度立法计划相衔接。国务院法制机构应当及时跟踪了解国务院各部门落实立法工作计划的情况,加强组织协调和督促指导。

国务院有关部门认为需要制定行政法规的,应当向国务院报请立项。

第六十七条 行政法规由国务院有关部门或者国务院法制机构具体负责起草,重要行政管理的法律、行政法规草案由国务院法制机构组织起草。行政法规在起草过程中,应当广泛听取相关领域的人民代表大会代表,有关地方人民代表大会常务委员会,有关机关、组织和公民的意见。听取意见可以采取座谈会、论证会、听证会等多种形式。

行政法规草案应当向社会公布征求意见,但经国务院决定不公布的除外。

第六十八条 行政法规起草工作完成后,起草单位应当将草案及其说明、各方面对草案主要问题的不同意见和其他有关资料送国务院法制机构进行审查。

国务院法制机构应当向国务院提出审查报告和草案修改稿,审查报告应当对草案主要问题作出说明。

第六十九条 行政法规的决定程序依照中华人民共和国国务院组织法的有关规定办理。

第七十条第一款 行政法规由总理签署国务院令公布。

第七十一条 行政法规签署公布后,及时在国务院公报和中国政府法制信息网以及在全国范围内发行的报纸上刊载。

在国务院公报上刊登的行政法规文本为标准文本。

◆知识要点

(1)制定主体与名称:制定主体是国务院。行政法规的名称一般称"条例",也可以称"规定""办法"等。国务院根据全国人民代表大会及其常务委员会的授权决定制定的行政法规,称"暂行条例"或者"暂行规定"。

(2) 制定程序:立项、起草、审查、决定、公布、备案。具体程序如下图:

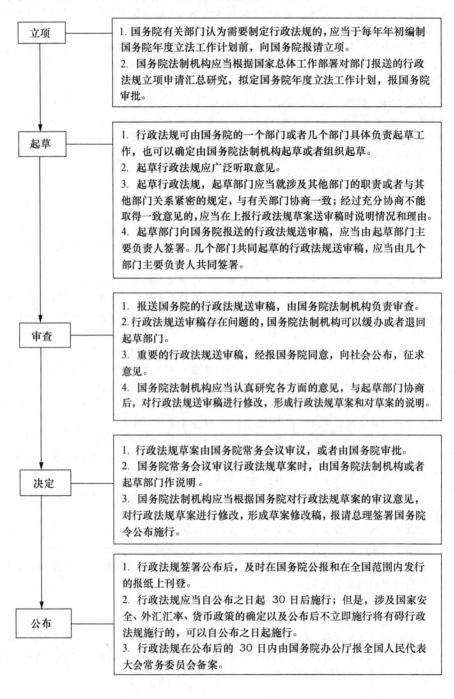

(3) 行政法规条文本身需要进一步明确界限或者作出补充规定的,由**国务院**解释。国务院法制机构研究拟订行政法规解释草案,报国务院同意后,由**国务院公布或者由国务院授权国务院有关部门公布**。行政法规的解释与行政法规具有同等效力。

◆经典真题

1.(2008-2-41)法规制定程序的说法,下列哪一选项是正确的?(C)

A. 行政法规的制定程序包括起草、审查、决定和公布,立项不属于行政法规制定程序

B. 几个部门共同起草的行政法规送审稿报送国务院,应当由牵头部门主要负责人签署

C. 对重要的行政法规送审稿,国务院法制办经国务院同意后向社会公布

D. 行政法规应当在公布后30日内由国务院法制办报全国人大常委会备案

2.(2016-2-100)行政法规条文本身需进一步明确界限或作出补充规定的,应对行政法规进行解释。关于行政法规的解释,下列说法正确的是:(ACD)

A. 解释权属于国务院

B. 解释行政法规的程序,适用行政法规制定程序

C. 解释可由国务院授权国务院有关部门公布

D. 行政法规的解释与行政法规具有同等效力

3.(2017-2-45)关于行政法规的立项,下列哪一说法是正确的?(C)

A. 省政府认为需要制定行政法规的,可于每年年初编制国务院年度立法工作计划前向国务院报请立项

B. 国务院法制机构根据有关部门报送的立项申请汇总研究,确定国务院年度立法工作计划

C. 列入国务院年度立法工作计划的行政法规项目应适应改革、发展、稳定的需要

D. 国务院年度立法工作计划一旦确定不得调整

(二)行政规章

◆重点法条

《规章制定程序条例》

第十条 国务院部门内设机构或者其他机构认为需要制定部门规章的,应当向该部门报请立项。

省、自治区、直辖市和设区的市、自治州的人民政府所属工作部门或者下级人民政府认为需要制定地方政府规章的,应当向该省、自治区、直辖市或者设区的市、自治州的人民政府报请立项。

国务院部门,省、自治区、直辖市和设区的市、自治州的人民政府,可以向社会公开征集规章制定项目建议。

第十四条 部门规章由国务院部门组织起草,地方政府规章由省、自治区、直辖市和设区的市、自治州的人民政府组织起草。

国务院部门可以确定规章由其一个或者几个内设机构或者其他机构具体负责起草工作,也可以确定由其法制机构起草或者组织起草。

省、自治区、直辖市和设区的市、自治州的人民政府可以确定规章由其一个部门或者几个部门具体负责起草工作,也可以确定由其法制机构起草或者组织起草。

第十五条 起草规章,应当深入调查研究,总结实践经验,广泛听取有关机关、组织和公民的意见。听取意见可以采取书面征求意见、座谈会、论证会、听证会等多种形式。

起草规章,除依法需要保密的外,应当将规章草案及其说明等向社会公布,征求意见。向社会公布征求意见的期限一般不少于30日。

起草专业性较强的规章，可以吸收相关领域的专家参与起草工作，或者委托有关专家、教学科研单位、社会组织起草。

第十六条 起草规章，涉及社会公众普遍关注的热点难点问题和经济社会发展遇到的突出矛盾，减损公民、法人和其他组织权利或者增加其义务，对社会公众有重要影响或重大利益调整事项的，起草单位应当进行论证咨询，广泛听取有关方面的意见。

起草的规章涉及重大利益调整或者存在重大意见分歧，对公民、法人或者其他组织的权利义务有较大影响，人民群众普遍关注，需要进行听证的，起草单位应当举行听证会听取意见。听证会依照下列程序组织：

（一）听证会公开举行，起草单位应当在举行听证会的30日前公布听证会的时间、地点和内容；

（二）参加听证会的有关机关、组织和公民对起草的规章，有权提问和发表意见；

（三）听证会应当制作笔录，如实记录发言人的主要观点和理由；

（四）起草单位应当认真研究听证会反映的各种意见，起草的规章在报送审查时，应当说明对听证会意见的处理情况及其理由。

第十七条 起草部门规章，涉及国务院其他部门的职责或者与国务院其他部门关系紧密的，起草单位应当充分征求国务院其他部门的意见。

起草地方政府规章，涉及本级人民政府其他部门的职责或者与其他部门关系紧密的，起草单位应当充分征求其他部门的意见。起草单位与其他部门有不同意见的，应当充分协商；经过充分协商不能取得一致意见的，起草单位应当在上报规章草案送审稿（以下简称规章送审稿）时说明情况和理由。

第十八条 起草单位应当将规章送审稿及其说明、对规章送审稿主要问题的不同意见和其他有关材料按规定报送审查。

报送审查的规章送审稿，应当由起草单位主要负责人签署；几个起草单位共同起草的规章送审稿，应当由该几个起草单位主要负责人共同签署。

规章送审稿的说明应当对制定规章的必要性、规定的主要措施、有关方面的意见及其协调处理情况等作出说明。

有关材料主要包括所规范领域的实际情况和相关数据、实践中存在的主要问题、汇总的意见、听证会笔录、调研报告、国内外有关立法资料等。

第十九条 规章送审稿由法制机构负责统一审查。法制机构主要从以下方面对送审稿进行审查：

（一）是否符合本条例第三条、第四条、第五条、第六条的规定；

（二）是否符合社会主义核心价值观的要求；

（三）是否与有关规章协调、衔接；

（四）是否正确处理有关机关、组织和公民对规章送审稿主要问题的意见；

（五）是否符合立法技术要求；

（六）需要审查的其他内容。

第二十条 规章送审稿有下列情形之一的，法制机构可以缓办或者退回起草单位：

（一）制定规章的基本条件尚不成熟或者发生重大变化的；

（二）有关机构或者部门对规章送审稿规定的主要制度存在较大争议，起草单位未与有关机构或者部门充分协商的；

（三）未按照本条例有关规定公开征求意见的；

（四）上报送审稿不符合本条例第十八条规定的。

第二十一条 法制机构应当将规章送审稿或者规章送审稿涉及的主要问题发送有关机关、组织和专家征求意见。

法制机构可以将规章送审稿或者修改稿及其说明等向社会公布，征求意见。向社会公布征求意见的期限一般不少于30日。

第二十二条 法制机构应当就规章送审稿涉及的主要问题，深入基层进行实地调查研究，听取基层有关机关、组织和公民的意见。

第二十三条 规章送审稿涉及重大利益调整的，法制机构应当进行论证咨询，广泛听取有关方面的意见。论证咨询可以采取座谈会、论证会、听证会、委托研究等多种形式。

规章送审稿涉及重大利益调整或者存在重大意见分歧，对公民、法人或者其他组织的权利义务有较大影响，人民群众普遍关注，起草单位在起草过程中未举行听证会的，法制机构经本部门或者本级人民政府批准，可以举行听证会。举行听证会的，应当依照本条例第十六条规定的程序组织。

第二十四条 有关机构或者部门对规章送审稿涉及的主要措施、管理体制、权限分工等问题有不同意见的，法制机构应当进行协调，力求达成一致意见。对有较大争议的重要立法事项，法制机构可以委托有关专家、教学科研单位、社会组织进行评估。

经过充分协调不能达成一致意见的，法制机构应当将主要问题、有关机构或者部门的意见和法制机构的意见及时报本部门或者本级人民政府领导协调，或者报本部门或者本级人民政府决定。

第二十五条 法制机构应当认真研究各方面的意见，与起草单位协商后，对规章送审稿进行修改，形成规章草案和对草案的说明。说明应当包括制定规章拟解决的主要问题、确立的主要措施以及与有关部门的协调情况等。

规章草案和说明由法制机构主要负责人签署，提出提请本部门或者本级人民政府有关会议审议的建议。

第二十六条 法制机构起草或者组织起草的规章草案，由法制机构主要负责人签署，提出提请本部门或者本级人民政府有关会议审议的建议。

第二十七条 部门规章应当经部务会议或者委员会会议决定。

地方政府规章应当经政府常务会议或者全体会议决定。

第二十八条 审议规章草案时，由法制机构作说明，也可以由起草单位说明。

第二十九条 法制机构应当根据有关会议审议意见对规章草案进行修改，形成草案修改稿，报请本部门首长或者省长、自治区主席、市长、自治州州长签署命令予以公布。

第三十条 公布规章的命令应当载明该规章的制定机关、序号、规章名称、通过日期、施行日期、部门首长或者省长、自治区主席、市长、自治州州长署名以及公布日期。

部门联合规章由联合制定的部门首长共同署名公布，使用主办机关的命令序号。

第三十一条 部门规章签署公布后，及时在国务院公报或者部门公报和中国政府法制信息网以及在全国范围内发行的报纸上刊载。

地方政府规章签署公布后，及时在本级人民政府公报和中国政府法制信息网以及在本行政区域范围内发行的报纸上刊载。

在国务院公报或者部门公报和地方人民政府公报上刊登的规章文本为标准文本。

第三十二条 规章应当自公布之日起30日后施行；但是，涉及国家安全、外汇汇率、货币政策的确定以及公布后不立即施行将有碍规章施行的，可以自公布之日起施行。

第三十四条 规章应当自公布之日起30日内，由法制机构依照立法法和《法规规章备案条例》的规定向有关机关备案。

第三十五条 国家机关、社会团体、企业事业组织、公民认为规章同法律、行政法规相抵触的，可以向国务院书面提出审查的建议，由国务院法制机构研究并提出处理意见，按照规定程序处理。

国家机关、社会团体、企业事业组织、公民认为设区的市、自治州的人民政府规章同法律、行政法规相抵触或者违反其他上位法的规定的，也可以向本省、自治区人民政府书面提出审查的建议，由省、自治区人民政府法制机构研究并提出处理意见，按照规定程序处理。

《立法法》

第八十条 国务院各部、委员会、中国人民银行、审计署和具有行政管理职能的直属机构，可以根据法律和国务院的行政法规、决定、命令，在本部门的权限范围内，制定规章。

部门规章规定的事项应当属于执行法律或者国务院的行政法规、决定、命令的事项。没有法律或者国务院的行政法规、决定、命令的依据，部门规章不得设定减损公民、法人和其他组织权利或者增加其义务的规范，不得增加本部门的权力或者减少本部门的法定职责。

第八十二条 省、自治区、直辖市的人民政府可以根据法律、行政法规和本省、自治区、直辖市的地方性法规，制定规章。

地方政府规章可以就下列事项作出规定：

（一）为执行法律、行政法规、地方性法规的规定需要制定规章的事项；

（二）属于本行政区域的具体行政管理事项。

设区的市、自治州的人民政府根据本条第一款、第二款制定地方政府规章，限于城市建设与管理、环境保护、历史文化保护等方面的事项。已经制定的地方政府规章，涉及上述事项范围以外的，继续有效。

除省、自治区的人民政府所在地的市，经济特区所在地的市和国务院已经批准的较大的市以外，其他设区的市、自治州的人民政府开始制定规章的时间，与本省、自治区人民代表大会常务委员会确立的本市、自治州开始制定地方性法规的时间同步。

应当制定地方性法规但条件尚不成熟的，因行政管理迫切需要，可以先制定地方政府规章。规章实施满两年需要继续实施规章所规定的行政措施的，应当提请本级人民代表大会或者其常务委员会制定地方性法规。

没有法律、行政法规、地方性法规依据，地方政府规章不得设定减损公民、法人和其他组织权利或者增加其义务的规范。

第八十三条 国务院部门规章和地方政府规章的制定程序，参照本法第三章的规定，由国务院规定。

第八十四条 部门规章应当经部务会议或者委员会会议决定。

地方政府规章应当经政府常务会议或者全体会议决定。

第八十五条 部门规章由部门首长签署命令予以公布。

地方政府规章由省长、自治区主席、市长或者自治州州长签署命令予以公布。

第八十六条 部门规章签署公布后，及时在国务院公报或者部门公报和中国政府法制信息网以及在全国范围内发行的报纸上刊载。

地方政府规章签署公布后，及时在本级人民政府公报和中国政府法制信息网以及在本行政区域范围内发行的报纸上刊载。

在国务院公报或者部门公报和地方人民政府公报上刊登的规章文本为标准文本。

◆知识要点

（1）制定主体与名称。部门规章的制定主体包括国务院各部、各委员会、中国人民银行、审计署、国务院直属机构。地方政府规章的制定主体包括省级人民政府以及设区的市的人民政府。规章的名称一般称"规定""办法",但不得称"条例"。

（2）规章的制定程序。

（3）监督方式。国家机关、社会团体、企业事业组织、公民认为规章同法律、行政法规相抵触的,可以向国务院书面提出审查的建议,由国务院法制机构研究处理。

国家机关、社会团体、企业事业组织、公民认为较大的市的人民政府规章同法律、行政法规相抵触或者违反其他上位法的规定的,也可以向本省、自治区人民政府书面提出审查的建议,由省、自治区人民政府法制机构研究处理。

（三）其他规范性文件

行政机关制定的其他规范性文件既包括没有权力制定行政法规和行政规章的行政机关制定的规范性文件,例如市公安局发布的规范性文件或是乡政府发布的规范性文件,也包括有权制定行政法规和行政规章的行政机关制定和发布的非行政法规与行政规章的其他决定与命令,例如国务院各部门发布的非行政规章的行政决定。原则上,所有的行政机关都有权在其管辖职权范围内,制定具有普遍约束力的,能够反复使用的规范性文件,也就是说,作出抽象行政行为是行政机关在行政管理过程中选择的一种行为方式。但规范性文件不能违反上位法的规定,也不能超出制定机关的职权范围。

抽象行政行为的制定和生效程序与立法行为类似,一般都要经过立项、起草、审查、决定、公布等几个阶段。其他规范性文件的制定,目前并无统一的法律、法规加以规范,一般参照规章的制定程序。(参见第32页图)

◆经典真题

1. (2009-2-39)下列哪一选项符合规章制定的要求？(D)

A. 某省政府所在地的市政府将其制定的规章定名为"条例"

B. 某省政府在规章公布后60日向省人大常委会备案

C. 基于简化行政管理手续考虑,对涉及国务院甲乙两部委职权范围的事项,甲部单独制定规章加以规范

D. 某省政府制定的规章既规定行政机关必要的职权,又规定行使该职权应承担的责任

2. (2013-2-48)关于部门规章的权限,下列哪一说法是正确的？(C)

A. 尚未制定法律、行政法规,对违反管理秩序的行为,可以设定暂扣许可证的行政处罚

B. 尚未制定法律、行政法规,且属于规章制定部门职权的,可以设定扣押财物的行政强制措施

C. 可以在上位法设定的行政许可事项范围内,对实施该许可作出具体规定

D. 可以设定除限制人身自由以外的行政处罚

3. (2014-2-97)有关规章的决定和公布,下列说法正确的是:(C)

A. 审议规章草案时须由起草单位作说明

B. 地方政府规章须经政府全体会议决定

C. 部门联合规章须由联合制定的部门首长共同署名公布,使用主办机关的命令序号

D. 规章公布后须及时在全国范围内发行的有关报纸上刊登

4. (2015-2-97)2015年《立法法》修正后,关于地方政府规章,下列说法正确的是:(BD)

A. 某省政府所在地的市针对城乡建设与管理、环境保护、历史文化保护等以外的事项已制定的规章,自动失效

B. 应制定地方性法规但条件尚不成熟的,因行政管理迫切需要,可先制定地方政府规章

C. 没有地方性法规的依据,地方政府规章不得设定减损公民、法人和其他组织权利或者

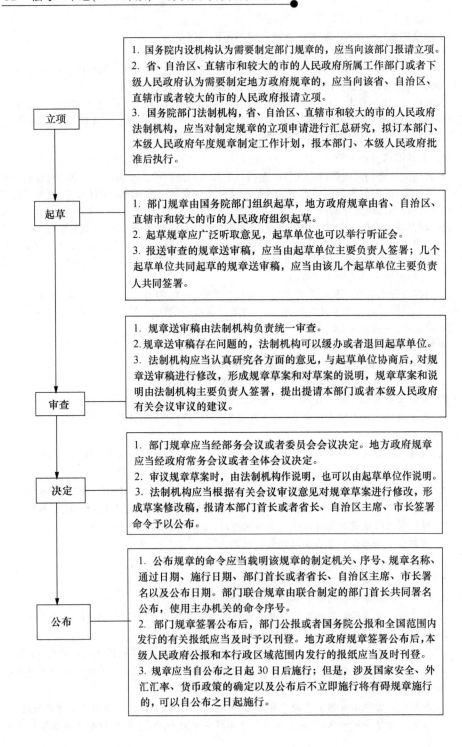

增加其义务的规范
    D. 地方政府规章签署公布后,应及时在中国政府法制信息网上刊载
　　5.（2016-2-77）某省会城市的市政府拟制定限制电动自行车通行的规章。关于此规章的制定,下列哪些说法是正确的?（BCD）
    A. 应先列入市政府年度规章制定工作计划中,未列入不得制定
    B. 起草该规章应广泛听取有关机关、组织和公民的意见
    C. 此规章送审稿的说明应对制定规章的必要性、规定的主要措施和有关方面的意见等情况作出说明
    D. 市政府法制机构认为制定此规章基本条件尚不成熟,可将规章送审稿退回起草单位
　　6.（2017-2-77）关于规章的起草和审查,下列哪些说法是正确的?（BC）
    A. 起草规章可邀请专家参加,但不能委托专家起草
    B. 起草单位就规章起草举行听证会,应制作笔录,如实记录发言人的主要观点和理由
    C. 起草规章应广泛听取有关机关、组织和公民的意见
    D. 如制定规章的基本条件不成熟,法制机构应将规章送审稿退回起草单位

第三节　具体行政行为

一、概念与特征

（一）概念

具体行政行为是国家行政机关和行政机关工作人员、法律法规授权的组织、行政机关委托的组织或个人在行政管理活动中行使行政职权,针对特定的公民、法人或其他组织,就特定的具体事项,作出的有关该公民、法人或其他组织权利义务的行为。

（二）特征

（1）处分性。即具体行政行为对相对人的权利义务进行了法律上的调整,也就是说行政机关借行政行为对相对人的权利义务进行了处分,并产生了法律效果。具体行政行为的处分性使它与行政机关所为的事实行为,例如行政机关的咨询行为得以区分。

（2）特定性。这是具体行政行为最重要的特征,具体行政行为所针对的对象不一定只有一个相对人,但它影响到的相对人的范围必须是可以确定的。

（3）外部性。原则上具体行政行为都是行政机关针对外部的行政管理相对人作出的,行政机关内部的人员配置、公文流程、规则适用等并不属于具体行政行为。

典型的具体行政行为:行政处罚、行政许可、行政强制等。

二、具体行政行为的分类

1. 授益行政行为与负担行政行为

授益行政行为与负担行政行为的分类标准主要是行政行为的内容对行政相对人的效果。授益行政行为是行政主体为相对人设定权益或免除其义务的行为,例如行政许可;而负担行政行为则是行政主体为相对人设定义务或剥夺、限制其权益的行政行为,例如行政处罚和行政强制。

2. 羁束行政行为与裁量行政行为

羁束行政行为与裁量行政行为的分类主要根据行政主体对行政法规范的适用有无相应的裁量空间和判断余地。羁束行政行为是指行政主体对行政法规范的适用并没有灵活的裁量空间和判断余地,而裁量行政行为则是指行政主体对行政法规范的适用有灵活的裁量空间和判断余地。

3. 依职权的行政行为与依申请的行政行为

依职权的行政行为与依申请的行政行为的分类主要是以行政行为是否可由行政主体主动实施为标准。依职权的行政行为是行政主体根据职权而无须相对人申请,就能主动实施的具体行政行为,例如行政处罚和行政强制;而依申请的行政行为是指行政主体只有在相对人提出申请后才能启动行政程序,才能实施的行为,例如行政许可。

三、具体行政行为的合法与违法

1. 合法的行政行为

具体行政行为合法是指该行为符合法律的所有规定。行政行为的合法性要件主要包括三个方面:① 职权合法,即行政机关有作出该行为的法定职权;② 内容合法,即行政机关作出该行为时事实清楚、证据确凿、适用法律法规正确;③ 程序合法,即行政机关符合法律规定的程序要件。

◆**重点法条**

《行政诉讼法》

第六十九条 行政行为证据确凿,适用法律、法规正确,符合法定程序的,或者原告申请被告履行法定职责或者给付义务理由不成立的,人民法院判决驳回原告的诉讼请求。

2. 违法的行政行为

违反上述任何方面都会构成违法。《行政诉讼法》第 70 条将具体行政行为的违法情形总结为以下五个方面:① 主要证据不足;② 适用法律、法规错误;③ 违反法定程序;④ 超越职权;⑤ 滥用职权;⑥ 行政行为明显不当。

但违法的行政行为并非一定构成无效,只有重大且明显的违法瑕疵才会导致无效,学理上也因此将违法的行政行为区分为可撤销的违法行为与无效行政行为。

违法行为 { 可撤销的行政行为:一般性违法仅构成可撤销的行政行为,但在被有权机关撤销之前,仍旧对相对人产生拘束力

无效行政行为:重大明显的违法瑕疵

四、具体行政行为的生效与效力内容

(一)生效与无效

学理上认为,所谓"具体行政行为的生效"是指具体行政行为产生后,发生了一定的法律效果,对当事人的权利义务进行了法律调整。**行政行为的生效要件有两项:① 告知相对人;② 行政行为无重大明显的瑕疵。**

无效行政行为是指行政行为自始无效和绝对无效。如果一个具体行政行为有重大且明显

的瑕疵,即属于无效行为。重大且明显违法包括:行为主体没有主体资格、没有法定依据等。

★特别提示

行政行为的生效并不依赖于行政行为的合法。一般的违法行政行为仍旧会产生法律效力,这种行政行为并非无效行政行为,而是违法的可撤销行为,但在被有权机关撤销前,相对人仍旧受其拘束。

(二)效力内容

对于行政行为在生效后所发生的法律效果,学界一般概括为四个方面:

(1)公定力。即行政行为一经生效,所有人均应予以尊重的效力。

(2)拘束力。主要针对行政相对人,指具体行政行为一经生效,行政相对人就应遵守履行,即使对该行为有异议,也应通过法律所提供的常规救济途径(如行政复议、行政诉讼和国家赔偿)提出异议,而不能直接予以对抗。

(3)确定力。主要针对作出该行为的行政机关,指具体行政行为一经生效,行为机关就不能再对该行为随意变更或撤销,否则就侵犯了相对人的信赖利益,同时,确定力还指行政相对人对行政行为的异议只能在法律规定的救济期限内提出,超过法定期限,行政行为就具有了确定效果,相对人就无权再提出异议。

(4)执行力。即国家有权使用强制力迫使具体行政行为中所确定的权利义务关系转化为现实。行政行为的执行力与行政行为的强制执行有关,后文中会有相关论述。

行政行为效力	内容	
公定力	行政行为一经生效,所有人(行政相对人、相关人、行政机关和法院)均应予以尊重的效力	
拘束力	具体行政行为一经生效,行政相对人就应遵守履行	
确定力	实质确定力	行政行为一经生效,行为机关非因法定事由、法定程序不得随意撤销、变更或废止该行为
	形式确定力	行政相对人对行政行为的异议只能在法律规定的救济期限内提出,超过法定期限,行政行为就具有了确定效果,相对人就无权再提出异议
执行力	国家有权使用强制力迫使具体行政行为中所确定的权利义务关系转化为现实	

★特别提示

对于效力内容,考生应重点识记行政行为的确定力,因确定力涉及相对人的信赖保护,考试中出现的频率很高。

(三)具体行政行为效力的终止:撤销与废止

撤销与废止都是行政行为作出后丧失法律效力的方式。

1. 撤销

如上文所述,违法行政行为并不一定就会导致无效,一般的瑕疵并不会影响行政行为的生效,但此类行政行为属于"可撤销的行政行为",即有权机关可将其撤销,使其溯及既往地失去效力,因此,撤销针对的是违法的行政行为。又根据上文所述的信赖保护原则,行政机关在撤销违法的行政行为时,如相对人对此违法并无过错,则行政机关应当对相对人遭受的损失予以赔偿。

2. 废止

与撤销不同,废止是指行政行为作出时合法,但事后法律和事实发生了变化,行政行为再无存在的必要,行政机关使其向未来失去效力,因此,废止针对的是合法的行政行为。同样根据上文所述的信赖保护原则,行政机关在废止行政行为时,应当对相对人遭受的损失予以补偿。

	行政行为 作出时的状态	废弃行政 行为的理由	法律效果	信赖保护原则的适用
撤销	违法	纠正违法	溯及既往失去效力	如相对人无过错应对其损失予以赔偿
废止	合法	法律、事实发生变化	向未来失去效力	应对相对人予以补偿

◆经典真题

1.(2009-2-80)关于具体行政行为的成立和效力,下列哪些选项是错误的?(ACD)

A. 与抽象行政行为不同,具体行政行为一经成立即生效
B. 行政强制执行是实现具体行政行为执行力的制度保障
C. 未经送达领受程序的具体行政行为也具有法律约束力
D. 因废止具体行政行为给当事人造成损失的,国家应当给予赔偿

2.(2013-2-85)关于具体行政行为的合法性与效力,下列哪些说法是正确的?(AB)

A. 遵守法定程序是具体行政行为合法的必要条件
B. 无效行政行为可能有多种表现形式,无法完全列举
C. 因具体行政行为废止致使当事人的合法权益受到损失的,应给予赔偿
D. 申请行政复议会导致具体行政行为丧失拘束力

3.(2014-2-99)有关具体行政行为的效力和合法性,下列说法正确的是:(CD)

A. 具体行政行为一经成立即生效
B. 具体行政行为违法是导致其效力终止的唯一原因
C. 行政机关的职权主要源自行政组织法和授权法的规定
D. 滥用职权是具体行政行为构成违法的独立理由

4.(2015-2-46)某地连续发生数起以低价出售物品引诱当事人至屋内后实施抢劫的事件,当地公安局通过手机短信告知居民保持警惕以免上当受骗。公安局的行为属于下列哪一性质?(A)

A. 履行行政职务的行为　　　　　B. 负担性的行为
C. 准备性行政行为　　　　　　　D. 强制行为

第三章 公务员法

【复习提要】

《公务员法》是法考必定会涉及的内容。本章内容涉及：公务员的概念和范围；公务员的职位分类；公务员管理制度；聘任制公务员。其中公务员的处分制度、回避制度、公务员的申诉与控告以及聘任制公务员是《公务员法》中的重点。

一、公务员的概念和范围

◆**重点法条**

《公务员法》

第二条 本法所称公务员，是指依法履行公职、纳入国家行政编制、由国家财政负担工资福利的工作人员。

◆**知识要点**

我国公务员的范围不仅限于国家行政机关的工作人员，对同时具备依法履行公职、纳入国家行政编制、由国家财政负担工资福利这三个条件的人员，都属于公务员的范围。

二、公务员的职位分类

◆**重点法条**

《公务员法》

第十四条 国家实行公务员职位分类制度。

公务员职位类别按照公务员职位的性质、特点和管理需要，划分为综合管理类、专业技术类和行政执法类等类别。国务院根据本法，对于具有职位特殊性，需要单独管理的，可以增设其他职位类别。各职位类别的适用范围由国家另行规定。

第十六条 公务员职务分为领导职务和非领导职务。

领导职务层次分为：国家级正职、国家级副职、省部级正职、省部级副职、厅局级正职、厅局级副职、县处级正职、县处级副职、乡科级正职、乡科级副职。

非领导职务层次在厅局级以下设置。

◆**考点归纳**

（1）《公务员法》将公务员划分为综合管理类、专业技术类和行政执法类，只有国务院有权决定增设其他职位类别。

（2）公务员职务分为领导职务和非领导职务，非领导职务层次仅在厅局级以下设置。

◆**经典真题**

（2011-2-39）对具有职位特殊性的公务员需要单独管理的，可以增设《公务员法》明确规定的职位之外的职位类别。下列哪一机关享有此增设权？（C）

A. 全国人大常委会　　　　　　　　B. 国务院
C. 中央公务员主管部门　　　　　　D. 省级公务员主管部门

三、公务员管理制度

(一) 录用制度

◆**重点法条**

《公务员法》

第二十一条　录用担任主任科员以下及其他相当职务层次的非领导职务公务员,采取公开考试、严格考察、平等竞争、择优录取的办法。

民族自治地方依照前款规定录用公务员时,依照法律和有关规定对少数民族报考者予以适当照顾。

第二十二条　中央机关及其直属机构公务员的录用,由中央公务员主管部门负责组织。地方各级机关公务员的录用,由省级公务员主管部门负责组织,必要时省级公务员主管部门可以授权设区的市级公务员主管部门组织。

第二十四条　下列人员不得录用为公务员:

(一) 曾因犯罪受过刑事处罚的;

(二) 曾被开除公职的;

(三) 有法律规定不得录用为公务员的其他情形的。

第三十二条　新录用的公务员试用期为一年。试用期满合格的,予以任职;不合格的,取消录用。

◆**考点归纳**

(1) 公务员职务的取得包含了两个层次的问题:一是取得公务员的身份;二是取得具体的职位。而此处的录用制度主要是指初次进入国家机关,担任主任科员以下及其他相当职务层次的非领导职务公务员,首先要通过录用程序取得担任公务员的资格。

(2) 中央机关及其直属机构公务员的录用,由中央公务员主管部门负责组织。地方各级机关公务员的录用,均由省级公务员主管部门负责组织。

(3) 曾因犯罪受到刑事处罚或是曾被开除公职的,不得被录用为公务员,这一点须牢记。

(4) 通过公开考试新录用的公务员试用期均为1年,只有聘任制公务员可在聘任合同中约定试用期为1个月至6个月。新录用的公务员如果在试用期内不合格被取消录用的,对取消录用的决定,该公务员不能复议和诉讼,只能复核与申诉。

有关录用的问题可总结为下表:

公务员录用	
公开考试录用职位	担任**主任科员以下及其他相当职务层次**的**非领导职务公务员**。
负责机构	中央机关及其直属机构公务员的录用,由中央公务员主管部门负责组织; 地方各级机关公务员的录用,由省级公务员主管部门负责组织。
不能被录用的人员	(1) 曾因犯罪受过刑事处罚的; (2) 曾被开除公职的。
试用期及处理	新录用的公务员试用期为1年。试用期满合格的,予以任职;不合格的,取消录用。

◆ 经典真题

(2012-2-43)关于公务员录用的做法,下列哪一选项是正确的?(C)
A. 县公安局经市公安局批准,简化程序录用一名特殊职位的公务员
B. 区财政局录用一名曾被开除过公职但业务和能力优秀的人为公务员
C. 市环保局以新录用的公务员李某试用期满不合格为由,决定取消录用
D. 国务院卫生行政部门规定公务员录用体检项目和标准,报中央公务员主管部门备案

(二) 考核制度与职务升降

◆ 重点法条
《公务员法》

第三十六条 定期考核的结果分为优秀、称职、基本称职和不称职四个等次。
定期考核的结果应当以书面形式通知公务员本人。

第四十七条 公务员在定期考核中被确定为不称职的,按照规定程序降低一个职务层次任职。

第八十三条 公务员有下列情形之一的,予以辞退:
(一)在年度考核中,连续两年被确定为不称职的;
……

◆ 考点归纳

考核	考核的作用:为调整职务、级别和工资以及奖励、培训和辞退提供依据
	考核的内容:德、能、勤、绩,重点是业绩
	考核的程序:平时考核与定期考核
	定期考核结果(必须书面通知公务员本人) ① 优秀、称职:获得年终奖金 ② 基本称职:1年内不得晋升职务 ③ 不称职的:必须降低一个职务层次任职 ④ 连续两年考核被确定为不称职:予以辞退

(三) 职务任免制度

◆ 重点法条
《公务员法》

第三十八条 公务员职务实行选任制和委任制。
领导成员职务按照国家规定实行任期制。

第四十七条 公务员在定期考核中被确定为不称职的,按照规定程序降低一个职务层次任职。

第九十五条第一款 机关根据工作需要,经省级以上公务员主管部门批准,可以对专业性较强的职位和辅助性职位实行聘任制。

◆ 考点归纳

与公务员的录用是首次取得公务员的身份不同,公务员的职务取得是指公务员获得某项具体的职务。公务员职务实行选任制、委任制和聘任制三种方式。选任制适用于领导职位,即通过人大及其常委会选举的方式任免领导职务公务员,但具有任期。委任制公务员适用于经

录用进入公务员序列的非领导职务,委任制公务员遇有试用期满考核不合格、职务发生变化、不再担任公务员职务以及其他情形需要任免职务的,按照相关规定任免职务。聘任制公务员主要适用于专业性较强的职位和辅助性的职位。

(四)惩戒制度与行政处分

1. 公务员执行上级错误或违法命令的处理

◆重点法条

《公务员法》

第五十四条 公务员执行公务时,认为上级的决定或者命令有错误的,可以向上级提出改正或撤销该决定或者命令的意见;上级不改变该决定或者命令,或者要求立即执行的,公务员应当执行该决定或者命令,执行的后果由上级负责,公务员不承担责任;但是,公务员执行明显违法的决定或者命令的,应当依法承担相应的责任。

◆考点归纳

《公务员法》第54条是关于下级对上级决定或命令如何执行的规定,也是考试中常见的考点。具体解析如下:

(1)下级执行上级的决定或命令时,认为上级有错误的,可以向上级提出意见;

(2)上级如果仍然坚持此决定或命令,下级必须执行,但执行后果由上级负责,下级免责;

(3)如果上级决定或命令明显违法,下级不得执行,否则也应承担相应责任。"明显违法"是指明显违背法律的具体规定。

2. 公务员的处分制度

◆重点法条

《公务员法》

第五十五条 公务员因违法违纪应当承担纪律责任的,依照本法给予处分;违纪行为情节轻微,经批评教育后改正的,可以免予处分。

第五十六条 处分分为:警告、记过、记大过、降级、撤职、开除。

第五十七条 对公务员的处分,应当事实清楚、证据确凿、定性准确、处理恰当、程序合法、手续完备。

公务员违纪的,应当由处分决定机关决定对公务员违纪的情况进行调查,并将调查认定的事实及拟给予处分的依据告知公务员本人。公务员有权进行陈述和申辩。

处分决定机关认为对公务员应当给予处分的,应当在规定的期限内,按照管理权限和规定的程序作出处分决定。处分决定应当以书面形式通知公务员本人。

第五十八条 公务员在受处分期间不得晋升职务和级别,其中受记过、记大过、降级、撤职处分的,不得晋升工资档次。

受处分的期间为:警告,六个月;记过,十二个月;记大过,十八个月;降级、撤职,二十四个月。

受撤职处分的,按照规定降低级别。

第五十九条 公务员受开除以外的处分,在受处分期间有悔改表现,并且没有再发生违纪行为的,处分期满后,由处分决定机关解除处分并以书面形式通知本人。

解除处分后,晋升工资档次、级别和职务不再受原处分的影响。但是,解除降级、撤职处分的,不视为恢复原级别、原职务。

《行政机关公务员处分条例》

第二条 行政机关公务员违反法律、法规、规章以及行政机关的决定和命令,应当承担纪律责任的,依照本条例给予处分。

……

除法律、法规、规章以及国务院决定外,行政机关不得以其他形式设定行政机关公务员处分事项。

第九条第一款 行政机关公务员受开除处分的,自处分决定生效之日起,解除其与单位的人事关系,不得再担任公务员职务。

第十条 行政机关公务员同时有两种以上需要给予处分的行为的,应当分别确定其处分。应当给予的处分种类不同的,执行其中最重的处分;应当给予撤职以下多个相同种类处分的,执行该处分,并在一个处分期以上、多个处分期之和以下,决定处分期。

行政机关公务员在受处分期间受到新的处分的,其处分期为原处分期尚未执行的期限与新处分期限之和。

处分期最长不得超过48个月。

第十四条 行政机关公务员主动交代违法违纪行为,并主动采取措施有效避免或者挽回损失的,应当减轻处分。

行政机关公务员违纪行为情节轻微,经过批评教育后改正的,可以免予处分。

第三十八条 行政机关公务员违法违纪,已经被立案调查,不宜继续履行职责的,任免机关可以决定暂停其履行职务。

被调查的公务员在违法违纪案件立案调查期间,不得交流、出境、辞去公职或者办理退休手续。

◆ **知识要点**

公务员处分制度	
法定依据	除法律、法规、规章以及国务院决定外,行政机关不得以其他形式设定行政机关公务员处分事项。
处分种类	警告、记过、记大过、降级、撤职、开除。
处分期限	(1) 警告,6个月;记过,12个月;记大过,18个月;降级、撤职,24个月; (2) 行政机关公务员同时有两种以上需要给予处分的行为的,应当分别确定其处分。应当给予的处分种类不同的,执行其中最重的处分;应当给予撤职以下多个相同种类处分的,执行该处分,并在一个处分期以上、多个处分期之和以下,决定处分期; (3) 处分期最长不得超过48个月。
作出与解除形式	(1) 处分决定应当以书面形式通知公务员本人; (2) 处分期满后,由处分决定机关解除处分并以书面形式通知本人。
处分执行	(1) 受撤职处分的,按照规定降低级别; (2) 受开除处分的,自处分决定生效之日起,解除其与单位的人事关系,不得再担任公务员职务; (3) 公务员在受处分期间不得晋升职务和级别,其中受记过、记大过、降级、撤职处分的,不得晋升工资档次。

(续表)

公务员处分制度	
处分情节	(1) 行政机关公务员主动交代违法违纪行为,并主动采取措施有效避免或者挽回损失的,应当减轻处分; (2) 行政机关公务员违纪行为情节轻微,经过批评教育后改正的,可以免予处分。
立案调查	(1) 行政机关公务员违法违纪,已经被立案调查,不宜继续履行职责的,任免机关可以决定暂停其履行职务; (2) 被调查的公务员在违法违纪案件立案调查期间,不得交流、出境、辞去公职或者办理退休手续。
解除处分	(1) 解除处分后,晋升工资档次、级别和职务不再受原处分的影响; (2) 解除降级、撤职处分的,不视为恢复原级别、原职务。

◆考点归纳

公务员处分制度是《公务员法》的考核重点,考生应对以下要点特别注意:

(1) 对公务员的处分包括警告、记过、记大过、降级、撤职、开除。其中,降级是降低受处分人的级别;撤职即免去受处分人所担任的具体职务,而开除则意味着完全剥夺受处分人的公务员身份。

(2) 处分必须依法定程序作出,并以书面形式通知公务员本人。

(3) 公务员在受处分期间不得晋升职务和级别,其中受记过、记大过、降级、撤职处分的,不得晋升工资档次。受撤职处分的,按照规定降低级别。

(4)《行政机关公务员处分条例》第10条还规定,"行政机关公务员同时有两种以上需要给予处分的行为的,应当分别确定其处分。应当给予的处分种类不同的,执行其中最重的处分"。

(5) 解除降级、撤职处分的,不视为恢复原级别、原职务。

◆经典真题

1. (2008-2-39)关于行政机关公务员处分的说法,下列哪一选项是正确的?(D)
  A. 行政诉讼的生效判决撤销某行政机关所作的决定,即应给予该机关的负责人张某行政处分
  B. 工商局干部李某主动交代自己的违法行为,即应减轻处分
  C. 某环保局科长王某因涉嫌违纪被立案调查,即应暂停其履行职务
  D. 财政局干部田某因涉嫌违纪被立案调查,即不应允许其挂职锻炼

2. (2008-2-98)某行政机关负责人孙某因同时违反财经纪律和玩忽职守被分别给予撤职和记过处分。下列说法正确的是:(AB)
  A. 应只对孙某执行撤职处分
  B. 应同时降低孙某的级别
  C. 对孙某的处分期为36个月
  D. 解除对孙某的处分后,即应恢复其原职务

3. (2009-2-82)下列哪些选项属于对公务员的处分?(AC)
  A. 降级　　　　B. 免职　　　　C. 撤职　　　　D. 责令辞职

4. (2017-2-44)某县工商局科员李某因旷工被给予警告处分。关于李某的处分,下列哪一说法是正确的?(B)

A. 处分决定可以口头方式通知李某 B. 处分决定自作出之日起生效
C. 受处分期间为12个月 D. 李某在受处分期间不得晋升工资档次

(五) 交流制度

◆ 重点法条

《公务员法》

第六十三条 国家实行公务员交流制度。

公务员可以在公务员队伍内部交流,也可以与国有企业事业单位、人民团体和群众团体中从事公务的人员交流。

交流的方式包括调任、转任和挂职锻炼。

第六十四条 国有企业事业单位、人民团体和群众团体中从事公务的人员可以调入机关担任领导职务或者副调研员以上及其他相当职务层次的非领导职务。调任人选应当具备本法第十一条规定的条件和拟任职位所要求的资格条件,并不得有本法第二十四条规定的情形。

调任机关应当根据上述规定,对调任人选进行严格考察,并按照管理权限审批,必要时可以对调任人选进行考试。

第六十五条 公务员在不同职位之间转任应当具备拟任职位所要求的资格条件,在规定的编制限额和职数内进行。

对省部级正职以下的领导成员应当有计划、有重点地实行跨地区、跨部门转任。

对担任机关内设机构领导职务和工作性质特殊的非领导职务的公务员,应当有计划地在本机关内转任。

第六十六条 根据培养锻炼公务员的需要,可以选派公务员到下级机关或者上级机关、其他地区机关以及国有企业事业单位挂职锻炼。

公务员在挂职锻炼期间,不改变与原机关的人事关系。

◆ 知识要点

交流	调任	国有企业事业单位、人民团体和群众团体中从事公务的人员调入机关担任领导职务或副调研员以上及其他相当职务层次的非领导职务
	转任	公务员在不同职位、不同地区、不同部门之间的职务变动
	挂职锻炼	选派公务员到下级或上级机关、其他地区机关以及国有企业事业单位担任职务(不改变与原单位的人事关系)

◆ 经典真题

(2009-2-42)下列哪一做法不属于公务员交流制度?(B)
A. 沈某系某高校副校长,调入国务院某部任副司长
B. 刘某系某高校行政人员,被聘为某区法院书记员
C. 吴某系国有企业经理,调入市国有资产管理委员会任处长
D. 郑某系某部人事司副处长,到某市挂职担任市委组织部副部长

(六) 回避制度

◆ 重点法条

《公务员法》

第六十八条 公务员之间有**夫妻关系、直系血亲关系、三代以内旁系血亲关系以及近姻亲**

关系的,不得在同一机关担任双方直接隶属于同一领导人员的职务或者有直接上下级领导关系的职务,也不得在其中一方担任领导职务的机关从事组织、人事、纪检、监察、审计和财务工作。

因地域或者工作性质特殊,需要变通执行任职回避的,由省级以上公务员主管部门规定。

第六十九条 公务员担任乡级机关、县级机关及其有关部门主要领导职务的,应当实行地域回避,法律另有规定的除外。

第七十条 公务员执行公务时,有下列情形之一的,应当回避:
(一)涉及本人利害关系的;
(二)涉及与本人有本法第六十八条第一款所列亲属关系人员的利害关系的;
(三)其他可能影响公正执行公务的。

《公务员回避规定(试行)》

第五条 公务员凡有下列亲属关系的,不得在同一机关担任双方直接隶属于同一领导人员的职务或者有直接上下级领导关系的职务,也不得在其中一方担任领导职务的机关从事组织、人事、纪检、监察、审计和财务工作。
(一)夫妻关系;
(二)直系血亲关系,包括祖父母、外祖父母、父母、子女、孙子女、外孙子女;
(三)三代以内旁系血亲关系,包括伯叔姑舅姨、兄弟姐妹、堂兄弟姐妹、表兄弟姐妹、侄子女、甥子女;
(四)近姻亲关系,包括配偶的父母、配偶的兄弟姐妹及其配偶、子女的配偶及子女配偶的父母、三代以内旁系血亲的配偶。

本规定所指直接隶属,是指具有直接上下级领导关系;同一领导人员,包括同一级领导班子成员;直接上下级领导关系,包括上一级正副职与下一级正副职之间的领导关系。

第六条 公务员任职回避按照以下程序办理:
(一)本人提出回避申请或者所在机关提出回避建议。
(二)任免机关组织人事部门按照管理权限进行审核,并提出回避意见报任免机关。在报任免机关决定前,应当听取公务员本人及相关人员的意见。
(三)任免机关作出决定。需要回避的,予以调整。职务层次不同的,一般由职务层次较低的一方回避;职务层次相同的,根据工作需要和实际情况决定其中一方回避。

◆知识要点

公务员回避	亲属关系回避	(1)不得在同一机关担任双方直接隶属于同一领导人员的职务,同一领导人员,包括同一级领导班子成员; (2)不得在同一机关担任有直接上下级领导关系的职务,直接上下级领导关系,包括上一级正副职与下一级正副职之间的领导关系; (3)不得在其中一方担任领导职务的机关从事组织、人事、纪检、监察、审计和财务工作。
	地域回避	担任县、乡党委、政府及其有关部门正职领导成员的,应当实行地域回避。
	职务回避	(1)执行职务涉及本人利害关系的; (2)涉及与本人有亲属关系人员的利害关系的; (3)其他可能影响公正执行公务的。

◆ 考点归纳

公务员的回避制度是《公务员法》考核中的重要考点。其中第68条为任职回避,第69条为地域回避,而第70条为公务回避。第68条因为较复杂,考生易混淆,因此出题频率很高。

对第68条任职回避的正确理解如下:

(1) 第68条中所涉及的亲属关系包括夫妻关系、直系血亲和三代以内旁系血亲以及近姻亲关系。《公务员回避规定(试行)》中特别明确,直系血亲关系包括祖父母、外祖父母、父母、子女、孙子女、外孙子女,三代以内旁系血亲包括伯叔姑舅姨、兄弟姐妹、堂兄弟姐妹、表兄弟姐妹、侄子女、甥子女,而近姻亲关系包括配偶的父母、配偶的兄弟姐妹及其配偶、子女的配偶及子女配偶的父母、三代以内旁系血亲的配偶。

(2) 第68条禁止有上述亲属关系的公务员在同一机关担任双方直接隶属于同一领导人员的职务,或者有直接上下级领导关系的职务,也不得在其中一方担任领导职务的机关从事组织、人事、纪检、监察、审计和财务工作,《公务员回避规定(试行)》中特别明确,同一领导人员,包括同一级领导班子成员;直接上下级领导关系,包括上一级正副职与下一级正副职之间的领导关系。

(3) 但第68条并不禁止有上述亲属关系的公务员在同一机关任职,只要他们并不直接隶属于同一领导人,或是一方虽是另一方的领导,但并非直接的上级领导。

(4) 公务员在任职回避时,由本人或是任免机关提出回避要求,一般情形下职务不同的,由职务较低一方回避;职务相同的,由任免机关根据工作需要和公务员的实际情况决定其中一方回避。

第69条涉及地域回避,即担任县、乡机关及其有关部门主要领导职务的,如县长、副县长、乡长、副乡长等,均不得在原籍任职,所谓本乡、本县的人不得在本地方担任主要领导职务。

第70条涉及职务回避,详解如下:

(1) 所处理的职务涉及本人的利害关系。涉及本人利害关系,可分为本人未被处理的当事人和处理的公务与本人有直接的利害关系,足以影响公正执法。

(2) 所处理的职务涉及与本人有第68条第1款规定的四种比较亲密的亲属关系的人员有利害关系的,这里的亲属包括**夫妻关系**、**直系血亲关系**、**三代以内旁系血亲关系以及近姻亲关系**,这里的利害关系包括这些亲属是公务执行的对象或者与公务执行有经济、名誉等利害关系。

◆ 经典真题

1. (2007-2-85)下列哪些情形违反《公务员法》有关回避的规定?(ABC)
    A. 张某担任家乡所在县的县长
    B. 刘某是工商局局长,其侄担任工商局人事处科员
    C. 王某是税务局工作人员,参加调查一企业涉嫌偷漏税款案,其妻之弟任该企业的总经理助理
    D. 李某是公安局局长,其妻在公安局所属派出所担任户籍警察

2. (2009-2-42)下列哪一做法不属于公务员交流制度?(B)
    A. 沈某系某高校副校长,调入国务院某部任副司长
    B. 刘某系某高校行政人员,被聘为某区法院书记员

C. 吴某系某国有企业经理,调入市国有资产管理委员会任处长
D. 郑某系某部人事司副处长,到某市挂职担任市委组织部副部长

(七)辞职辞退

◆重点法条
《公务员法》
第八十一条 公务员有下列情形之一的,不得辞去公职:
(一)未满国家规定的最低服务年限的;
(二)在涉及国家秘密等特殊职位任职或者离开上述职位不满国家规定的脱密期限的;
(三)重要公务尚未处理完毕,且须由本人继续处理的;
(四)正在接受审计、纪律审查,或者涉嫌犯罪,司法程序尚未终结的;
(五)法律、行政法规规定的其他不得辞去公职的情形。

第八十二条 担任领导职务的公务员,因工作变动依照法律规定需要辞去现任职务的,应当履行辞职手续。

担任领导职务的公务员,因个人或者其他原因,可以自愿提出辞去领导职务。

领导成员因工作严重失误、失职造成重大损失或者恶劣社会影响的,或者对重大事故负有领导责任的,应当引咎辞去领导职务。

领导成员应当引咎辞职或者因其他原因不再适合担任现任领导职务,本人不提出辞职的,应当责令其辞去领导职务。

第八十三条 公务员有下列情形之一的,予以辞退:
(一)在年度考核中,连续两年被确定为不称职的;
(二)不胜任现职工作,又不接受其他安排的;
(三)因所在机关调整、撤销、合并或者缩减编制员额需要调整工作,本人拒绝合理安排的;
(四)不履行公务员义务,不遵守公务员纪律,经教育仍无转变,不适合继续在机关工作,又不宜给予开除处分的;
(五)旷工或者因公外出、请假期满无正当理由逾期不归连续超过十五天,或者一年内累计超过三十天的。

第八十四条 对有下列情形之一的公务员,不得辞退:
(一)因公致残,被确认丧失或者部分丧失工作能力的;
(二)患病或者负伤,在规定的医疗期内的;
(三)女性公务员在孕期、产假、哺乳期内的;
(四)法律、行政法规规定的其他不得辞退的情形。

第八十五条 辞退公务员,按照管理权限决定。辞退决定应当以书面形式通知被辞退的公务员。

被辞退的公务员,可以领取辞退费或者根据国家有关规定享受失业保险。

◆ 知识要点

	公务员主动辞职		行政机关将公务员辞退
时间和程序	公务员辞去公职,应当向任免机关提出书面申请。任免机关应当自接到申请之日起30日内予以审批,其中对领导成员辞去公职的申请,应当自接到申请之日起90日内予以审批。	予以辞退的情形	(1) 在年度考核中,连续两年被确定为不称职的; (2) 不胜任现职工作,又不接受其他安排的; (3) 因所在机关调整、撤销、合并或者缩减编制员额需要调整工作,本人拒绝合理安排的; (4) 不履行公务员义务,不遵守公务员纪律,经教育仍无转变,不适合继续在机关工作,又不宜给予开除处分的; (5) 旷工或者因公外出、请假期满无正当理由逾期不归连续超过15天,或者1年内累计超过30天的。
不得辞职	(1) 未满国家规定的最低服务年限的; (2) 在涉及国家秘密等特殊职位任职或者离开上述职位不满国家规定的脱密期限的; (3) 重要公务尚未处理完毕,且须由本人继续处理的; (4) 正在接受审计、纪律审查,或者涉嫌犯罪,司法程序尚未终结的; (5) 法律、行政法规规定的其他不得辞去公职的情形。	不得辞退	(1) 因公致残,被确认丧失或者部分丧失工作能力的; (2) 患病或者负伤,在规定的医疗期内的; (3) 女性公务员在孕期、产假、哺乳期内的; (4) 法律、行政法规规定的其他不得辞退的情形。
领导人员辞去领导职务	(1) 担任领导职务的公务员,因工作变动依照法律规定需要辞去现任职务的,应当履行辞职手续; (2) 担任领导职务的公务员,因个人或其他原因,可以自愿提出辞去领导职务; (3) 领导成员因工作严重失误、失职造成重大损失或者恶劣社会影响的,或者对重大事故负有领导责任的,应当引咎辞去领导职务; (4) 领导成员应当引咎辞职或者因其他原因不再适合担任现任领导职务,本人不提出辞职的,应当责令其辞去领导职务。	程序与待遇	辞退公务员,按照管理权限决定。辞退决定应当以书面形式通知被辞退的公务员。被辞退的公务员,可以领取辞退费或者根据国家有关规定享受失业保险。
公务交接	公务员辞职或者被辞退,离职前应当办理公务交接手续,必要时按照规定接受审计。		

◆**经典真题**

1.（2005-2-90）下列哪些做法不符合有关公务员管理的法律法规规定？（ABD）

A. 县公安局法制科科员李某因2002年和2004年年度考核不称职而被辞退

B. 小王2004年7月通过公务员考试进入市法制办工作，因表现突出于2005年1月转正

C. 办事员张某辞职离开县政府，单位要求他在离职前办理公务交接手续

D. 县财政局办事人田某对单位的开除决定不服向县人事局申诉，在申诉期间财政局应当保留田某的工作

2.（2015-2-76）关于公务员的辞职和辞退，下列哪些说法是正确的？（CD）

A. 重要公务尚未处理完毕的公务员，不得辞去公职

B. 领导成员对重大事故负有领导责任的，应引咎辞去公职

C. 对患病且在规定的医疗期内的公务员，不得辞退

D. 被辞退的公务员，可根据国家有关规定享受失业保险

（八）申诉控告

◆**重点法条**

《公务员法》

第九十条 公务员对涉及本人的下列人事处理不服的，可以自知道该人事处理之日起三十日内向原处理机关申请复核；对复核结果不服的，可以自接到复核决定之日起十五日内，按照规定向同级公务员主管部门或者作出该人事处理的机关的上一级机关提出申诉；也可以不经复核，自知道该人事处理之日起三十日内直接提出申诉：

（一）处分；

（二）辞退或者取消录用；

（三）降职；

（四）定期考核定为不称职；

（五）免职；

（六）申请辞职、提前退休未予批准；

（七）未按规定确定或者扣减工资、福利、保险待遇；

（八）法律、法规规定可以申诉的其他情形。

对省级以下机关作出的申诉处理决定不服的，可以向作出处理决定的上一级机关提出再申诉。

行政机关公务员对处分不服向行政监察机关申诉的，按照《中华人民共和国行政监察法》的规定办理。

第九十一条 原处理机关应当自接到复核申请书后的三十日内作出复核决定。受理公务员申诉的机关应当自受理之日起六十日内作出处理决定；案情复杂的，可以适当延长，但是延长时间不得超过三十日。

复核、申诉期间不停止人事处理的执行。

◆**考点归纳**

《公务员法》第90条涉及公务员的申诉控告，申诉控告是公务员认为自己的权利受到所在机关侵犯时所能采用的主要救济方式，因为《行政复议法》与《行政诉讼法》均将"公务员认为行政机关的行为侵犯其合法权益而不服"的这种"内部行政行为"排除在行政复议与行政诉

讼的受案范围之外,因此,此处的公务员的申诉与控告制度就显得非常重要。具体而言,公务员的申诉控告包括以下几个方面:

(1) 公务员对于行政机关涉及其权利义务的决定,既不能复议也不能起诉,只能申诉或复核;

(2) 公务员对涉及本人的人事处理决定部分,只能申诉和复核。其中复核是向原处理机关提出,而申诉则是向同级公务员主管部门或者作出该人事处理的机关的上一级机关提出。

(3) 公务员申诉控告的程序和步骤可以进行选择,即公务员可以先提出复核,复核不服再申诉,也可以不经复核,直接提出申诉。

(4) 复核与申诉的期限分别是:先复核后申诉的,自知道该处理决定之日起30日内申请复核,对复核结果不服的在接到复核决定之日起15日内申诉;直接申诉的,自知道该人事处理决定之日起30日内直接提出申诉。

(5) 复核与申诉的处理期限分别是:原处理机关应当自接到复核申请书后的30日内作出复核决定。受理公务员申诉的机关应当自受理之日起60日内作出处理决定;案情复杂的,可以适当延长,但是延长时间不得超过30日。

(6) 复核、申诉期间不停止人事处理的执行。

有关公务员的救济制度可总结为下表:

公务员的救济制度	
救济方式	公务员对于行政机关涉及其权利义务的决定,既不能复议也不能起诉,只能申诉或复核。
处理机关	复核是向原处理机关提出,而申诉则是向同级公务员主管部门或作出该人事处理的机关的上一级机关提出。
救济步骤	公务员可以先提出复核,对复核结果不服再申诉,也可以不经复核,直接提出申诉。
申请期限	先复核后申诉的,自知道该处理决定之日起30日内申请复核,对复核结果不服的在接到复核决定之日起15日内申诉;直接申诉的,自知道该人事处理决定之日起30日内直接提出申诉。
处理期限	原处理机关应当自接到复核申请书后的30日内作出复核决定。受理公务员申诉的机关应当自受理之日起60日内作出处理决定;案情复杂的,可以适当延长,但是延长时间不得超过30日。
其他事宜	复核、申诉期间不停止人事处理的执行。

◆经典真题

(2011-2-97)当事人不服下列行为提起的诉讼,属于行政诉讼受案范围的是:(A)

A. 某人保局以李某体检不合格为由取消其公务员录用资格

B. 某公安局以新录用的公务员孙某试用期不合格为由取消录用

C. 某人保局给予工作人员田某记过处分

D. 某财政局对工作人员黄某提出的辞职申请不予批准

四、聘任制公务员

◆**重点法条**

《公务员法》

第九十五条 机关根据工作需要,经省级以上公务员主管部门批准,可以对专业性较强的职位和辅助性职位实行聘任制。

前款所列职位涉及国家秘密的,不实行聘任制。

第九十六条 机关聘任公务员可以参照公务员考试录用的程序进行公开招聘,也可以从符合条件的人员中直接选聘。

机关聘任公务员应当在规定的编制限额和工资经费限额内进行。

第九十七条 机关聘任公务员,应当按照平等自愿、协商一致的原则,签订书面的聘任合同,确定机关与所聘公务员双方的权利、义务。聘任合同经双方协商一致可以变更或者解除。

聘任合同的签订、变更或者解除,应当报同级公务员主管部门备案。

第九十八条 聘任合同应当具备合同期限,职位及其职责要求,工资、福利、保险待遇,违约责任等条款。

聘任合同期限为一年至五年。聘任合同可以约定试用期,试用期为一个月至六个月。

聘任制公务员按照国家规定实行协议工资制,具体办法由中央公务员主管部门规定。

第九十九条 机关依据本法和聘任合同对所聘公务员进行管理。

第一百条 国家建立人事争议仲裁制度。

人事争议仲裁应当根据合法、公正、及时处理的原则,依法维护争议双方的合法权益。

人事争议仲裁委员会根据需要设立。人事争议仲裁委员会由公务员主管部门的代表、聘用机关的代表、聘任制公务员的代表以及法律专家组成。

聘任制公务员与所在机关之间因履行聘任合同发生争议的,可以自争议发生之日起六十日内向人事争议仲裁委员会申请仲裁。当事人对仲裁裁决不服的,可以自接到仲裁裁决书之日起十五日内向人民法院提起诉讼。仲裁裁决生效后,一方当事人不履行的,另一方当事人可以申请人民法院执行。

◆**知识要点**

聘任制公务员	
聘任条件	机关根据工作需要,经省级以上公务员主管部门批准,可以对专业性较强的职位和辅助性职位实行聘任制。
聘任方式	机关聘任公务员可以参照公务员考试录用的程序进行公开招聘,也可以从符合条件的人员中直接选聘。
聘任合同	(1)机关聘任公务员,应当签订书面的聘任合同。 (2)聘任合同应当具备合同期限,职位及其职责要求,工资、福利、保险待遇,违约责任等条款。 (3)聘任合同期限为1年至5年。聘任合同可以约定试用期,试用期为1个月至6个月。

(续表)

	聘任制公务员
人事管理	(1) 聘任制公务员按照国家规定实行协议工资制,具体办法由中央公务员主管部门规定。 (2) 机关依据本法和聘任合同对所聘公务员进行管理。
争议解决	聘任制公务员与所在机关之间因履行聘任合同发生争议的,可以自争议发生之日起60日内向人事争议仲裁委员会申请仲裁。当事人对仲裁裁决不服的,可以自接到仲裁裁决书之日起15日内向人民法院提起诉讼。

◆经典真题

1. (2013-2-79)孙某为某行政机关的聘任制公务员,双方签订聘任合同。下列哪些说法是正确的?(BCD)

A. 对孙某的聘任须按照公务员考试录用程序进行公开招聘

B. 该机关应按照《公务员法》和聘任合同对孙某进行管理

C. 对孙某的工资可以按照国家规定实行协议工资

D. 如孙某与该机关因履行聘任合同发生争议,可以向人事争议仲裁委员会申请仲裁

2. (2017-2-76)根据《公务员法》规定,经省级以上公务员主管部门批准,机关根据工作需要可以对下列哪些职位实行聘任制?(BC)

A. 涉及国家秘密的职位　　　　　B. 专业性较强的职位

C. 辅助性职位　　　　　　　　　D. 机关急需的职位

第四章 行政处罚

【复习提要】

行政处罚是行政机关最重要的行为手段之一,而《行政处罚法》也是我国行政法领域第一部对行政机关的行为方式予以规范的法律。本章内容包括:行政处罚的总则;行政处罚的种类与设定;行政处罚的程序;行政处罚的执行;治安管理处罚法。其中行政处罚的种类与设定,行政处罚的程序,以及《治安管理处罚法》中派出所的处罚权限,行政拘留的暂缓执行,《治安管理处罚法》与《行政处罚法》的区别均是考试的高频考点。

第一节 行政处罚的总则

一、行政处罚的"无效"与行政处罚"不成立"

1. 行政处罚的无效

◆重点法条

《行政处罚法》

第三条第二款 没有法定依据或不遵守法定程序,行政处罚无效。

2. 行政处罚不成立

◆重点法条

《行政处罚法》

第四十一条 行政机关及其执法人员在作出行政处罚决定之前,不依照本法第三十一条、第三十二条的规定向当事人告知给予行政处罚的事实、理由和依据,或拒绝听取当事人的陈述、申辩,行政处罚决定不能成立;当事人放弃陈述或者申辩权利的除外。

◆考点归纳

(1)如前文所示,具体行政行为的无效与不成立在学界尚未有统一认识。《行政处罚法》在立法上区分"处罚无效"与"处罚不成立",但用语的选择具有随意性,与学理之间并没有太多关联,因此考生在复习时,对这一部分只要以法律规定为准,做到准确识记即可,不用再套用学理进行分析。

(2)《行政处罚法》第49条规定,"行政机关及其执法人员当场收缴罚款的,必须向当事人出具省、自治区、直辖市财政部门统一制发的罚款收据;不出据财政部门统一制发的罚款收据的,当事人有权拒绝缴纳罚款",此处《行政处罚法》并未明确行政机关不出具罚款收据的应属处罚无效,还是处罚不成立,抑或处罚违法。根据2002年的真题,此处既可以理解为"无效",也可理解为"违法",考生只要记住在此种情形下相对人可以直接拒绝缴纳罚款即可。

◆经典真题

1. (2002-2-75)刘某因超载被公路管理机关执法人员李某拦截,李某口头作出罚款200元的处罚决定,并要求当场缴纳。刘某要求出具书面处罚决定和罚款收据,李某认为其要求属于强词夺理,拒绝听取其申辩。关于该处罚决定,下列哪些说法是错误的?(BD)

A. 该处罚决定不成立,刘某可以拒绝
B. 该处罚决定违法,刘某缴纳罚款后可以申请复议或提起诉讼
C. 该处罚决定不成立,刘某缴纳罚款后可以申请复议或提起诉讼
D. 该处罚决定无效,刘某可以拒绝

2. (2006-2-45)法院在审理某药品行政处罚案时查明,药品监督管理局在作出处罚决定前拒绝听取被处罚人甲的陈述申辩。下列关于法院判决的哪种说法是正确的?(C)

A. 拒绝听取陈述申辩属于违反法定程序,应判决撤销行政处罚决定,并判令被告重新作出具体行政行为
B. 拒绝听取陈述申辩属于程序瑕疵,应判决驳回原告的诉讼请求
C. 拒绝听取陈述申辩属于违反法定程序,应判决确认行政处罚决定无效
D. 拒绝听取陈述申辩属于违反法定程序,应判决确认行政处罚决定不能成立

二、行政处罚与民事责任、刑事责任的关系

◆重点法条

《行政处罚法》

第七条 公民、法人或其他组织因违法受到行政处罚,其违法行为对他人造成损害的,应当依法承担民事责任。

违法行为构成犯罪的,应当依法追究刑事责任,不得以行政处罚代替刑事处罚。

第二十八条 违法行为构成犯罪的,人民法院判处拘役或者有期徒刑时,行政机关已经给予当事人行政拘留的,应当依法折抵相应刑期。

违法行为构成犯罪,人民法院判处罚金时,行政机关已经给予当事人罚款的,应当折抵相应罚金。

◆考点归纳

行政处罚与民事责任、刑事责任之间的关系可概括如下:
(1) 行政处罚不能替代民事责任与刑事责任;
(2) 行政处罚可以折抵刑罚,但折抵仅仅限于两种类型:行政拘留折抵拘役与有期徒刑,罚款折抵罚金。

三、行政处罚的实施

(一) 行政处罚的实施主体

◆知识要点

(1) 行政机关。行政处罚由具有行政处罚权的行政机关在法定职权范围内实施。
(2) 法律、法规授权组织。法律、法规授权的具有管理公共事务职能的组织可以在法定授权范围内实施行政处罚。
(3) 行政机关委托的组织。

◆重点法条

《行政处罚法》

第十八条 行政机关依照法律、法规或规章的规定,可以在其法定职权范围内委托符合本法第十九条规定条件的组织实施行政处罚。行政机关不得委托其他组织或者个人实施行政

处罚。

委托行政机关对受委托的组织实施行政处罚的行为应当负责监督，并对该行为的后果承担法律责任。

受委托组织在委托范围内，以委托机关名义实施行政处罚；不得再委托其他任何组织或者个人实施行政处罚。

第十九条 受委托组织必须符合以下条件：

（一）依法成立的管理公共事务的事业组织；

（二）具有熟悉有关法律、法规、规章和业务的工作人员；

（三）对违法行为需要进行技术检查或者技术鉴定的，应当有条件组织进行相应的技术检查或者技术鉴定。

◆考点归纳

（1）行政处罚的实施主体部分的考核常常与行政诉讼被告、行政复议的被申请人、行政赔偿的赔偿义务机关紧密相连，对这一部分的复习需结合行政主体理论，无须死记硬背。

（2）行政机关委托其他组织实施行政处罚，需注意以下问题：受托组织必须是具有管理公共事务职能的事业单位，**行政机关不得将处罚权委托给盈利性的公司和个人**，这一点必须注意。另外，行政处罚的委托和行政许可、行政强制中关于委托的规定有很大区别，这一点请考生一定留意。

（二）处罚权限的转移

◆重点法条

《行政处罚法》

第十六条 国务院或者经国务院授权的省、自治区、直辖市人民政府可以决定一个行政机关行使有关行政机关的行政处罚权，但限制人身自由的行政处罚权只能由公安机关行使。

◆考点归纳

（1）处罚权限的转移事实上涉及综合执法问题，即某个行政机关集中行使多个行政机关的处罚权。但这种处罚权的集中只能由国务院或者经国务院授权的省级人民政府决定。

（2）限制人身自由的处罚只能由公安机关行使，而不能进行转移。

四、行政处罚的管辖与适用

（一）行政处罚的基本管辖原则

◆重点法条

《行政处罚法》

第二十条 行政处罚**由违法行为发生地**的**县级以上地方人民政府具有行政处罚权**的行政机关管辖。法律、行政法规另有规定的除外。

◆考点归纳

本条的重点在于行政处罚是由"违法行为发生地"的行政机关管辖，即行政处罚的地域管辖不以"住所地"而以"行为地"为原则。行为地包括：违法行为的实施地、发现地和结果发生地，如果一个行为处于持续状态，且在多个地方进行，这些地方的具有处罚权的行政机关均有权管辖。

第四章　行政处罚

◆经典真题

1. (2000-1-58)申某家住甲地,在乙地制作盗版光盘经过丙地运输到丁地进行销售,对申某的违法行为要进行处罚,谁有管辖权:(BCD)
   A. 甲地依法享有处罚权的行政机关　　B. 乙地依法享有处罚权的行政机关
   C. 丙地依法享有处罚权的行政机关　　D. 丁地依法享有处罚权的行政机关

2. (2007-2-86)运输公司指派本单位司机运送白灰膏。由于泄漏,造成沿途路面大面积严重污染。司机发现后即向公司汇报。该公司即组织人员清扫被污染路面。下列哪些选项是正确的？(ABC)
   A. 路面被污染的沿途三个区的执法机关对本案均享有管辖权,如发生管辖权争议,由三个区的共同上级机关指定管辖
   B. 对该运输公司应当依法从轻或者减轻行政处罚
   C. 本案的违法行为人是该运输公司
   D. 本案的违法行为人是该运输公司和司机

(二) 一事不再罚原则

◆重点法条
《行政处罚法》
第二十四条　对当事人的同一个违法行为,不得给予两次以上罚款的行政处罚。

◆考点归纳
行政处罚中的一事不再罚原则,是指针对相对人的一个违法行为,不能给予两次以上的罚款处罚。
(1) 所谓"一事",就是同一违法行为;
(2) 所谓"再罚",仅限于两次以上罚款的处罚,即一个处罚主体或多个处罚主体根据同一法律规定,对同一个违法行为实施多次罚款处罚;或一个处罚主体或多个处罚主体,根据不同法律规定对一个违法行为实施罚款处罚。如果一个处罚主体根据同一法律规定,对同一违法行为实施不同种类的处罚,或是多个处罚主体根据不同法律对同一违法行为实施不同种类的处罚,并没有违法一事不再罚原则。

◆经典真题

1. (2004-2-44)1997年5月,万达公司凭借一份虚假验资报告在某省工商局办理了增资的变更登记,此后连续四年通过了工商局的年检。2001年7月,工商局以办理变更登记时提供虚假验资报告为由对万达公司作出罚款1万元,责令提交真实验资报告的行政处罚决定。2002年4月,工商局又作出撤销公司变更登记,恢复到变更前状态的决定。2004年6月,工商局又就同一问题作出吊销营业执照的行政处罚决定。关于工商局的行为,下列说法正确的是:(A)
   A. 2001年7月工商局的处罚决定违反了行政处罚法关于时效的规定
   B. 2002年4月工商局的处罚决定违反了一事不再罚原则
   C. 2004年6月工商局的处罚决定是对前两次处罚决定的补充和修改,属于合法的行政行为
   D. 对于万达公司拒绝纠正自己违法行为的情形,工商局可以违法行为处于持续状态为由作出处罚。

2. (2009-2-85)甲公司将承建的建筑工程承包给无特种作业操作资格证书的邓某,邓某

在操作时引发事故。某省建设厅作出暂扣甲公司安全生产许可证三个月的决定,市安全监督管理局对甲公司罚款三万元。甲公司对市安全监督管理局罚款不服,向法院起诉。下列哪些选项是正确的?(AB)

A. 如甲公司对某省建设厅的决定也不服,向同一法院起诉的,法院可以决定合并审理
B. 市安全监督管理局不能适用简易程序作出罚款三万元的决定
C. 某省建设厅作出暂扣安全生产许可证决定前,应为甲公司组织听证
D. 因安全监督管理局的罚款决定违反一事不再罚要求,法院应判决撤销

(三) 处罚的从轻、减轻情节

◆**重点法条**

《行政处罚法》

第二十五条 不满十四周岁的人有违法行为的,不予行政处罚,责令监护人加以管教;已满十四周岁不满十八周岁的人有违法行为的,从轻或者减轻行政处罚。

第二十六条 精神病人在不能辨认或者不能控制自己行为时有违法行为的,不予行政处罚,但应当责令其监护人严加看管和治疗。间歇性精神病人在精神正常时有违法行为的,应当给予行政处罚。

第二十七条 当事人有下列情形之一的,应当依法从轻或者减轻行政处罚:
(一) 主动消除或者减轻违法行为危害后果的;
(二) 受他人胁迫有违法行为的;
(三) 配合行政机关查处违法行为有立功表现的;
(四) 其他依法从轻或者减轻行政处罚的。
违法行为轻微并及时纠正,没有造成危害后果的,不予行政处罚。

◆**考点归纳**

(1) 处罚适用的一般情节可参照下表,其中画线的部分请考生特别注意:

不予处罚	从轻或减轻处罚
(1) 不满14周岁的人有违法行为的; (2) 违法行为轻微并及时纠正,没有造成危害后果的; (3) 精神病人在不能辨认或者不能控制自己行为时有违法行为的。	(1) 已满14周岁不满18周岁的人有违法行为的,从轻或者减轻行政处罚; (2) 主动消除或者减轻违法行为危害后果的; (3) 受他人胁迫有违法行为的; (4) 配合行政机关查处违法行为有立功表现的。

(2) 《治安管理处罚法》中关于处罚的适用情节与《行政处罚法》的规定稍有差异,如果考题涉及治安管理处罚,请考生特别注意。

(四) 处罚的时效

◆**重点法条**

《行政处罚法》

第二十九条 违法行为在二年内未被发现的,不再给予行政处罚。法律另有规定的除外。
前款规定的期限,从违法行为发生之日起计算;违法行为又连续或者继续状态的,从行为终了之日起计算。

第二节 行政处罚的种类与设定

一、处罚的种类

◆重点法条

《行政处罚法》

第八条 行政处罚的种类：
（一）警告；
（二）罚款；
（三）没收违法所得、没收非法财物；
（四）责令停产停业；
（五）暂扣或者吊销许可证、暂扣或者吊销执照；
（六）行政拘留；
（七）法律、行政法规规定的其他行政处罚。

◆知识要点

(1) 行政处罚根据不同的标准可划分为不同类型，上述法条中规定的行政处罚可按照处罚的对象划分为如下类型：

申诫罚	财产罚	行为罚	自由罚
警告	(1) 罚款 (2) 没收违法所得、没收非法财物	(1) 责令停产停业 (2) 暂扣或者吊销许可证、暂扣或者吊销执照	行政拘留

(2) 在上述处罚种类中，考生须甄别的是"没收违法所得"与"没收非法财物"，前者是相对人通过违法的方式获得的财产收益；后者是相对人非法持有的，用于进行违法活动的工具。

(3) 行政拘留是所有行政处罚中最严重的一种处罚类型，根据前文所述行政拘留只能由公安机关实施，其他行政机关限制公民人身自由均属于"非法拘禁"。

二、处罚的设定

◆重点法条

《行政处罚法》

第九条 法律可以设定各种行政处罚。
限制人身自由的行政处罚，只能由法律设定。

第十条 行政法规可以设定除限制人身自由以外的行政处罚。
法律对违法行为已经作出行政处罚规定，行政法规需要作出具体规定的，必须在法律规定的给予行政处罚的行为、种类和幅度范围内规定。

第十一条 地方性法规可以设定除限制人身自由、吊销企业营业执照以外的行政处罚。
法律、行政法规对违法行为已经作出行政处罚规定，地方性法规需要做出具体规定的，必须在法律、行政法规规定的给予行政处罚的行为、种类和幅度范围内规定。

第十二条 国务院部、委员会制定的规章可以在法律、行政法规规定的给予行政处罚的行为、种类和幅度的范围内作出具体规定。

尚未制定法律、行政法规的,前款规定的国务院部、委员会制定的规章对违反行政管理秩序的行为,可以设定警告或者一定数额罚款的行政处罚。罚款的限额由国务院规定。

国务院可以授权具有行政处罚权的直属机构依照本条第一款、第二款的规定,规定行政处罚。

第十三条 省、自治区、直辖市人民政府和省、自治区任命政府所在地的市人民政府以及经国务院批准的较大的市人民政府制定的规章可以在法律、法规规定的给予行政处罚的行为、种类和幅度的范围内做出具体规定。

尚未制定法律、法规的,前款规定的人民政府制定的规章对违反行政管理秩序的行为,可以设定警告或者一定数额罚款的行政处罚。罚款的限额由省、自治区、直辖市人民代表大会常务委员会规定。

◆**知识要点**

行政处罚的设定是历年考试的热点。《行政处罚法》第3条规定,"没有法定依据的,行政处罚无效"。而明确不同位阶的法律规范的不同设定权,正是《行政处罚法》用以限制行政机关滥设、滥施行政处罚的重要方式。

行政处罚的设定权可以分为创设权和规定权两类。所谓创设权,是指在没有上位法规定的情况下,自行规定处罚的权力,即新创行政处罚,"上无而下设";规定权则是指在上位法已对处罚有所规定的前提下,在其规定范围内进一步作出具体规定的权力,即"上有而细化"。

创设权依照法律规范的位阶而逐级递减,规定权下位法受制于上位法。为更好地便于记忆,本书对不同法律规范的创设权和规定权进行了如下归纳:

行政处罚的设定		
法律规范	创设权	规定权
法律	设定各种行政处罚(限制人身自由的处罚只能由法律设定)	
行政法规	除限制人身自由以外的行政处罚	对法律进行细化(行为、种类、幅度)
地方性法规	除限制人身自由、吊销企业营业执照以外的行政处罚	对法律、行政法规进行细化(行为、种类、幅度)
规章(部门规章与地方政府规章)	警告与一定数量的罚款(罚款限额分别由国务院与省级人大常委会决定)	对法律、行政法规、地方性法规进行细化(行为、种类、幅度)
其他规范性文件	无	无

◆**考点归纳**

(1)人身处罚的设定只能由法律(狭义法律)作出;地方性法规不得设定吊销企业营业执照的处罚,但此处需要注意的是,吊销企业营业执照与吊销个人营业执照不同,后者地方性法规可以创设。

(2)所谓对行政处罚的规定,指在行政处罚的处罚所针对的行为、处罚种类和处罚幅度范围内的具体细化,任一违反均不可。① 突破行为范围,是指上位法并未规定要对某类行为进行处罚,下位法予以规定;② 突破处罚种类范围,是指下位法在上位法规定的处罚种类之外,又引入了其他种类的处罚;③ 突破幅度范围,是指下位法突破了上位法规定的处罚幅度范围,其中提高处罚的下限或是降低处罚的上限都属于突破处罚的幅度范围。

(3)《行政处罚法》对行政法规与地方性法规的处罚创设权均采用排除式的规定,而对于规章则采取列举式的规定,目的就在于限制规章在创设行政处罚方面的权限,规章只能设定警告或者一定数额的罚款,罚款限额还要由国务院或是省级人大常委会规定。

(4) 规章以下的规范性文件既没有创设权,也没有规定权,完全不能"染指"行政处罚。

(5) 对处罚的设定问题应同时牢记每种法律规范的制定机关。

◆经典真题

1. (2003-2-70) 我国《种子法》规定,违法经营、推广应当审定而未经审定通过的种子的,可以处以1万元以上5万元以下的罚款。某省政府在其制定的《某省种子法实施办法》中规定,违法经营、推广应当审定而未经审定通过的种子的,可以处以3万元以上5万元以下的罚款。下列说法正确的是? (AC)

A.《实施办法》超越了《种子法》的规定,无效
B.《实施办法》没有超越《种子法》的规定,有效
C. 国务院如果认为《实施办法》超越了《种子法》的规定,有权予以撤销
D. 受处罚人不服处罚申请行政复议的同时,可以对《实施办法》一并请求审查

2. (2009-4-6) 案情:高某系A省甲县个体工商户,其持有的工商营业执照载明经营范围是林产品加工,经营方式是加工收购、销售。高某向甲县工商局缴纳了松香运销管理费后,将自己加工的松香运往A省乙县出售。当高某进入乙县时,被乙县林业局执法人员拦截。乙县林业局以高某未办理运输证为由,依据A省地方性法规《林业行政处罚条例》以及授权省林业厅制定的《林产品目录》(该目录规定松香为林产品,应当办理运输证)的规定,将高某无证运输的松香认定为"非法财物",予以没收。高某提起行政诉讼要求撤销没收决定,法院予以受理。

有关规定:《森林法》及行政法规《森林法实施条例》涉及运输证的规定如下:除国家统一调拨的木材外,从林区运出木材,必须持有运输证,否则由林业部门给予没收、罚款等处罚。A省地方性法规《林业行政处罚条例》规定"对规定林产品无运输证的,予以没收"。

……

问题:5. ……(2) 依《行政处罚法》,法律、行政法规对违法行为已经作出行政处罚规定,地方性法规需要作出具体规定的,应当符合什么要求?本案《林业行政处罚条例》关于没收的规定是否符合该要求?

第三节 行政处罚的程序

一、一般程序

◆重点法条
《行政处罚法》

第三十七条 行政机关在调查或者进行检查时,**执法人员不得少于两人**,并应当向当事人或者有关人员出示证件。当事人或者有关人员应当如实回答询问,并协助调查或者检查,不得

阻挠。询问或者检查应当制作笔录。

行政机关在收集证据时,可以采取**抽样取证**的方法;在证据可能灭失或者以后难以取得的情况下,经行政机关负责人批准,可以先行**登记保存**,并应当在七日内及时作出处理决定,在此期间,当事人或者有关人员不得销毁或者转移证据。

执法人员与当事人有直接利害关系的,应当回避。

第三十八条 调查终结,行政机关负责人应当对调查结果进行审查,根据不同情况,分别作出如下决定:

(一)确有应受行政处罚的违法行为的,根据情节轻重及具体情况,作出行政处罚决定;

(二)违法行为轻微,依法可以不予行政处罚的,不予行政处罚;

(三)违法事实不能成立的,不得给予行政处罚;

(四)违法行为已构成犯罪的,移送司法机关。

对情节复杂或者重大违法行为给予较重的行政处罚,行政机关的负责人应当集体讨论决定。

在行政机关负责人作出决定之前,应当由从事行政处罚决定审核的人员进行审核。行政机关中初次从事行政处罚决定审核的人员,应当通过国家统一法律职业资格考试取得法律职业资格。

第四十条 行政处罚决定书应当在宣告后当场交付当事人;当事人不在场的,行政机关应当在七日内依照民事诉讼法的有关规定,将行政处罚决定书送达当事人。

◆**知识要点**

根据《行政处罚法》的规定,行政处罚的程序可分为两类:一般程序与简易程序。一般程序是行政处罚普遍适用的程序,它包含三个环节:"调查取证""作出处罚决定"与"送达"。其中需要主要的要点可参阅下图:

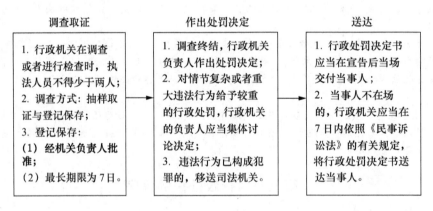

◆**考点归纳**

(1)一般程序的调查取证过程中,行政机关的工作人员不得少于两人;但作出行政处罚决定的一般情形下是行政机关负责人一人,只有在情节复杂或违法行为重大、处罚较重时,才由集体讨论决定。

(2)如果行政机关在审查过程中认为相对人的违法行为已经构成了犯罪,应当停止行政处罚程序,而将案件移送司法机关,这也是行政程序与司法程序的衔接。

(3) 行政处罚决定书应当在作出后,由执法人员(到当事人住所或办公场所)向当事人宣告,之后当场交付当事人,只有当事人不在场时,才按照《民事诉讼法》的规定在 7 日内送达。但此处须注意的是,《行政处罚法》并没有规定处罚决定书作出后,应当在多少日内由执法人员向当事人宣告,"7 日"是执法人员去当事人的住所或办公场所向其宣告处罚决定时,当事人不在场,再按照《民事诉讼法》的规定在 7 日送达。

◆经典真题

1. (2005-2-82)根据行政处罚法的规定,下列哪些说法是正确的?(C)
   A. 违法行为轻微,及时纠正没有造成危害后果的,应当依法减轻对当事人的行政处罚
   B. 行政机关使用非法定部门制发的罚款单据实施行政处罚,当事人有权拒绝处罚
   C. 对情节复杂的违法行为给予较重的行政处罚,应由行政机关的负责人集体讨论决定
   D. 除当场处罚外,行政处罚决定书应按照民事诉讼法的有关规定在 7 日内送达当事人

2. (2008-2-89)某市卫生局经调查取证,认定某公司实施了未经许可擅自采集血液的行为,依据有关法律和相关规定,决定取缔该公司非法采集血液的行为,同时没收 5 只液氮生物容器。下列哪些说法是正确的?(ABC)
   A. 市卫生局在调查时,执法人员不得少于两人,并应当向当事人出示证件
   B. 若市卫生局当场作出决定,某公司不服申请复议的期限应自决定作出之日起计算
   C. 若某公司起诉,市卫生局向法院提供的现场笔录的效力,优于某公司的证人对现场的描述
   D. 没收 5 只液氮生物容器属于保全措施

3. (2017-4-7)案情:某省盐业公司从外省盐厂购进 300 吨工业盐运回本地,当地市盐务管理局认为购进工业盐的行为涉嫌违法,遂对该批工业盐予以先行登记保存,并将《先行登记保存通知书》送达该公司。其后,市盐务管理局经听证、集体讨论后,认定该公司未办理工业盐准运证从省外购进工业盐,违反了省政府制定的《盐业管理办法》第 20 条,决定没收该公司违法购进的工业盐,并处罚款 15 万元。公司不服处罚决定,向市政府申请行政复议。市政府维持市盐务管理局的处罚决定。公司不服向法院起诉。

……

问题:

(一) 请根据案情、材料一和相关法律规定,回答下列问题:

1. 请简答行政机关适用先行登记保存的条件和程序。

……

二、简易程序

◆重点法条

《行政处罚法》

第三十三条 违法事实确凿并有法定依据,对公民处以五十元以下、对法人或者其他组织处以一千元以下罚款或者警告的行政处罚的,可以当场作出行政处罚决定。当事人应当依照本法第四十六条、第四十七条、第四十八条的规定履行行政处罚决定。

◆**知识要点**

(1) 简易程序是当场作出处罚决定的程序,即将上文中所说的一般程序中的"调查取证"和"作出处罚决定"两个阶段合二为一,行政机关当场发现违法事实,当场作出处罚决定。

(2) 适用条件:对公民处以 50 元以下、对法人或其他组织处以 1 000 元以下罚款或警告。

◆**考点归纳**

简易程序的特点仅在于当场作出处罚决定,绝对不意味着当场执行处罚,尤其是当场收缴罚款。和一般程序相比,简易程序的调查人员可以少于两人,处罚决定也是由行政机关的工作人员当场作出,除此之外,简易程序的具体规范与一般程序没有任何差别;行政机关的执法人员同样应当表明身份、填写书面处罚决定书(处罚决定书中应有执法人员的签名或盖章)、接受当事人陈述申辩或申诉、将处罚决定书当场交付当事人、罚缴分离。尤其值得注意的是:

(1) 简易程序的决定同样也是书面的,绝不能是口头的;

(2) 简易程序仅仅意味着当场作出处罚决定,并不意味着当场收缴罚款。

简易程序与一般程序的不同	简易程序与一般程序的相同
(1) 当场作出处罚决定; (2) 调查人员可以少于两人; (3) 作出决定的人员是案件调查人员。	(1) 出示证件、表明身份; (2) **填写书面处罚决定书**; (3) 罚缴分离; (4) 说明事实和理由,接受当事人陈述申辩或申诉。

◆**经典真题**

(2009-2-85)甲公司将承建的建筑工程承包给无特种作业操作资格证书的邓某,邓某在操作时引发事故。某省建设厅作出暂扣甲公司安全生产许可证三个月的决定,市安全监督管理局对甲公司罚款三万元。甲公司对市安全监督管理局罚款不服,向法院起诉。下列哪些选项是正确的?(AB)

  A. 如甲公司对某省建设厅的决定也不服,向同一法院起诉的,法院可以决定合并审理
  B. 市安全监督管理局不能适用简易程序作出罚款三万元的决定
  C. 某省建设厅作出暂扣安全生产许可证决定前,应为甲公司组织听证
  D. 因市安全监督管理局的罚款决定违反一事不再罚要求,法院应判决撤销

三、听证程序

◆**重点法条**

《行政处罚法》

第四十二条 行政机关作出责令停产停业、吊销许可证或者执照、较大数额罚款等行政处罚决定之前,应当告知当事人有要求举行听证的权利;当事人要求听证的,行政机关应当组织听证。当事人不承担行政机关组织听证的费用。听证依照以下程序组织:

(一) 当事人要求听证的,应当在行政机关告知之后三日内提出;
(二) 行政机关应当在听证的七日前,通知当事人举行听证的时间、地点;
(三) 除涉及国家秘密、商业秘密或者个人隐私外,听证公开举行;
(四) 听证由行政机关制定的非本案调查人员主持;当事人认为主持人与本案有直接利害

关系的,有权申请回避；

（五）当事人可以亲自参加听证,也可以委托一至二人代理；

（六）举行听证时,调查人员提出当事人违法的事实、证据和行政处罚建议；当事人进行申辩和质证；

（七）听证应当制作笔录；笔录应当交当事人审查无误后签字或者盖章。

当事人对限制人身自由的行政处罚有异议的,依照治安管理处罚法有关规定执行。

◆ 知识要点

（1）听证程序并非独立的处罚程序,而是一般处罚程序中的调查取证环节。即某些案件特别重大复杂,行政机关除使用常规的调查取证手段外,还通过听证的方式进行调查取证。

（2）适用范围与条件：① 责令停产停业、吊销许可证或执照、较大数额的罚款；② 当事人自己提出听证要求。

（3）特点：① 当事人不承担听证费用；② 主持人为非本案的调查机关；③ 原则上公开进行,但涉及国家秘密、商业秘密和个人隐私的例外；④ 当事人可以委托代理人；⑤ 听证应制作笔录。

◆ 考点归纳

1. 听证的适用条件

（1）处罚的听证适用于责令停产停业、吊销许可证或执照,此处并不区分是企业或是个人的许可证或执照,但暂扣许可证或执照不适用听证。

（2）尽管行政拘留是行政处罚中较重的一种处罚方式,但无论是《行政处罚法》还是《治安管理处罚法》都没有规定行政拘留可以申请听证。

2. 听证的程序

《行政处罚法》制定于1996年,初次在我国行政执法领域引入了听证制度,但由于时间较早,因此尽管规定听证应制作听证笔录,但并没有规定处罚决定必须依据听证笔录,因此即便行政机关在听证笔录之外引入了其他证据对当事人作出最后的处罚决定,该决定同样不是违法的。跟2004年制定的《行政许可法》中规定的听证相比,行政处罚的听证也有很多差异,具体而言包括：

（1）行政处罚听证的启动,只能根据当事人的申请进行,行政机关不能依职权主动启动听证程序；

（2）听证笔录的效力不同,行政机关可不根据听证笔录作出处罚决定；

（3）《行政处罚法》尽管规定了当事人申请行政处罚的时限,以及行政机关告知相对人举行听证的时限,但并没有规定行政机关组织行政处罚的时限。

◆ 经典真题

1.（2009-2-85）甲公司将承建的建筑工程承包给无特种作业操作资格证书的邓某,邓某在操作时引发事故。某省建设厅作出暂扣甲公司安全生产许可证三个月的决定,市安全监督管理局对甲公司罚款三万元。甲公司对市安全监督管理局罚款不服,向法院起诉。下列哪些选项是正确的？(AB)

A. 如甲公司对某省建设厅的决定也不服,向同一法院起诉的,法院可以决定合并审理

B. 市安全监督管理局不能适用简易程序作出罚款三万元的决定

C. 某省建设厅作出暂扣安全生产许可证决定前,应为甲公司组织听证

D. 因市安全监督管理局的罚款决定违反一事不再罚要求，法院应判决撤销

2．(2015-2-77)对下列哪些拟作出的决定，行政机关应告知当事人有权要求听证？（BC）

A. 税务局扣押不缴纳税款的某企业价值200万元的商品
B. 交通局吊销某运输公司的道路运输经营许可证
C. 规划局发放的建设用地规划许可证，直接涉及申请人与附近居民之间的重大利益关系
D. 公安局处以张某行政拘留10天的处罚

3．(2017-2-82)根据相关法律规定，在行政决定作出前，当事人有权就下列哪些情形要求举行听证？（BD）

A. 区工商分局决定对个体户王某销售的价值10万元的假冒他人商标的服装予以扣押
B. 县公安局以非法种植罂粟为由对陈某处以3 000元罚款
C. 区环保局责令排放污染物严重的某公司停业整顿
D. 胡某因酒后驾车，被公安交管部门吊销驾驶证

第四节　行政处罚的执行

一、罚缴分离原则

◆重点法条

《行政处罚法》

第四十六条　作出罚款决定的行政机关应当与收缴罚款的机构分离。

除依照本法第四十七条、第四十八条的规定当场收缴的罚款外，做出行政处罚决定的行政机关及其执法人员不得自行收缴罚款。

当事人应当自收到行政处罚决定书之日起十五日内，到指定的银行缴纳罚款。银行应当收收罚款，并将罚款直接上缴国库。

◆知识要点

处罚执行原则：罚缴分离原则。罚缴分离原则是用于控制行政机关滥收罚款的另一重要手段。

二、当场收缴罚款

◆重点法条

《行政处罚法》

第四十七条　依照本法第三十三条的规定当场作出行政处罚决定，有下列情形之一的，执法人员可以当场收缴罚款：

（一）依法给予二十元以下的罚款的；
（二）不当场收缴事后难以执行的。

第四十八条　在边远、水上、交通不便地区，行政机关及其执法人员依照本法第三十三条、第三十八条的规定作出罚款决定后，当事人向指定的银行缴纳罚款确有困难，经当事人提出，行政机关及其执法人员可以当场收缴罚款。

第五十条　执法人员当场收缴的罚款，应当自收缴罚款之日起二日内，交至行政机关；在水上当场收缴的罚款，应当自抵岸之日起二日内交至行政机关；行政机关应当在二日内将罚款

缴付指定的银行。

◆知识要点

原则上:罚缴分离	例外:执法人员当场收缴罚款
(1) 作出罚款决定的行政机关应当与收缴罚款的机构分离； (2) 当事人应当自收到行政处罚决定书之日起15日内，到指定的银行缴纳罚款。	(1) 20元以下罚款； (2) 对公民50元以下，对法人和其他组织1 000元以下的罚款，不当场收缴事后难以执行； (3) 边远、水上、交通不便地区，当事人自己提出向执法人员缴纳(此时数额不限)。

◆考点归纳

(1) 当场收缴罚款与简易程序的含义不同，前者是当场执行罚款的处罚，而后者只是当场作出处罚决定，并非所有当场作出处罚决定的都可以当场收缴罚款，考生在复习时必须严格区分两者的适用条件。

(2) 当场收缴罚款是罚缴分离原则的例外，其适用条件包括：① 20元以下罚款；② 对公民处50元以下，对法人和其他组织处1 000元以下的罚款，不当场收缴事后难以执行；③ 边远、水上、交通不便地区，当事人自己提出向执法人员缴纳(此时数额不限)。

(3) 当场收缴后的处理。执法人员当场收缴的罚款，应当自收缴罚款之日起两日内，交至行政机关；在水上当场收缴的罚款，应当自抵岸之日起两日内交至行政机关；行政机关应当在两日内将罚款缴付指定的银行。

◆经典真题

(2004-2-50)王某擅自使用机动渔船渡客。渔船行使过程中，被某港航监督站的执法人员发现，当场对王某作出罚款50元的行政处罚，并立即收缴了该罚款。关于缴纳罚款，下列选项正确的是：(C)

A. 执法人员应当自抵岸之日起2日内将罚款交至指定银行
B. 执法人员应当自抵岸之日起5日内将罚款交至指定银行
C. 执法人员应当自抵岸之日起2日内将罚款交至所在行政机关，由行政机关在2日内缴付指定银行
D. 执法人员应当自抵岸之日起2日内将罚款交至所在行政机关，由行政机关在5日内缴付指定银行

三、逾期不执行行政处罚的处理

◆重点法条

《行政处罚法》

第五十一条 当事人逾期不履行行政处罚决定的，作出行政处罚决定的行政机关可以采取下列措施：

(一) 到期不缴纳罚款的，每日按罚款数额的百分之三加处罚款；
(二) 根据法律规定，将查封、扣押的财物拍卖或者将冻结的存款划拨抵缴罚款；
(三) 申请人民法院强制执行。

《行政强制法》

第四十五条 行政机关依法作出金钱给付义务的行政决定,当事人逾期不履行的,行政机关可以依法加处罚款或者滞纳金。加处罚款或者滞纳金的标准应当告知当事人。

加处罚款或者滞纳金的数额不得超出金钱给付义务的数额。

第四十六条 行政机关依照本法第四十五条规定实施加处罚款或者滞纳金超过三十日,经催告当事人仍不履行的,具有行政强制执行权的行政机关可以强制执行。

行政机关实施强制执行前,需要采取查封、扣押、冻结措施的,依照本法第三章规定办理。

没有行政强制执行权的行政机关应当申请人民法院强制执行。但是,当事人在法定期限内不申请行政复议或者提起行政诉讼,经催告仍不履行的,在实施行政管理过程中已经采取查封、扣押措施的行政机关,可以将查封、扣押的财物依法拍卖抵缴罚款。

◆考点归纳

(1) 3%的加处罚款属于执行罚,其性质是行政强制执行的一种,即执行罚,而不是处罚的加重,或是行政处罚。

(2)"拍卖"或者"划拨"都是直接强制措施,行政机关除非有法律的明确授权,否则行政机关不得自行采取以上措施,而必须申请人民法院强制执行。但此处须注意的是,《行政强制法》对此作了例外规定,即行政机关对当事人作出了罚款的处罚,当事人在法定期限内不申请行政复议或者提起行政诉讼,经催告仍不履行的,在实施行政管理过程中已经采取查封、扣押措施的行政机关,可以将查封、扣押的财物依法拍卖抵缴罚款。

◆经典真题

(2004-2-78)某市技术监督局根据举报,对力青公司进行突击检查,发现该公司正在生产伪劣产品,立即查封了厂房和设备,事后做出了没收全部伪劣产品并处罚款的决定。力青公司既不申请行政复议,也不提起行政诉讼,且逾期拒绝履行处罚决定。对于力青公司拒绝履行处罚决定的行为,技术监督局可以采取下列哪些措施?(AD)

A. 申请人民法院强制执行
B. 将查封的财物拍卖抵缴罚款
C. 通知银行将力青公司的罚款划拨抵缴罚款
D. 每日按罚款数额的3%加处罚款

第五节 治安管理处罚法

《治安管理处罚法》考题的方向基本上是分为两类:一是与原《治安管理处罚条例》的区别之处。《治安管理处罚法》替代了原来的《治安管理处罚条例》,对原有的《治安管理处罚条例》进行了重大的补充和修改,这些不同之处都是出题人偏好考查考生的地方;二是与《行政处罚法》的不同之处。《治安管理处罚法》与《行政处罚法》是特别法与一般法的关系,按照法律适用的一般规则,特别法与一般法规定不一致时,适用特别法的规定,因此,凡与《行政处罚法》规定不一致的地方,也成为《治安管理处罚法》的重点。鉴于此,对《治安管理处罚法》的学习,我们主要侧重于这两个要点。

一、《治安管理处罚法》与《行政处罚法》

◆知识要点

差异	《行政处罚法》	《治安管理处罚法》
处罚种类	① 警告;② 罚款;③ 没收违法所得、没收非法财物;④ 责令停产停业;⑤ 暂扣或者吊销许可证、暂扣或者吊销执照;⑥ 行政拘留。	① 警告;② 罚款;③ 行政拘留;④ 吊销公安机关发放的许可证。对违反治安管理的外国人,可以附加适用限期出境或者驱逐出境。
处罚时效	两年	6个月
简易程序	对公民处 50 元以下罚款,对法人或其他组织处 1 000 元以下罚款与警告	警告与 200 元以下罚款
听证程序	责令停产停业、吊销许可证与执照、较大数额的罚款	吊销许可证与 2 000 元以上罚款
当场收缴罚款	(1) 20 元以下罚款; (2) 对公民处 50 元以下,对法人和其他组织处 1 000 元以下的罚款,不当场收缴事后难于执行; (3) 边远、水上、交通不便地区,当事人自己提出向执法人员缴纳。	(1) 被处 50 元以下罚款; (2) 在边远、水上、交通不便地区,被处罚人向指定的银行缴纳罚款确有困难的,经被处罚人提出的; (3) 被处罚人在当地没有固定住所,不当场收缴事后难以执行的。

1. 处罚种类不同

◆重点法条

《治安管理处罚法》

第十条 治安管理处罚的种类分为:

(一) 警告;

(二) 罚款;

(三) 行政拘留;

(四) 吊销公安机关发放的许可证。

对违反治安管理的外国人,可以附加适用限期出境或者驱逐出境。

◆考点归纳

(1) 公安机关吊销的许可证仅限于其发放的许可证,即公安机关核发的例外允许行政相对人从事法律一般禁止行为的书面许可文书。

(2) 行政拘留的处罚只有公安机关才能作出。根据《治安管理处罚法》的规定,治安拘留的幅度为:5 日以下、5 日以上 10 日以下、10 日以上 15 日以下三种;数行为并罚行政拘留合并之行的,最长不超过 20 日。

(3) 限期出境或者驱逐出境是治安管理处罚中特有的一种处罚类型,专门适用于违反治安管理的外国人,此处的"外国人"包括具有外国国籍的人和无国籍的人。

(4) 在治安管理处罚中,公安机关没有责令停产停业以及没收违法所得与非法财物的处罚种类,因为这两类处罚均涉及生产经营。

2. 处罚时效不同(2年 vs 六个月)

◆重点法条

《治安管理处罚法》

第二十二条 违反治安管理行为在**六个月**内没有内公安机关发现的,不再处罚。

前款规定的期限,从违反治安管理行为发生之日起计算;违反治安管理行为有连续或者继续状态的,从行为终了之日起计算。

◆考点归纳

(1) 与刑法的理解相同,处罚时效适用于"没有发现违反治安管理的行为",而不是"行为人"。如果违反治安管理行为已经被发现,但是行为人还没有被查获,或是行为人逃避处罚的,就不受本条规定的追究实效的限制。

(2) 时效的计算从违反治安管理行为发生之日起计算;违反治安管理行为有连续或是继续状态的,从行为终了之日起计算。

3. 简易程序的适用条件不同("对公民警告与50元以下罚款,对法人警告与1000元以下罚款"vs"警告与200元以下罚款")

◆重点法条

《治安管理处罚法》

第一百条 违反治安管理行为事实清楚、证据确凿,处警告或者两百元以下罚款的,可以当场作出治安管理处罚决定。

◆考点归纳

(1) 与《行政处罚法》一样,《治安管理处罚法》中也规定了简易程序,即公安机关执法人员当场发现违法事实,当场作出处罚决定的程序。治安管理处罚中的简易程序其他方面均与一般行政处罚相同,唯一不同的就是适用条件。相对于一般行政处罚,治安管理处罚提高了适用数额,为"警告与两百元以下罚款",但这里值得注意的是,《治安管理处罚法》中规定的简易程序的适用条件并没有区分被处罚人是公民还是法人,一律为200元以下罚款。

(2) 治安管理处罚中的简易程序除适用条件与一般处罚不同外,《治安管理处罚法》还特别规定,"有被侵害人的,并将决定书副本抄送被侵害人","当场作出治安管理处罚决定的,经办的人民警察应当在二十四小时内报所属公安机关备案"。

4. 听证程序("责令停产停业、吊销许可证与执照、较大数额的罚款"vs"吊销许可证与2000元以上罚款")

◆重点法条

《治安管理处罚法》

第九十八条 公安机关作出吊销许可证以及处二千元以上罚款的治安管理处罚决定前,应当告知违法治安管理行为人有权要求举行听证,违反治安管理行为人要求听证的,公安机关应当及时依法举行听证。

◆考点归纳

(1) 治安管理处罚中的听证适用条件与一般处罚不同,一般处罚程序仅规定较大数额的罚款可举行听证,《治安管理处罚法》将数额作了具体限定,为2000元以上;

(2) 另外须特别注意的是,无论是《行政处罚法》还是《治安管理处罚法》,都没有规定行政拘留可以申请听证。

（3）除适用条件不同外，治安管理处罚中的听证与《行政处罚法》所规定的听证特征完全相同。

◆**经典真题**

1.（2008-2-49）某区公安局派出所突击检查孔某经营的娱乐城，孔某向正在赌博的人员通风报信，派出所突击检查一无所获。派出所工作人员将孔某带回调查，孔某因受到逼供而说出实情。派出所据此决定对孔某拘留10日，孔某不服提起诉讼。下列哪一选项是正确的？（B）

A. 在作出拘留决定前，孔某有权要求举行听证
B. 对孔某的拘留决定违法
C. 某区公安分局派出所是本案被告
D. 因孔某起诉，公安机关应暂缓执行拘留决定

2.（2013-2-46）因关某以刻划方式损坏国家保护的文物，公安分局决定对其作出拘留10日，罚款500元的处罚。关某申请复议，并向该局提出申请、交纳保证金后，该局决定暂缓执行拘留决定。下列哪一说法是正确的？（D）

A. 关某的行为属于妨害公共安全的行为
B. 公安分局应告知关某有权要求举行听证
C. 复议机关只能是公安分局的上一级公安机关
D. 如复议机关撤销对关某的处罚，公安分局应当及时将收取的保证金退还关某

5. 当场收缴罚款（"20元以下罚款"vs"50元以下罚款或被处罚人无固定住所，不当场收缴事后难以执行"）

◆**重点法条**

《治安管理处罚法》

第一百零四条 受到罚款处罚的人应当自收到处罚决定书之日起十五日内，到指定的银行缴纳罚款，但是，有下列情形之一的，人民警察可以当场收缴罚款：

（一）被处五十元以下罚款，被处罚人对罚款无异议的；

（二）在边远、水上、交通不便地区，公安机关及其人民警察依照本法的规定作出罚款决定后，被处罚人向指定的银行缴纳罚款确有困难，经被处罚人提出的；

（三）被处罚人在当地没有固定住所，不当场收缴事后难以执行的。

第一百零五条 人民警察当场收缴的罚款，应当自收缴罚款之日起二日内，交至所属的公安机关；在水上、旅客列车上当场收缴的罚款，应当自抵岸或者到站后之日起二日内，交至所属的公安机关；公安机关应当自收到罚款之日起二日内将罚款缴付指定的银行。

第一百零六条 人民警察当场收缴罚款的，应当向被处罚人出具省、自治区、直辖市人民政府财政部门统一制发的罚款收据；不出具统一制发的罚款收据的，被处罚人有权拒绝缴纳罚款。

◆**考点归纳**

《治安管理处罚法》除抬高了当场收缴罚款的数额外，还增加了"被处罚人无固定住所，不当场收缴事后难以执行"时可以当场收缴罚款的规定。例如，对那些"反复纠缠、强行讨要"的职业乞丐因其无固定住所，就可以当场收缴罚款。

二、违法治安管理的行为类型

1. 扰乱公共秩序的行为

是对生产和生活等正常社会活动秩序的侵害。例如：扰乱机关、团体、企业、事业单位秩序；扰乱公共场所秩序；扰乱公共交通工具上的秩序；非法拦截公共交通工具；破坏选举；扰乱文化和体育赛事；散布谣言、谎报险情；结伙斗殴；扰乱无线电业务等。

2. 妨害公共安全的行为

是对不特定多数人生命健康和财产安全的危害。例如制造、买卖、贮存、运输、邮寄、携带、使用危险物质；非法携带枪支弹药和管制刀具的；盗窃、损毁移动铁路设施、设备的；组织文化、体育活动发生安全事故危险的；旅馆、饭店、影剧院、娱乐场、运动场、展览馆或者其他提供社会公众活动的场所经营人员，违反安全规定，致使场所发生安全事故的。

3. 侵犯人身权利、财产权利的行为

是对特定人和特定财产的侵害。例如：组织、胁迫诱骗不满16周岁的人进行恐怖、残忍表演的；胁迫、诱骗或者利用他人乞讨的；恐吓他人、公然侮辱他人或者捏造事实诽谤他人的；殴打他人的；猥亵他人或者在公共场所故意裸露身体的；虐待家庭成员的；强买强卖的；煽动民族仇恨和民族歧视的；盗窃、诈骗、哄抢、抢夺、敲诈勒索或者故意损毁公私财物的。

4. 妨害社会管理的行为

是以危害国家机关正常管理为中心内容的其他违反治安管理的行为。例如：拒不执行人民政府在紧急状态下发布的决定、命令的；冒充国家机关工作人员或以其他虚假身份招摇撞骗的；伪造、变造或者买卖国家机关、人民团体、企事业单位或其他组织的公文证件的；伪造、变造、倒卖车票船票航空客票的；煽动、策划非法集会、游行、示威不听劝阻的；制造噪音干扰他人生活的；协助组织或者运送他人偷越国境的；刻划、涂污或者以其他方式故意损害文物的；制作、运输、复制、出售、出租淫秽书刊、图片、影片、音像制品等淫秽物品的；教唆、引诱、欺骗他人吸食、注射毒品的。

三、治安管理处罚的适用

（一）从轻、减轻、不予处罚

◆**重点法条**

《治安管理处罚法》

第十二条 已满十四周岁不满十八周岁的人违反治安管理的，从轻或者减轻处罚；不满十四周岁的人违反治安管理的，**不予处罚**，但是应当责令其监护人严加管教。

第十四条 盲人或者又聋又哑的人违反治安管理的，**可以从轻、减轻或者不予处罚**。

第十九条 违反治安管理有下列情形之一的，**减轻处罚或者不予处罚**：

（一）情节特别轻微的；

（二）主动消除或者减轻违法后果的，并取得被侵害人谅解的；

（三）处于他人胁迫或者诱骗的；

（四）主动投案，向公安机关如实陈述自己的违法行为的；

（五）有立功表现的。

第四章 行政处罚

◆知识要点

不予处罚	从轻或者减轻处罚	可以从轻、减轻或者不予处罚	减轻处罚或者不予处罚
不满14周岁的人	已满14周岁不满18周岁的人	盲人或者又聋又哑的人	（1）情节特别轻微的； （2）主动消除或者减轻违法后果的，并取得被侵害人谅解的； （3）处于他人胁迫或者诱骗的； （4）主动投案，向公安机关如实陈述自己的违法行为； （5）有立功表现的。

◆考点归纳

（1）对于从轻、减轻和不予处罚的情节，考生在复习时可参阅《刑法》的有关规定对照进行。此处需要注意的是，《治安管理处罚法》第14条规定"盲人或者又聋又哑的人违反治安管理的"，"可以从轻、减轻或者不予处罚"。

（2）有《治安管理处罚法》第19条中所规定的情形的，则是应当减轻处罚或者不予处罚，这一点与《行政处罚法》的规定不同，在《行政处罚法》中，"主动消除或者减轻违法行为危害后果的；受他人胁迫有违法行为的；配合行政机关查处违法行为有立功表现的"，均是从轻或减轻处罚。

（二）合并执行

◆重点法条

《治安管理处罚法》

第十六条 有两种以上违反治安管理行为的，分别决定，合并执行。行政拘留处罚合并执行的，最长不超过二十日。

◆考点归纳

合并执行的部分可参阅刑法学中的数罪并罚部分进行理解。对数个行为的理解，即行为人处于数个故意或是过失，实施了数个行为，具备了数个违反治安管理行为的构成要件，则是数个行为。此处需要特别记住的是，行政拘留处罚合并执行的，最长不超过20日。

（三）从重处罚

◆重点法条

《治安管理处罚法》

第二十条 违反治安管理有下列情形之一的，从重处罚：

（一）有较严重后果的；

（二）教唆、胁迫、诱骗他人违反治安管理的；

（三）对报案人、控告人、举报人、证人打击报复的；

（四）六个月内曾受过治安管理处罚的。

◆考点归纳

所谓从重处罚是在法律规定的处罚种类中选择一个较重或者最重的处罚种类，也可以在法条规定的某一种处罚幅度内选择较重的处罚幅度，但不能超出法律规定的最高处罚幅度，另外,本条应当理解为,有规定情形的,"应当从重处罚"。

(四)不执行行政拘留处罚

◆重点法条

《治安管理处罚法》

第二十一条 违反治安管理行为人有下列情形之一,依照本法应当给予行政拘留处罚的,不执行行政拘留处罚:

(一)已满十四周岁不满十六周岁的;

(二)已满十六周岁不满十八周岁,初次违反治安管理的;

(三)七十周岁以上的;

(四)怀孕或者哺乳自己不满一周岁婴儿的。

◆考点归纳

本条所指的是"不执行行政拘留处罚",是指行政机关对相对人已经作出了行政拘留的处罚决定,但由于相对人具备某些法定情形,而不执行行政拘留,而并非"不予处罚"。

不予处罚	从轻或减轻处罚	不执行行政拘留的处罚
不满14岁	已满14不满18岁	(1)已满14周岁不满16周岁的 (2)已满16周岁不满18周岁,初次违反治安管理的 (3)70周岁以上的

(五)行政拘留与强制措施的折抵

◆重点法条

《治安管理处罚法》

第九十二条 对决定给予行政拘留处罚的人,在处罚前已经采取强制措施限制人身自由的时间,应当折抵。限制人身自由一日,折抵行政拘留一日。

四、公安派出所的决定权限

◆重点法条

《治安管理处罚法》

第九十一条 治安管理处罚由县级以上人民政府公安机关决定;其中警告、五百元以下的罚款可以由公安派出所决定。

◆考点归纳

派出所是公安机关的派出机构。根据前文中有关行政主体的知识,原则上派出所并没有行政主体资格,不能以自己的名义对外行使行政职权,法律后果也应由它所属的公安机关来承担。但《治安管理处罚法》对派出所进行了授权,因此派出所在对"警告、五百元以下的罚款"具有了治安管理处罚的主体资格,可依法以自己的名义作出警告、500元以下的罚款的处罚决定,处罚结果也由派出所自己承担。如果派出所进行了除警告和罚款以外的其他种类的行政处罚,就必须以它所属的公安机关的名义进行,因其并没有这些处罚种类的授权;但如果派出所超出《治安管理处罚法》关于500元以下罚款的罚款数额限制,进行了500元以上的罚款,根据行政诉讼被告确认的相关规则,仍旧由派出所自己来承担法律责任。此外,如果派出所不

作为,此时的法律责任仍由派出所承担。具体情形可参阅下表:

派出所的权限与责任承担	
行为	被告/复议被申请人/赔偿义务机关
警告/500元以下罚款	派出所
500元以上罚款	派出所
警告、罚款以外的其他处罚	派出所所属的区公安分局/县公安局
不作为	派出所

◆经典真题

1.(2006-2-82)2006年5月2日,吴某到某县郊区旅社住宿,拒不出示身份证件,与旅社工作人员争吵并强行住入该旅社。该郊区派出所以扰乱公共秩序为由,决定对吴某处以300元罚款。下列哪些说法是正确的?(AC)

A. 派出所可以自己的名义作出该处罚决定
B. 派出所可以当场作出该处罚决定
C. 公安机关应当将此决定书副本抄送郊区旅社
D. 吴某对该罚款决定不服,应当先申请复议才能提起行政诉讼

2.(2016-2-45)李某多次发送淫秽短信、干扰他人正常生活,公安机关经调查拟对李某作出行政拘留10日的处罚。关于此处罚决定,下列哪一做法是适当的?(C)

A. 由公安派出所作出　　　　　　B. 依当场处罚程序作出
C. 应及时通知李某的家属　　　　D. 紧急情况下可以口头方式作出

3.(2017-2-79)某公安派出所以李某放任所饲养的烈性犬恐吓张某为由对李某处以500元罚款。关于该处罚决定,下列哪些说法是正确的?(AC)

A. 公安派出所可以自己名义作出决定
B. 可当场作出处罚决定
C. 应将处罚决定书副本抄送张某
D. 如李某不服处罚决定向法院起诉,应以该派出所所属的公安局为被告

五、行政拘留的暂缓执行

◆重点法条

《治安管理处罚法》

第一百零七条　被处罚人不服行政拘留处罚决定,申请行政复议、提起行政诉讼的,可以向公安机关提出暂缓执行行政拘留的申请。公安机关认为暂缓执行行政拘留不致发生社会危险的,由被处罚人或者其近亲属提出符合本法第一百零八条规定条件的担保人,或者按每日行政拘留二百元的标准交纳保证金,行政拘留的处罚决定暂缓执行。

第一百零八条　担保人应当符合以下条件:
(一)与本案无牵连;
(二)享有政治权利,人身自由未受到限制;
(三)在当地有常住户口和固定住所;

（四）有能力履行担保义务。

◆**知识要点**

行政拘留的暂缓执行必须同时具备以下四个条件：

（1）被处罚人不服行政拘留处罚决定，申请行政复议或者提起行政诉讼的；

（2）被处罚人或者其近亲属提出担保人，或者按每日行政拘留200元的标准交纳保证金；

（3）被处罚人向公安机关提出暂缓执行行政拘留的申请；

（4）公安机关认为暂缓执行拘留决定不致发生社会危险的。

◆**考点归纳**

在行政拘留的暂缓执行问题上，考生须特别注意以下两点：

（1）并非被处罚人一旦申请复议或提起诉讼，公安机关就应当暂缓执行行政拘留的处罚，被处罚人还须满足其他三个条件；

（2）一定是被处罚人本人不服行政拘留决定申请复议或提起诉讼，才满足暂缓执行行政拘留的一项条件，如果是被侵害人认为对被处罚人的处罚太轻，对拘留决定提起诉讼或申请复议，则被处罚人不符合暂缓执行行政拘留的条件。

行政拘留暂缓执行	
条件	（1）被处罚人不服行政拘留处罚决定，申请行政复议或者提起行政诉讼的； （2）被处罚人或者其近亲属提出担保人，或者按每日行政拘留200元的标准交纳保证金； （3）被处罚人向公安机关提出暂缓执行行政拘留的申请； （4）公安机关认为暂缓执行拘留决定不致发生社会危险的。

◆**经典真题**

1.（2007-2-47）张某因打伤李某被公安局处以行政拘留15天的处罚，张某不服，申请行政复议。不久，受害人李某向法院提起刑事自诉，法院经审理认为张某的行为已经构成犯罪，判决拘役2个月。下列哪一选项是正确的？（B）

A. 本案调查中，警察经出示工作证件，可以检查张某的住所

B. 如果在法院判决时张某的行政拘留已经执行完毕，则对其拘役的期限为一个半月

C. 如果张某之父为其提供担保，则公安机关可暂缓执行行政拘留

D. 由公安局将张某送到看守所执行行政拘留

2.（2008-2-49）某区公安局派出所突击检查孔某经营的娱乐城，孔某向正在赌博的人员通风报信，派出所突击检查一无所获。派出所工作人员将孔某带回调查，孔某因受到逼供而说出实情。派出所据此决定对孔某拘留10日，孔某不服提起诉讼。下列哪一选项是正确的？（B）

A. 在作出拘留决定前，孔某有权要求举行听证

B. 对孔某的拘留决定违法

C. 某区公安分局派出所是本案被告

D. 因孔某起诉，公安机关应暂缓执行拘留决定

3.（2009-2-86）黄某与张某之妻发生口角，被张某打成轻微伤。某区公安分局决定对张某拘留五日。黄某认为处罚过轻遂向法院起诉，法院予以受理。下列哪些选项是正确的？（AD）

A. 某区公安分局在给予张某拘留处罚后，应及时通知其家属

B. 张某之妻为本案的第三人
C. 本案既可以由某区公安分局所在地的法院管辖,也可以由黄某所在地的法院管辖
D. 张某不符合申请暂缓执行拘留的条件

4. (2012-2-47)经传唤调查,某区公安分局以散布谣言,谎报险情为由,决定对孙某处以10日行政拘留,并处500元罚款。下列哪一选项是正确的?（A）
A. 传唤孙某时,某区公安分局应当将传唤的原因和依据告知孙某
B. 传唤后对孙某的询问查证时间不得超过48小时
C. 孙某对处罚决定不服申请行政复议,应向市公安局申请
D. 如孙某对处罚决定不服直接起诉的,应暂缓执行行政拘留的处罚决定

5. (2013-2-46)因关某以刻划方式损坏国家保护的文物,公安分局决定对其作出拘留10日,罚款500元的处罚。关某申请复议,并向该局提出申请、交纳保证金后,该局决定暂缓执行拘留决定。下列哪一说法是正确的？（D）
A. 关某的行为属于妨害公共安全的行为
B. 公安分局应告知关某有权要求举行听证
C. 复议机关只能是公安分局的上一级公安机关
D. 如复议机关撤销对关某的处罚,公安分局应当及时将收取的保证金退还关某

行政拘留的所有问题	
法律属性	行政处罚,这一点与刑事拘留(刑事侦查),司法拘留(妨害诉讼的强制措施)相区别。
设定依据	只有**法律**才能够设定行政拘留的处罚。
执行机关	只有**公安机关**才能作出行政拘留的处罚。
执行场所	拘留所。
拘留幅度	治安拘留的幅度为:5日以下、5日以上10日以下、10日以上15日以下三种;数行为并罚行政拘留合并之行的,最长不超过20日。
不执行行政拘留	(1) 已满14周岁不满16周岁的; (2) 已满16周岁不满18周岁,初次违反治安管理的; (3) 70周岁以上的; (4) 怀孕或者哺乳自己不满1周岁婴儿的。
行政拘留暂缓执行	(1) 被处罚人不服行政拘留处罚决定,申请行政复议或者提起行政诉讼的; (2) 被处罚人或者其近亲属提出担保人,或者按每日行政拘留200元的标准交纳保证金; (3) 被处罚人向公安机关提出暂缓执行行政拘留的申请; (4) 公安机关认为暂缓执行拘留决定不致发生社会危险的。
听证适用	行政拘留当事人不能要求听证。
与强制措施的折抵	在处罚前已经采取强制措施限制人身自由的时间,限制人身自由1日,折抵行政拘留1日。

六、公安机关在治安类案件中的调查程序

◆ **重点法条**

《治安管理处罚法》

第八十二条 需要传唤违反治安管理行为接受调查的,经公安机关办案部门负责人批准,使用传唤证传唤。对现场发现的违反治安管理行为人,人民警察经出示工作证件,可以口头传唤,但应当在讯问笔录中注明。

公安机关应当将传唤的原因和依据告知被传唤人,对无正当理由不接受传唤或者逃避传唤的人,可以强制传唤。

第八十三条 对违反治安管理行为人,公安机关传唤后应当及时询问查证,询问查证的时间不得查过八小时;情况复杂,依照本法规定可能适用行政拘留处罚的,询问查证的时间不得超过二十四小时。

公安机关应当及时将传唤的原因和处所通知被传唤人家属。

第八十七条 公安机关对与违反治安管理行为有关的场所、物品、人身可以进行检查。检查时,人民警察不得少于二人,并应当出示工作证件和县级以上人民政府公安机关开具的检查证明文件。对确有必要立即进行检查的,人民警察出示工作证件,可以当场检查,但检查公民住所应当出示县级以上人民政府公安机关开具的检查证明文件。

检查妇女身体,应当由女性工作人员进行。

第八十九条第一款 公安机关办理治安案件,对与案件有关的需要作为证据的物品,可以扣押;对被侵害人或者善意第三人合法占有的财产,不得扣押,应当予以登记。对与案件无关的物品,不得扣押。

◆ **知识要点**

在治安管理处罚中,公安机关的调查手段及其要点主要包括以下方面:

治安管理处罚中公安机关的调查程序	
调查方式	注意要点
传唤	(1) 一般情形下,经公安机关办案部门负责人批准,使用传唤证传唤。 (2) 对现场发现的违反治安管理行为人,人民警察经出示工作证件,可以口头传唤,但应当在讯问笔录中注明。 (3) 对无正当理由不接受传唤或者逃避传唤的人,可以强制传唤。
询问	(1) 公安机关传唤后应当及时询问查证,询问查证的时间不得查过8小时。 (2) 可能使用行政拘留处罚的,询问查证的时间不得超过24小时。 (3) 公安机关应当及时将传唤的原因和处所通知被传唤人家属。
检查	(1) 公安机关对与违反治安管理行为有关的场所、物品、人身可以进行检查。检查时,人民警察不得少于两人,并应当出示工作证件和县级以上人民政府公安机关开具的检查证明文件。 (2) 对确有必要立即进行检查的,人民警察出示工作证件,可以当场检查。 (3) 检查公民住所应当出示县级以上人民政府公安机关开具的检查证明文件。
扣押登记	对与案件有关的需要作为证据的物品,可以扣押;对被侵害人或者善意第三人合法占有的财产,不得扣押,应当予以登记。

◆经典真题

1.（2012-2-47）经传唤调查，某区公安分局以散布谣言，谎报险情为由，决定对孙某处以10日行政拘留，并处500元罚款。下列哪一选项是正确的？（A）
A. 传唤孙某时，某区公安分局应当将传唤的原因和依据告知孙某
B. 传唤后对孙某的询问查证时间不得超过48小时
C. 孙某对处罚决定不服申请行政复议，应向市公安局申请
D. 如孙某对处罚决定不服直接起诉的，应暂缓执行行政拘留的处罚决定

2.（2015-2-48）公安局以田某等人哄抢一货车上的财物为由，对田某处以15日行政拘留处罚，田某不服申请复议。下列哪一说法是正确的？（B）
A. 田某的行为构成扰乱公共秩序
B. 公安局对田某哄抢的财物应予以登记
C. 公安局对田某传唤后询问查证不得超过12小时
D. 田某申请复议的期限为6个月

七、治安管理处罚的救济

◆重点法条
《治安管理处罚法》
第一百零二条 被处罚人对治安管理处罚决定不服的，可以依法申请行政复议或者提起行政诉讼。

◆考点归纳
对治安管理处罚不服，相对人的法律救济途径包括行政复议和行政诉讼两种，被处罚人可以选择申请行政复议或者直接提起行政诉讼，也就是说，治安类的案件行政复议并非行政诉讼的前置程序，这一点考生请特别注意。

八、公安机关对民事纠纷的调解

◆重点法条
《治安管理处罚法》
第九条 对于因民间纠纷引起的打架斗殴或者损毁他人财物等违反治安管理行为，情节较轻的，公安机关可以调解处理。经公安机关调解，当事人达成协议的，不予处罚。经调解未达成协议或者达成协议后不履行的，公安机关应当按照本法的规定，对违反治安管理行为人给予处罚，并告知当事人可以就民事争议依法向人民法院提起民事诉讼。

◆考点归纳
本条是关于违反治安管理行为民事责任的承担问题。违反治安管理行为对他人造成损害的，不仅要依法承担行政责任，受到治安管理处罚，还要依法承担相应的民事责任。对于当事人应承担的民事责任，本应通过民事途径进行解决，但因其与治安管理密切相关，《治安管理处罚法》特别规定此时公安机关可以进行调解处理。
（1）经公安机关调解，当事人达成协议的，不予处罚。
（2）经调解未达成协议或者达成协议后不履行的，公安机关应当按照本法的规定对违反治安管理行为人给予处罚，并告知当事人可以就民事争议依法向人民法院提起民事诉讼。

（3）特别需要注意的是，对于公安机关的调解不服，当事人可直接就民事争议向法院提起民事诉讼，但不能因调解协议而针对公安机关申请行政复议，或是向人民法院提起行政诉讼，因为公安机关的调解协议并没有任何强制力，是否接受均取决于当事人的自愿。

◆**经典真题**

（2007-2-91）安某放的羊吃了朱某家的玉米秸，二人争执。安某殴打朱某，致其左眼部青紫、鼻骨骨折，朱某被鉴定为轻微伤。在公安分局的主持下，安某与朱某达成协议，由安某向朱某赔偿500元。下列说法正确的是：(D)

A. 安某与朱某达成协议后，仍可以对安某进行治安处罚

B. 如果安某拒不履行协议，朱某可以直接向法院提起行政诉讼

C. 如果安某拒不履行协议，朱某应当先向区公安分局的上一级机关申请行政复议，对复议决定不服再提起行政诉讼

D. 如果安某拒不履行协议，朱某可以向法院提起民事诉讼

第五章 行 政 许 可

【复习提要】

行政许可同样是行政机关最重要的行为手段之一。我国在2004年颁布《行政许可法》，对行政许可行为进行规范。《行政许可法》的基本精神在于放宽政府对于私人事务的管制，尊重社会自治，有效约束行政机关，建设有限政府。因此，《行政许可法》的条文内容，无论是行政许可的设定，还是行政许可的实施程序，都旨在规范行政机关依法实施行政许可权力。本章内容包括：行政许可的适用范围与设定；行政许可的实施机关；行政许可的程序；行政许可的监督与检查；行政许可案件的审理。其中行政许可的设定、程序、监督和检查一直都是《行政许可法》的重点，而行政许可案件的审理近年来也成为对《行政许可法》的考查热点。

第一节 行政许可的适用范围与设定

一、行政许可的适用范围

◆**重点法条**

《行政许可法》

第二条 本法所称的行政许可，是指行政机关根据公民、法人或者其他组织的申请，经依法审查，准予其从事特定活动的行为。

第三条 行政许可的设定和实施，适用本法。

有关行政机关对其他机关或者对其直接管理的事业单位的人事、财务、外事等事项的审批，不适用本法。

◆**考点归纳**

行政许可的实质是对"一般禁止的特别解禁"，即法律对于某类行为，因其具有一定的危险性而禁止人们随意而为，但相对人如果具备了某种资格，向行政机关提出申请，行政机关经审查后就可以准许其从事这一禁止行为。

行政许可仅适用于行政机关与相对人的关系中，而有关行政机关对其他机关或者对其直接管理的事业单位的人事、财务、外事等事项的审批，属于行政机关的内部事务，并不属于行政许可。

◆**经典真题**

（2005-2-86）根据行政许可法的规定，下列哪些说法是正确的？（AB）

A. 某区动物检验局未按照法定标准收取许可费用，应当对其直接责任人予以行政处分

B. 医生李某死亡，卫生行政主管部门应当依法注销其医师资格

C. 某省公安厅对某高校教师出国护照的审批不适用行政许可法

D. 某企业通过贿赂手段取得的烟花爆竹生产许可证被撤销后，在一年之内不得再申请该项许可

二、行政许可的设定

◆知识要点

如上文所说,行政许可是对"一般禁止的特别解禁",它以法律上存在某种禁止为前提。因此,许可事项范围的大小直接决定了相对人自由权利的范围大小,许可范围越大,相对人的自由权利范围就越小。为贯彻放松政府管制、尊重私人自治的基本精神,《行政许可法》对于行政许可的设定进行了严格规定,其目的就是为了约束行政机关滥设行政许可而侵犯相对人的合法权利。

(一) 能够设立许可的事项

◆重点法条

《行政许可法》

第十二条 下列事项可以设定行政许可:

(一) 直接涉及国家安全、公共安全、经济宏观调控、生态环境保护以及直接关系人身健康、生命财产安全等特定活动,需要按照法定条件予以批准的事项;

(二) 有限自然资源开发利用、公共资源配置以及直接关系公共利益的特定行业的市场准入等,需要赋予特定权利的事项;

(三) 提供公众服务并且直接关系公共利益的职业、行业,需要确定具备特殊信誉、特殊条件或者特殊技能等资格、资质的事项;

(四) 直接关系公共安全、人身健康、生命财产安全的重要设备、设施、产品、物品,需要按照技术标准、技术规范、通过检验、检测、检疫等方式进行审定的事项;

(五) 企业或者其他组织的设立等,需要确定主体资格的事项;

(六) 法律、行政法规规定可以设定行政许可的其他事项。

◆知识要点

行政许可的类型包括以下几种:

(1) 一般许可:直接涉及国家安全、公共安全、经济宏观调控、生态环境保护以及直接关系人身健康、生命财产安全等特定活动,需要按照法定条件予以批准的;

(2) 特许:有限自然资源开发利用、公共资源配置以及直接关系公共利益的特定行业的市场准入等需要赋予特定权利的;

(3) 认可:提供公众服务并且直接关系公共利益的职业、行业,需要确定具备特许信誉、特殊条件或者特殊技能资格、资质的事项;

(4) 核准:直接关系公共安全、人身健康、生命财产安全的重要设备、设施、产品、物品,需要按照技术标准、技术规范、通过检验、检测、检疫等方式进行审定的;

(5) 登记:企业或其他组织的设立需要确定主体资格的。

◆经典真题

(2016-2-78)《执业医师法》规定,执业医师需依法取得卫生行政主管部门发放的执业医师资格,并经注册后方能执业。关于执业医师资格,下列哪些说法是正确的?(CD)

A. 该资格属于直接关系人身健康,需按照技术规范通过检验、检测确定申请人条件的

许可

B. 对《执业医师法》规定的取得资格的条件和要求,部门规章不得作出具体规定

C. 卫生行政主管部门组织执业医师资格考试,应公开举行

D. 卫生行政主管部门组织执业医师资格考试,不得组织强制性考前培训

(二) 不能够设立许可的事项

◆重点法条

《行政许可法》

第十三条 本法第十二条所列事项,通过下列方式能够予以规范的,可以不设行政许可:

(一) 公民、法人或者其他组织能够自主决定的;

(二) 市场竞争机制能够有效调节的;

(三) 行业组织或者中介机构能够自律管理的;

(四) 行政机关采用事后监督等其他行政管理方式能够解决的。

◆考点归纳

对能够设立许可的事项和不能设立许可的事项,考生作一般了解即可,因上述法条较为原则,可考性不强。

(三) 法律规范的许可设定权

◆重点法条

《行政许可法》

第十四条 本法第十二条所列事项,法律可以设定行政许可。尚未制定法律的,行政法规可以设定行政许可。

必要时,国务院可以采用发布决定的方式设定行政许可。实施后,除临时性行政许可事项外,国务院应当及时提请全国人民代表大会及其常务委员会制定法律,或者自行制定行政法规。

第十五条 本法第十二条所列事项,尚未制定法律、行政法规的,地方性法规可以设定行政许可;尚未制定法律、行政法规和地方性法规的,因行政管理的需要,确需立即实施行政许可的,**省、自治区、直辖市人民政府规章**可以设定临时性的行政许可。临时性的行政许可实施满一年需要继续实施的,应当提请本级人民代表大会及其常务委员会制定地方性法规。

地方性法规和省、自治区、直辖市人民政府规章,不得设定应当由国家统一确定的公民、法人或者其他组织的资格、资质的行政许可;不得设定企业或者其他组织的设立登记及其前置性行政许可。其设定的行政许可,不得限制其他地区的个人或者企业到本地区从事生产经营和提供服务,不得限制其他地区的商品进入本地区市场。

第十六条 行政法规可以在法律设定的行政许可事项范围内,对实施该行政许可作出具体规定。

地方性法规可以在法律、行政法规设定的行政许可事项范围内,对实施该行政许可作出具体规定。

规章可以在上位法设定的行政许可事项范围内,对实施该行政许可作出具体规定。

法规、规章对实施上位法设定的行政许可作出的具体规定，不得增设行政许可；对行政许可条件作出的具体规定，不得增设违反上位法的其他条件。

第十七条 除本法第十四条、第十五条规定的外，其他规范性文件一律不得设定行政许可。

◆**考点归纳**

1. 行政许可的设定和行政处罚的设定一样，区分为创设权与规定权

所谓创设权，是指上位法没有设定行政许可，下位法新创设出某种行政许可，即"上无而新设"；所谓规定权，是指上位法已经创设出某种行政许可，下位法加以具体规范，即"上有而细化"。

2. 与行政处罚中的创设不同，行政许可的创设区分为经常性许可的创设与临时性许可的创设

前者是指常规性的、长期适用的行政许可，而后者是指对某类事项，国家不确定是否应采用行政许可的方式进行管理，或者设立经常性的行政许可条件尚未成熟，于是先设立临时性的行政许可，在适用一段时间后再决定是否继续使用这种管理方式。

3. 不同位阶的法律规范对于行政许可的创设权

（1）能够创设经常性许可的法律规范：① 法律可以设定经常性行政许可；② 行政法规可以设定经常性行政许可；③ 地方性法规可以设定经常性行政许可，但其创设权不得设定应当由国家统一确定的公民、法人或者其他组织的资格、资质的行政许可；不得设定企业或者其他组织的设立登记及其前置性行政许可。其设定的行政许可，不得限制其他地区的个人或者企业到本地区从事生产经营和提供服务，不得限制其他地区的商品进入本地区市场。**除此之外，其他的法律规范，无论是规章还是其他规范性文件都无权创设经常性的许可。**

（2）能够创设临时性许可的法律规范：国务院在必要时采用**决定**的方式创设行政许可，该许可实施后如属于临时性许可，国务院应当及时提请全国人民代表大会及其常务委员会制定法律，或者自行制定行政法规。**省、自治区、直辖市人民政府规章**在尚未制定法律、行政法规和地方性法规的情况下，可以设立临时性的行政许可。临时性的行政许可实施满一年需要继续实施的，应当提请本级人民代表大会及其常务委员会制定地方性法规。

★**特别提示**

与行政处罚不同，《行政许可法》没有赋予规章普遍的行政许可创设权，只允许省级人民政府规章创设临时性许可，且该许可实施1年后或者认为不再需要而废止，或者需要继续实施的提请本级人大及其常委会制定地方性法规。

4. 不同法律规范对于行政许可的规定权

（1）**行政法规**可以在法律设定的行政许可事项范围内，对实施该行政许可作出具体规定；

（2）**地方性法规**可以在法律、行政法规设定的行政许可事项范围内，对实施该行政许可作出具体规定；

（3）**规章**可以在上位法设定的行政许可事项范围内，对实施该行政许可作出具体规定。

行政法规、地方性法规和规章对实施上位法设定的行政许可作出具体规定时，不得增设行政许可；对行政许可条件作出具体规定时，不得增设违反上位法的其他条件。

以上内容可总结为下表：

行政许可的设定		
法律规范	创设权	规定权
法律	可以创设经常性许可	
行政法规	可以创设经常性许可	可对法律设定的许可进行具体细化，但不能增设许可和增设违反法律的许可条件
	国务院还可通过决定设定临时性许可（无期限限制）	
地方性法规	可以创设经常性许可（但不得设定应当由国家统一确定的公民、法人或者其他组织的资格、资质的行政许可；不得设定企业或者其他组织的设立登记及其前置性行政许可。其设定的行政许可，不得限制其他地区的个人或者企业到本地区从事生产经营和提供服务，不得限制其他地区的商品进入本地区市场）	可对法律、行政法规设立的许可进行具体细化，但不能增设许可和增设违反法律、行政法规的许可条件
省级人民政府规章（省、自治区、直辖市人民政府）	可以创设有效期1年的临时性许可（但不得设定应当由国家统一确定的公民、法人或者其他组织的资格、资质的行政许可；不得设定企业或者其他组织的设立登记及其前置性行政许可。其设定的行政许可，不得限制其他地区的个人或者企业到本地区从事生产经营和提供服务，不得限制其他地区的商品进入本地区市场）	可对法律、行政法规、地方性法规设立的许可进行具体细化，但不能增设许可和增设违反法律、行政法规、地方性法规的许可条件
其他规章（包括国务院部门规章以及省级人民政府以下的市级政府制定的规章）	不能创设行政许可	
其他规范性文件	不能创设行政许可	也不能对上位法规定的行政许可进行具体细化

◆经典真题

1．(2010-2-82)下列哪些地方性法规的规定违反《行政许可法》？(ABCD)

A．申请餐饮服务许可证，须到当地餐饮行业协会办理认证手续

B．申请娱乐场所表演许可证，文化主管部门收取的费用由财政部门按一定比例返还

C. 外地人员到本地经营网吧，应当到本地电信管理部门注册并缴纳特别管理费
D. 申请建设工程规划许可证，需安装建设主管部门指定的节能设施

2. (2016-2-79)关于行政许可的设定权限，下列哪些说法是不正确的？（ABC）

A. 必要时省政府制定的规章可设定企业的设立登记及其前置性行政许可
B. 地方性法规可设定应由国家统一确定的公民、法人或者其他组织的资格、资质的行政许可
C. 必要时国务院部门可采用发布决定的方式设定临时性行政许可
D. 省政府报国务院批准后可在本区域停止实施行政法规设定的有关经济事务的行政许可

3. (2017-4-7)案情：某省盐业公司从外省盐厂购进300吨工业盐运回本地，当地市盐务管理局认为购进工业盐的行为涉嫌违法，遂对该批工业盐予以先行登记保存，并将《先行登记保存通知书》送达该公司。其后，市盐务管理局经听证、集体讨论后，认定该公司未办理工业盐准运证从省外购进工业盐，违反了省政府制定的《盐业管理办法》第20条，决定没收该公司违法购进的工业盐，并处罚款15万元。公司不服处罚决定，向市政府申请行政复议。市政府维持市盐务管理局的处罚决定。公司不服向法院起诉。

……

问题：

（一）请根据案情、材料一和相关法律规定，回答下列问题：

……

3. 市盐务管理局以某公司未办理工业盐准运证从省外购进工业盐构成违法的理由是否成立？为什么？

……

三、行政许可的设定程序

◆考点归纳

《行政许可法》对于行政许可设定程序的规定充分体现了行政公开的原则：

（1）在设定行政许可之处，起草许可单位"应采取听证会、论证会等形式听取意见，并向制定机关说明设定该行政许可的必要性、对经济和社会可能产生的影响以及听取和采纳意见的情况"；

（2）在许可设定之后，《行政许可法》充分贯彻务实原则，要求"行政许可的设定机关应当定期对其设定的行政许可进行评价，对已设定的行政许可，认为可通过本法第十三条所列方式能够解决的，应当对设定该行政许可的规定及时予以修改或者废止"；

（3）省、自治区、直辖市人民政府认为行政法规设定的有关经济事务的行政许可，"根据本行政区域经济和社会发展情况，认为通过本法第十三条所列方式能够解决的，报国务院批准后，可以在本行政区域内停止实施该行政许可"。

四、许可适用的地域性界限

◆**重点法条**

《行政许可法》

第四十一条 法律、行政法规设定的行政许可,其适用范围没有地域限制的,申请人取得的行政许可可在全国范围内有效。

◆**考点归纳**

法律、行政法规设定的行政许可适用时无地域限制,而地方性法规和省级人民政府设立的行政许可是有适用的地域限制的。

第二节 行政许可的实施机关

一、行政许可的实施机关

◆**知识要点**

行政许可的实施机关包括:
(1) 具有行政许可权的行政机关;
(2) 法律、法规授权的具有管理公共事务职能的组织;
(3) 行政机关委托的其他机关。

◆**重点法条**

《行政许可法》

第二十三条 法律、法规授权的具有管理公共事务职能的组织,在法定授权范围内,以自己的名义实施行政许可。被授权的组织适用本法有关行政机关的规定。

第二十四条第一款 行政机关在其法定职权范围内,依照法律、法规、规章的规定,可以委托**其他行政机关**实施行政许可。委托机关应当将受委托行政机关和受委托实施行政许可的内容予以公告。

◆**考点归纳**

(1) 与行政处罚一样,法律、法规可授权具有管理公共事务职能的组织实施行政许可,因这些组织具有行政主体资格,因此可以自己的名义实施行政许可,可由自己来承担产生的法律责任。

(2) 行政机关将自己的许可权委托他人行使,**但与行政处罚不同的是,行政许可的委托只能委托给其他行政机关,而不能是行政机关以外的其他组织与个人**。同样,受委托机关只能以委托机关的名义实施行政许可,法律后果也由委托机关来承担,受委托机关不得将行政许可权再行委托。

二、联合办公

◆**重点法条**

《行政许可法》

第二十五条 经国务院批准,省、自治区、直辖市人民政府根据精简、统一、效能的原则,可以决定一个行政机关行使有关行政机关的行政许可权。

第二十六条 行政许可需要行政机关内设的多个机构办理的,该行政机关**应当**确定一个机构统一受理行政许可申请,统一送达行政许可决定。

行政许可依法由地方人民政府两个以上部门分别实施的,本级人民政府**可以**确定一个部门受理行政许可申请并转告有关部门分别提出意见后统一办理,或者组织有关部门联合办理、集中办理。

◆考点归纳

《行政许可法》第25条是关于行政许可的集中实施,即将本来分属于不同行政机关的行政许可权转移和集中配置在一个行政机关手中,原机关由此丧失了对该事项的许可实施权,其前提是国务院批准、省级人民政府决定(与行政处罚相区别)。

《行政许可法》第26条是关于行政许可办公方式的改革。

(1)行政许可需要行政机关内设的多个机构办理的,该行政机关**应当**确定一个机构统一办理行政许可。所谓统一办理,是指将外部行政程序内部化,申请人只要面对一个机构,由此减少了申请人与多个机关、多个机构打交道的麻烦,一个机构统一受理,统一送达行政许可。

(2)行政许可依法由地方人民政府两个以上部门分别实施的,本级人民政府**可以**确定一个部门统一办理,或者组织有关部门联合办理、集中办理。联合办理、集中办理与统一办理不同,申请人仍需与多个机关打交道,但这些机关在地点上集中在一起,由此免去了申请人车马劳顿之苦。

◆经典真题

(2005-2-88)某公司准备在某市郊区建一座化工厂,向某市规划局、土地管理局、环境保护局和建设局等职能部门申请有关证照。下列哪些说法是正确的?(AC)

A. 某公司应当对其申请材料实质内容的真实性负责

B. 某市人民政府应当组织上述四个职能部门联合为某公司办理手续

C. 拟建化工厂附近居民对核发该项目许可证照享有听证权利

D. 如果某公司的申请符合条件,某市人民政府相关职能部门应在45个工作日内为其办结全部证照

第三节 行政许可的程序

一、一般程序

◆知识要点

行政许可是行政法中典型的依申请的行政行为,即行政许可必须要有相对人的申请才能启动,行政机关在受理了相对人的申请后,再审查决定是否授予相对人许可,正因如此,行政许可的程序就由申请、受理、审查与决定四个环节组成。每个环节须注意的问题可归纳为下图:

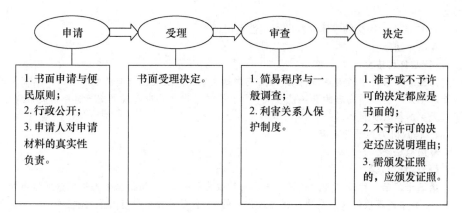

（一）申请与受理

1. 申请的便民原则

◆重点法条

《行政许可法》

第二十九条 公民、法人或者其他组织从事特定活动，依法需要取得行政许可的，应当向行政机关提出申请。申请书需要采用格式文本的，行政机关应当向申请人提供行政许可申请书格式文本。申请书格式文本中不得包含与申请行政许可事项没有直接关系的内容。

申请人可以委托代理人提出行政许可申请。但是，依法应当由申请人到行政机关办公场所提出行政许可申请的除外。

行政许可申请可以通过信函、电报、电传、传真、电子数据交换和电子邮件等方式提出。

◆考点归纳

（1）相对人申请行政许可，原则须采取书面的方式，不能采取口头方式；

（2）但为方便当事人，《行政许可法》对具体的书面形式未作限制，行政许可申请可以通过信函、电报、电传、传真、电子数据交换和电子邮件等方式提出，**申请人可以委托代理人提出行政许可申请。**

2. 行政公开

◆重点法条

《行政许可法》

第三十条第一款 行政机关应当将法律、法规、规章规定的有关行政许可的事项、依据、条件、数量、程序、期限以及需要提交的全部材料的目录和申请书示范文本等在办公场所公示。

◆经典真题

（2009-2-90）关于公告，下列哪些选项是正确的？（AC）

A. 行政机关认为需要听证的涉及公共利益的重大许可事项应当向社会公告

B. 行政许可直接涉及申请人与他人之间重大利益关系的，申请人、利害关系人提出听证申请的，行政机关应当予以公告

C. 行政机关在其法定权限范围内，依据法律委托其他行政机关实施行政许可，对受委托行政机关和受委托实施许可的内容应予以公告

D. 被许可人以欺骗、贿赂等不正当手段取得行政许可，行政机关予以撤销的，应当向社会

公告

3. 申请人对提交的申请材料的真实性负责

◆**重点法条**

《**行政许可法**》

第三十一条　申请人申请行政许可,应当如实向行政机关提交有关材料和反映真实情况,并对其申请材料实质内容的真实性负责。行政机关不得要求申请人提交与其申请的行政许可事项无关的技术材料和其他材料。

4. 行政机关的受理决定

◆**重点法条**

《**行政许可法**》

第三十二条　行政机关对申请人提出的行政许可申请,应当根据下列情况分别作出处理:

(一)申请事项依法不需要取得行政许可的,应当即时告知申请人不受理;

(二)申请事项依法不属于本行政机关职权范围的,应当即时作出不予受理的决定,并告知申请人向有关行政机关申请;

(三)申请材料不齐全或者不符合法定形式的,应当当场或者在五日内一次告知申请人需要补正的全部内容,逾期不告知的,自收到申请材料之日起即为受理;

(四)申请材料不齐全或者不符合法定形式的,应当当场或者在五日内一次告知申请人需要补正的全部内容,逾期不告知的,自收到申请材料之日起即为受理;

(五)申请事项属于本行政机关职权范围,申请材料齐全、符合法定形式,或者申请人按照本行政机关的要求提交全部补正申请材料的,应当受理行政许可申请。

行政机关受理或者不予受理行政许可申请,应当出具加盖本行政机关专用印章和注明日期的**书面凭证**。

◆**考点归纳**

行政法因其主旨是为了规范行政机关依法行使职权,保障相对人的合法权益,因此在程序设置上,对于相对人往往采用"便宜原则",即便于相对人行使权利的原则,不苛求相对人必须按照何种程序行事。但对于行政机关而言,则要遵守各项程序义务,具体到行政许可的申请与受理阶段,首先,要做到行政公开,将行政许可的条件公之于众,以避免暗箱操作;其次,无论是否受理行政许可申请,都应当出具书面凭证。

◆**经典真题**

(2017-2-47)天龙房地产开发有限公司拟兴建天龙金湾小区项目,向市规划局申请办理建设工程规划许可证,并提交了相关材料。下列哪一说法是正确的?(B)

A. 公司应到市规划局办公场所提出申请

B. 公司应对其申请材料实质内容的真实性负责

C. 公司的申请材料不齐全的,市规划局应作出不予受理决定

D. 市规划局为公司提供的申请格式文本可收取工本费

(二)审查与决定

1. 简易程序与一般调查

◆**重点法条**

《**行政许可法**》

第三十四条　行政机关应当对申请人提交的申请材料进行审查。

申请人提交的申请材料齐全、符合法定形式,行政机关能够当场作出决定的,**应当当场作出书面的行政许可决定。**

根据法定条件和程序,需要对申请材料的实质内容进行核实的,行政机关应当指派**两名以上工作人员进行核查**。

◆考点归纳

(1)《行政许可法》第34条第1款中申请人材料齐全、符合法定形式,行政机关能够当场作出决定的,应当当场作出决定,这种程序类似于行政处罚中的简易程序,即行政机关当场审查,当场作出决定,此时审查材料和作出决定的都是执法人员一人,但需要注意的是,即使是当场作出许可决定,也必须是书面的,而不能是口头的。

(2)《行政许可法》第34条第2款为一般程序,即行政机关对申请人提交的材料指派工作人员进行核查,再决定是否授予相对人许可,这种程序同样类似于行政处罚中的一般程序,而且与行政处罚一样,《行政许可法》也规定行政机关的调查人员不得少于两人。

2. 利害关系人制度

◆重点法条

《行政许可法》

第三十六条 行政机关对行政许可申请进行审查时,发现行政许可事项直接关系他人重大利益的,应当告知该利害关系人。申请人、利害关系人有权进行陈述和申辩。行政机关应当听取申请人、利害关系人的意见。

◆考点归纳

(1)对行政许可可能影响到的利害关系人提供事先陈述和申辩的权利,是《行政许可法》对利害关系人进行保护的重要举措。行政许可是一类典型的授益性行政行为,相对人申请行政许可,都是期望借行政许可而获得某种资格或利益,但有些行政许可决定一旦作出,虽然会使相对人获利,但也有可能给其他人带来不利影响,例如批准建楼许可对周边相邻权人的影响,这也是行政法中所说的"第三人效力",为避免这种不利影响的发生,《行政许可法》第36条特别规定,行政机关对行政许可申请进行审查时,发现行政许可事项直接关系他人重大利益的,应当告知该利害关系人,听取其陈述、申辩和意见。《行政许可法》第40条规定:"行政机关作出的准予行政许可决定,应当予以公开,公众有权查阅。"同样是为了这一目的。

(2)在行政许可过程中,利害关系人拥有与申请人同样的权利:申请人、利害关系人有权均进行陈述和申辩;行政机关应当听取申请人、利害关系人的意见;利害关系人有权对行政许可事项提出听证申请;利害关系人还可要求行政机关撤销违法的许可;对于行政机关已经颁发的许可,利害关系人还有权申请复议,提起诉讼。

◆经典真题

(2013-2-47)某公司向规划局交纳了一定费用后获得了该局发放的建设用地规划许可证。刘某的房屋紧邻该许可规划用地,刘某认为建筑工程完成后将遮挡其房屋采光,向法院起诉请求撤销该许可决定。下列哪一说法是正确的?(A)

A. 规划局发放许可证不得向某公司收取任何费用
B. 因刘某不是该许可的利害关系人,规划局审查和决定发放许可证无需听取其意见
C. 因刘某不是该许可的相对人,不具有原告资格
D. 因建筑工程尚未建设,刘某权益受侵犯不具有现实性,不具有原告资格

3. 许可决定与证照颁发

◆**重点法条**

《行政许可法》

第三十八条 申请人的申请符合法定条件、标准的，行政机关应当依法作出准予行政许可的书面决定。

行政机关依法作出不予行政许可的书面决定的，应当说明理由，并告知申请人享有依法申请行政复议或提起行政诉讼的权利。

第三十九条 行政机关作出准予行政许可的决定，需要颁发行政许可证件的，应当向申请人颁发加盖本行政机关印章的下列行政许可证件：

（一）许可证、执照或者其他许可证书；

（二）资格证、资质证或者其他合格证书；

（三）行政机关的批准文件或者证明文件；

（四）法律、法规规定的其他行政许可证件。

行政机关实施检验、检测、检疫的，可以在检验、检测、检疫合格的设备、设施、产品、物品上加贴标签或者加盖检验、检测、检疫印章。

◆**考点归纳**

（1）与行政机关是否受理相对人的许可申请一样，行政机关在审查后无论是否授予相对人许可，都应通过书面的方式作出决定。

（2）并非所有的授予行政许可的决定都需要颁发相应的许可证件，只有需要颁发的，行政机关才应当向申请人颁发加盖本行政机关印章的行政许可证件。

◆**经典真题**

（2005-2-46）根据行政许可法的规定，下列有关行政许可的审查和决定的哪一种说法是正确的？（B）

A. 对行政许可申请人提交的申请材料的审查，均应由行政机关两名以上工作人员进行

B. 行政机关作出准予行政许可决定和不予行政许可决定，均应采用书面形式

C. 行政机关作出准予行政许可决定后，均应向申请人颁发加盖本行政机关印章的行政许可证件

D. 所有的行政许可均在全国范围内有效

（三）期限

1. 决定期限

◆**重点法条**

《行政许可法》

第四十二条 除可以当场作出行政许可决定的外，行政机关应当自受理行政许可申请之日起二十日内作出行政许可决定。二十日内不能作出决定的，经本行政机关负责人批准，可以延长十日，并应当将延长期限的理由告知申请人。但是，法律、法规另有规定的，依照其规定。

依照本法第二十六条的规定，行政许可采取统一办理或者联合办理、集中办理的，办理的时间不得超过四十五日；四十五日内不能办结的，经本级人民政府负责人批准，可以延长十五日，并应当将延长期限的理由告知申请人。

第四十三条 依法应当先经下级行政机关审查后报上级行政机关决定的行政许可，下级

行政机关应当自其受理行政许可申请之日起二十日内审查完毕,但是,法律、法规另有规定的,依照其规定。

◆考点归纳

许可的决定期限可分为以下三种情形:

简易程序	一般情形	联合办公
当场作出	自受理行政许可申请之日起20日内作出行政许可决定。20日内不能作出决定的,经本行政机关负责人批准,可以延长10日	办理的时间不得超过45日;45日内不能办结的,经本级人民政府负责人批准,可以延长15日

2. 送达时间

◆重点法条

《行政许可法》

第四十四条 行政机关作出准予行政许可的决定,应当自作出决定之日起十日内向申请人颁发、送达行政许可证件,或者加贴标签、加盖检验、检测、检疫印章。

◆经典真题

(2004-2-40)按照律师法规定,申请领取律师执业证书,司法行政机关应当自收到申请之日起30日内作出是否颁发的决定。按照行政许可法的规定,应当自受理行政许可申请之日起20日内作出行政许可决定。2004年7月初,张某向司法厅申请领取律师执业证书,司法厅的正确做法是:(A)

A. 应当适用律师法,在30日内作出是否颁发的决定
B. 应当适用许可法,在20日内作出是否颁发的决定
C. 可以选择适用律师法或者许可法关于期限的规定作出决定
D. 因法律关于期限的规定不一致,报请全国人大常委会裁决后再作决定

(四) 变更与延续

◆重点法条

《行政许可法》

第四十九条 被许可人要求变更行政许可事项的,应当向作出行政许可决定的行政机关提出申请;符合法定条件、标准的,行政机关应当依法办理变更手续。

第五十条 被许可人需要延续依法取得的行政许可的有效期的,应当在该**行政许可有效期届满三十日前**向作出行政许可决定的行政机关提出申请。但是,法律、法规、规章另有规定的,依照其规定。

行政机关应当根据被许可人的申请,**在该行政许可有效期届满前作出是否准予延续的决定;逾期未作决定的,视为准予延续**。

◆考点归纳

(1) 被许可人需要延续依法取得的行政许可的有效期的,应当在该**行政许可有效期届满30日前**向作出行政许可决定的行政机关提出申请,但法律、法规、规章可对此期限作出例外规定,此处《行政许可法》增加了"规章",考生须特别注意。

(2) 行政机关应当根据被许可人的申请,**在该行政许可有效期届满前作出是否准予延续的决定;逾期未作决定,视为准予延续**。

◆经典真题

(2009-2-40)2001年原信息产业部制定的《电信业务经营许可证管理办法》(简称《办法》)规定"经营许可证有效期届满,需要继续经营的,应提前90日,向原发证机关提出续办经营许可证的申请。"2003年9月1日获得增值电信业务许可证(有效期为五年)的甲公司,于2008年拟向原发证机关某省通信管理局提出续办经营许可证的申请。下列哪一选项是正确的?(C)

A. 因《办法》为规章,所规定的延续许可证申请期限无效

B. 因《办法》在《行政许可法》制定前颁布,所规定的延续许可证申请期限无效

C. 如甲公司依法提出申请,某省通信管理局应在甲公司许可证有效期届满前作出是否准予延续的决定

D. 如甲公司依法提出申请,某省通信管理局在60日内不予答复的,视为拒绝延续

二、行政许可的听证

与行政处罚的听证一样,行政许可的听证事实上也并非一个独立的行政许可程序,它也只是许可审查的一个阶段,即某些特殊许可案件,除采用常规调查核实的方法外,还采用听证的方式进行调查。

(一)听证的启动

◆重点法条

《行政许可法》

第四十六条 法律、法规、规章规定实施行政许可应当听证的事项,或者行政机关认为需要听证的其他涉及公共利益的重大行政许可事项,行政机关应当向社会公告,并举行听证。

第四十七条 行政许可直接涉及申请人与他人之间重大利益关系的,行政机关在作出行政许可决定前,应当告知申请人、利害关系人享有要求听证的权利;申请人、**利害关系人**在被告知听证权利之日起五日内提出听证申请的,行政机关应当在二十日内组织听证。

申请人、利害关系人不承担行政机关组织听证的费用。

◆考点归纳

(1)行政许可的听证的启动可分为两种:依职权进行(第46条)和依申请进行(第47条)。前者是指对于法律、法规、规章规定实施行政许可应当听证的事项,或者行政机关认为需要听证的其他涉及公共利益的重大行政许可事项,行政机关主动举行听证;而后者则是指许可事项的申请人或是利害关系人提出举行听证的申请。从这一点上说,许可的听证启动与处罚有着重大差异,后者只能依申请进行。

(2)在依申请进行听证时,除许可申请人外,与许可事项相关的利害关系人也有权要求听证。这一点与前文中许可审查时的利害关系人制度一样,也是对权利义务可能因许可事项受到影响的利害关系人的一种事前保护。

(二)听证的进行

◆重点法条

《行政许可法》

第四十八条 听证按照下列程序进行:

(一)行政机关应当于举行听证的七日前将举行听证的时间、地点通知申请人、利害关系

人,必要时予以公告;

(二)听证应当公开举行;

(三)行政机关应当指定审查该行政许可申请的工作人员以外的人员为听证主持人,申请人、利害关系人认为主持人与该行政许可事项有直接利害关系的,有权申请回避;

(四)举行听证时,审查该行政许可申请的工作人员应当提供审查意见的证据、理由,申请人、利害关系人可以提出证据,并进行申辩和质证;

(五)听证应当制作笔录,听证笔录应当交听证参加人确认无误后签字或盖章。

行政机关应当根据听证笔录,作出行政许可决定。

◆ 考点归纳

(1)对于许可的听证程序,《行政许可法》主要规定了三个期限:① 申请期限。申请人、利害关系人应当在被告知听证权利之日起5日内提出听证申请。② 组织期限。行政机关应当在20日内组织听证。③ 告知期限。行政机关应当于举行听证的7日前将举行听证的时间、地点通知申请人、利害关系人,必要时还应当进行公告。

(2)与行政处罚中的听证不同,《行政许可法》特别规定了听证笔录的效力,"**行政机关应当根据听证笔录,作出行政许可决定**",这一点意味着在许可听证中,听证笔录是作出最终决定的唯一依据,行政机关绝不能采纳听证笔录之外的其他证据作出许可决定。

(3)与行政处罚听证的比较。对行政许可的听证程序,考生最好与行政处罚的听证相比较进行复习,而两者的相同与不同之处可总结为下表:

行政处罚与行政许可听证的区别			
相同之处	不同之处		
		处罚的听证	许可的听证
(1)除涉及国家秘密、商业秘密和个人隐私外,听证公开进行; (2)听证主持人为非本案调查人员,如与案件和当事人有利害关系则应回避; (3)申请人不承担听证费用; (4)申请人有权委托代理人,有权申辩与质证; (5)听证应制作听证笔录。	听证的启动	只能依申请而举行听证。	除依申请外,行政机关也可以主动举行听证。
	听证时间	(1)当事人要求听证的,应当在行政机关告知之后3日内提出; (2)行政机关应当在听证的7日前,通知当事人举行听证的时间、地点; (3)未规定行政机关在多长时间内组织听证。	(1)申请人、利害关系人应当在被告知听证权利之日起5日内提出听证申请; (2)行政机关应当在20日内组织听证; (3)行政机关应当于举行听证的7日前将举行听证的时间、地点通知申请人、利害关系人,必要时还应当进行公告。
	听证笔录的效力	行政机关可不根据听证笔录,作出行政处罚决定。	行政机关应当根据听证笔录,作出行政许可决定。

行政处罚与行政许可听证的不同之处:

(1)听证的启动程序和启动主体不同。首先,在行政处罚中,只能依申请而举行听证,而行政许可中,除依申请外,行政机关也可以主动举行听证;其次,在行政许可中,除许可申请人外，与许可事项相关的利害关系人也有权要求听证。

（2）许可听证的期限规定更加细化。《行政许可法》除规定申请期限和告知期限外，还规定了行政机关组织听证的期限。

（3）听证笔录的效力不同。如上文所述，《行政处罚法》尽管规定听证应制作听证笔录，但并没有规定处罚决定必须依据听证笔录，因此即便行政机关在听证笔录之外引入了其他证据对当事人作出最后的处罚决定，该决定同样不是违法的。但行政许可的听证笔录时作出许可决定的依据。

行政处罚与行政许可听证的相同之处包括：

（1）除涉及国家秘密、商业秘密和个人隐私外，听证公开进行；

（2）听证主持人为非本案调查人员，如与案件和当事人有利害关系则应回避；

（3）申请人不承担听证费用；

（4）申请人有权委托代理人，有权申辩与质证；

（5）听证应制作听证笔录。

◆经典真题

1.（2005-2-88）某公司准备在某市郊区建一座化工厂，向某市规划局、土地管理局、环境保护局和建设局等职能部门申请有关证照。下列哪些说法是正确的？（AC）

A. 某公司应当对其申请材料实质内容的真实性负责

B. 某市人民政府应当组织上述四个职能部门联合为某公司办理手续

C. 拟建化工厂附近居民对核发该项目许可证照享有听证权利

D. 如果某公司的申请符合条件，某市人民政府相关职能部门应在45个工作日内为其办结全部证照

2.（2006-2-48）关于行政许可程序，下列哪一选项是正确的？（A）

A. 对依法不属于某行政机关职权范围内的行政许可申请，行政机关作出不予受理决定，应向当事人出具加盖该机关专用印章和注明日期的书面凭证

B. 行政许可听证均为依当事人申请的听证，行政机关不能主动进行听证

C. 行政机关作出的准予行政许可决定，除涉及国家秘密的，均应一律公开

D. 所有的行政许可适用范围均没有地域限制，在全国范围内有效

3.（2011-2-99）关于行政许可实施程序的听证规定，下列说法正确的是：（ACD）

A. 行政机关应在举行听证7日前将时间、地点通知申请人、利害关系人

B. 行政机关可视情况决定是否公开举行听证

C. 申请人、利害关系人对听证主持人可以依照规定提出回避申请

D. 举办听证的行政机关应当制作笔录，听证笔录应当交听证参与人确认无误后签字或者盖章

4.（2015-2-77）对下列哪些拟作出的决定，行政机关应告知当事人有权要求听证？（BC）

A. 税务局扣押不缴纳税款的某企业价值200万元的商品

B. 交通局吊销某运输公司的道路运输经营许可证

C. 规划局发放的建设用地规划许可证，直接涉及申请人与附近居民之间的重大利益关系

D. 公安局处以张某行政拘留10天的处罚

三、特殊的行政许可程序

1. 关于特许和认可

◆**重点法条**

《行政许可法》

第五十三条第一款 实施本法第十二条第二项所列事项的行政许可的,**行政机关应当通过招标、拍卖等公平竞争的方式作出决定**。但是,法律、行政法规另有规定的,依照其规定。

第五十四条第一款 实施本法第十二条第三项所列事项的行政许可,赋予公民特定资格,依法应当举行国家考试的,行政机关根据考试成绩和其他法定条件作出行政许可决定;赋予法人或者其他组织特定的资格、资质的,行政机关根据申请人的专业人员构成、技术条件、经营业绩和管理水平等的考核结果作出行政许可决定。但是法律、行政法规另有规定的,依照其规定。

◆**考点归纳**

对于有限自然资源的开发利用、公共资源的配置、特定行业的市场准入等事项,《行政许可法》规定可通过**招标、拍卖等公平竞争的方式作出决定**;对于需要资格、资质认可的事项,**行政机关则通过举行国家考试或是考核的方式作出许可决定**。

2. 有数量控制的行政许可

◆**重点法条**

《行政许可法》

第五十七条 有数量限制的行政许可,两个或者两个以上申请人的申请均符合法定条件、标准的,行政机关应当根据行政许可申请的先后顺序作出准予行政许可的决定。但是法律、行政法规另有规定的,依照其规定。

第四节 行政许可的监督与检查

一、许可的撤回、撤销与注销

◆**重点法条**

《行政许可法》

第八条 公民、法人或其他组织依法取得的行政许可受法律保护,行政机关不得擅自改变已经生效的行政许可。

行政许可所依据的法律、法规、规章修改或者废止,或者准予行政许可所依据的客观情况发生重大变化的,为了公共利益的需要,行政机关可以依法变更或者撤回已经生效的行政许可。由此给公民、法人或者其他组织造成财产损失的,行政机关应当依法给予补偿。

第六十九条 有下列情形之一的,作出行政许可决定的行政机关或者其上级行政机关,根据利害关系人的请求或者依据职权,可以撤销行政许可:

(一)行政机关工作人员滥用职权、玩忽职守作出准予行政许可决定的;

(二)超越法定职权作出准予行政许可决定的;

（三）违反法定程序作出准予行政许可决定的；
（四）对不具备申请资格或者不符合法定条件的申请人准予行政许可的；
（五）依法可以撤销行政许可的其他情形。
被许可人以欺骗、贿赂等不正当手段取得行政许可的，应当予以撤销。
依照前两款的规定撤销行政许可，可能对公共利益造成重大损害的，不予撤销。
依照本条第一款的规定撤销行政许可，被许可人的合法权益受到损害的，行政机关应当依法给予赔偿。依照本条第二款的规定撤销行政许可的，被许可人基于行政许可取得的利益不受保护。

第七十条 有下列情形之一的，行政机关应当依法办理有关行政许可的注销手续：
（一）行政许可有效期届满未延续的；
（二）赋予公民特定资格的行政许可，该公民死亡或者丧失行为能力的；
（三）法人或者其他组织依法终止的；
（四）行政许可依法被撤销、撤回，或者行政许可证件依法被吊销的；
（五）因不可抗力导致行政许可事项无法实施的；
（六）法律、法规规定的应当注销行政许可的其他情形。

◆**考点归纳**

1. 信赖保护与许可的撤销、撤回

行政许可是典型的授益行政行为，即赋予相对人权利和利益的行为，相对人获得的行政许可受法律保护。《行政许可法》特别规定，行政机关作出许可决定后不得擅自改变或撤回已经生效的许可，这就是行政法中的"信赖利益保护"，即相对人信赖行政许可行为可以存续，这种信赖利益应予保护，行政机关嗣后擅自改变或者撤回已经作出的许可，都是对这种信赖利益的损害。

（1）信赖利益的保护并非绝对，如行政许可所依据的法律、法规、规章修改或者废止，或者准予行政许可所依据的客观情况发生重大变化的，为了公共利益的需要，行政机关可以依法变更或者撤回已经生效的行政许可。但此时，行政机关必须对因此给公民、法人或其他组织造成的财产损害进行**补偿**。

（2）如果行政机关嗣后发现行政许可的授予所依照的照法律规定是违法的，如《行政许可法》第69条第1款所规定的，"（一）行政机关工作人员滥用职权、玩忽职守作出准予行政许可决定的；（二）超越法定职权作出准予行政许可决定的；（三）违反法定程序作出准予行政许可决定的；（四）对不具备申请资格或者不符合法定条件的申请人准予行政许可的；（五）依法可以撤销行政许可的其他情形"，此时行政机关可以将已经授出的行政许可撤销，但因为相对人在这之中并没有任何过错，其信赖利益仍旧需要保护，所以《行政许可法》规定，此时行政机关应当对行政相对人进行**赔偿**。

（3）对相对人信赖利益保护的前提是相对人对于行政许可的违法并无过错，即行政许可的违法并非由相对人的原因造成，如果行政许可的违法是由于相对人的原因造成的，即被许可人以欺骗、贿赂等不正当手段取得行政许可，此时行政许可应予以撤销，被许可人基于行政许可取得的利益也不受保护。

2. 许可的撤回、撤销、吊销和注销的区别

行政许可的撤销是指行政许可作出时即存在违法情形,导致该许可自作出时就是违法的,因此法定机关(包括作出许可的机关、上级机关以及有权机关)将其溯及既往地予以撤销;注销许可是一种程序行为,它的原因可能是许可被撤销、许可证被吊销,或是许可的行为已经完成,等等;而吊销许可证是行政处罚的一种类型,它的原因并非许可违法,而是被许可人在进行许可活动时存在违法行为,行政机关对其进行惩戒。它们的区别可参阅下表:

行政许可	撤回	撤销	吊销	注销
法律属性	行政行为的废止	行政行为的撤销	行政处罚	程序行为
发生事由	**行政许可在作出时合法**,但由于事后行政许可所依据的法律、法规、规章修改或者废止,或者准予行政许可所依据的客观情况发生重大变化的。	**行政许可作出时即违法,违法事由包括:** (1)行政机关工作人员滥用职权、玩忽职守作出准予行政许可决定的; (2)超越法定职权作出准予行政许可决定的; (3)违反法定程序作出准予行政许可决定的; (4)对不具备申请资格或者不符合法定条件的申请人准予行政许可的。	行政许可作出时合法,相对人在实施许可时有违法行为。	(1)行政许可有效期届满未延续的; (2)赋予公民特定资格的行政许可,该公民死亡或者丧失行为能力的; (3)法人或者其他组织依法终止的; (4)行政许可依法被撤销、撤回,或者行政许可证件依法被吊销的; (5)因不可抗力导致行政许可事项无法实施的; (6)法律、法规规定的应当注销行政许可的其他情形。
听证权利	无	无	相对人可要求听证	无
法律后果	对相对人补偿	对相对人赔偿		

3. 许可撤销所涉及的问题

在许可撤销问题上,有以下三个问题,考生在复习时须特别注意:

(1)基于公共利益的保护,不予撤销,即**撤销行政许可,可能对公共利益造成重大损害的,不予撤销;**

(2)**撤销**涉及信赖保护,因此必须对被许可人的权益进行赔偿,但赔偿的前提是被许可人对许可的违法并无过错,如果行政许可的违法是由于相对人的原因造成的,即被许可人以欺骗、贿赂等不正当手段取得行政许可,此时撤销许可无须对相对人进行赔偿;

(3)能够撤销许可的机关包括许可的作出机关、作出机关的上级机关以及有权机关,此处的"有权机关"是指如某机关超越职权为相对人颁发许可,则被越权的机关可撤销越权机关颁发的违法许可。

有关许可撤销的问题可总结为下表:

行政许可的撤销	
发生原因	行政许可作出时违法：① 行政机关工作人员滥用职权、玩忽职守作出准予行政许可决定的；② 超越法定职权作出准予行政许可决定的；③ 违反法定程序作出准予行政许可决定的；④ 对不具备申请资格或者不符合法定条件的申请人准予行政许可的。
听证权利	不能要求听证。
撤销机关	① 许可作出机关；② 许可机关的上级机关；③ 被越权机关。
不予撤销	撤销行政许可，可能对公共利益造成重大损害的，不予撤销。
信赖保护	撤销行政许可，应对相对人进行赔偿，但被许可人以欺骗、贿赂等不正当手段取得行政许可，撤销许可时不予赔偿。

◆经典真题

1.（2004-2-96）甲厂经某市采砂许可证的法定发放机关地质矿产局批准取得了为期5年的采砂许可证，并经某区水电局等部门批准，在区江河管理站划定的区域内采砂。后因缴纳管理费问题与水电局发生纠纷，随后该水电局越权向乙厂颁发了采砂许可证，准予乙厂在甲厂被划定的区域内采砂，下列说法正确的：(ABCD)

 A. 根据甲厂的申请，某市地质矿产局可以撤销水电局发给乙厂的采砂许可证
 B. 水电局应当撤销给乙厂发放的采砂许可证
 C. 若乙厂的采砂许可证被撤销，发放许可证的水电局应承担乙厂相应的经济损失
 D. 甲厂可以要求水电局赔偿因向乙厂颁发许可证给自己造成的经济损失

2.（2006-2-86）根据行政许可法的规定，下列关于行政许可的撤销、撤回、注销的哪些说法是正确的？（ABD）

 A. 行政许可的撤销和撤回都涉及到被许可人实体权利
 B. 规章的修改可以作为行政机关撤回已经生效的行政许可的理由
 C. 因行政机关工作人员滥用职权授予的行政许可被撤销的，行政机关应予赔偿
 D. 注销是行政许可被撤销和撤回后的法定程序

3.（2007-2-81）刘某参加考试并取得《医师资格证书》。后市卫生局查明刘某在报名时提供的系虚假材料，于是向刘某送达《行政许可证件撤销告知书》。刘某提出听证申请，被拒绝。市卫生局随后撤销了刘某的《医师资格证书》。下列哪些选项是正确的？（ACD）

 A. 市卫生局有权撤销《医师资格证书》
 B. 撤销《医师资格证书》的行为应当履行听证程序
 C. 市政府有权撤销《医师资格证书》
 D. 市卫生局撤销《医师资格证书》后，应依照法定程序将其注销

4.（2008-2-87）对下列哪些情形，行政机关应当办理行政许可的注销手续？（ABD）

 A. 张某取得律师执业证书后，发生交通事故成为植物人
 B. 田某违法经营的网吧被吊销许可证
 C. 李某依法向国土资源管理部门申请延续采矿许可，国土资源管理部门在规定期限内未予答复

D. 刘某通过行贿取得行政许可证后,被行政机关发现并撤销其许可

5. (2009-2-41)经甲公司申请,市建设局给其颁发建设工程规划许可证。后该局在复核中发现甲公司在申请时报送的企业法人营业执照已经超过有效期,遂依据《行政许可法》规定,撤销该公司的规划许可证,并予以注销。甲公司不服,向法院提起诉讼。市建设局撤销甲公司规划许可证的行为属于下列哪一类别?(C)

A. 行政处罚
B. 行政强制措施
C. 行政行为的撤销
D. 行政检查

6. (2011-2-42)某市安监局向甲公司发放《烟花爆竹生产企业安全生产许可证》后,发现甲公司所提交的申请材料系伪造。对于该许可证的处理,下列哪一选项是正确的(B)

A. 吊销
B. 撤销
C. 撤回
D. 注销

7. (2015-2-47)食品药品监督管理局向一药店发放药品经营许可证。后接举报称,该药店存在大量非法出售处方药的行为,该局在调查中发现药店的药品经营许可证系提供虚假材料欺骗所得。关于对许可证的处理,该局下列哪一做法是正确的?(B)

A. 撤回
B. 撤销
C. 吊销
D. 待有效期限届满后注销

8. (2017-2-78)下列哪些情形中,行政机关应依法办理行政许可的注销手续?(ABCD)

A. 某企业的产品生产许可证有效期限届满未申请延续的
B. 某企业的旅馆业特种经营许可证被认定为以贿赂手段取得而被撤销的
C. 某房地产开发公司取得的建设工程规划许可证被吊销的
D. 拥有执业医师资格证的王医生死亡的

二、许可监督检查的其他问题

1. 行政机关之间的协助义务

◆重点法条
《行政许可法》
第六十四条 被许可人在作出行政许可决定的行政机关管辖区域外违法从事行政许可事项活动的,违法行为发生地的行政机关应当依法将被许可人的违法事实、处理结果抄告作出行政许可决定的行政机关。

2. 特定行业的行业禁止

◆重点法条
《行政许可法》
第六十七条 取得直接关系公共利益的特定行业的市场准入行政许可的被许可人,应当按照国家规定的服务标准、资费标准和行政机关依法规定的条件,向用户提供安全、方便、稳定和价格合理的服务,并履行普遍服务的义务;未经作出行政许可决定的行政机关批准,不得擅自停业、歇业。

被许可人不履行前款规定的义务的,行政机关应当责令限期改正,或者依法采取有效措施督促其履行义务。

3. 法律责任

◆**重点法条**

《行政许可法》

第七十八条 行政许可申请人隐瞒有关情况或者提供虚假材料申请行政许可的,行政机关不予受理或者不予行政许可,并给予警告;行政许可申请直接关系公共安全、人身健康、生命财产安全事项的,申请人在一年内不得再次申请该行政许可。

第七十九条 被许可人以欺骗、贿赂等不正当手段取得行政许可的,行政机关应当依法给予行政处罚;取得的行政许可属于直接关系公共安全、人身健康、生命财产安全事项的,申请人在三年内不得再次申请该行政许可;构成犯罪的,依法追究刑事责任。

◆**考点归纳**

(1) 如许可申请人在申请许可时隐瞒有关情况或者提供虚假材料,且行政许可申请直接关系公共安全、人身健康、生命财产安全事项的,许可机关不仅应作出不予受理或不予许可的决定,还可以责令申请人在 1 年内不得再次申请该行政许可。

(2) 如许可申请人已经以欺骗、贿赂等不正当手段取得行政许可的,且取得的行政许可属于直接关系公共安全、人身健康、生命财产安全事项的,申请人在 3 年内不得再次申请该行政许可。

◆**经典真题**

(2005-2-86)根据行政许可法的规定,下列哪些说法是正确的?(AB)

A. 某区动植物检验局未按照法定标准收取许可费用,应当对其直接责任人以行政处分

B. 医生李某死亡,卫生行政主管部门应当依法注销其医师资格

C. 某省公安厅对某高校教师出国护照的审批不适用行政许可法

D. 某企业通过贿赂手段取得的烟花爆竹生产许可证被撤销后,在一年之内不得再申请该项许可

第五节 行政许可案件的审理

最高人民法院在 2009 年发布了《关于审理行政许可案件若干问题的规定》,该规定同样成为近几年行政许可部分的考查重点。

一、受案范围

◆**重点法条**

最高人民法院《关于审理行政许可案件若干问题的规定》

第一条 公民、法人或者其他组织认为行政机关作出的行政许可决定以及相应的不作为,或者行政机关就行政许可的变更、延续、撤回、注销、撤销等事项作出的有关具体行政行为及其相应的不作为侵犯其合法权益,提起行政诉讼的,人民法院应当依法受理。

第二条 公民、法人或者其他组织认为行政机关未公开行政许可决定或者未提供行政许可监督检查记录侵犯其合法权益,提起行政诉讼的,人民法院应当依法受理。

第三条 公民、法人或者其他组织仅就行政许可过程中的告知补正申请材料、听证等通知行为提起行政诉讼的,人民法院不予受理,但导致许可程序对上述主体事实上终止的除外。

第六条第一款 行政机关受理行政许可申请后,在法定期限内不予答复,公民、法人或者其他组织向人民法院起诉的,人民法院应当依法受理。

◆考点归纳

(1) 关于许可案件的受案范围可总结为以下表:

法院受理的许可案件	不受理的许可案件
(1) 行政机关的许可决定; (2) 行政机关受理行政许可申请后,在法定期限内不予答复; (3) 行政机关就行政许可的变更、延续、撤回、注销、撤销等事项作出的有关具体行政行为; (4) 相对人要求行政机关变更、延续、撤回、注销、撤销,行政机关不作为; (5) 行政机关未公开行政许可决定; (6) 行政机关未提供行政许可监督检查记录侵犯其合法权益。	仅就行政许可过程中的告知补正申请材料、听证等通知行为提起行政诉讼的,但导致许可程序对上述主体事实上终止的除外。

(2) 如果相对人仅起诉行政机关在许可过程中的告知或通知听证等行为,因这些行为是程序行为,并未对相对人的权利义务产生实质影响,因此不可诉;但如果告知或听证行为本身导致行政程序就此终结的,当事人有权对此提起诉讼。

◆经典真题

(2011-2-80)下列当事人提起的诉讼,哪些属于行政诉讼受案范围?(ACD)

A. 某造纸厂向市水利局申请发放取水许可证,市水利局作出不予许可决定,该厂不服而起诉

B. 食品药品监管局向申请餐饮服务许可证的李某告知补正申请材料的通知,李某认为通知内容违法而起诉

C. 化肥厂附近居民要求环保局提供对该厂排污许可证监督检查记录,遭到拒绝后起诉

D. 某国土资源局以建城市绿化带为由撤回向一公司发放的国有土地使用权证,该公司不服而起诉

二、行政许可案件的被告确认

◆重点法条

最高人民法院《关于审理行政许可案件若干问题的规定》

第四条 当事人不服行政许可决定提起诉讼的,以作出行政许可决定的机关为被告;行政许可依法须经上级行政机关批准,当事人对批准或者不批准行为不服一并提起诉讼的,以上级行政机关为共同被告;行政许可依法须经下级行政机关或者管理公共事务的组织初步审查并上报,当事人对不予初步审查或者不予上报不服提起诉讼的,以下级行政机关或者管理公共事务的组织为被告。

第五条 行政机关依据行政许可法第二十六条第二款规定统一办理行政许可的,当事人对行政许可行为不服提起诉讼,以对当事人作出具有实质影响的不利行为的机关为被告。

◆考点归纳

(1) 当事人不服行政许可决定提起诉讼的,以作出行政许可决定的机关为被告;

（2）行政许可经上级机关批准的，如果当事人仅起诉行政许可决定，则以作出许可决定的机关为被告；但当事人对批准或者不批准行为不服一并提起诉讼的，以上级行政机关为共同被告；

（3）行政许可须经下级行政机关或事业组织初步审查并上报才作出的，如果当事人对最后的行政许可决定不服起诉的，以作出许可决定的机关为被告；但当事人若对下级机关或管理公共事务的组织不予审查，或审查后不予上报的行为不服起诉的，以下级机关为被告；

（4）行政许可涉及政府的多个工作部门的，政府可指定一个部门统一办理许可，当事人嗣后对许可行为不服起诉的，应以对自己作出具有实质影响的不利行为的机关为被告。

许可案件的被告确认	
事由	被告
当事人不服行政许可决定提起诉讼的	作出行政许可决定的机关
行政许可经上级机关批准的，当事人对批准或者不批准行为不服一并提起诉讼的	上级与下级机关为共同被告
行政许可须经下级行政机关或事业组织初步审查并上报才作出的，当事人对不予初步审查或者不予上报不服提起诉讼的，以下级行政机关或者管理公共事务的组织为被告	下级行政机关或者管理公共事务的组织
联合办公的	作出具有实质影响的不利行为的机关

三、行政许可案件的证据制度

（一）法院不予认可的作为许可依据的证据

◆**重点法条**

最高人民法院《关于审理行政许可案件若干问题的规定》

第七条 作为被诉行政许可行为基础的其他行政决定或者文书存在以下情形之一的，人民法院不予认可：

（一）明显缺乏事实根据；

（二）明显缺乏法律依据；

（三）超越职权；

（四）其他重大明显违法情形。

◆**考点归纳**

作为被诉许可行为基础的可能是其他机关的行政决定或文书，但并非只要有行政机关的决定或文书作依据，法院就要采纳这些证据，法院仍要对这些决定或文书的合法性进行审查，如果存在明显和重大违法，法院不予认可，而被诉的许可决定也因为无合法的依据而违法。但此处值得注意的是，由于这些决定或文书并非许可案件的审理对象，因此法院不能直接宣告其无效或是予以撤销。

（二）第三人的举证权利和人民法院在许可案件中调取证据的权利

◆**重点法条**

最高人民法院《关于审理行政许可案件若干问题的规定》

第八条 被告不提供或者无正当理由逾期提供证据的，与被诉行政许可行为有利害关系的第三人可以向人民法院提供；第三人对无法提供的证据，可以申请人民法院调取；人民法院在当事人无争议，但涉及国家利益、公共利益或者他人合法权益的情况下，也可以依职权调取证据。

第三人提供或者人民法院调取的证据能够证明行政许可行为合法的，人民法院应当判决驳回原告的诉讼请求。

◆**考点归纳**

（1）被告不提供或者无正当理由逾期提供证据的，与被诉行政许可行为有利害关系的第三人可以向人民法院提供。此条的意旨为：行政许可决定通常对申请人授益，但却会给其他利害关系人带来不利影响，如果利害关系人起诉，则获得许可的申请人为案件第三人，在案件审理中，如果被告行政机关怠于履行举证责任，则会使作为案件第三人的许可获得者权利受损，因此，他可以向人民法院提供相关证据。

（2）第三人对无法提供的证据，可以申请人民法院调取；人民法院在当事人无争议，但涉及国家利益、公共利益或者他人合法权益的情况下，也可以依职权调取证据。

（3）第三人提供或者人民法院调取的证据能够证明行政许可行为合法的，人民法院应当判决驳回原告的诉讼请求。此条的意旨为：与被诉行政许可行为有利害关系的第三人可以向法院提供相关证据，或者可以申请法院调取证据，如果这些证据足以证明许可行为合法，法院应判决驳回原告的诉讼请求，而不是维持原许可决定，因在此类案件中，原告并不是许可的获得者。

四、行政许可案件的法律适用

◆**重点法条**

最高人民法院《关于审理行政许可案件若干问题的规定》

第九条 人民法院审理行政许可案件，应当以申请人提出行政许可申请后实施的新的法律规范为依据；行政机关在旧的法律规范实施期间，无正当理由拖延审查行政许可申请至新的法律规范实施，适用新的法律规范不利于申请人的，以旧的法律规范为依据。

◆**考点归纳**

法院在审理许可案件时，判决许可决定是否合法，原则上应以申请人提出许可申请后实施的新法为依据，如果申请人提出许可申请后，实施的仍旧是旧法，就以旧法为依据，简言之，要以申请人提出许可申请后有效的法律为依据；但行政机关在旧的法律规范实施期间，无正当理由拖延审查行政许可申请至新的法律规范实施，适用新的法律规范不利于申请人的，以旧的法律规范为依据。

五、行政许可案件的判决

◆**重点法条**

最高人民法院《关于审理行政许可案件若干问题的规定》

第十条 被诉准予行政许可决定违反当时的法律规范但符合新的法律规范的，判决确认该决定违法;准予行政许可决定不损害公共利益和利害关系人合法权益的,判决驳回原告的诉讼请求。

第十一条 人民法院审理不予行政许可决定案件,认为原告请求准予许可的理由成立,且被告没有裁量余地的,可以在判决理由写明,并判决撤销不予行政许可决定,责令被告重新作出决定。

第十二条 被告无正当理由拒绝原告查阅行政许可决定及有关档案材料或者监督检查记录的,人民法院可以判决被告在法定或者合理期限内准予原告查阅。

第十三条第二款 在行政许可案件中,当事人请求一并解决有关民事赔偿问题的,人民法院可以合并审理。

◆**考点归纳**

(1) 被诉准予许可的决定违反当时的法律规范,本应予以撤销,但此决定又符合新的法律规范,所以应判决确认违法。

(2) 准予行政许可决定不损害公共利益和利害关系人合法权益的,判决驳回原告的诉讼请求。这一情形是指作为许可利害关系人对行政机关作出的准予申请人许可的决定不服起诉,但法院经查认为,准予行政许可决定并不损害公共利益和利害关系人合法权益的,本应维持,但诉讼原告并非许可的获得者,而是利害关系人,因此,法院应判决驳回原告的诉讼请求。

(3) 如果原告起诉行政机关不予许可的决定,法院经审查,认为原告理由成立,且被告对是否作出许可也并没有裁量空间,但法院不能直接就准予原告许可,或是责令行政机关为原告颁发许可,否则就会逾越法院应恪守的界限,而应当在判决中注明理由,并判决撤销不予许可决定,责令被告重新作出决定。

(4) 被告无正当理由拒绝原告查阅行政许可决定及有关档案材料或者监督检查记录的,人民法院可以判决被告在法定或者合理期限内准予原告查阅。

行政诉讼的判决	
事由	判决类型
被诉准予行政许可决定违反当时的法律规范,但符合新的法律规范的	确认违法
利害关系人起诉准予行政许可的决定,法院认为该决定不损害公共利益和利害关系人合法权益的	驳回原告的诉讼请求
申请人起诉行政机关不予许可的决定,法院经审查,认为原告理由成立,且被告对是否作出许可也并没有裁量空间	判决撤销不予许可决定,责令被告重新作出决定
被告无正当理由拒绝原告查阅行政许可决定及有关档案材料或者监督检查记录的	履行判决(判决被告在法定或者合理期限内准予原告查阅)
在行政许可案件中,当事人请求一并解决有关民事赔偿问题的	行政诉讼附带民事诉讼

六、行政许可案件的赔偿责任

◆重点法条

最高人民法院《关于审理行政许可案件若干问题的规定》

第十三条第一款 被告在实施行政许可过程中,与他人恶意串通共同违法侵犯原告合法权益的,应当承担连带赔偿责任;被告与他人违法侵犯原告合法权益的,应当根据其违法行为在损害发生过程和结果中所起作用等因素,确定被告的行政赔偿责任;被告已经依照法定程序履行审慎合理的审查职责,因他人行为导致行政许可决定违法的,不承担赔偿责任。

◆考点归纳

(1) 被告在实施行政许可过程中,与他人恶意串通共同违法侵犯原告合法权益的,应当承担连带赔偿责任;

(2) 被告与他人违法侵犯原告合法权益的,应当根据其违法行为在损害发生过程和结果中所起作用等因素,确定被告的行政赔偿责任;

(3) 被告已经依照法定程序履行审慎合理的审查职责,因他人行为导致行政许可决定违法的,不承担赔偿责任。

七、行政许可撤回后的补偿问题

(一) 补偿的程序

◆重点法条

最高人民法院《关于审理行政许可案件若干问题的规定》

第十四条 行政机关依据行政许可法第八条第二款规定变更或者撤回已经生效的行政许可,公民、法人或者其他组织仅主张行政补偿的,应当先向行政机关提出申请;行政机关在法定期限或者合理期限内不予答复或者对行政机关作出的补偿决定不服,可以依法提起行政诉讼。

(二) 补偿的范围与标准

◆重点法条

最高人民法院《关于审理行政许可案件若干问题的规定》

第十五条 法律、法规、规章或者规范性文件对变更或者撤回行政许可的补偿标准未作规定的,一般在实际损失范围内确定补偿数额;行政许可属于行政许可法第十二条第(二)项规定情形的,一般按照实际投入的损失确定补偿数额。

第六章　行政强制法

【复习提要】
　　行政强制是行政机关为达到行政管理的目的,而对相对人的人身或财产实施控制或限制的行为。因为严重涉及相对人的权益,规范行政强制行为,保护相对人合法权益就成为《行政强制法》的立法目的。《行政强制法》于2012年颁布施行,在行政行为法中属于最新的法律规范,因此一直是近年司考的重点。本章内容包括:行政强制的类型与设定;行政强制措施的实施与程序;行政强制执行的程序。其中行政强制措施与行政强制执行的行为属性与种类辨析,各自的设定与实施程序,特殊的行政强制措施的实施、行政机关自己有强制执行权的执行程序,以及申请人民法院强制执行具体行政行为的程序均是本章重点以及考试要点。

第一节　行政强制的类型与设定

一、行政强制的类型

◆**重点法条**
《行政强制法》
　　第二条　本法所称行政强制,包括行政强制措施和行政强制执行。
　　行政强制措施,是指行政机关在行政管理过程中,为制止违法行为、防止证据损毁、避免危害发生、控制危险扩大等情形,依法对公民的人身自由实施暂时性限制,或者对公民、法人或者其他组织的财物实施暂时性控制的行为。
　　行政强制执行,是指行政机关或者行政机关申请人民法院,对不履行行政决定的公民、法人或者其他组织,依法强制履行义务的行为。

◆**知识要点**
　　行政强制包括强制措施和强制执行,二者的特征如下:
　　(1) 行政强制措施,是指行政机关在行政管理过程中,为制止违法行为、防止证据损毁、避免危害发生、控制危险扩大等情形,依法对公民的人身自由实施暂时性限制,或者对公民、法人或者其他组织的财物实施暂时性控制的行为。
　　(2) 行政强制执行,是指行政机关或者行政机关申请人民法院,对不履行行政决定的公民、法人或者其他组织,依法强制履行义务的行为。

◆**考点归纳**
　　综合下文内容,强制措施与强制执行的差异可归纳为下表:

差异	行政强制措施	行政强制执行
目的	为制止违法行为、防止证据损毁、避免危害发生、控制危险扩大	迫使相对人履行义务或达到与履行义务相同的状态
手段	对人身自由实施暂时性限制，或者对财物实施暂时性控制	完整的行政决定
种类	（1）限制公民人身自由； （2）查封场所、设施或者财物； （3）扣押财物； （4）冻结存款、汇款； （5）其他行政强制措施。	（1）加处罚款或者滞纳金； （2）划拨存款、汇款； （3）拍卖或者依法处理查封、扣押的场所、设施或者财物； （4）排除妨碍、恢复原状； （5）代履行； （6）其他强制执行方式。
设定依据	法律、行政法规和地方性法规可设定	只有法律能够设定

二、比例原则的适用

◆重点法条

《行政强制法》

第五条 行政强制的设定和实施，应当适当。采用非强制手段可以达到行政管理目的的，不得设定和实施行政强制。

第十六条第二款 违法行为情节显著轻微或者没有明显社会危害的，可以不采取行政强制措施。

◆知识要点

《行政强制法》的很多规定都体现了行政法中的比例原则，即"最小侵害"与"过度禁止"，上文所列的两款规定是最集中的表现：

（1）行政强制的设定和实施，应当适当。采用非强制手段可以达到行政管理目的的，不得设定和实施行政强制；

（2）违法行为情节显著轻微或者没有明显社会危害的，可以不采取行政强制措施；

三、行政强制措施的种类与设定

◆重点法条

《行政强制法》

第九条 行政强制措施的种类：

（一）限制公民人身自由；

（二）查封场所、设施或者财物；

（三）扣押财物；

（四）冻结存款、汇款；

（五）其他行政强制措施。

第十条 行政强制措施由法律设定。

尚未制定法律,且属于国务院行政管理职权事项的,行政法规可以设定除本法第九条第一项、第四项和应当由法律规定的行政强制措施以外的其他行政强制措施。

尚未制定法律、行政法规,且属于地方性事务的,地方性法规可以设定本法第九条第二项、第三项的行政强制措施。

法律、法规以外的其他规范性文件不得设定行政强制措施。

第十一条 法律对行政强制措施的对象、条件、种类作了规定的,行政法规、地方性法规不得作出扩大规定。

法律中未设定行政强制措施的,行政法规、地方性法规不得设定行政强制措施。但是,法律规定特定事项由行政法规规定具体管理措施的,行政法规可以设定除本法第九条第一项、第四项和应当由法律规定的行政强制措施以外的其他行政强制措施。

◆知识要点

（1）行政强制措施的种类包括:① 限制公民人身自由;② 查封场所、设施或者财物;③ 扣押财物;④ 冻结存款、汇款;⑤ 其他行政强制措施。这些措施均是对公民的人身自由实施暂时性限制,或者对公民、法人或者其他组织的财产实施暂时性控制的行为。

（2）**行政强制措施由法律和法规设定。法律可设定所有的强制措施,行政法规不能设定限制人身自由与冻结存款、汇款的强制措施;地方性法规只能设定查封场所、设施或者财物与扣押财物的强制措施;规章和其他规范性文件不能设定强制措施。**

（3）行政法规、地方性法规可对法律设定的强制措施进行具体细化,但不能扩大对象、条件和种类。

法律规范	强制措施的创设	强制措施的规定
法律	可创设所有的行政强制措施	
行政法规	**除限制人身自由与冻结存款、汇款**以外的其他强制措施	可对法律设定的强制措施进行具体细化,但不能扩大对象、条件和种类
地方性法规	只能设定查封场所、设施或者财物与扣押财物的强制措施	
规章和其他规范性文件	不能设定行政强制措施	不能规定行政强制措施

◆考点归纳

（1）相比《行政处罚法》和《行政许可法》,《行政强制法》对规章的设定权进行了更加严格的限定,规章不仅完全不能创设行政强制措施,也不能对上位法规定的行政强制措施进行细化。

（2）法律对行政强制措施的对象、条件、种类作了规定的,行政法规、地方性法规不得作出扩大规定。

◆经典真题

1.（2012-2-99）某交通局在检查中发现张某所驾驶货车无道路运输证,遂扣留了张某驾驶证和车载货物,要求张某缴纳罚款1万元。张某拒绝缴纳,交通局将车载货物拍卖抵缴罚款。下列说法正确的有:（ABD）

A. 扣留驾驶证的行为为行政强制措施　　B. 扣留车载货物的行为为行政强制措施
C. 拍卖车载货物的行为为行政强制措施　　D. 拍卖车载货物的行为为行政强制执行

2.（2013-2-43）李某长期吸毒，多次自费戒毒均未成功。某公安局在一次检查中发现后，将李某送至强制隔离戒毒所进行强制隔离戒毒。强制隔离戒毒属于下列哪一性质的行为？（B）
A. 行政处罚　　B. 行政强制措施　　C. 行政强制执行　　D. 行政许可

3.（2016-2-46）下列哪一行政行为不属于行政强制措施？（B）
A. 审计局封存转移会计凭证的被审计单位的有关资料
B. 公安交通执法大队暂扣酒后驾车的贾某机动车驾驶证6个月
C. 税务局扣押某企业价值相当于应纳税款的商品
D. 公安机关对醉酒的王某采取约束性措施至酒醒

四、行政强制执行的方式与设定

◆**重点法条**

《行政强制法》

第十二条　行政强制执行的方式：
（一）加处罚款或者滞纳金；
（二）划拨存款、汇款；
（三）拍卖或者依法处理查封、扣押的场所、设施或者财物；
（四）排除妨碍、恢复原状；
（五）代履行；
（六）其他强制执行方式。

第十三条　行政强制执行由法律设定。
法律没有规定行政机关强制执行的，作出行政决定的行政机关应当申请人民法院强制执行。

◆**知识要点**

（1）强制执行是对人身与财产的直接处理：①加处罚款或者滞纳金；②划拨存款、汇款；③拍卖或者依法处理查封、扣押的场所、设施或者财物；④排除妨碍、恢复原状；⑤代履行；⑥其他强制执行方式。在上述强制执行的方式中，加处罚款、滞纳金以及代履行属于间接强制，即通过间接手段，批示相对人履行义务或达到与履行义务相同的状态，而其他的方式均属于直接强制，即行政机关直接对相对人的人身或财产实施强制。

（2）行政强制执行只能由法律设定，行政法规、地方性法规也不再拥有此项权限。

◆**经典真题**

（2017-2-80）下列哪些规范无权设定行政强制执行？（BCD）
A. 法律　　B. 行政法规　　C. 地方性法规　　D. 部门规章

第二节 行政强制措施的实施与程序

一、行政强制措施的实施

◆重点法条

《行政强制法》

第十七条 行政强制措施由法律、法规规定的行政机关在法定职权范围内实施。行政强制措施权不得委托。

依据《中华人民共和国行政处罚法》的规定行使相对集中行政处罚权的行政机关,可以实施法律、法规规定的与行政处罚权有关的行政强制措施。

行政强制措施应当由行政机关具备资格的行政执法人员实施,其他人员不得实施。

第七十条 法律、行政法规授权的具有管理公共事务职能的组织在法定授权范围内,以自己的名义实施行政强制,适用本法有关行政机关的规定。

◆知识要点

(1) 如上文所述,只有法律、法规可以设定行政强制措施,因此行政强制措施由法律、法规规定的行政机关在法定职权范围内实施。

(2) 行政强制措施权不得委托。这一点与《行政处罚法》与《行政许可法》的规定均不同,《行政处罚法》规定行政处罚权可委托给具有公共管理职能的事业组织,《行政许可法》规定许可权只能委托给其他行政机关,而强制措施权则完全不得委托。从处罚到许可再到强制,关于委托的规定越来越严格。

(3)《行政处罚法》规定,国务院或者经国务院授权的省、自治区、直辖市人民政府可以决定一个行政机关行使有关行政机关的行政处罚权,此时,行使相对集中行政处罚权的行政机关,可以实施法律、法规规定的与行政处罚权有关的行政强制措施。

(4) 行政强制措施应当由行政机关具备资格的行政执法人员实施,其他人员不得实施。

二、行政强制措施的程序

(一) 一般程序

◆重点法条

《行政强制法》

第十八条 行政机关实施行政强制措施应当遵守下列规定:

(一) 实施前须向行政机关负责人报告并经批准;

(二) 由两名以上行政执法人员实施;

(三) 出示执法身份证件;

(四) 通知当事人到场;

(五) 当场告知当事人采取行政强制措施的理由、依据以及当事人依法享有的权利、救济途径;

(六) 听取当事人的陈述和申辩;

(七) 制作现场笔录;

（八）现场笔录由当事人和行政执法人员签名或者盖章，当事人拒绝的，在笔录中予以注明；

（九）当事人不到场的，邀请见证人到场，由见证人和行政执法人员在现场笔录上签名或者盖章；

（十）法律、法规规定的其他程序。

第十九条 情况紧急，需要当场实施行政强制措施的，行政执法人员应当在二十四小时内向行政机关负责人报告，并补办批准手续。行政机关负责人认为不应当采取行政强制措施的，应当立即解除。

◆知识要点

一般程序是行政机关在实施所有行政强制措施时均应遵循的程序步骤和基本要求。这些要求可概括为以下方面：

（1）实施前须向行政机关负责人报告并经批准（情况紧急，需要当场实施行政强制措施的，行政执法人员应当在24小时内向行政机关负责人报告，并补办批准手续。行政机关负责人认为不应当采取行政强制措施的，应当立即解除）。

（2）由两名以上行政执法人员实施。

（3）出示执法身份证件。

（4）通知当事人到场，并当场告知当事人采取行政强制措施的理由、依据以及当事人依法享有的权利、救济途径。

（5）听取当事人的陈述和申辩。

（6）制作现场笔录，现场笔录由当事人和行政执法人员签名或者盖章，当事人拒绝的，在笔录中予以注明；当事人不到场的，邀请见证人到场，由见证人和行政执法人员在现场笔录上签名或者盖章。

◆考点归纳

（1）行政强制措施在实施前原则上均须向行政机关负责人报告并经批准，但情况紧急，需要当场实施行政强制措施的，行政执法人员应当在24小时内向行政机关负责人报告，并补办批准手续。后者属于行政法中所说的"即时强制"。

（2）实施强制措施均应制作现场笔录，笔录原则上要有当事人和行政执法人员签名或者盖章，但当事人拒绝的，现场笔录并非就没有证据效力，行政机关只要在笔录中予以注明即可。

行政强制措施的一般程序	（1）实施前须向行政机关负责人报告并经批准；情况紧急的，在实施后24小时内补办手续。
	（2）由两名以上执法人员实施。
	（3）通知当事人到场；当事人不到场的，邀请见证人。
	（4）出示证件、表明身份、说明理由、告知权利。
	（5）制作现场笔录。

(二) 涉及人身自由的强制措施的实施程序

◆**重点法条**

《行政强制法》

第二十条 依照法律规定实施限制公民人身自由的行政强制措施,除应当履行本法第十八条规定的程序外,还应当遵守下列规定:

(一) 当场告知或者实施行政强制措施后立即通知当事人家属实施行政强制措施的行政机关、地点和期限;

(二) 在紧急情况下当场实施行政强制措施的,在返回行政机关后,立即向行政机关负责人报告并补办批准手续;

(三) 法律规定的其他程序。

实施限制人身自由的行政强制措施不得超过法定期限。实施行政强制措施的目的已经达到或者条件已经消失,应当立即解除。

◆**知识要点**

涉及人身自由的强制措施在实践中包括留置、强制隔离、强制带离现场、强制戒毒,等等。行政机关在实施这些强制措施时,除应满足上述一般要求和程序外,还应特别注意如下问题:

(1) 当场告知或者实施行政强制措施后立即通知当事人家属实施行政强制措施的行政机关、地点和期限;

(2) 在紧急情况下当场实施行政强制措施的,在返回行政机关后,立即向行政机关负责人报告并补办批准手续;

(3) 实施限制人身自由的行政强制措施不得超过法定期限;

(4) 实施行政强制措施的目的已经达到或者条件已经消失,应当立即解除。

限制人身自由的强制措施	(1) 通知制度:当场告知或者实施行政强制措施后立即通知当事人家属实施行政强制措施的行政机关、地点和期限; (2) 补办手续:紧急情况下实施强制措施,在返回行政机关后,立即向行政机关负责人报告并补办批准手续; (3) 合理期限:不得超过法定期限; (4) 及时解除:实施行政强制措施的目的已经达到或者条件已经消失,应当立即解除。

(三) 查封、扣押

◆**重点法条**

《行政强制法》

第二十二条 查封、扣押应当由法律、法规规定的行政机关实施,其他任何行政机关或者组织不得实施。

第二十三条 查封、扣押限于涉案的场所、设施或者财物,不得查封、扣押与违法行为无关的场所、设施或者财物;不得查封、扣押公民个人及其所扶养家属的生活必需品。

当事人的场所、设施或者财物已被其他国家机关依法查封的,不得重复查封。

第二十四条 行政机关决定实施查封、扣押的,应当履行本法第十八条规定的程序,制作并当场交付查封、扣押决定书和清单。

查封、扣押决定书应当载明下列事项：
（一）当事人的姓名或者名称、地址；
（二）查封、扣押的理由、依据和期限；
（三）查封、扣押场所、设施或者财物的名称、数量等；
（四）申请行政复议或者提起行政诉讼的途径和期限；
（五）行政机关的名称、印章和日期。
查封、扣押清单一式二份，由当事人和行政机关分别保存。

第二十五条　查封、扣押的期限不得超过三十日；情况复杂的，经行政机关负责人批准，可以延长，但是延长期限不得超过三十日。法律、行政法规另有规定的除外。

延长查封、扣押的决定应当及时书面告知当事人，并说明理由。

对物品需要进行检测、检验、检疫或者技术鉴定的，查封、扣押的期间不包括检测、检验、检疫或者技术鉴定的期间。检测、检验、检疫或者技术鉴定的期间应当明确，并书面告知当事人。检测、检验、检疫或者技术鉴定的费用由行政机关承担。

第二十六条　对查封、扣押的场所、设施或者财物，行政机关应当妥善保管，不得使用或者损毁；造成损失的，应当承担赔偿责任。

对查封的场所、设施或者财物，行政机关可以委托第三人保管，第三人不得损毁或者擅自转移、处置。因第三人的原因造成的损失，行政机关先行赔付后，有权向第三人追偿。

因查封、扣押发生的保管费用由行政机关承担。

第二十七条　行政机关采取查封、扣押措施后，应当及时查清事实，在本法第二十五条规定的期限内作出处理决定。对违法事实清楚，依法应当没收的非法财物予以没收；法律、行政法规规定应当销毁的，依法销毁；应当解除查封、扣押的，作出解除查封、扣押的决定。

第二十八条　有下列情形之一的，行政机关应当及时作出解除查封、扣押决定：
（一）当事人没有违法行为；
（二）查封、扣押的场所、设施或者财物与违法行为无关；
（三）行政机关对违法行为已经作出处理决定，不再需要查封、扣押；
（四）查封、扣押期限已经届满；
（五）其他不再需要采取查封、扣押措施的情形。

解除查封、扣押应当立即退还财物；已将鲜活物品或者其他不易保管的财物拍卖或者变卖的，退还拍卖或者变卖所得款项。变卖价格明显低于市场价格，给当事人造成损失的，应当给予补偿。

◆知识要点

查封、扣押的对象是场所、设施和财物。查封、扣押时除应遵守一般程序要求外，须注意的事项可总结为下表：

查封、扣押程序	
实施机关	由法律、法规规定的行政机关。
实施禁止	（1）不得查封、扣押与违法行为无关的场所、设施或者财物；不得查封、扣押公民个人及其所扶养家属的生活必需品； （2）当事人的场所、设施或者财物已被其他国家机关依法查封的，不得重复查封。

(续表)

查封、扣押程序	
程序要求	当场交付查封、扣押决定书和清单；查封、扣押清单一式两份，由当事人和行政机关分别保存。
查封扣押时间	不得超过30日；情况复杂的，经行政机关负责人批准，可以延长，但是延长期限不得超过30日。法律、行政法规另有规定的除外。
物品保管	对查封、扣押的场所、设施或者财物，行政机关应当妥善保管；对查封的场所、设施或者财物，行政机关可以委托第三人保管。
后续处理	(1) 对违法事实清楚，依法应当没收的非法财物予以没收； (2) 法律、行政法规规定应当销毁的，依法销毁； (3) 应当解除查封、扣押的，作出解除查封、扣押的决定。
费用承担	(1) 因查封、扣押发生的保管费用由行政机关承担； (2) 检测、检验、检疫或者技术鉴定的费用由行政机关承担。

◆ 考点归纳

(1) 查封、扣押限于涉案的场所、设施或者财物，不得查封、扣押与违法行为无关的场所、设施或者财物；不得查封、扣押公民个人及其所扶养家属的生活必需品；当事人的场所、设施或者财物已被其他国家机关依法查封的，不得重复查封。

(2) 行政机关决定实施查封、扣押的，应当履行《行政强制法》第18条规定的程序，制作并当场交付查封、扣押决定书和清单。

(3) 查封、扣押的期限不得超过30日；情况复杂的，经行政机关负责人批准，可以延长；但是延长期限不得超过30日；法律、行政法规另有规定的除外。因此，查封扣押的最长时间一般为60日。

(4) 因查封、扣押发生的保管以及对物品的检测、检验、检疫或者技术鉴定的费用均由行政机关承担。

◆ 经典真题

1.（2012-2-80）某工商局以涉嫌非法销售汽车为由扣押某公司5辆汽车。下列哪些说法是错误的？（ABD）

A. 工商局可以委托城管执法局实施扣押

B. 工商局扣押汽车的最长期限为90日

C. 对扣押车辆，工商局可以委托第三人保管

D. 对扣押车辆进行检测的费用，由某公司承担

2.（2013-2-80）某工商分局接举报称肖某超范围经营，经现场调查取证初步认定举报属实，遂扣押与其经营相关物品，制作扣押财物决定及财物清单。关于扣押程序，下列哪些说法是正确的？（ABD）

A. 扣押时应当通知肖某到场

B. 扣押清单一式二份，由肖某和该工商分局分别保存

C. 对扣押物品发生的合理保管费用，由肖某承担

D. 该工商分局应当妥善保管扣押的物品

3. (2014-2-47)某区公安分局以非经许可运输烟花爆竹为由,当场扣押孙某杂货店的烟花爆竹100件。关于此扣押,下列哪一说法是错误的?(A)
   A. 执法人员应当在返回该分局后立即向该分局负责人报告并补办批准手续
   B. 扣押时应当制作现场笔录
   C. 扣押时应当制作并当场交付扣押决定书和清单
   D. 扣押应当由某区公安分局具备资格的行政执法人员实施

4. (2015-2-78)某公安交管局交通大队民警发现王某驾驶的电动三轮车未悬挂号牌,遂作出扣押的强制措施。关于扣押应遵守的程序,下列哪些说法是正确的?(ABC)
   A. 由两名以上交通大队行政执法人员实施扣押
   B. 当场告知王某扣押的理由和依据
   C. 当场向王某交付扣押决定书
   D. 将三轮车及其车上的物品一并扣押,当场交付扣押清单

5. (2016-2-82)某工商局因陈某擅自设立互联网上网服务营业场所扣押其从事违法经营活动的电脑15台,后作出没收被扣电脑的决定。下列哪些说法是正确的?(AC)
   A. 工商局应制作并当场交付扣押决定书和扣押清单
   B. 因扣押电脑数量较多,作出扣押决定前工商局应告知陈某享有要求听证的权利
   C. 对扣押的电脑,工商局不得使用
   D. 因扣押行为系过程性行政行为,陈某不能单独对扣押行为提起行政诉讼

6. (2017-2-48)某市质监局发现王某开设的超市销售伪劣商品,遂依据《产品质量法》对发现的伪劣商品实施扣押。关于扣押的实施,下列哪一说法是错误的?(A)
   A. 因扣押发生的保管费用由王某承担
   B. 应制作现场笔录
   C. 应制作并当场交付扣押决定书和扣押清单
   D. 不得扣押与违法行为无关的财物

(四)冻结

◆重点法条
《行政强制法》
第二十九条　冻结存款、汇款应当由法律规定的行政机关实施,不得委托给其他行政机关或者组织;其他任何行政机关或者组织不得冻结存款、汇款。

冻结存款、汇款的数额应当与违法行为涉及的金额相当;已被其他国家机关依法冻结的,不得重复冻结。

第三十条　行政机关依照法律规定决定实施冻结存款、汇款的,应当履行本法第十八条第一项、第二项、第三项、第七项规定的程序,并向金融机构交付冻结通知书。

金融机构接到行政机关依法作出的冻结通知书后,应当立即予以冻结,不得拖延,不得在冻结前向当事人泄露信息。

法律规定以外的行政机关或者组织要求冻结当事人存款、汇款的,金融机构应当拒绝。

第三十一条　依照法律规定冻结存款、汇款的,作出决定的行政机关应当在三日内向当事人交付冻结决定书。冻结决定书应当载明下列事项:
(一)当事人的姓名或者名称、地址;

（二）冻结的理由、依据和期限；

（三）冻结的账号和数额；

（四）申请行政复议或者提起行政诉讼的途径和期限；

（五）行政机关的名称、印章和日期。

第三十二条 自冻结存款、汇款之日起三十日内，行政机关应当作出处理决定或者作出解除冻结决定；情况复杂的，经行政机关负责人批准，可以延长，但是延长期限不得超过三十日。法律另有规定的除外。

延长冻结的决定应当及时书面告知当事人，并说明理由。

第三十三条 有下列情形之一的，行政机关应当及时作出解除冻结决定：

（一）当事人没有违法行为；

（二）冻结的存款、汇款与违法行为无关；

（三）行政机关对违法行为已经作出处理决定，不再需要冻结；

（四）冻结期限已经届满；

（五）其他不再需要采取冻结措施的情形。

行政机关作出解除冻结决定的，应当及时通知金融机构和当事人。金融机构接到通知后，应当立即解除冻结。

行政机关逾期未作出处理决定或者解除冻结决定的，金融机构应当自冻结期满之日起解除冻结。

◆ **知识要点**

冻结所涉及的对象是存款和汇款。行政机关实施冻结措施时除应遵守一般程序要求外，须注意的事项可总结为下表：

冻结程序	
实施机关	由法律规定的行政机关实施。
程序要求	（1）实施前须向行政机关负责人报告并经批准； （2）由两名以上行政执法人员实施； （3）出示执法身份证件； （4）向金融机构交付冻结通知书； （5）制作现场笔录； （6）作出决定的行政机关应当在3日内向当事人交付冻结决定书。
实施禁止	冻结存款、汇款的数额应当与违法行为涉及的金额相当；已被其他国家机关依法冻结的，不得重复冻结。
协助义务	金融机构接到行政机关依法作出的冻结通知书后，应当立即予以冻结，不得拖延，不得在冻结前向当事人泄露信息。
冻结时间	自冻结存款、汇款之日起30日内，行政机关应当作出处理决定或者作出解除冻结决定；情况复杂的，经行政机关负责人批准，可以延长，但是延长期限不得超过30日。法律另有规定的除外。
后续处理	行政机关应当作出处理决定或者作出解除冻结决定。

◆考点归纳

(1) 冻结存款、汇款的数额应当与违法行为涉及的金额相当;已被其他国家机关依法冻结的,不得重复冻结。

(2) 行政机关依照法律规定决定实施冻结存款、汇款的,应当履行上述一般程序,并向金融机构交付**冻结通知书**。

(3) 依照法律规定冻结存款、汇款的,作出决定的行政机关应当在 **3 日**内向当事人交付冻结决定书。

(4) 自冻结存款、汇款之日起 30 日内,行政机关应当作出处理决定或者作出解除冻结决定;情况复杂的,经行政机关负责人批准,可以延长,但是延长期限不得超过 30 日;法律另有规定的除外。因此,冻结存款汇款的最长时间一般为 60 日。

第三节 行政强制执行的程序

一、行政强制执行的实施主体

◆重点法条

《行政强制法》

第三十四条 行政机关依法作出行政决定后,当事人在行政机关决定的期限内不履行义务的,具有行政强制执行权的行政机关依照本章规定强制执行。

第四十四条 对违法的建筑物、构筑物、设施等需要强制拆除的,应当由行政机关予以公告,限期当事人自行拆除。当事人在法定期限内不申请行政复议或者提起行政诉讼,又不拆除的,行政机关可以依法强制拆除。

第四十六条第三款 没有行政强制执行权的行政机关应当申请人民法院强制执行。但是,当事人在法定期限内不申请行政复议或者提起行政诉讼,经催告仍不履行的,在实施行政管理过程中已经采取查封、扣押措施的行政机关,可以将查封、扣押的财物依法拍卖抵缴罚款。

第五十三条 当事人在法定期限内不申请行政复议或者提起行政诉讼,又不履行行政决定的,没有行政强制执行权的行政机关可以自期限届满之日起三个月内,依照本章规定申请人民法院强制执行。

第七十条 法律、行政法规授权的具有管理公共事务职能的组织在法定授权范围内,以自己的名义实施行政强制,适用本法有关行政机关的规定。

◆知识要点

(1) 原则:根据《行政强制法》的规定,相对人在法定期限内既不申请复议、提起诉讼,又不履行行政法上的义务的,行政机关原则上须申请人民法院强制执行,除非法律明确规定行政机关有强制执行权。因此,我国的强制执行制度是"以申请人民法院强制执行为原则,以行政机关自己强制执行为例外"。

(2) 例外:根据上述原则,如果行政机关无强制执行权,应当申请人民法院强制执行。但是,《行政强制法》第 46 条第 3 款又作了例外授权,规定如行政机关作出了金钱给付义务的决定,当事人在法定期限内不申请行政复议或者提起行政诉讼,经催告仍不履行的,在实施行政管理过程中已经采取查封、扣押措施的行政机关,行政机关可以将查封、扣押的财物依法拍卖抵缴罚款,而不用再申请人民法院强制执行。但这一条的适用有严格限制,下文有详细解析。

（3）对违法的建筑物、构筑物、设施等需要强制拆除的,应当由行政机关予以公告,限期当事人自行拆除。当事人在法定期限内不申请行政复议或者提起行政诉讼,又不拆除的,行政机关可以依法强制拆除,而无须申请法院强制执行。

强制执行原则	例外
行政机关申请法院强制执行	（1）公安(国安)、海关、税务有强制执行权,可自己强制执行。 （2）行政机关无强制执行权,但实施行政管理过程中已经采取查封、扣押措施的,之后作出金钱给付义务决定,当事人不履行的,行政机关可以将查封、扣押的财物依法拍卖抵缴罚款,而不用再申请人民法院拍卖或处理。 （3）对违法的建筑物、构筑物、设施等需要强制拆除的,行政机关公告后,当事人仍不拆除的,行政机关可强制拆除。

二、行政机关自己强制执行的一般程序

◆重点法条

《行政强制法》

第三十四条　行政机关依法作出行政决定后,当事人在行政机关决定的期限内不履行义务的,具有行政强制执行权的行政机关依照本章规定强制执行。

第三十五条　行政机关作出强制执行决定前,应当事先催告当事人履行义务。催告应当以书面形式作出,并载明下列事项：

（一）履行义务的期限；

（二）履行义务的方式；

（三）涉及金钱给付的,应当有明确的金额和给付方式；

（四）当事人依法享有的陈述权和申辩权。

第三十六条　当事人收到催告书后有权进行陈述和申辩。行政机关应当充分听取当事人的意见,对当事人提出的事实、理由和证据,应当进行记录、复核。当事人提出的事实、理由或者证据成立的,行政机关应当采纳。

第三十七条　经催告,当事人逾期仍不履行行政决定,且无正当理由的,行政机关可以作出强制执行决定。

强制执行决定应当以书面形式作出,并载明下列事项：

（一）当事人的姓名或者名称、地址；

（二）强制执行的理由和依据；

（三）强制执行的方式和时间；

（四）申请行政复议或者提起行政诉讼的途径和期限；

（五）行政机关的名称、印章和日期。

在催告期间，对有证据证明有转移或者隐匿财物迹象的，行政机关可以作出立即强制执行决定。

第三十八条 催告书、行政强制执行决定书应当直接送达当事人。当事人拒绝接收或者无法直接送达当事人的，应当依照《中华人民共和国民事诉讼法》的有关规定送达。

第三十九条 有下列情形之一的，中止执行：

（一）当事人履行行政决定确有困难或者暂无履行能力的；

（二）第三人对执行标的主张权利，确有理由的；

（三）执行可能造成难以弥补的损失，且中止执行不损害公共利益的；

（四）行政机关认为需要中止执行的其他情形。

中止执行的情形消失后，行政机关应当恢复执行。对没有明显社会危害，当事人确无能力履行，中止执行满三年未恢复执行的，行政机关不再执行。

第四十条 有下列情形之一的，终结执行：

（一）公民死亡，无遗产可供执行，又无义务承受人的；

（二）法人或者其他组织终止，无财产可供执行，又无义务承受人的；

（三）执行标的灭失的；

（四）据以执行的行政决定被撤销的；

（五）行政机关认为需要终结执行的其他情形。

第四十一条 在执行中或者执行完毕后，据以执行的行政决定被撤销、变更，或者执行错误的，应当恢复原状或者退还财物；不能恢复原状或者退还财物的，依法给予赔偿。

第四十二条 实施行政强制执行，行政机关可以在不损害公共利益和他人合法权益的情况下，与当事人达成执行协议。执行协议可以约定分阶段履行；当事人采取补救措施的，可以减免加处的罚款或者滞纳金。

执行协议应当履行。当事人不履行执行协议的，行政机关应当恢复强制执行。

第四十三条 行政机关不得在夜间或者法定节假日实施行政强制执行。但是，情况紧急的除外。

行政机关不得对居民生活采取停止供水、供电、供热、供燃气等方式迫使当事人履行相关行政决定。

第四十四条 对违法的建筑物、构筑物、设施等需要强制拆除的，应当由行政机关予以公告，限期当事人自行拆除。当事人在法定期限内不申请行政复议或者提起行政诉讼，又不拆除的，行政机关可以依法强制拆除。

◆**知识要点**

根据法律规定有强制执行权的机关在实施强制执行的过程中，应遵循的程序规则可总结为以下要点：

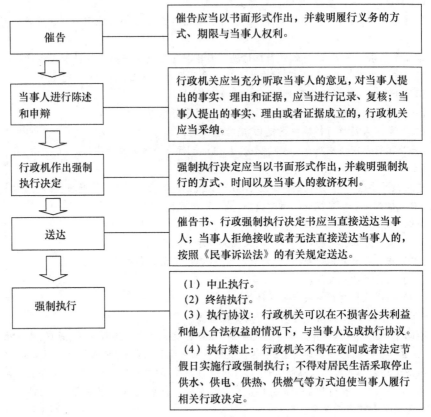

◆ 考点归纳

(1)《行政强制法》增加了"行政机关作出强制执行决定前,应当事先催告当事人履行义务"的规定;催告应当以书面形式作出,但需要注意的是,当事人不能针对催告通知书本身申请复议或提起诉讼。

(2) 当事人收到催告书后有权进行陈述和申辩;经催告,当事人逾期仍不履行行政决定,且无正当理由的,行政机关可以作出书面的强制执行决定;对于这一强制执行决定,当事人可申请复议或提起诉讼。

(3) 中止执行:① 当事人履行行政决定确有困难或者暂无履行能力的;② 第三人对执行标的主张权利,确有理由的;③ 执行可能造成难以弥补的损失,且中止执行不损害公共利益的。

(4) 终结执行:① 公民死亡,无遗产可供执行,又无义务承受人的;② 法人或者其他组织终止,无财产可供执行,又无义务承受人的;③ 执行标的灭失的;④ 据以执行的行政决定被撤销的。

(5) 执行回转:在执行中或者执行完毕后,据以执行的行政决定被撤销、变更或执行错误的,应当恢复原状或者退还原物,不能恢复原状或者退还原物的,依法给予赔偿。

(6) 执行协议:实施行政强制执行,行政机关可以在不损害公共利益和他人合法权益的情况下,与当事人达成执行协议。执行协议可以约定分阶段履行;当事人采取补救措施的,可以减免加处的罚款或者滞纳金。

(7) 执行禁止:行政机关不得在夜间或者法定节假日实施行政强制执行,但是情况紧急的除外;行政机关不得对居民生活采取停止供水、供电、供热、供燃气等方式迫使当事人履行相关行政决定。

(8) 对违法的建筑物、构筑物、设施等需要强制拆除的,应当由行政机关予以公告,限期当事人自行拆除。当事人在法定期限内不申请行政复议或者提起行政诉讼,又不拆除的,行政机关可以依法强制拆除。

◆经典真题

1. (2015-2-49)在行政强制执行过程中,行政机关依法与甲达成执行协议。事后,甲应当履行协议而不履行,行政机关可采取下列哪一措施?(B)
A. 申请法院强制执行   B. 恢复强制执行
C. 以甲为被告提起民事诉讼   D. 以甲为被告提起行政诉讼

2. (2012-4-6)案情:1997年11月,某省政府所在地的市政府决定征收含有某村集体土地在内的地块作为旅游区用地,并划定征用土地的四至界线范围。2007年,市国土局将其中一地块与甲公司签订《国有土地使用权出让合同》。2008年12月16日,甲公司获得市政府发放的第1号《国有土地使用权证》。2009年3月28日,甲公司将此地块转让给乙公司,市政府向乙公司发放第2号《国有土地使用权证》。后,乙公司申请在此地块上动工建设。2010年9月15日,市政府张贴公告,要求在该土地范围内使用土地的单位和个人,限期自行清理农作物和附着物设施,否则强制清理。2010年11月,某村得知市政府给乙公司颁发第2号《国有土地使用权证》后,认为此证涉及的部分土地仍属该村集体所有,向省政府申请复议要求撤销该土地使用权证。省政府维持后,某村向法院起诉。法院通知甲公司与乙公司作为第三人参加诉讼。

在诉讼过程中,市政府组织有关部门强制拆除了征地范围内的附着物设施。某村为收集证据材料,向市国土局申请公开1997年征收时划定的四至界线范围等相关资料,市国土局以涉及商业秘密为由拒绝提供。

问题:
……

5. 市政府强制拆除征地范围内的附着物设施应当遵循的主要法定程序和执行原则是什么?

三、金钱给付义务的执行

◆重点法条

《行政强制法》

第四十五条 行政机关依法作出金钱给付义务的行政决定,当事人逾期不履行的,行政机关可以依法加处罚款或者滞纳金。加处罚款或者滞纳金的标准应当告知当事人。

加处罚款或者滞纳金的数额不得超出金钱给付义务的数额。

第四十六条 行政机关依照本法第四十五条规定实施加处罚款或者滞纳金超过三十日,经催告当事人仍不履行的,具有行政强制执行权的行政机关可以强制执行。

行政机关实施强制执行前,需要采取查封、扣押、冻结措施的,依照本法第三章规定办理。

没有行政强制执行权的行政机关应当申请人民法院强制执行。但是,当事人在法定期限内不申请行政复议或者提起行政诉讼,经催告仍不履行的,在实施行政管理过程中已经采取查封、扣押措施的行政机关,可以将查封、扣押的财物依法拍卖抵缴罚款。

第四十七条 划拨存款、汇款应当由法律规定的行政机关决定,并书面通知金融机构。金融机构接到行政机关依法作出划拨存款、汇款的决定后,应当立即划拨。

法律规定以外的行政机关或者组织要求划拨当事人存款、汇款的,金融机构应当拒绝。

第四十八条 依法拍卖财物,由行政机关委托拍卖机构依照《中华人民共和国拍卖法》的规定办理。

第四十九条 划拨的存款、汇款以及拍卖和依法处理所得的款项应当上缴国库或者划入财政专户。任何行政机关或者个人不得以任何形式截留、私分或者变相私分。

◆ **知识要点**

金钱给付义务的执行是指行政机关作出了要求相对人缴纳罚款或是税费的决定,当事人在法定期限内不履行时所涉及的强制执行问题。这一过程中应遵循的程序规则可总结为以下要点:

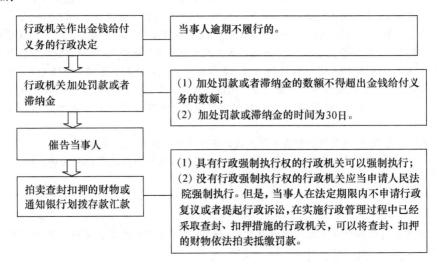

◆ **考点归纳**

(1) 行政机关依法作出金钱给付义务的行政决定,当事人逾期不履行的,行政机关可以依法加处罚款或者滞纳金。此处的"罚款"为执行罚,是行政强制执行措施的一种。

(2) 加处罚款或滞纳金的最长时间为30日,超过30日,经催告当事人仍不履行的,具有行政强制执行权的行政机关可以强制执行。

(3) 没有行政强制执行权的行政机关应当申请人民法院强制执行。但是,当事人在法定期限内不申请行政复议或者提起行政诉讼,经催告不履行的,在实施行政管理过程中已经采取查封、扣押措施的行政机关,可以将查封、扣押的财物依法拍卖抵缴罚款。

★**特别提示**

上述法条是《行政强制法》对没有强制执行权的行政机关进行的例外授权,但其适用必须具备以下条件:

(1) 行政机关在实施行政管理过程中已经采取查封、扣押措施;
(2) 行政机关作出的是金钱给付义务的决定;
(3) 当事人逾期不履行决定,也不申请复议或提起诉讼,且经行政机关加处罚款或滞纳金后仍不履行义务;
(4) 行政机关履行催告义务,当事人经催告后仍不履行;
(5) 行政机关直接将查封扣押的财物拍卖抵缴罚款。

其具体过程可参阅下图:

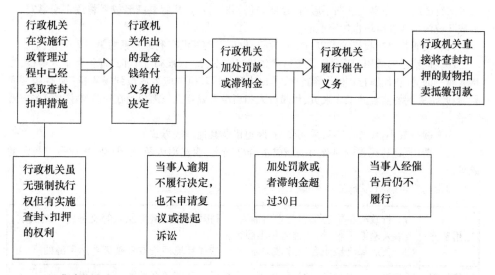

◆**经典真题**

(2012-2-48)某市质监局发现一公司生产劣质产品,查封了公司的生产厂房和设备,之后决定没收全部劣质产品、罚款10万元。该公司逾期不缴纳罚款。下列哪一选项是错误的?(D)

A. 实施查封时应制作现场笔录
B. 对公司的处罚不能适用简易程序
C. 对公司逾期缴纳罚款,质监局可以每日按罚款数额的3%加处罚款
D. 质监局可以通知该公司的开户银行划拨其存款

四、代履行

◆**重点法条**

《行政强制法》

第五十条 行政机关依法作出要求当事人履行排除妨碍、恢复原状等义务的行政决定,当事人逾期不履行,经催告仍不履行,其后果已经或者将危害交通安全、造成环境污染或者破坏自然资源的,行政机关可以代履行,或者委托没有利害关系的第三人代履行。

第五十一条 代履行应当遵守下列规定:

（一）代履行前送达决定书，代履行决定书应当载明当事人的姓名或者名称、地址、代履行的理由和依据、方式和时间、标的、费用预算以及代履行人；

（二）代履行三日前，催告当事人履行，当事人履行的，停止代履行；

（三）代履行时，作出决定的行政机关应当派员到场监督；

（四）代履行完毕，行政机关到场监督的工作人员、代履行人和当事人或者见证人应当在执行文书上签名或者盖章。

代履行的费用按照成本合理确定，由当事人承担。但是，法律另有规定的除外。

代履行不得采用暴力、胁迫以及其他非法方式。

◆**知识要点**

（1）代履行的适用条件是：① 行政机关依法作出要求当事人履行排除妨碍、恢复原状等义务的行政决定，当事人逾期不履行，经催告仍不履行；② 其后果已经或者将危害交通安全、造成环境污染或者破坏自然资源的。

（2）代履行时行政机关可以自己代履行，也可以委托没有利害关系的第三人代履行。

（3）代履行的适用程序：① 代履行前送达决定书；② 代履行3日前，催告当事人履行，当事人履行的，停止代履行；③ 代履行时，作出决定的行政机关应当派员到场监督；④ 代履行完毕，行政机关到场监督的工作人员、代履行人和当事人或者见证人应当在执行文书上签名或者盖章。

（4）履行禁止：代履行不得采用暴力、胁迫以及其他非法方式。

（5）费用承担：代履行的费用按照成本合理确定，由当事人承担；但是，法律另有规定的除外。

以上内容可总结为下表：

适用条件	（1）行政机关依法作出要求当事人履行排除妨碍、恢复原状等义务的行政决定，当事人逾期不履行，经催告仍不履行； （2）其后果已经或者将危害交通安全、造成环境污染或者破坏自然资源的。
实施机关	行政机关可以自己代履行，也可以委托没有利害关系的第三人代履行。
适用程序	（1）代履行前送达决定书； （2）代履行3日前，催告当事人履行，当事人履行的，停止代履行； （3）代履行时，作出决定的行政机关应当派员到场监督； （4）代履行完毕，行政机关到场监督的工作人员、代履行人和当事人或者见证人应当在执行文书上签名或者盖章。
履行禁止	代履行不得采用暴力、胁迫以及其他非法方式。
费用承担	代履行的费用按照成本合理确定，由当事人承担；但是，法律另有规定的除外。

◆**经典真题**

1.（2014-2-81）代履行是行政机关强制执行的方式之一。有关代履行，下列哪些说法是错误的？（ABD）

A. 行政机关只能委托没有利害关系的第三人代履行

B. 代履行的费用均应当由负有义务的当事人承担

C. 代履行不得采用暴力、胁迫以及其他非法方式
D. 代履行 3 日前应送达决定书

2.（2017-2-81）林某在河道内修建了"农家乐"休闲旅社，在紧急防汛期，防汛指挥机构认为需要立即清除该建筑物，林某无法清除。对此，下列哪些说法是正确的？（AC）
A. 防汛指挥机构可决定立即实施代履行
B. 如林某提起行政诉讼，防汛指挥机构应暂停强制清除
C. 在法定节假日，防汛指挥机构也可强制清除
D. 防汛指挥机构可与林某签订执行协议约定分阶段清除

五、申请人民法院强制执行的程序

◆ 重点法条

《行政强制法》

第五十三条 当事人在法定期限内不申请行政复议或者提起行政诉讼，又不履行行政决定的，没有行政强制执行权的行政机关可以自期限届满之日起三个月内，依照本章规定申请人民法院强制执行。

第五十四条 行政机关申请人民法院强制执行前，应当催告当事人履行义务。催告书送达十日后当事人仍未履行义务的，行政机关可以向所在地有管辖权的人民法院申请强制执行；执行对象是不动产的，向不动产所在地有管辖权的人民法院申请强制执行。

第五十五条 行政机关向人民法院申请强制执行，应当提供下列材料：
（一）强制执行申请书；
（二）行政决定书及作出决定的事实、理由和依据；
（三）当事人的意见及行政机关催告情况；
（四）申请强制执行标的情况；
（五）法律、行政法规规定的其他材料。

强制执行申请书应当由行政机关负责人签名，加盖行政机关的印章，并注明日期。

第五十六条 人民法院接到行政机关强制执行的申请，应当在五日内受理。

行政机关对人民法院不予受理的裁定有异议的，可以在十五日内向上一级人民法院申请复议，上一级人民法院应当自收到复议申请之日起十五日内作出是否受理的裁定。

第五十七条 人民法院对行政机关强制执行的申请进行书面审查，对符合本法第五十五条规定，且行政决定具备法定执行效力的，除本法第五十八条规定的情形外，人民法院应当自受理之日起七日内作出执行裁定。

第五十八条 人民法院发现有下列情形之一的，在作出裁定前可以听取被执行人和行政机关的意见：
（一）明显缺乏事实根据的；
（二）明显缺乏法律、法规依据的；
（三）其他明显违法并损害被执行人合法权益的。

人民法院应当自受理之日起三十日内作出是否执行的裁定。裁定不予执行的，应当说明理由，并在五日内将不予执行的裁定送达行政机关。

行政机关对人民法院不予执行的裁定有异议的,可以自收到裁定之日起十五日内向上一级人民法院申请复议,上一级人民法院应当自收到复议申请之日起三十日内作出是否执行的裁定。

第五十九条 因情况紧急,为保障公共安全,行政机关可以申请人民法院立即执行。经人民法院院长批准,人民法院应当自作出执行裁定之日起五日内执行。

第六十条 行政机关申请人民法院强制执行,不缴纳申请费。强制执行的费用由被执行人承担。

人民法院以划拨、拍卖方式强制执行的,可以在划拨、拍卖后将强制执行的费用扣除。

依法拍卖财物,由人民法院委托拍卖机构依照《中华人民共和国拍卖法》的规定办理。

划拨的存款、汇款以及拍卖和依法处理所得的款项应当上缴国库或者划入财政专户,不得以任何形式截留、私分或者变相私分。

◆**知识要点**

如上文所述,没有强制执行权的机关原则上必须申请人民法院强制执行。行政机关申请人民法院强制执行的具体程序要件如下:

(1) 执行前提:当事人在法定期限内不申请行政复议或者提起行政诉讼,又不履行行政决定的。

(2) 申请期限:行政机关可以自当事人法定起诉期限**届满之日起3个月内**,申请人民法院强制执行。

(3) 催告程序:行政机关申请人民法院强制执行前,应当催告当事人履行义务;催告书送达10日后当事人仍未履行义务的,行政机关可以申请人民法院强制执行。

(4) 管辖法院:所在地有管辖权的人民法院(即参照行政诉讼的管辖规则);执行对象是不动产的,向不动产所在地有管辖权的人民法院申请强制执行。

(5) 受理决定:人民法院接到行政机关强制执行的申请,应当在5日内受理。行政机关对人民法院不予受理的裁定有异议的,可以在15日内向上一级人民法院申请复议,上一级人民法院应当自收到复议申请之日起15日内作出是否受理的裁定。

(6) 审查方式:① 人民法院对行政机关强制执行的申请进行实质性审查,即必须审查该决定是否合法,是否侵害相对人的合法权益;② 人民法院对行政机关强制执行的申请进行书面审查。

(7) 执行裁定:对符合法律规定,且行政决定具备法定执行效力的,**人民法院应当自受理之日起7日内作出执行裁定**;此外,**如人民法院认为行政行为有明显违法且损害相对人合法权益的情形**,人民法院应当自受理之日起30日内作出是否执行的裁定;行政机关对人民法院不予执行的裁定有异议的,可以自收到裁定之日起15日内向上一级人民法院申请复议,上一级人民法院应当自收到复议申请之日起30日内作出是否执行的裁定。

(8) 费用承担:行政机关申请人民法院强制执行,不缴纳申请费;强制执行的费用由被执行人承担。

以上内容可总结为下表:

执行前提	当事人在法定期限内不申请行政复议或者提起行政诉讼,又不履行行政决定的。
申请期限	行政机关可以自当事人法定起诉期限届满之日起3个月内申请。
催告程序	行政机关申请人民法院强制执行前,应当催告当事人履行义务;催告书送达10日后当事人仍未履行义务的,行政机关可以申请人民法院强制执行。
管辖法院	所在地有管辖权的人民法院(即参照行政诉讼的管辖规则)。
受理决定	人民法院接到行政机关强制执行的申请,应当在5日内受理。
审查方式	(1)实质性审查; (2)书面审查。
执行裁定	(1)简易程序:对符合法律规定,且行政决定具备法定执行效力的,人民法院应当自受理之日起7日内作出执行裁定。 (2)一般程序:行政行为有明显违法且损害相对人合法权益的情形,人民法院应当自受理之日起30日内作出是否执行的裁定。
裁定异议	行政机关对人民法院不予执行的裁定有异议的,可以自收到裁定之日起15日内向上一级人民法院申请复议,上一级人民法院应当自收到复议申请之日起30日内作出是否执行的裁定。
紧急状态下的立即执行	因情况紧急,为保障公共安全,行政机关可以申请人民法院立即执行;经人民法院院长批准,人民法院应当自作出执行裁定之日起5日内执行。
费用承担	强制执行的费用由被执行人承担。
审查机构	人民法院行政庭。

◆ **经典真题**

(2012-2-84)规划局认定一公司所建房屋违反规划,向该公司发出《拆除所建房屋通知》,要求公司在15日内拆除房屋。到期后,该公司未拆除所建房屋,该局发出《关于限期拆除所建房屋的通知》,要求公司在10日内自动拆除,否则将依法强制执行。下列哪些说法是正确的?(AC)

A.《拆除所建房屋通知》与《关于限期拆除所建房屋的通知》性质不同
B.《关于限期拆除所建房屋的通知》系行政处罚
C. 公司可以对《拆除所建房屋通知》提起行政诉讼
D. 在作出《拆除所建房屋通知》时,规划局可以适用简易程序

第七章 政府信息公开条例

【复习提要】

《政府信息公开条例》同样是行政法领域较新的一部法律规范,其旨在通过使行政机关依法履行信息公开义务,而保障公民在现代社会中的知情权。本章内容包括:政府信息公开的主管部门与主要原则;政府信息公开的范围与方式;政府信息公开的程序;政府信息公开的监督与救济;政府信息公开案件的审理。其中政府信息公开的程序一直都是这部法律规范的重点,而政府信息公开案件的审理也成为法考的热点。

第一节 政府信息公开的主管部门及主要原则

一、政府信息以及信息公开的主管部门

◆**重点法条**

《政府信息公开条例》

第三条 各级人民政府应当加强对政府信息公开工作的组织领导。

国务院办公厅是全国政府信息公开工作的主管部门,负责推进、指导、协调、监督全国的政府信息公开工作。

县级以上地方人民政府办公厅(室)或者县级以上地方人民政府确定的其他政府信息公开工作主管部门负责推进、指导、协调、监督本行政区域的政府信息公开工作。

第四条 各级人民政府及县级以上人民政府部门应当建立健全本行政机关的政府信息公开工作制度,并指定机构(以下统称政府信息公开工作机构)负责本行政机关政府信息公开的日常工作。

政府信息公开工作机构的具体职责是:

(一)具体承办本行政机关的政府信息公开事宜;

(二)维护和更新本行政机关公开的政府信息;

(三)组织编制本行政机关的政府信息公开指南、政府信息公开目录和政府信息公开工作年度报告;

(四)对拟公开的政府信息进行保密审查;

(五)本行政机关规定的与政府信息公开有关的其他职责。

◆**知识要点**

(1)政府信息是行政机关在履行职责过程中制作或者获取的,以一定形式记录、保存的信息。政府信息公开可以保障公民、法人和其他组织依法获取政府信息,提高政府工作的透明度,促进依法行政,充分发挥政府信息对人民群众生产、生活和经济社会活动的服务作用。

(2)国务院办公厅是全国政府信息公开工作的主管部门,负责推进、指导、协调、监督全国的政府信息公开工作。

(3)县级以上地方人民政府办公厅(室)或者县级以上地方人民政府确定的其他政府信

息公开工作主管部门负责推进、指导、协调、监督本行政区域的政府信息公开工作。

◆**考点归纳**

对于政府信息的认识不能太过狭隘，只要是行政机关在履行职责过程中制作或者获取的，以一定形式记录、保存的信息，均属于政府信息，即使是行政机关在作出决策过程中的"会议纪要"等过程信息同样属于政府信息的范围。

二、政府信息公开的主要原则

◆**重点法条**

《政府信息公开条例》

第五条 行政机关公开政府信息，应当遵循公正、公平、便民的原则。

第六条 行政机关应当及时、准确地公开政府信息。行政机关发现影响或者可能影响社会稳定、扰乱社会管理秩序的虚假或者不完整信息的，应当在其职责范围内发布准确的政府信息予以澄清。

第八条 行政机关公开政府信息，不得危及国家安全、公共安全、经济安全和社会稳定。

◆**知识要点**

政府信息公开应当遵循以下原则：

（1）公正、公平、便民原则，即政府信息公开时应以正当目的行使公共权力，平等保障所有公民、法人或其他组织的合法权利，并采取有效手段，使公众能够以最便利的方式获得政府信息；

（2）及时、准确原则，政府一方面应杜绝公布虚假信息和错误的信息，在行政机关发现影响或者可能影响社会稳定、扰乱社会管理秩序的虚假或者不完整信息的，应当在其职责范围内发布准确的政府信息予以澄清；

（3）保障公共利益原则，政府信息公开一方面要保障公众的知情权，但另一方面也不得危及国家安全、公共安全、经济安全和社会稳定。

第二节 政府信息公开的范围与方式

一、行政机关应主动公开的信息

◆**重点法条**

《政府信息公开条例》

第九条 行政机关对符合下列基本要求之一的政府信息应当主动公开：

（一）涉及公民、法人或者其他组织切身利益的；

（二）需要社会公众广泛知晓或者参与的；

（三）反映本行政机关机构设置、职能、办事程序等情况的；

（四）其他依照法律、法规和国家有关规定应当主动公开的。

◆**知识要点**

原则上，行政机关对符合下列基本要求之一的政府信息应当主动公开：涉及公民、法人或者其他组织切身利益的；需要社会公众广泛知晓或者参与的；反映本行政机关机构设置、职能、办事程序等情况的；其他依照法律、法规和国家有关规定应当主动公开的。

二、各级政府重点公开的信息

◆**重点法条**

《政府信息公开条例》

第十条 县级以上各级人民政府及其部门应当依照本条例第九条的规定,在各自职责范围内确定主动公开的政府信息的具体内容,并重点公开下列政府信息:

(一)行政法规、规章和规范性文件;

(二)国民经济和社会发展规划、专项规划、区域规划及相关政策;

(三)国民经济和社会发展统计信息;

(四)财政预算、决算报告;

(五)行政事业性收费的项目、依据、标准;

(六)政府集中采购项目的目录、标准及实施情况;

(七)行政许可的事项、依据、条件、数量、程序、期限以及申请行政许可需要提交的全部材料目录及办理情况;

(八)重大建设项目的批准和实施情况;

(九)扶贫、教育、医疗、社会保障、促进就业等方面的政策、措施及其实施情况;

(十)突发公共事件的应急预案、预警信息及应对情况;

(十一)环境保护、公共卫生、安全生产、食品药品、产品质量的监督检查情况。

第十一条 设区的市级人民政府、县级人民政府及其部门重点公开的政府信息还应当包括下列内容:

(一)城乡建设和管理的重大事项;

(二)社会公益事业建设情况;

(三)征收或者征用土地、房屋拆迁及其补偿、补助费用的发放、使用情况;

(四)抢险救灾、优抚、救济、社会捐助等款物的管理、使用和分配情况。

第十二条 乡(镇)人民政府应当依照本条例第九条的规定,在其职责范围内确定主动公开的政府信息的具体内容,并重点公开下列政府信息:

(一)贯彻落实国家关于农村工作政策的情况;

(二)财政收支、各类专项资金的管理和使用情况;

(三)乡(镇)土地利用总体规划、宅基地使用的审核情况;

(四)征收或者征用土地、房屋拆迁及其补偿、补助费用的发放、使用情况;

(五)乡(镇)的债权债务、筹资筹劳情况;

(六)抢险救灾、优抚、救济、社会捐助等款物的发放情况;

(七)乡镇集体企业及其他乡镇经济实体承包、租赁、拍卖等情况;

(八)执行计划生育政策的情况。

◆**知识要点**

除一般规定外,《政府信息公开条例》还特别规定了不同级别的政府需要主动公开的重点内容:

(1)县级以上各级人民政府及其部门应当重点公开下列政府信息:行政法规、规章和规范性文件;国民经济和社会发展规划、专项规划、区域规划及相关政策;国民经济和社会发展统计信息；财政预算、决算报告；行政事业性收费的项目、依据、标准；政府集中采购项目的目录、标准及实施情况；行政许可的事项、依据、条件、数量、程序、期限以及申请行政许可需要提交的全部材料目录及办理情况；重大建设项目的批准和实施情况；扶贫、教育、医疗、社会保障、促进就业等方面的政策、措施及其实施情况；突发公共事件的应急预案、预警信息及应对情况；环境保护、公共卫生、安全生产、食品药品、产品质量的监督检查情况。

(2) 设区的市级人民政府、县级人民政府及其部门重点公开的政府信息还包括：城乡建设和管理的重大事项；社会公益事业建设情况；征收或者征用土地、房屋拆迁及其补偿、补助费用的发放、使用情况；抢险救灾、优抚、救济、社会捐助等款物的管理、使用和分配情况。

(3) 乡(镇)人民政府应当重点公开下列政府信息：贯彻落实国家关于农村工作政策的情况；财政收支、各类专项资金的管理和使用情况；乡(镇)土地利用总体规划、宅基地使用的审核情况；征收或者征用土地、房屋拆迁及其补偿、补助费用的发放、使用情况；乡(镇)的债权债务、筹资筹劳情况；抢险救灾、优抚、救济、社会捐助等款物的发放情况；乡镇集体企业及其他乡镇经济实体承包、租赁、拍卖等情况；执行计划生育政策的情况。

★ **特别提示**

各级政府须重点公开的信息因为内容过于琐碎，考生无须全面系统掌握，对于那些相互重叠和相互区别的部分给予适当关注即可。

三、政府依申请公开的信息

◆ **重点法条**

《政府信息公开条例》

第十三条 除本条例第九条、第十条、第十一条、第十二条规定的行政机关主动公开的政府信息外，公民、法人或者其他组织还可以根据自身生产、生活、科研等特殊需要，向国务院部门、地方各级人民政府及县级以上地方人民政府部门申请获取相关政府信息。

◆ **知识要点**

政府依申请公开的信息范围。公民、法人或者其他组织还可以根据自身生产、生活、科研等特殊需要，向国务院部门、地方各级人民政府及县级以上地方人民政府部门申请获取相关政府信息。《政府信息公开条例》并没有明确依申请公开的信息范围，原则上只要该信息不属于政府信息公开的例外，且与申请人密切相关，政府机关就应当公开。

四、政府信息审查与信息公开的例外

◆ **重点法条**

《政府信息公开条例》

第十四条 行政机关应当建立健全政府信息发布保密审查机制，明确审查的程序和责任。

行政机关在公开政府信息前，应当依照《中华人民共和国保守国家秘密法》以及其他法律、法规和国家有关规定对拟公开的政府信息进行审查。

行政机关对政府信息不能确定是否可以公开时，应当依照法律、法规和国家有关规定报有关主管部门或者同级保密工作部门确定。

行政机关不得公开涉及国家秘密、商业秘密、个人隐私的政府信息。但是，经权利人同意公开或者行政机关认为不公开可能对公共利益造成重大影响的涉及商业秘密、个人隐私的政府信息，可以予以公开。

◆**知识要点**

行政机关应当建立健全政府信息发布保密审查机制，明确审查的程序和责任。行政机关在公开政府信息前，应当依照《保守国家秘密法》以及其他法律、法规和国家有关规定对拟公开的政府信息进行审查。行政机关对政府信息不能确定是否可以公开时，应当依照法律、法规和国家有关规定报有关主管部门或者同级保密工作部门确定。

行政机关不得公开涉及国家秘密、商业秘密、个人隐私的政府信息。但是，经权利人同意公开或者行政机关认为不公开可能对公共利益造成重大影响的涉及商业秘密、个人隐私的政府信息，可以予以公开。

	主动公开范围	依申请公开范围	
政府信息公开范围	（1）涉及公民、法人或者其他组织切身利益的； （2）需要社会公众广泛知晓或者参与的； （3）反映本行政机关机构设置、职能、办事程序等情况的； （4）其他依照法律、法规和国家有关规定应当主动公开的。	原则	例外
		（三需要）公民、法人或者其他组织根据自身生产、生活、科研等特殊需要。	（1）行政机关不得公开涉及国家秘密、商业秘密、个人隐私的政府信息，除非经权利人同意或行政机关认为不公开会影响公共利益； （2）公开信息会危及国家安全、公共安全、经济安全和社会稳定

◆**经典真题**

（2008-2-42）下列哪一项信息是县级和乡（镇）人民政府均应重点主动公开的政府信息？（A）

A. 征收或征用土地、房屋拆迁及其补偿、补助费用的发放、使用情况
B. 社会公益事项建设情况
C. 政府集中采购项目的目录、标准及实施情况
D. 执行计划生育政策的情况

五、政府信息公开的方式

◆**重点法条**

《政府信息公开条例》

第十五条 行政机关**应当**将主动公开的政府信息，通过政府公报、政府网站、新闻发布会以及报刊、广播、电视等便于公众知晓的方式公开。

第十六条 各级人民政府**应当**在国家档案馆、公共图书馆设置政府信息查阅场所，并配备相应的设施、设备，为公民、法人或者其他组织获取政府信息提供便利。

行政机关**可以**根据需要设立公共查阅室、资料索取点、信息公告栏、电子信息屏等场所、设施，公开政府信息。

行政机关应当及时向国家档案馆、公共图书馆提供主动公开的政府信息。

◆**知识要点**

综上，政府应当设置的公开渠道包括：

（1）通过政府公报、政府网站、新闻发布会以及报刊、广播、电视等；

（2）在国家档案馆、公共图书馆设置政府信息查阅场所并配备相应设施、设备。政府可以设置的公开渠道包括：公共查阅室、资料索取点、信息公告栏、电子信息屏等场所、设施。

◆经典真题

（2011-2-79）镇政府主动公开一胎生育证发放情况的信息。下列哪些说法是正确的？（ABD）

A. 该信息属于镇政府重点公开的信息

B. 镇政府可以通过设立的信息公告栏公开该信息

C. 在无法律、法规或者规章特别规定的情况下，镇政府应当在该信息形成之日起3个月内予以公开

D. 镇政府应当及时向公共图书馆提供该信息

第三节　政府信息公开的程序

一、政府主动公开信息的程序

◆重点法条

《政府信息公开条例》

第十八条　属于主动公开范围的政府信息，应当自该政府信息形成或者变更之日起20个工作日内予以公开。法律、法规对政府信息公开的期限另有规定的，从其规定。

第十九条　行政机关应当编制、公布政府信息公开指南和政府信息公开目录，并及时更新。

政府信息公开指南，应当包括政府信息的分类、编排体系、获取方式，政府信息公开工作机构的名称、办公地址、办公时间、联系电话、传真号码、电子邮箱等内容。

政府信息公开目录，应当包括政府信息的索引、名称、内容概述、生成日期等内容。

◆知识要点

行政机关主动公开信息的程序需注意以下问题：

（1）**期限**。属于主动公开范围的政府信息，应当自该政府信息形成或者变更之日起20个工作日内予以公开。法律、法规对政府信息公开的期限另有规定的，从其规定。

（2）**编制信息公开指南与目录**。行政机关应当编制、公布政府信息公开指南和政府信息公开目录，并及时更新。政府信息公开指南，应当包括政府信息的分类、编排体系、获取方式，政府信息公开工作机构的名称、办公地址、办公时间、联系电话、传真号码、电子邮箱等内容。政府信息公开目录，应当包括政府信息的索引、名称、内容概述、生成日期等内容。

二、依申请公开信息的程序

◆重点法条

《政府信息公开条例》

第二十条　公民、法人或者其他组织依照本条例第十三条规定向行政机关申请获取政府信息的，应当采用书面形式（包括数据电文形式）；采用书面形式确有困难的，申请人可以口头

提出，由受理该申请的行政机关代为填写政府信息公开申请。

政府信息公开申请应当包括下列内容：

（一）申请人的姓名或者名称、联系方式；

（二）申请公开的政府信息的内容描述；

（三）申请公开的政府信息的形式要求。

第二十一条 对申请公开的政府信息，行政机关根据下列情况分别作出答复：

（一）属于公开范围的，应当告知申请人获取该政府信息的方式和途径；

（二）属于不予公开范围的，应当告知申请人并说明理由；

（三）依法不属于本行政机关公开或者该政府信息不存在的，应当告知申请人，对能够确定该政府信息的公开机关的，应当告知申请人该行政机关的名称、联系方式；

（四）申请内容不明确的，应当告知申请人作出更改、补充。

第二十二条 申请公开的政府信息中含有不应当公开的内容，但是能够作区分处理的，行政机关应当向申请人提供可以公开的信息内容。

第二十三条 行政机关认为申请公开的政府信息涉及商业秘密、个人隐私，公开后可能损害第三方合法权益的，应当书面征求第三方的意见；第三方不同意公开的，不得公开。但是，行政机关认为不公开可能对公共利益造成重大影响的，应当予以公开，并将决定公开的政府信息内容和理由书面通知第三方。

第二十四条 行政机关收到政府信息公开申请，能够当场答复的，应当当场予以答复。

行政机关不能当场答复的，应当自收到申请之日起15个工作日内予以答复；如需延长答复期限的，应当经政府信息公开工作机构负责人同意，并告知申请人，延长答复的期限最长不得超过15个工作日。

申请公开的政府信息涉及第三方权益的，行政机关征求第三方意见所需时间不计算在本条第二款规定的期限内。

第二十五条 公民、法人或者其他组织向行政机关申请提供与其自身相关的税费缴纳、社会保障、医疗卫生等政府信息的，应当出示有效身份证件或者证明文件。

公民、法人或者其他组织有证据证明行政机关提供的与其自身相关的政府信息记录不准确的，有权要求该行政机关予以更正。该行政机关无权更正的，应当转送有权更正的行政机关处理，并告知申请人。

第二十六条 行政机关依申请公开政府信息，应当按照申请人要求的形式予以提供；无法按照申请人要求的形式提供的，可以通过安排申请人查阅相关资料、提供复制件或者其他适当形式提供。

第二十七条 行政机关依申请提供政府信息，除可以收取检索、复制、邮寄等成本费用外，不得收取其他费用。行政机关不得通过其他组织、个人以有偿服务方式提供政府信息。

行政机关收取检索、复制、邮寄等成本费用的标准由国务院价格主管部门会同国务院财政部门制定。

第二十八条 申请公开政府信息的公民确有经济困难的，经本人申请、政府信息公开工作机构负责人审核同意，可以减免相关费用。

申请公开政府信息的公民存在阅读困难或者视听障碍的，行政机关应当为其提供必要的帮助。

◆**知识要点**

依申请公开的程序主要分为公民申请和行政机关答复两个阶段。需注意以下要点：

1. 公民的申请

（1）**申请方式**：公民、法人或者其他组织向行政机关申请获取政府信息的，应当采用书面形式（包括数据电文形式）；采用书面形式确有困难的，申请人可以口头提出，由受理该申请的行政机关代为填写政府信息公开申请。政府信息公开申请应当包括下列内容：申请人的姓名或者名称、联系方式；申请公开的政府信息的内容描述；申请公开的政府信息的形式要求。

（2）**例外情形下提供身份证件**。公民、法人或者其他组织向行政机关申请提供与其自身相关的税费缴纳、社会保障、医疗卫生等政府信息的，应当出示有效身份证件或者证明文件。

2. 行政机关的答复

对申请公开的政府信息，行政机关根据下列情况分别作出答复：属于公开范围的，应当告知申请人获取该政府信息的方式和途径；属于不予公开范围的，应当告知申请人并说明理由；依法不属于本行政机关公开或者该政府信息不存在的，应当告知申请人，对能够确定该政府信息的公开机关的，应当告知申请人该行政机关的名称、联系方式；申请内容不明确的，应当告知申请人作出更改、补充；申请公开的政府信息中含有不应当公开的内容，但是能够作区分处理的，行政机关应当向申请人提供可以公开的信息内容。

（1）**对第三人的保护与公共利益的衡量**。行政机关认为申请公开的政府信息涉及商业秘密、个人隐私，公开后可能损害第三方合法权益的，应当书面征求第三方的意见；第三方不同意公开的，不得公开。但是，行政机关认为不公开可能对公共利益造成重大影响的，应当予以公开，并将决定公开的政府信息内容和理由书面通知第三方。

（2）**行政机关的答复期限**。行政机关收到政府信息公开申请，能够当场答复的，应当当场予以答复。政机关不能当场答复的，应当自收到申请之日起15个工作日内予以答复；如需延长答复期限的，应当经政府信息公开工作机构负责人同意，并告知申请人，延长答复的期限最长不得超过15个工作日。申请公开的政府信息涉及第三方权益的，行政机关征求第三方意见所需时间不计算在本条第2款规定的期限内。

（3）**信息提供方式**。行政机关依申请公开政府信息，应当按照申请人要求的形式予以提供；无法按照申请人要求的形式提供的，可以通过安排申请人查阅相关资料、提供复制件或者其他适当形式提供。

（4）**费用征收**。行政机关依申请提供政府信息，除可以收取检索、复制、邮寄等成本费用外，不得收取其他费用。行政机关不得通过其他组织、个人以有偿服务方式提供政府信息。行政机关收取检索、复制、邮寄等成本费用的标准由国务院价格主管部门会同国务院财政部门制定。

以上内容可总结为以下图示：

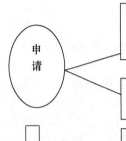

申请方式：原则上书面（包括数据电文），书写困难可口头；
申请资格：申请人无需和申请信息之间有法律上的利害关系，只要证明自己符合"三需要"即可。

有效证件：申请提供与其自身相关的税费缴纳、社会保障、医疗卫生等政府信息的，应当出示有效身份证件。

答复内容：行政机关根据不同情况分别作出公开或不公开的答复，决定不公开应说明理由。

第三人保护：政府信息涉及商业秘密、个人隐私，公开后可能损害第三方合法权益的，应当书面征求第三方的意见。

信息提供方式：原则上应当按照申请人要求的形式予以提供；无法按照申请人要求的形式提供的，可以通过安排申请人查阅相关资料、提供复制件或者其他适当形式提供。

答复时间：除能够当场答复的以外，行政机关应当自收到申请之日起15个工作日内予以答复，如需延长答复期限的，延长答复的期限最长不得超过15个工作日。

费用征收：行政机关依申请提供政府信息，除可以收取检索、复制、邮寄等成本费用外，不得收取其他费用。

◆考点归纳

依法申请公开政府信息的程序是《政府信息公开条例》中的高频考点，考生应着重注意以下问题：

（1）相对人申请行政机关公开某方面的信息时，原则上只要递交书面的申请书即可，向行政机关申请提供与其自身相关的税费缴纳、社会保障、医疗卫生等政府信息的，应当出示有效身份证件或者证明文件。

（2）相对人申请公开的信息并非一定跟自己有直接的利害关系，行政机关也不能因申请人与申请公开的信息间没有直接的利害关系而拒绝公开。

（3）除能够当场答复的以外，行政机关应当自收到申请之日起15个工作日内予以答复，如需延长答复期限的，延长答复的期限最长不得超过15个工作日。

（4）如行政机关拒绝公开当事人申请的信息，应说明理由。

（5）行政机关依申请提供政府信息，除可以收取检索、复制、邮寄等成本费用外，不得收取其他费用。

◆经典真题

1.（2008-2-90）因一高压线路经过某居民小区，该小区居民李某向某市规划局申请公开高压线路图。下列哪些说法是正确的？（CD）

    A. 李某提交书面申请时应出示本人有效身份证明
    B. 李某应说明申请信息的用途
    C. 李某可以对公开信息方式提出自己要求
    D. 某市规划局公开信息时,可以向李某依法收取相关成本费

2. (2009-2-44) 申请人申请公开下列哪一项政府信息时,应当出示有效身份证件或证明文件?(A)
    A. 要求税务机关公开本人缴纳个人所得税情况的信息
    B. 要求区政府公开该区受理和审理行政复议案件的信息
    C. 要求县卫生局公开本县公共卫生费用使用情况的信息
    D. 要求市公安局公开办理养犬证收费情况的信息

3. (2009-2-81) 2002年,甲乙两村发生用地争议,某县政府召开协调会并形成会议纪要。2008年12月,甲村一村民向某县政府申请查阅该会议纪要。下列哪些选项是正确的?(AD)
    A. 该村民可以口头提出申请
    B. 因会议纪要形成于《政府信息公开条例》实施前,故不受《条例》规范
    C. 因会议纪要不属于政府信息,某县政府可以不予公开
    D. 如某县政府提供有关信息,可以向该村民收取检索、复制、邮寄等费用

4. (2010-2-45) 区房管局向某公司发放房屋拆迁许可证。被拆迁人王某向区房管局提出申请,要求公开该公司办理拆迁许可证时所提交的建设用地规划许可证,区房管局作出拒绝公开的答复。对此,下列哪一说法是正确的?(C)
    A. 王某提出申请时,应出示有效身份证件
    B. 因王某与申请公开的信息无利害关系,拒绝公开是正确的
    C. 因区房管局不是所申请信息的制作主体,拒绝公开是正确的
    D. 拒绝答复应自收到王某申请之日起一个月内作出

5. (2014-2-48) 某乡属企业多年未归还方某借给的资金,双方发生纠纷。方某得知乡政府曾发过5号文件和210号文件处分了该企业的资产,遂向乡政府递交申请,要求公开两份文件。乡政府不予公开,理由是5号文件涉及第三方,且已口头征询其意见,其答复是该文件涉及商业秘密,不同意公开,而210号文件不存在。方某向法院起诉。下列哪一说法是正确的?(D)
    A. 方某申请时应当出示有效身份证明或者证明文件
    B. 对所申请的政府信息,方某不具有申请人资格
    C. 乡政府不公开5号文件合法
    D. 方某能够提供210号文件由乡政府制作的相关线索,可以申请法院调取证据

6. (2015-2-50) 某环保公益组织以一企业造成环境污染为由提起环境公益诉讼,后因诉讼需要,向县环保局申请公开该企业的环境影响评价报告、排污许可证信息。环保局以该组织无申请资格和该企业在该县有若干个基地,申请内容不明确为由拒绝公开。下列哪一说法是正确的?(B)
    A. 该组织提出申请时应出示其负责人的有效身份证明
    B. 该组织的申请符合根据自身生产、生活、科研等特殊需要要求,环保局认为其无申请资格不成立
    C. 对该组织的申请内容是否明确,环保局的认定和处理是正确的
    D. 该组织所申请信息属于依法不应当公开的信息

7. (2017-2-97)某环保联合会对某公司提起环境民事公益诉讼,因在诉讼中需要该公司的相关环保资料,遂向县环保局提出申请公开该公司的排污许可证、排污口数量和位置等有关环境信息。申请书中载明了单位名称、住所地、联系人及电话并加盖了公章、获取信息的方式等。县环保局收到申请后,要求环保联合会提供申请人身份的证明材料。环保联合会提供了社会团体登记证复印件。县环保局以申请公开的内容不明确为由拒绝公开,该环保联合会遂提起行政诉讼。关于本案的信息公开申请及其处理,下列说法正确的是:(AD)

A. 环保联合会可采用数据电文形式提出信息公开
B. 环保联合会不具有提出此信息公开申请的资格
C. 县环保局有权要求环保联合会提供申请人身份的证明材料
D. 县环保局认为申请内容不明确的,应告知环保联合会作出更改、补充

第四节 政府信息公开的监督与救济

一、政府信息公开的监督

◆**重点法条**

《政府信息公开条例》

第二十九条 各级人民政府应当建立健全政府信息公开工作考核制度、社会评议制度和责任追究制度,定期对政府信息公开工作进行考核、评议。

第三十条 政府信息公开工作主管部门和监察机关负责对行政机关政府信息公开的实施情况进行监督检查。

第三十一条 各级行政机关应当在每年3月31日前公布本行政机关的政府信息公开工作年度报告。

第三十二条 政府信息公开工作年度报告应当包括下列内容:
(一)行政机关主动公开政府信息的情况;
(二)行政机关依申请公开政府信息和不予公开政府信息的情况;
(三)政府信息公开的收费及减免情况;
(四)因政府信息公开申请行政复议、提起行政诉讼的情况;
(五)政府信息公开工作存在的主要问题及改进情况;
(六)其他需要报告的事项。

第三十四条 行政机关违反本条例的规定,未建立健全政府信息发布保密审查机制的,由监察机关、上一级行政机关责令改正;情节严重的,对行政机关主要负责人依法给予处分。

◆**知识要点**

政府信息公开的监督主要包括各级政府对各部门及下级政府的信息公开工作进行考核、评议,政府信息公开主管部门和监察机关对行政机关政府信息公开的实施情况进行监督检查,各级行政机关信息公开工作年度报告,公民、法人或其他组织认为行政机关不依法履行政府信息公开义务的举报等。

二、政府信息公开的救济

◆重点法条

《政府信息公开条例》

第三十三条 公民、法人或者其他组织认为行政机关不依法履行政府信息公开义务的,可以向上级行政机关、监察机关或者政府信息公开工作主管部门举报。收到举报的机关应当予以调查处理。

公民、法人或者其他组织认为行政机关在政府信息公开工作中的具体行政行为侵犯其合法权益的,可以依法申请行政复议或者提起行政诉讼。

◆知识要点

(1) 举报:公民、法人或者其他组织认为行政机关不依法履行政府信息公开义务的,可以向上级行政机关、监察机关或者政府信息公开工作主管部门举报。收到举报的机关应当予以调查处理。

(2) 法律救济:公民、法人或者其他组织认为行政机关在政府信息公开工作中的具体行政行为侵犯其合法权益的,可以依法申请行政复议或者提起行政诉讼。

◆考点归纳

值得注意的是,除司法解释有特别规定的地方,对政府信息公开案件的救济方式与其他行政案件完全一致,例如:政府信息公开案件的起诉期限也是 3 个月;政府信息公开案件的被告确认和管辖规则也与一般的行政案件相同;另外,政府信息公开案件并不是复议前置的案件,当事人既可以先复议再诉讼,也可以不经复议直接起诉。

◆经典真题

1. (2011-2-43)刘某系某工厂职工,该厂经区政府批准后改制。刘某向区政府申请公开该厂进行改制的全部档案、拖欠原职工工资如何处理等信息。区政府作出拒绝公开的答复,刘某向法院起诉。下列哪一说法是正确的?(A)

A. 区政府在作出拒绝答复时,应告知刘某并说明理由
B. 刘某向法院起诉的期限为二个月
C. 此案应由区政府所在地的区法院管辖
D. 因刘某与所申请的信息无利害关系,区政府拒绝公开答复是合法的

2. (2013-2-45)田某为在校大学生,以从事研究为由向某工商局提出申请,要求公开该局 2012 年度作出的所有行政处罚决定书,该局拒绝公开。田某不服,向法院起诉。下列哪一说法是正确的?(D)

A. 因田某不具有申请人资格,拒绝公开合法
B. 因行政处罚决定为重点公开的政府信息,拒绝公开违法
C. 田某应先申请复议再向法院起诉
D. 田某的起诉期限为 3 个月

第五节　政府信息公开案件的审理

一、受案范围

◆**重点法条**

最高人民法院《关于审理政府信息公开行政案件若干问题的规定》

第一条　公民、法人或者其他组织认为下列政府信息公开工作中的具体行政行为侵犯其合法权益，依法提起行政诉讼的，人民法院应当受理：

（一）向行政机关申请获取政府信息，行政机关拒绝提供或者逾期不予答复的；

（二）认为行政机关提供的政府信息不符合其在申请中要求的内容或者法律、法规规定的适当形式的；

（三）认为行政机关主动公开或者依他人申请公开政府信息侵犯其商业秘密、个人隐私的；

（四）认为行政机关提供的与其自身相关的政府信息记录不准确，要求该行政机关予以更正，该行政机关拒绝更正、逾期不予答复或者不予转送有权机关处理的；

（五）认为行政机关在政府信息公开工作中的其他具体行政行为侵犯其合法权益的。

公民、法人或者其他组织认为政府信息公开行政行为侵犯其合法权益造成损害的，可以一并或单独提起行政赔偿诉讼。

第二条　公民、法人或者其他组织对下列行为不服提起行政诉讼的，人民法院不予受理：

（一）因申请内容不明确，行政机关要求申请人作出更改、补充且对申请人权利义务不产生实际影响的告知行为；

（二）要求行政机关提供政府公报、报纸、杂志、书籍等公开出版物，行政机关予以拒绝的；

（三）要求行政机关为其制作、搜集政府信息，或者对若干政府信息进行汇总、分析、加工，行政机关予以拒绝的；

（四）行政程序中的当事人、利害关系人以政府信息公开名义申请查阅案卷材料，行政机关告知其应当按照相关法律、法规的规定办理的。

◆**知识要点**

（1）司法解释首先列举了能够提起诉讼的典型的政府信息公开案件，这些可以起诉的典型案件可概括为以下内容：①行政机关拒绝提供信息或对申请逾期不作答复；②行政机关提供的信息不符合申请内容或形式；③行政机关未经当事人同意向他人公开当事人的信息；④行政机关拒绝更正当事人的信息，或对更正申请逾期不作答复或不处理。

（2）除明确列举能够起诉的典型案件外，司法解释还明确将以下四类案件排除在行政诉讼的受案范围之外：①行政机关对当事人的权利义务未产生实质影响的程序性告知行为。这类行为属于程序性、阶段性的行为，并非完整的行政决定，因此对相对人的权利义务并没有产生实质性影响。②行政机关拒绝提供已在公开出版物上发布的信息的。既然当事人要求行政机关提供的信息已在公开出版物上发布，当事人可直接通过这些公开出版物获知这些信息，如行政机关已告知其该类信息可在公开出版物上获得，当事人即不能对行政机关的决定起诉，否则就属于浪费司法资源的"滥诉"行为。③行政机关拒绝为当事人进行信息加工、汇总、分析的。政府信息公开要求政府向公众提供其已经掌握的信息，但相对人如果对行政机关提出了过度要求,要求行政机关为其制作、搜集政府信息,或是对若干政府信息进行汇总、分析、加工,这已经超出了政府信息公开原则对于行政机关的要求,此时行政机关予以拒绝,当事人当然也不能起诉。④ 行政机关拒绝当事人以信息公开名义查阅案卷材料的。对案卷材料的查阅应按照法律法规的相关规定进行,如果相对人表面上要求政府公开某方面的信息,但实质目的却是为了查阅案卷材料,此时行政机关告知其应按照法律法规的规定进行办理,相对人当然不能对此提起诉讼。

以上内容可总结为下表:

	政府信息公开案件的受案范围
可诉的政府信息公开案件	(1) 行政机关拒绝提供信息或对申请逾期不作答复的; (2) 行政机关提供的信息不符合申请内容或形式; (3) 行政机关未经当事人同意向他人公开当事人的信息; (4) 行政机关拒绝更正当事人的信息,或对更正申请逾期不作答复或不处理; (5) 其他侵犯当事人合法权益的。
不可诉的政府信息公开案件	(1) 行政机关对当事人的权利义务未产生实质影响的程序性告知行为; (2) 行政机关拒绝提供已在公开出版物上发布的信息的; (3) 行政机关拒绝为当事人进行信息加工、汇总、分析的; (4) 行政机关拒绝当事人以信息公开名义查阅案卷材料的。

◆考点归纳

政府信息公开案件不仅涉及政府拒绝提供信息或对申请逾期不作答复,或是行政机关提供的信息不符合申请内容或形式,认为行政机关未经本人同意向第三方公布本人的信息,侵犯本人的商业秘密、个人隐私,以及认为行政机关记载的个人信息有误,要求其更正,行政机关拒绝更正当事人的信息,或对更正申请逾期不作答复或不处理,当事人均可以提起行政诉讼。

◆经典真题

(2012-2-85)法院应当受理下列哪些对政府信息公开行为提起的诉讼?(BCD)
A. 黄某要求市政府提供公开发行的2010年市政府公报,遭拒绝后向法院起诉
B. 某公司认为工商局向李某公开的政府信息侵犯其商业秘密向法院起诉
C. 村民申请乡政府公开财政收支信息,因乡政府拒绝公开向法院起诉
D. 甲市居民高某向乙市政府申请公开该市副市长的兼职情况,乙市政府以其不具有申请人资格为由拒绝公开,高某向法院起诉

二、被告确认

◆重点法条

最高人民法院《关于审理政府信息公开行政案件若干问题的规定》

第四条 公民、法人或者其他组织对国务院部门、地方各级人民政府及县级以上地方人民政府部门依申请公开政府信息行政行为不服提起诉讼的,以作出答复的机关为被告;**逾期未作**

出答复的,以受理申请的机关为被告。

公民、法人或者其他组织对主动公开政府信息行政行为不服提起诉讼的,以公开该政府信息的机关为被告。

有下列情形之一的,应当以在对外发生法律效力的文书上署名的机关为被告:

(一)政府信息公开与否的答复依法报经有权机关批准的;

(二)政府信息是否可以公开系由国家保密行政管理部门或者省、自治区、直辖市保密行政管理部门确定的;

(三)行政机关在公开政府信息前与有关行政机关进行沟通、确认的。

◆知识要点

(1)行政机关拒绝当事人申请公开政府信息的,作出拒绝答复的机关为被告;

(2)当事人申请公开政府信息,行政机关逾期未作答复的,以受理申请的机关为被告;

(3)行政机关未经当事人同意向第三方公开当事人的信息的,以公开信息的行政机关为被告;

(4)政府信息公开与否的答复依法报经有权机关批准的,或是政府信息是否可以公开系由国家保密行政管理部门或者省、自治区、直辖市保密行政管理部门确定的,以及行政机关在公开政府信息前与有关行政机关进行沟通、确认的,均以对外发生法律效力的文书上署名的机关为被告。

上述内容可总结为下表:

政府信息公开案件的被告确认	
起诉事由	被告确认
行政机关拒绝当事人申请公开政府信息的	作出拒绝答复的机关
当事人申请公开政府信息,行政机关逾期未作答复的	受理申请的机关
行政机关未经当事人同意向第三方公开当事人的信息的	公开信息的行政机关
政府信息公开需要有关机关批准,或保密部门确定,或其他机关沟通确认的	对外发生法律效力的文书上署名的机关

三、证据制度

◆重点法条

最高人民法院《关于审理政府信息公开行政案件若干问题的规定》

第五条　被告拒绝向原告提供政府信息的,应当对拒绝的根据以及履行法定告知和说明理由义务的情况举证。

因公共利益决定公开涉及商业秘密、个人隐私政府信息的,被告应当对认定公共利益以及不公开可能对公共利益造成重大影响的理由进行举证和说明。

被告拒绝更正与原告相关的政府信息记录的,应当对拒绝的理由进行举证和说明。

被告能够证明政府信息涉及国家秘密,请求在诉讼中不予提交的,人民法院应当准许。

被告主张政府信息不存在,原告能够提供该政府信息系由被告制作或者保存的相关线索的，可以申请人民法院调取证据。

被告以政府信息与申请人自身生产、生活、科研等特殊需要无关为由不予提供的，人民法院可以要求原告对特殊需要事由作出说明。

原告起诉被告拒绝更正政府信息记录的，应当提供其向被告提出过更正申请以及政府信息与其自身相关且记录不准确的事实根据。

◆知识要点

政府信息公开案件的证据规则被告的举证事项	原告申请法院调取证据	原告的举证事项
(1) 被告拒绝向原告提供政府信息的，应当对拒绝的根据以及履行法定告知和说明理由义务的情况举证； (2) 因公共利益决定公开涉及商业秘密、个人隐私政府信息的，被告应当对认定公共利益以及不公开可能对公共利益造成重大影响的理由进行举证和说明； (3) 被告拒绝更正与原告相关的政府信息记录的，应当对拒绝的理由进行举证和说明。	被告主张政府信息不存在，原告能够提供该政府信息系由被告制作或者保存的相关线索的，可以申请人民法院调取证据。	(1) 被告以政府信息与申请人自身生产、生活、科研等特殊需要无关为由不予提供的，人民法院可以要求原告对特殊需要事由作出说明； (2) 原告起诉被告拒绝更正政府信息记录的，应当提供其向被告提出过更正申请以及政府信息与其自身相关且记录不准确的事实根据。
被告能够证明政府信息涉及国家秘密，请求在诉讼中不予提交的，人民法院应当准许。		

◆经典真题

1. (2016-2-47) 甲公司与乙公司发生纠纷向工商局申请公开乙公司的工商登记信息。该局公开了乙公司的名称、注册号、住所、法定代表人等基本信息，但对经营范围、从业人数、注册资本等信息拒绝公开。甲公司向法院起诉，法院受理。关于此事，下列哪一说法是正确的？(B)

   A. 甲公司应先向工商局的上一级工商局申请复议，对复议决定不服再向法院起诉
   B. 工商局应当对拒绝公开的依据以及履行法定告知和说明理由义务的情况举证
   C. 本案审理不适用简易程序
   D. 因相关信息不属政府信息，拒绝公开合法

2. (2017-2-99) 某环保联合会对某公司提起环境民事公益诉讼，因在诉讼中需要该公司的相关环保资料，遂向县环保局提出申请公开该公司的排污许可证、排污口数量和位置等有关环境信息。申请书中载明了单位名称、住所地、联系人及电话并加盖了公章、获取信息的方式等。县环保局收到申请后，要求环保联合会提供申请人身份的证明材料。环保联合会提供了社会团体登记证复印件。县环保局以申请公开的内容不明确为由拒绝公开，该环保联合会遂提起行政诉讼。若法院受理此案，关于此案的审理，下列说法正确的是：(ABC)

   A. 法院审理第一审行政案件，当事人各方同意适用简易程序的，可适用简易程序
   B. 县环保局负责人出庭应诉的，可另委托1至2名诉讼代理人

C. 县环保局应当对拒绝的根据及履行法定告知和说明理由义务的情况举证

D. 法院应要求环保联合会对其所申请的信息与其自身生产、生活、科研等需要的相关性进行举证

四、审理方式

◆重点法条

最高人民法院《关于审理政府信息公开行政案件若干问题的规定》

第六条　人民法院审理政府信息公开行政案件,应当视情采取适当的审理方式,以避免泄露涉及国家秘密、商业秘密、个人隐私或者法律规定的其他应当保密的政府信息。

五、判决类型

◆重点法条

最高人民法院《关于审理政府信息公开行政案件若干问题的规定》

第九条　被告对依法应当公开的政府信息拒绝或者部分拒绝公开的,**人民法院应当撤销或者部分撤销被诉不予公开决定,并判决被告在一定期限内公开**。尚需被告调查、裁量的,判决其在一定期限内重新答复。

被告提供的政府信息不符合申请人要求的内容或者法律、法规规定的适当形式的,人民法院应当判决被告按照申请人要求的内容或者法律、法规规定的适当形式提供。

人民法院经审理认为被告不予公开的政府信息内容可以作区分处理的,应当判决被告限期公开可以公开的内容。

被告依法应当更正而不更正与原告相关的政府信息记录的,人民法院应当判决被告在一定期限内更正。尚需被告调查、裁量的,判决其在一定期限内重新答复。被告无权更正的,判决其转送有权更正的行政机关处理。

第十条　被告对原告要求公开或者更正政府信息的申请无正当理由逾期不予答复的,人民法院应当判决被告在一定期限内答复。原告一并请求判决被告公开或者更正政府信息且理由成立的,参照第九条的规定处理。

第十一条　被告公开政府信息涉及原告商业秘密、个人隐私且不存在公共利益等法定事由的,**人民法院应当判决确认公开政府信息的行为违法**,并可以责令被告采取相应的补救措施;造成损害的,根据原告请求依法判决被告承担赔偿责任。政府信息尚未公开的,应当判决行政机关不得公开。

诉讼期间,原告申请停止公开涉及其商业秘密、个人隐私的政府信息,人民法院经审查认为公开该政府信息会造成难以弥补的损失,并且停止公开不损害公共利益的,可以依照《中华人民共和国行政诉讼法》第四十四条的规定,裁定暂时停止公开。

第十二条　有下列情形之一,被告已经履行法定告知或者说明理由义务的,人民法院应当判决驳回原告的诉讼请求:

(一) 不属于政府信息、政府信息不存在、依法属于不予公开范围或者依法不属于被告公开的;

(二) 申请公开的政府信息已经向公众公开,被告已经告知申请人获取该政府信息的方式和途径的;

（三）起诉被告逾期不予答复，理由不成立的；

（四）以政府信息侵犯其商业秘密、个人隐私为由反对公开，理由不成立的；

（五）要求被告更正与其自身相关的政府信息记录，理由不成立的；

（六）不能合理说明申请获取政府信息系根据自身生产、生活、科研等特殊需要，且被告据此不予提供的；

（七）无法按照申请人要求的形式提供政府信息，且被告已通过安排申请人查阅相关资料、提供复制件或者其他适当形式提供的；

（八）其他应当判决驳回诉讼请求的情形。

◆知识要点

（1）被告对依法应当公开的政府信息拒绝或者部分拒绝公开的，**人民法院应当撤销或者部分撤销被诉不予公开决定，并判决被告在一定期限内公开**；尚需被告调查、裁量的，判决其在一定期限内重新答复。

（2）被告提供的政府信息不符合申请人要求的内容或者法律、法规规定的适当形式的，**人民法院应当判决被告按照申请人要求的内容或者法律、法规规定的适当形式提供。**

（3）被告依法应当更正而不更正与原告相关的政府信息记录的，人民法院应当**判决被告在一定期限内更正**；尚需被告调查、裁量的，判决其在一定期限内重新答复；被告无权更正的，**判决其转送有权更正的行政机关处理。**

（4）被告对原告要求公开或者更正政府信息的申请无正当理由逾期不予答复的，**人民法院应当判决被告在一定期限内答复。**

（5）被告公开政府信息涉及原告商业秘密、个人隐私且不存在公共利益等法定事由的，**人民法院应当判决确认公开政府信息的行为违法**，并可以责令被告采取相应的补救措施；造成损害的，根据原告请求依法判决被告承担赔偿责任；政府信息尚未公开的，应当判决行政机关不得公开。

（6）诉讼期间，原告申请停止公开涉及其商业秘密、个人隐私的政府信息，人民法院经审查认为公开该政府信息会造成难以弥补的损失，并且停止公开不损害公共利益，可以裁定暂时停止公开。

（7）有下列情形之一的，法院经查明被告已经履行法定告知或者说明理由义务的，人民法院应当判决驳回原告的诉讼请求：① 不属于政府信息、政府信息不存在、依法属于不予公开范围或者依法不属于被告公开的；② 申请公开的政府信息已经向公众公开，被告已经告知申请人获取该政府信息的方式和途径的；③ 起诉被告逾期不予答复，理由不成立的；④ 以政府信息侵犯其商业秘密、个人隐私为由反对公开，理由不成立的；⑤ 要求被告更正与其自身相关的政府信息记录，理由不成立的；⑥ 不能合理说明申请获取政府信息系根据自身生产、生活、科研等特殊需要，且被告据此不予提供的；⑦ 无法按照申请人要求的形式提供政府信息，且被告已通过安排申请人查阅相关资料、提供复制件或者其他适当形式提供的；⑧ 其他应当判决驳回诉讼请求的情形。

政府信息公开案件的判决		
判决类型	适用理由	注意要点
撤销并责令公开	被告对依法应当公开的政府信息拒绝或者部分拒绝公开的,人民法院应当撤销或者部分撤销被诉不予公开决定,并判决被告在一定期限内公开。	尚需被告调查、裁量的,法院在判决撤销不予公开的决定时,判决被告在一定期限内重新答复。
履行公开义务判决(判决公开或以适当内容、形式公开)	(1) 被告提供的政府信息不符合申请人要求的内容或者法律、法规规定的适当形式的,人民法院应当判决被告按照申请人要求的内容或者法律、法规规定的适当形式提供; (2) 人民法院经审理认为被告不予公开的政府信息内容可以作区分处理的,应当判决被告限期公开可以公开的内容。	
更正判决	被告依法应当更正而不更正与原告相关的政府信息记录的,人民法院应当判决被告在一定期限内更正。	尚需被告调查、裁量的,判决其在一定期限内重新答复;被告无权更正的,判决其转送有权更正的行政机关处理。
履行答复义务判决	被告对原告要求公开或者更正政府信息的申请无正当理由逾期不予答复的,人民法院应当判决被告在一定期限内答复。	原告一并请求判决被告公开或者更正政府信息且理由成立的,法院判决其公开。

◆经典真题

(2012-2-81)田某认为区人社局记载有关他的社会保障信息有误,要求更正,该局拒绝。田某向法院起诉。下列哪些说法是正确的?(BC)

A. 田某应先申请行政复议再向法院起诉

B. 区人社局应对拒绝更正的理由进行举证和说明

C. 田某应提供区人社局记载有关他的社会保障信息有误的事实根据

D. 法院应判决区人社局在一定期限内更正

第八章 行政复议法

【复习提要】

行政复议是一种重要的法定行政救济方式。公民、法人或其他组织认为行政机关的具体行政行为侵犯其合法权益时,可依法向行政复议机关提出复议申请,由复议机关受理审查并作出决定。行政复议机关通常是争议行为作出机关的上级机关,因此,行政复议究其本质是一种"行政系统内部的自我纠错机制"。正因为行政复议的这一实质,决定了行政复议活动相比行政诉讼具有了如下特点:

(1) 监督的全面性。因为复议机关是被申请机关的上级机关,因此,复议机关有权对被申请机关的行为进行全面监督,而不是像法院在行政诉讼中一样,只能在《行政诉讼法》授权范围内对被诉行政机关进行监督,这是复议相比诉讼的优越性。

(2) 监督的有限性。尽管可以对被申请机关进行全面监督,但行政复议本质上仍旧是"行政系统内部的自我纠错机制",复议制度的这种先天不足因其有悖"自己不能做自己的法官"的法治原理,所以不能成为法治社会解决行政争议的最终途径,也正因如此,《行政复议法》和《行政诉讼法》均规定,复议决定除法律明确规定外,都不是终局的,当事人不服复议决定原则上都可以再提起行政诉讼。

本章的内容包括:行政复议范围;行政复议的参加人与复议机关;行政复议与行政诉讼;行政复议的申请、受理与审理;行政复议的决定与执行。其中行政复议的范围,尤其是抽象行政行为的复议审查、复议机关的确认、复议与诉讼的一般关系是行政复议法永恒的重点。

第一节 行政复议范围

一、可申请复议的事项

◆**重点法条**

《行政复议法》

第六条 有下列情形之一的,公民、法人或者其他组织可以依照本法申请行政复议:

(一) 对行政机关作出的警告、罚款、没收违法所得、没收非法财物、责令停产停业、暂扣或者吊销许可证、暂扣或者吊销执照、行政拘留等行政处罚决定不服的;

(二) 对行政机关作出的限制人身自由或者查封、扣押、冻结财产等行政强制措施不服的;

(三) 对行政机关作出的有关许可证、执照、资质证、资格证等证书变更、中止、撤销的决定不服的;

(四) 对行政机关作出的关于确认土地、矿藏、水流、森林、山岭、草原、荒地、滩涂、海域等自然资源的所有权或者使用权的决定不服的;

(五) 认为行政机关侵犯合法的经营自主权的;

(六) 认为行政机关变更或者废止农业承包合同,侵犯其合法权益的;

(七) 认为行政机关违法集资、征收财物、摊派费用或者违法要求履行其他义务的;

(八) 认为符合法定条件,申请行政机关颁发许可证、执照、资质证、资格证等证书,或者申

请行政机关审批、登记有关事项,行政机关没有依法办理的;

(九)申请行政机关履行保护人身权利、财产权利、受教育权利的法定职责,行政机关没有依法履行的;

(十)申请行政机关依法发放抚恤金、社会保险金或者最低生活保障费,行政机关没有依法发放的;

(十一)认为行政机关的其他具体行政行为侵犯其合法权益的。

◆考点归纳

(1)《行政复议法》第6条所规定的可以申请行政复议的案件,事实上只有正面列举和正面示范的作用,并没有穷尽所有能够申请行政复议的行政争议。考生在复习时,完全没有必要记忆第6条,只要记住第8条中明确排除在复议范围之外的案件即可。在判断时,谨记勿从正面进行判断是否属于行政复议的复议范围,只要从反面判断是否属于复议排除事项,只要不属于复议排除事项,无论行政行为的具体样态和法律属性是什么,原则上都是可以申请行政复议的,而不论其是否已经被列举在第6条中。

(2)《行政复议法》关于复议范围的规定尽管与《行政诉讼法》的表述有所不同,且确定标准也变成:具体行政行为、违法不当、侵犯合法权益,但复议范围的掌握仍然可参照行政诉讼的范围,尤其是最高人民法院《关于适用〈中华人民共和国行政诉讼法〉若干问题的解释》中关于排除事项的规定,原则上也都适用于行政复议。考生请勿纠结于具体的语词表述差异。

二、复议排除事项

◆重点法条

《行政复议法》

第八条 不服行政机关作出的行政处分或者其他人事处理决定的,依照有关法律、行政法规规定提出申诉。

不服行政机关对民事纠纷作出的调解或者其他处理,依法申请仲裁或者向人民法院提起诉讼。

◆考点归纳

据上述规定,《行政复议法》明确排除在复议范围之外的事项包括两类:

(1)行政处分及其他人事处理决定;

(2)对民事纠纷的调解或处理。前者指行政机关作出的涉及该行政机关公务员权利义务的所有决定,公务员对这些所谓的"内部行政行为"同样不能提起行政诉讼,只能根据《公务员法》的规定进行复核与申诉。而行政机关对民事纠纷所作的调解与处理,因并不具有任何拘束力,所以当事人不服,不能将行政机关作为被申请人申请行政复议,或是将行政机关作为被告提起行政诉讼,相对人应当就原来的民事纠纷提起民事诉讼。

★特别提示

《行政复议法》尽管只排除了上述两类案件,事实上,《行政诉讼法》及最高人民法院《关于适用〈中华人民共和国行政诉讼法〉若干问题的解释》中关于受案范围的很多排除事项同样适用于行政复议,其中包括:国家行为、刑事侦查行为、行政指导行为、重复处理的行为、对当事人的权利义务没有产生是指影响的行为。至于《行政诉讼法》明确排除在受案范围以外的抽象行政行为,《行政复议法》规定了特别的处理方式,下文专门论述。

◆ 经典真题

1. （2002-2-76）下列选项中可以提起行政复议的有？（ACD）
   A. 某市交通管理局发布了排气量 1 升以下的汽车不予上牌照的规定，并据此对吴某汽车不予上牌照的行为进行了处罚
   B. 某乡政府发布通告劝导农民种植高产农作物的行为
   C. 城建部门将某施工企业的资质由一级变更为二级的行为
   D. 民政部门对王某成立社团的申请不予批准的行为
2. （2005-2-85）金某因举报单位负责人贪污问题遭到殴打，于案发当日向某区公安分局某派出所报案，但派出所久拖不理。金某向区公安分局申请复议，区公安分局以未成立复议机构为由拒绝受理，并告知金某向上级机关申请复议。下列说法正确的是：（ABCD）
   A. 金某可以向某区人民政府申请复议
   B. 金某可以以某派出所为被告向法院提起行政诉讼
   C. 金某可以以某区公安分局为被告向法院提起行政诉讼
   D. 应当对某区公安分局相关负责人给予行政处分
3. （2013-2-83）当事人对下列哪些事项既可以申请行政复议也可以提起行政诉讼？（CD）
   A. 行政机关对民事纠纷的调解
   B. 出入境边防检查机关对外国人采取的遣送出境措施
   C. 是否征收反倾销税的决定
   D. 税务机关作出的处罚决定

三、抽象行政行为的审查

（一）审查范围

◆ 重点法条

《行政复议法》

第七条 公民、法人或者其他组织认为行政机关的具体行政行为所依据的下列规定不合法，在对具体行政行为申请行政复议时，可以一并向行政复议机关提出对该规定的审查申请：

（一）国务院部门的规定；

（二）县级以上地方各级人民政府及其工作部门的规定；

（三）乡、镇人民政府的规定。

前款所列规定不含国务院部、委员会规章和地方人民政府规章。规章的审查依照法律、行政法规办理。

◆ 考点归纳

抽象行政行为的审查是《行政复议法》的重要考点。与行政诉讼不同，在行政复议中，抽象行政行为被**部分**纳入复议范围。所谓部分，是指除法规、规章以外的其他规范性文件才可以申请复议，而对于行政法规和规章，当事人不能申请行政复议。

★ 特别提示

这里需要注意的是，有权制定行政法规的国务院，有权制定地方性法规的省级人大及其常委会、省会所在地的市的人大及其常委会和较大市的人大及其常委会，有权制定部门规章的国务院各部门、有权制定地方政府规章的省级人民政府、省会所在地市的人民政府和较大的市的

人民政府所制定的规范性文件并非都是法规和规章,也有可能是决定或者命令,如果这些规范性文件并不属于法规和规章的级别属性,相对人仍可申请行政复议。

(二) 审查方式

◆重点法条

《行政复议法》

第二十七条　行政复议机关在对被申请人作出的具体行政行为进行审查时,认为其依据不合法,本机关有权处理的,应当在三十日内依法处理;无权处理的,应当在七日内按照法定程序转送有权处理的国家机关依法处理。处理期间,中止对具体行政行为的审查。

《行政复议法实施条例》

第二十六条　依照行政复议法第七条的规定,申请人认为具体行政行为所依据的规定不合法的,可以在对具体行政行为申请行政复议的同时一并提出对该规定的审查申请;申请人在对具体行政行为提出行政复议申请时尚不知道该具体行政行为所依据的规定的,可以在行政复议机关作出行政复议决定前向行政复议机关提出对该规定的审查申请。

◆考点归纳

1. 当事人一并对抽象行政行为申请行政复议

《行政复议法》对于抽象行政行为的审查不仅是部分的,还是"有限的"。所谓有限,是指相对人不能直接、单独地对抽象行政行为申请复议,只能在对具体行政行为不服申请复议的同时,一并要求对其进行审查。"一并审查"的含义在于相对人不能单独对抽象行政行为申请行政复议,只能是对具体行政行为不服申请复议的同时,对该具体行政行为所依据的抽象行政行为一并要求进行审查。

2. 复议机关对具体行政行为依据的抽象行政行为一并审查

除当事人在对具体行政行为申请复议时,一并提出对抽象行政行为的复议审查外,即使当事人并未提出上述要求,行政复议机关在对被申请人作出的具体行政行为进行审查时,如认为其依据不合法,也可以主动对抽象行政行为进行审查,并作出相应处理。

(三) 复议机关对违法抽象行政行为的处理

◆重点法条

《行政复议法》

第二十六条　申请人在申请行政复议时,一并提出对本法第七条所列有关规定的审查申请的,行政复议机关对该规定有权处理的,应当在三十日内依法处理;无权处理的,应当在七日内按照法定程序转送有权处理的行政机关依法处理,有权处理的行政机关应当在六十日内依法处理。处理期间,中止对具体行政行为的审查。

第二十七条　行政复议机关在对被申请人作出的具体行政行为进行审查时,认为其依据不合法,本机关有权处理的,应当在三十日内依法处理;无权处理的,应当在七日内按照法定程序转送有权处理的国家机关依法处理。处理期间,中止对具体行政行为的审查。

◆知识要点

(1)《行政复议法》第26条与第27条分别规定了在两种不同情形下复议机关对违法抽象行政行为的处理。第26条规定的是申请人对抽象行政行为一并提出复议审查申请,而第27条规定的是申请人并未提出对抽象行政行为的复议审查申请,但复议机关在审查具体行政行为时,认为具体行政行为所依据的抽象行政行为违法而进行的处理。

(2) 对于违法抽象行政行为,复议机关的处理方式是:① 有权处理的,30 日内处理;② 无权处理的,7 日内依法定程序转送有权处理机关依法处理。

(3) 复议机关是否有权对抽象行政行为进行处理,要看复议机关是否是该抽象行政行为的制定机关或者上级机关,复议机关只有是该规范性文件的制定机关或者上级机关时,才有权对该规范性文件进行处理,否则就应当移送。具体而言,有权处理包括:行政机关对自己发布的规范性文件有权处理;上级人民政府对下级人民政府发布的规定有权处理;各级人民政府对本级工作部门中不受上级机关直接领导的行政机关发布的规定有权处理等。

◆考点归纳

对抽象行政行为的处理常常与复议机关的确认的考查相结合,考生在碰到此类习题时,首先应确定案件中的复议机关,再看复议机关是否是该抽象行政行为的制定机关或者上级机关,再判断复议机关能否对违法的抽象行政行为进行处理,还是需要依法转送有权机关。

综上,复议机关对抽象行政行为的审查可总结为:

复议机关对抽象行政行为的审查	
审查范围	除法规、规章以外的其他规范性文件。
审查方式	(1) 当事人在对具体行政行为不服申请复议的同时,可一并要求复议机关对抽象行政行为进行审查; (2) 行政复议机关在对被申请人作出的具体行政行为进行审查时,如认为其依据不合法,也可以主动对抽象行政行为进行审查。
处理方式	(1) 有权处理的,30 日内处理; (2) 无权处理的,7 日内依法定程序转送有权处理机关依法处理; (3) 复议机关是否有权对抽象行政行为进行处理,要看复议机关是否是该抽象行政行为的制定机关或是上级机关。

◆经典真题

1. (2002-2-72)刘某对市辖区土地局根据省国土资源厅的规定作出的一项处理决定不服提起行政复议,同时要求审查该规定的合法性,在此情况下,下列说法正确的是?(BCD)
   A. 市政府作为复议机关无权对省国土资源厅的规定进行处理
   B. 区政府作为复议机关应当将国土资源厅的规定转送市政府处理
   C. 省政府有权对该规定进行处理
   D. 市土地局作为复议机关应当将审查省国土资源厅规定的请求转送省国土资源厅处理

2. (2008-2-84)为严格本地生猪屠宰市场管理,某县政府以文件形式规定,凡本县所有猪类屠宰单位和个人,须在规定期限内到生猪管理办公室申请办理生猪屠宰证,违者予以警告或罚款。个体户张某未按文件规定申请办理生猪屠宰证,生猪管理办公室予以罚款 200 元。下列哪些说法是错误的?(ABC)
   A. 若张某在对罚款不服申请复议时一并对县政府文件提出审查申请,复议机关应当转送有权机关依法处理
   B. 某县政府的文件属违法设定许可和处罚,有权机关应依据《行政处罚法》和《行政许可法》对相关责任人给予行政处分

C. 生猪管理办公室若以自己名义作出罚款决定,张某申请复议应以其为被申请人
D. 若张某直接向法院起诉,应以某县政府为被告

第二节　行政复议的参加人与复议机关

一、行政复议的参加人

(一) 申请人

◆重点法条

《行政复议法实施条例》

第五条　依照行政复议法和本条例的规定申请行政复议的公民、法人或者其他组织为申请人。

第六条　合伙企业申请行政复议的,应当以核准登记的企业为申请人,由执行合伙事务的合伙人代表该企业参加行政复议;其他合伙组织申请行政复议的,由合伙人共同申请行政复议。

前款规定以外的不具备法人资格的其他组织申请行政复议的,由该组织的主要负责人代表该组织参加行政复议;没有主要负责人的,由共同推选的其他成员代表该组织参加行政复议。

第七条　股份制企业的股东大会、股东代表大会、董事会认为行政机关作出的具体行政行为侵犯企业合法权益的,可以以企业的名义申请行政复议。

第八条　同一行政复议案件申请人超过5人的,推选1至5名代表参加行政复议。

◆知识要点

(1) 行政复议的申请人即权利受到行政机关的具体行政行为影响,申请复议的相对人。行政复议申请人的资格确认与行政诉讼中的原告资格相同,只要与具体行政行为"有法律上的利害关系",当事人均可对行政行为申请行政复议。

(2)《行政复议法实施条例》对于申请人问题新增了几款规定,考生须特别注意:① 合伙企业申请行政复议的,应当以核准登记的企业为申请人,由执行合伙事务的合伙人代表该企业参加行政复议;其他合伙组织申请行政复议的,由合伙人共同申请行政复议;② 能够代表股份制企业申请复议的机构只有股东大会、股东代表大会、董事会,而且均以股份制企业的名义,股东无此权利,这一点与行政诉讼的规定相同;③ 同一行政复议案件申请人超过5人的,推选1至5名代表参加行政复议。

◆经典真题

(2013-2-50)甲市乙区政府决定征收某村集体土地100亩。该村50户村民不服,申请行政复议。下列哪一说法是错误的?（A）

A. 申请复议的期限为30日
B. 村民应推选1至5名代表参加复议
C. 甲市政府为复议机关
D. 如要求申请人补正申请材料,应在收到复议申请之日起5日内书面通知申请人

(二) 被申请人

◆**重点法条**

《行政复议法实施条例》

第十一条 公民、法人或者其他组织对行政机关的具体行政行为不服,依照行政复议法和本条例的规定申请行政复议的,作出该具体行政行为的行政机关为被申请人。

第十二条 行政机关与法律、法规授权的组织以共同的名义作出具体行政行为的,行政机关和法律、法规授权的组织为共同被申请人。

行政机关与其他组织以共同名义作出具体行政行为的,行政机关为被申请人。

第十三条 下级行政机关依照法律、法规、规章规定,经上级行政机关批准作出具体行政行为的,批准机关为被申请人。

第十四条 行政机关设立的派出机构、内设机构或者其他组织,未经法律、法规授权,对外以自己名义作出具体行政行为的,该行政机关为被申请人。

◆**知识要点**

行政复议被申请人的确认与行政诉讼的被告确认规则一样,以是否具备行政主体资格为基本标准,因此,原则上只有具有主体资格的行政机关,法律法规授权组织,法律、法规、规章授权的行政机构才能作为行政复议的被申请人。

行为主体	被申请人
行政机关	作出该行为的行政机关
行政机关与法律、法规授权的组织以共同的名义作出具体行政行为	行政机关与法律、法规授权的组织为共同被申请人
行政机关与其他组织以共同名义作出具体行政行为的	行政机关
下级行政机关经上级行政机关批准作出具体行政行为的	批准机关
没有法律、法规授权的行政机构与其他组织	行政机关

◆**考点归纳**

在被申请人确认问题上,《行政复议法实施条例》新增了几项内容,考生须特别注意:

(1) 行政机关与法律、法规授权组织以外的其他组织以共同名义作出具体行政行为的,行政机关为被申请人,而非共同被申请人;

(2) 下级行政机关依照法律、法规、规章规定,经上级行政机关批准作出具体行政行为的,批准机关为被申请人。这一点与行政诉讼中被告的确认不同,后者以对外署名的机关为被告,而并非一律是以作出批准决定的行政机关为被告。

(3) 在行政诉讼中,行政机关的派出机构、内设机构或其他组织只要有法律、法规和规章的授权,即可以自己的名义对外行为并担当被告;但《行政复议法实施条例》中规定,行政机关设立的派出机构、内设机构或其他组织,只有有法律、法规的授权,才可成为被申请人,否则就应以其所属的行政机关为被申请人,换言之,如果是规章授权,则仍然以行政机构或者其他组织所属的行政机关为被申请人。

★ **特别提示**

派出所作为典型的派出机构,因对其的授权是由《治安管理处罚法》规定,因此,派出所何时为复议的被申请人与派出所何时可作被告规则是相同的。

行为	诉讼被告/复议被申请人
警告/500元以下罚款	派出所
500元以上罚款	派出所
警告、罚款以外的其他处罚	派出所所属的区公安分局/县公安局
不作为	派出所

(三) 第三人

◆ **重点法条**

《行政复议法实施条例》

第九条 行政复议期间,行政复议机构认为申请人以外的公民、法人或者其他组织与被审查的具体行政行为有利害关系的,可以通知其作为第三人参加行政复议。

行政复议期间,申请人以外的公民、法人或者其他组织与被审查的具体行政行为有利害关系的,可以向行政复议机构申请作为第三人参加行政复议。

第三人不参加行政复议,不影响行政复议案件的审理。

◆ **考点归纳**

(1) 行政复议第三人的确认规则与行政诉讼第三人的确认规则基本相同,只要当事人与被审查的具体行政行为有利害关系,就可经复议机关通知,或者自己提出申请作为第三人参加复议。

(2) 行政复议中的第三人的权利地位与申请人基本相似,其可以委托代理人参加复议,复议机关应向其查阅材料提供必要条件,如第三人逾期不起诉又不履行复议决定的强制执行制度也与申请人相同。

(3) 第三人不参加行政复议,不影响行政复议案件的审理。

★ **特别提示**

值得注意的是,在行政诉讼中有类似于被告的第三人,即如果原告起诉时遗漏了被告,法院应通知原告追加被告,原告不同意追加的,人民法院应当通知其以第三人的身份参加诉讼,但这种类似于被告的第三人在复议中却不会出现,原因在于《行政复议法实施条例》规定,如果申请人申请复议时遗漏了被申请人,复议机关可以直接追加,而无须征得申请人的同意。

◆ **经典真题**

(2009-2-45)关于行政复议第三人,下列哪一选项是错误的?(D)

A. 第三人可以委托一至二名代理人参加复议

B. 第三人不参加行政复议,不影响复议案件的审理

C. 复议机关应为第三人查阅有关材料提供必要条件

D. 第三人与申请人逾期不起诉又不履行复议决定的强制执行制度不同

二、复议机关的确认

◆重点法条

《行政复议法》

第十二条 对县级以上地方各级人民政府工作部门的具体行政行为不服的,由申请人选择,可以向该部门的本级人民政府申请行政复议,也可以上一级主管部门申请行政复议。

对海关、金融、国税、外汇管理等实行垂直领导的行政机关和国家安全机关的具体行政行为不服的,向上一级主管部门申请行政复议。

第十三条 对地方各级人民政府的具体行政行为不服的,向上一级地方人民政府申请行政复议。

对省、自治区人民政府依法设立的派出机关所属的县级地方人民政府的具体行政行为不服的,向该派出机关申请行政复议。

第十四条 对国务院部门或者省、自治区、直辖市人民政府的具体行政行为不服的,向作出该具体行政行为的国务院部门或者省、自治区、直辖市人民政府申请行政复议。对行政复议决定不服的,可以向人民法院提起行政诉讼;也可以向国务院申请裁决,国务院依照本法的规定作出最终裁决。

第十五条 对本法第十二条、第十三条、第十四条规定以外的其他行政机关、组织的具体行政行为不服的,按照下列规定申请行政复议:

(一)对县级以上地方人民政府依法设立的派出机关的具体行政行为不服的,向设立该派出机关的人民政府申请行政复议;

(二)对政府工作部门依法设立的派出机构依照法律、法规或者规章规定,以自己的名义作出的具体行政行为不服的,向设立该派出机构的部门或者该部门的本级地方人民政府申请行政复议;

(三)对法律、法规授权的组织的具体行政行为不服的,分别向直接管理该组织的地方人民政府、地方人民政府工作部门或者国务院部门申请行政复议;

(四)对两个或者两个以上行政机关以共同的名义作出的具体行政行为不服的,向其共同上一级行政机关申请行政复议;

(五)对被撤销的行政机关在撤销前所作出的具体行政行为不服的,向继续行使其职权的行政机关的上一级行政机关申请行政复议。

有前款所列情形之一的,申请人也可以向具体行政行为发生地的县级地方人民政府提出行政复议申请,由接受申请的县级地方人民政府依照本法第十八条的规定办理。

《行政复议法实施条例》

第二十三条 申请人对两个以上国务院部门共同作出的具体行政行为不服的,依照行政复议法第十四条的规定,可以向其中任何一个国务院部门提出行政复议申请,由作出具体行政行为的国务院部门共同作出行政复议决定。

第二十四条 申请人对经国务院批准实行省以下垂直领导的部门作出的具体行政行为不服的,可以选择向该部门的本级人民政府或者上一级主管部门申请行政复议;省、自治区、直辖市另有规定的,依照省、自治区、直辖市的规定办理。

◆ **知识要点**

1. 复议机关的确定原则

复议机关的确定原则为"以被申请人的上一级行政机关为复议机关"。因此,复议机关的确定问题又可转化为对复议被申请人的确定。根据前文所述,复议被申请人的确定是以行为主体是否具有行政主体资格为标准的,如果该具体行政行为的行为主体具有行政主体资格,就可成为复议的被申请人,复议机关就是该申请人的上一级行政机关。而行政主体资格的确认完全参照前文所述,各级人民政府及其工作部门具有行政主体资格,可以作为复议被申请人,复议机关就是它的上一级行政机关;法律、法规授权组织也具有行政主体资格,可以作为复议被申请人,复议机关就是直接管理该组织的地方人民政府、地方人民政府的工作部门或者国务院部门;行政机关委托的组织不具有行政主体资格,不能作为复议被申请人,只能以委托它的行政机关为被申请人,而复议机关就是委托机关的上一级机关。

2. 行政复议机关的一般确认规则

被申请人	复议机关	例外情形
政府工作部门	本级人民政府或上一级主管部门	上一级主管部门为复议机关(垂直领导的行政部门,如金融、海关、外汇、国税)
各级人民政府	上一级人民政府	省级人民政府为被申请人时,本机关同时为复议机关
国务院部门	本机关	
派出机关	设立派出机关的政府	
行政机构(有法律、法规授权)	设立该机构的部门或本级政府	
法律法规授权组织	直接管理该组织的机关	
被撤销的行政机关	继续行使其职权的行政机关的上一级机关	
两个或两个以上的行政机关共同为被申请人	共同的上一级行政机关	
两个以上国务院部门共同作出的具体行政行为,共同作为复议被申请人	可以向其中任何一个国务院部门提出行政复议申请	由作出具体行政行为的国务院部门共同作出行政复议决定
对经国务院批准实行省以下垂直领导的部门	该部门的本级人民政府或者上一级主管部门	**但省、自治区、直辖市另有规定的除外**

(1) 我国县级以上政府的工作部门一般为双重领导体制,既隶属于本级人民政府,同时又隶属于上一级主管部门,例如区公安分局,既要接受区政府领导,又要接受市公安局的领导,因此,在确定复议机关时,相对人既可向政府工作部门所属的本级人民政府申请复议,也可向上

一级主管部门申请复议。但例外的情形是,有些工作部门实行的是垂直领导体制,即这些工作部门并不隶属于某级人民政府,而只服从上级主管部门的领导,诸如海关、金融、国税、外汇管理部门和国家安全机关,对这些工作部门的具体行政行为,只能向其上一级主管部门申请行政复议。

（2）对于各级人民政府的行政行为,一般应向上一级政府申请行政复议,例外情形是:对省级人民政府的具体行政行为,应先向本机关复议,因其上一级政府是国务院;另外,如果某县级人民政府直接隶属于省、自治区人民政府依法设立的派出机关,对该县级人民政府的具体行政行为不服,应向该派出机关申请行政复议,而不是向省级人民政府申请复议。

（3）对于国务院各部门和省级人民政府的具体行政行为,应先向本机关申请复议,因其上一级行政机关为国务院,不应承担太多复议职能;对复议决定不服的,可以向人民法院提起行政诉讼;也可以向国务院再次申请复议。

（4）对派出机关的具体行政行为不服,因派出机关具有行政主体资格,可以作为复议的被申请人,因此应向设立该派出机关的人民政府申请行政复议。

对派出机构的复议机关确认可总结为下表:

被申请人	复议机关
行政公署	省级人民政府
区公所	县级人民政府
街道办事处	区级/不设区的市级政府

（5）对政府工作部门依法设立的内设机构、新增机构和派出机构作出的具体行政行为不服,此时应看该派出机构有无法律、法规的授权。如果有授权,则意味着该机构具有行政主体资格,能够以自己的名义对外作出行为,可以成为复议的被申请人,因此复议机关就是该机构所属的政府工作部门。但此处值得注意的是,《行政复议法》并没有规定此时只能由机构所属的工作部门为复议机关,相对人向该部门所属的本级地方人民政府申请复议亦可;但如果机构没有法律、法规的授权,就不具有行政主体资格,它也不能以自己的名义对外作出行政行为,复议的被申请人只能是该机构所属的政府工作部门,而复议机关则是该部门的本级地方人民政府或者是该部门的上一级主管机关。

（6）对法律、法规授权的组织,分别向直接管理该组织的行政机关申请复议。因为这类组织很多,其管理关系也很复杂,如大学有部属大学,也有省管大学,需要注意其中的区别。

3. 复议申请的便民原则

如上所述,《行政复议法》第15条规定的复议机关的确定非常复杂,为便于相对人申请行政复议,此条最后一款规定了相应的便民原则,即申请人在无法识别和确定正确的复议机关时,可直接向具体行政行为发生地的县级地方人民政府提出行政复议申请,县级地方人民政府应当自接到该行政复议申请之日起7日内,转送有关行政复议机关,并告知申请人。

◆考点归纳

在复议机关的确认问题中,以下三个问题的出题频率较高,请考生特别注意:

（1）对于国务院各部门和省级人民政府的具体行政行为,应先向本机关申请复议;对复议决定不服的,可以向人民法院提起行政诉讼;也可以向国务院再次申请复议。但此处须特别注意的是,对于国务院各部门和省级人民政府的具体行政行为,当事人只能先向本机关复议,复议之后再选择向国务院申请第二次复议或是选择起诉,而是在第一个阶段,当事人即可选择救济途径,或者复议或者起诉,但如果选择的是复议,则本机关是复议机关。具体流程可参阅下图:

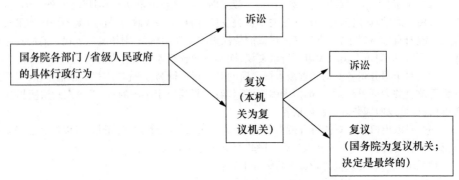

(2) 实行垂直领导的海关、金融、国税、外汇管理部门和国家安全机关,对这些工作部门的具体行政行为,只能向其上一级主管部门申请行政复议。但对于经国务院批准实行省以下垂直领导的部门作出的具体行政行为不服的,当事人可以选择向该部门的本级人民政府或者上一级主管部门申请行政复议,除非省、自治区、直辖市另有规定。

(3) 派出所是典型的派出机构,原则上并无行政主体资格,因此,派出所作出的行政行为,应以它所属的公安机关(如区公安分局)为被申请人,此时复议机关就是区公安分局的上一级机关,即区政府和市公安局。

但《治安管理处罚法》授权派出所可以进行警告和500元以下的罚款,如派出所所做的是此类行为,它就具有主体资格,可以作为复议的被申请人,复议机关就是派出所所属的上级公安机关,即区公安分局,但《行政复议法》特别规定,此时区公安分局所属的人民政府即区政府也可以作为复议机关,也就是说,在此情况下,复议机关既可是区公安分局,也可以是区政府。

如果派出所超出了法律授权的幅度范围,例如进行了1 000元的罚款,此时被申请人仍旧是派出所;但如果派出所超出了法律授权的种类范围,例如进行了行政拘留,此时应视为"派出所不具有法律授权",此时被申请人和复议机关就是市公安局和区政府。

对派出所的复议机关确认可总结为下表:

行为	被申请人	复议机关
警告/500元以下罚款	派出所	区公安分局/区政府
警告与罚款以外的其他处罚	区公安分局	市公安局/区政府
500元以上罚款	派出所	区公安分局/区政府
不作为	派出所	区公安分局/区政府

对派出所的复议机关确认问题是复议机关确认问题中的高频考点,考生须特别注意。

◆ 经典真题

1.（2002-2-72）刘某对市辖区土地局根据省国土资源厅的规定作出的一项处理决定不服提起行政复议,同时要求审查该规定的合法性,在此情况下,下列说法正确的是?（BCD）
   A. 市政府作为复议机关无权对省国土资源厅的规定进行处理
   B. 区政府作为复议机关应当将国土资源厅的规定转送市政府处理
   C. 省政府有权对该规定进行处理
   D. 市土地局作为复议机关应当将审查省国土资源厅规定的请求转送省国土资源厅处理

2.（2005-2-47）A 市某县土地管理局以刘某非法占地建住宅为由,责令其限期拆除建筑,退还所占土地。刘某不服,申请行政复议,下列哪一种说法是正确的?（C）
   A. 复议机关只能为 A 市土地管理局
   B. 若刘某撤回复议申请,则无权再提起行政诉讼
   C. 刘某有权委托代理人代为参加复议
   D. 若复议机关维持某县土地管理局决定,刘某逾期不履行的,某县土地管理决可以自行强制执行

3.（2005-2-85）金某因举报单位负责人贪污问题遭到殴打,于案发当日向某区公安分局某派出所报案,但派出所久拖不理。金某向区公安分局申请复议,区公安分局以未成立复议机构为由拒绝受理,并告知金某向上级机关申请复议。下列说法正确的是:（ABCD）
   A. 金某可以向某区人民政府申请复议
   B. 金某可以以某派出所为被告向法院提起行政诉讼
   C. 金某可以以某区公安分局为被告向法院提起行政诉讼
   D. 应当对某区公安分局相关负责人给予行政处分

4.（2009-2-98）2002 年底,王某按照县国税局要求缴纳税款 12 万元。2008 年初,王某发现多缴税款 2 万元。同年 7 月 5 日,王某向县国税局提出退税书面申请。7 月 13 日,县国税局向王某送达不予退税决定。王某在复议机关维持县国税局决定后向法院起诉。下列选项正确的是:（ABCD）
   A. 复议机关是县国税局的上一级国税局
   B. 复议机关应自收到王某复议申请书之日起二个月内作出复议决定
   C. 被告为县国税局
   D. 是否适用《税收征收管理法》"纳税人自结算缴纳税款之日起三年内发现的,可以向税务机关要求退还多缴的税款"的规定,是本案审理的焦点之一

5.（2011-2-84）甲市乙区公安分局所辖派出所以李某制造噪声干扰他人正常生活为由,处以 500 元罚款。李某不服申请复议。下列哪些机关可以成为本案的复议机关?（AB）
   A. 乙区公安分局   B. 乙区政府
   C. 甲市公安局   D. 甲市政府

6.（2012-2-49）国务院某部对一企业作出罚款 50 万元的处罚。该企业不服,向该部申请行政复议。下列哪一说法是正确的?（D）
   A. 在行政复议中,不应对罚款决定的适当性进行审查
   B. 企业委托代理人参加行政复议的,可以口头委托
   C. 如在复议过程中企业撤回复议的,即不得再以同一事实和理由提出复议申请

D. 如企业对复议决定不服向国务院申请裁决,企业对国务院的裁决不服向法院起诉的,法院不予受理

7. (2013-2-46)因关某以刻划方式损坏国家保护的文物,公安分局决定对其作出拘留10日、罚款500元的处罚。关某申请复议,并向该局提出申请、交纳保证金后,该局决定暂缓执行拘留决定。下列哪一说法是正确的?(D)
A. 关某的行为属于妨害公共安全的行为
B. 公安分局应告知关某有权要求举行听证
C. 复议机关只能是公安分局的上一级公安机关
D. 如复议机关撤销对关某的处罚,公安分局应当及时将收取的保证金退还关某

8. (2014-2-49)某区环保局因某新建水电站未报批环境影响评价文件,且已投入生产使用,给予其罚款10万元的处罚。水电站不服,申请复议,复议机关作出维持处罚的复议决定书。下列哪一说法是正确的?(C)
A. 复议机构应当为某区政府
B. 如复议期间案件涉及法律适用问题,需要有权机关作出解释,行政复议终止
C. 复议决定书一经送达,即发生法律效力
D. 水电站对复议决定不服向法院起诉,应由复议机关所在地的法院管辖

第三节 行政复议与行政诉讼

一、行政复议与行政诉讼衔接的基本原则

◆重点法条
《行政复议法》
第十六条 公民、法人或者其他组织申请行政复议,行政复议机关已经依法受理的,或者法律、法规规定应当先向行政复议机关申请行政复议、对行政复议决定不服再向人民法院提起行政诉讼的,在法定行政复议期限内不得向人民法院提起行政诉讼。

公民、法人或者其他组织向人民法院提起行政诉讼,人民法院已经依法受理的,不得申请行政复议。

《行政诉讼法》
第四十四条 对属于人民法院受案范围的行政案件,公民、法人或者其他组织可以先向行政机关申请复议,对复议决定不服的,再向人民法院提起诉讼;也可以直接向人民法院提起诉讼。

法律、法规规定应当先向行政机关申请复议,对复议决定不服再向人民法院提起诉讼的,依照法律、法规的规定。

第四十五条 公民、法人或者其他组织不服复议决定的,可以在收到复议决定书之日起十五日内向人民法院提起诉讼。复议机关逾期不作决定的,申请人可以在复议期满之日起十五日内向人民法院提起诉讼。法律另有规定的除外。

◆知识要点
对行政复议与行政诉讼的关系,主要把握以下两个原则:
1. 原则上申请人不服复议决定,均可再提起行政诉讼,但复议终局的除外

原则上复议决定都不是最终的,当事人不服复议决定,均可提起行政诉讼,除非法律规定复议终局。此处的"法律"专指全国人大和全国人大常委会制定的法律。

2. 原则上相对人可自由选择救济途径,但复议前置的除外

相对人不服行政机关做出的具体行政行为,原则上既可先申请复议,对复议决定不服再提起诉讼,也可不经复议直接提起行政诉讼,换言之,在我国行政复议并非行政诉讼的前置程序,除非法律特别规定,当事人在提起行政诉讼前应先申请复议,此类案件在行法上被称为"复议前置"案件。

有关复议与诉讼的衔接问题可总结为下表:

复议与诉讼衔接的原则与例外			
原则	例外	原则	例外
原则上相对人可自由选择救济途径	复议前置的除外(有法律、法规规定) (1) 自然资源所有权、使用权案件(必须是行政机关的行政行为侵犯了相对人已经依法取得的权利); (2) 纳税争议案件(是否纳税、如何纳税、纳税金额、纳税方式)。	原则上申请人不服复议决定,均可再提起行政诉讼	复议终局的除外(由法律规定) (1) 对国务院部门或者省、自治区、直辖市人民政府的具体行政行为不服的,向作出该具体行政行为的国务院部门或者省、自治区、直辖市人民政府申请行政复议。对行政复议决定不服的,可以向人民法院提起行政诉讼;也可以向国务院申请裁决,国务院依照本法的规定作出最终裁决。 (2) 根据国务院或者省、自治区、直辖市人民政府对行政区划的勘定、调整或者征用土地的决定,省、自治区、直辖市人民政府确认土地、矿藏、水流、森林、山岭、草原、荒地、滩涂、海域等自然资源的所有权或者使用权的行政复议决定为最终裁决。

二、复议前置的案件

法律规定的复议前置案件主要有两类:一类是涉及自然资源所有权、使用权的案件;另一类是纳税争议的案件。

(一) 自然资源所有权、使用权案件

◆**重点法条**

《**行政复议法**》

第三十条第一款　公民、法人或者其他组织认为行政机关的具体行政行为侵犯其已经依法取得的土地、矿藏、水流、森林、山岭、草原、荒地、滩涂、海域等自然资源的所有权或者使用权的,应当先申请行政复议;对行政复议决定不服的,可以依法向人民法院提起行政诉讼。

◆知识要点

《行政复议法》第30条第1款规定的复议前置必须符合以下两个条件：

（1）必须是行政机关的具体行政行为影响相对人的自然资源所有权与使用权；

（2）所侵犯的必须是既得的自然资源资源权利，即当事人被侵犯的这种自然资源权利必须是依法已经明确取得的，是一种既得权利，如果当事人尚未取得这些权利，其受到损害的只是一种可期待的权利。

◆考点归纳

《行政复议法》第30条第1款的复议前置涉及自然资源的所有权与使用权，但对于这一款应进行限缩性解释，即并非所有涉及自然资源所有权、使用权的案件，都必须先复议前置。只有行政机关的具体行政行为侵犯了相对人的既得自然资源所有权与使用权的案件，才应复议前置，除此之外，相对人都可以自由选择先复议或是先诉讼。

事实上，对于这一规定，最高人民法院专门于2003年、2005年以批复的形式作出解释：其中，2003年《关于适用〈行政复议法〉第三十条第一款有关问题的批复》指出，上述条款规定的具体行政行为，必须是行政机关确认自然资源所有权或者使用权的具体行政行为；而对于涉及自然资源权利的行政处罚、行政强制措施等其他具体行政行为提起行政诉讼的，无须复议前置。2005年的解释进一步缩小了复议前置的范围，明确规定只有当事人对自然资源权属发生争议后，行政机关对该权属作出确权裁决，才需要复议前置，而有关自然资源权利的初始登记，如办法权属证书等行为，不在复议前置之列。

但历年这一方面的考题基本都集中于"当事人是否已经取得自然资源的所有权和使用权"这一点上，因此以下两类案件并非复议前置案件：

（1）两个均没有取得自然资源所有权或使用权的当事人就自然资源权属发生争议，申请行政机关进行裁决，未获裁决的当事人不满确权决定，提起行政诉讼的；

（2）相对人申请行政机关颁发自然资源所有权或使用权证件，行政机关不予许可或许可的内容相对人不满意，提起行政诉讼。

★特别提示

本条的出题频率非常高，也是出题人非常偏好出的一类题目。但考生应注意，复议前置对相对人的权利影响很大，因此原则上对此者应进行限缩解释，只有完全符合法律规定的前提，才属于复议前置。因此，考生切忌看到题干中有"自然资源使用权或所有权"的表述，就马上选择复议前置与复议终局。

◆经典真题

1.（2004-2-72）位于大王乡的多金属硫铁矿区是国家出资勘察形成的大型硫铁矿基地。2003年5月，百乐公司向法定发证机关省国土资源厅申请办理该矿区采矿许可证。2003年11月1日，某市国土资源局以解决遗留问题为由向另一家企业强力公司颁发了该矿取的采矿许可证。2004年1月，省国土资源厅答复百乐公司，该矿区已设置矿权，不受理你公司的申请。关于百乐公司的救济途径，下列哪些说法是正确的？（BD）

A. 就省国土资源厅的拒绝发证行为应当先申请行政复议才能提起诉讼

B. 就省国土资源厅的拒绝发证行为可以直接向人民法院提起诉讼

C. 就市国土资源局向强力公司的发证行为应当先申请行政复议才能提起诉讼

D. 就市国土资源局向强力公司的发证行为可以直接向人民法院提起诉讼

2. (2006-2-41) 甲村与乙村相邻,甲村认为乙村侵犯了本村已取得的林地所有权,遂向省林业局申请裁决。省林业局裁决该林地所有权归乙村所有,甲村不服。按照《行政复议法》和《行政诉讼法》规定,关于甲村寻求救济的下列哪种说法是正确的?(B)

  A. 只能申请行政复议
  B. 既可申请行政复议,也可提起行政诉讼
  C. 必须先经过行政复议,才能够提起行政诉讼
  D. 只能提起行政诉讼

3. (2008-2-82) 肖某提出农村宅基地用地申请,乡政府审核后报县政府审批。肖某收到批件后,不满批件所核定的面积。下列哪些选项是正确的?(BC)

  A. 肖某须先申请复议,方能提起行政诉讼
  B. 肖某申请行政复议,复议机关为县政府的上一级政府
  C. 肖某申请行政复议,应当自签收批件之起60日内提出复议申请
  D. 肖某提起行政诉讼,县政府是被告,乡政府为第三人

4. (2009-2-84) 段某拥有两块山场的山林权证。林改期间,王某认为该山场是自家的土改山,要求段某返还。经村委会协调,段某同意把部分山场给与王某,并签订了协议。事后,段某反悔,对协议提出异议。王某请镇政府调处,镇政府依王某提交的协议书复印件,向王某发放了山林权证。段某不服,向县政府申请复议,在县政府作出维持决定后向法院起诉。下列哪些选项是正确的?(AC)

  A. 对镇政府的行为,段某不能直接向法院提起行政诉讼
  B. 县政府为本案第三人
  C. 如当事人未能提供协议书原件,法院不能以协议书复印件单独作为定案依据
  D. 如段某与王某在诉讼中达成新的协议,可视为本案被诉具体行政行为发生改变

(二) 纳税争议案件

◆ 重点法条

《税收征收管理法》

第八十八条第一、二款 纳税人、扣缴义务人、纳税担保人同税务机关在纳税上发生争议时,必须先依照税务机关的纳税决定缴纳或者解缴税款及滞纳金或者提供相应的担保,然后可以依法申请行政复议;对行政复议决定不服的,可以依法向人民法院起诉。

当事人对税务机关的处罚决定、强制执行措施或者税收保全措施不服的,可以依法申请行政复议,也可以依法向人民法院起诉。

《海关法》

第六十四条 纳税义务人同海关发生纳税争议时,应当缴纳税款,并可以依法申请行政复议;对复议决定仍不服的,可以依法向人民法院提起诉讼。

◆ 考点归纳

除《行政复议法》第30条第1款规定的复议前置外,实践中需要复议前置的案件还包括纳税争议案件。但与自然资源所有权、使用权案件一样,并非所有与纳税有关的争议,当事人都必须先复议后诉讼,"纳税争议"只包括四个方面:即相对人对是否纳税、由谁纳税、纳税金额与纳税方式所产生的争议,除此之外,当事人对税务机关的税务处罚决定、强制执行措施或者税收保全措施不服等情况,既可申请复议,也可直接提起行政诉讼。

◆**经典真题**

1. (2006-2-80)李某购买中巴车从事个体客运,但未办理税务登记,且一直未缴纳税款。某县国税局要求李某限期缴纳税款1500元并决定罚款1000元。后因李某逾期未缴纳税款和罚款,该国税局将李某的中巴车扣押,李某不服。下列哪些说法是不正确的?(AD)
   A. 对缴纳税款和罚款决定,李某应当先申请复议,再提起诉讼
   B. 李某对上述三行为不服申请复议,应向某县国税局的上一级国税局申请
   C. 对扣押行为不服,李某可以直接向法院提起诉讼
   D. 该国税局扣押李某中巴车的措施,可以交由县交通局采取

2. (2008-2-83)某县地税局将个体户沈某的纳税由定额缴税变更为自行申报,并在认定沈某申报税额低于过去纳税额后,要求沈某缴纳相应税款、滞纳金,并处以罚款。沈某不服,对税务机关下列哪些行为可以直接向法院提起行政诉讼?(CD)
   A. 由定额缴税变更为自行申报的决定　　B. 要求缴纳税款的决定
   C. 要求缴纳滞纳金的决定　　　　　　　D. 罚款决定

3. (2013-2-45)田某为在校大学生,以从事研究为由向某工商局提出申请,要求公开该局2012年度作出的所有行政处罚决定书,该局拒绝公开。田某不服,向法院起诉。下列哪一说法是正确的?(D)
   A. 因田某不具有申请人资格,拒绝公开合法
   B. 因行政处罚决定为重点公开的政府信息,拒绝公开违法
   C. 田某应先申请复议再向法院起诉
   D. 田某的起诉期限为3个月

★**特别提示**

除上述两类案件外,大部分的行政案件均无须复议前置,尤其是治安管理类的案件,政府信息公开的案件等,如遇这类考题请考生特别注意。

三、复议终局的案件

◆**重点法条**

《行政复议法》

第十四条　对国务院部门或者省、自治区、直辖市人民政府的具体行政行为不服的,向作出该具体行政行为的国务院部门或者省、自治区、直辖市人民政府申请行政复议。对行政复议决定不服的,可以向人民法院提起行政诉讼;也可以向国务院申请裁决,国务院依照本法的规定作出最终裁决。

第三十条第二款　根据国务院或者省、自治区、直辖市人民政府对行政区划的勘定、调整或者征用土地的决定,省、自治区、直辖市人民政府确认土地、矿藏、水流、森林、山岭、草原、荒地、滩涂、海域等自然资源的所有权或者使用权的行政复议决定为最终裁决。

◆**知识要点**

(1)如前文所述,对《行政复议法》第14条的理解需要特别注意的是,对国务院或省级人民政府的具体行政行为不服,当事人既可选择复议,也可选择直接起诉,如选择复议则是向本机关复议,此时相对人并非只能先复议;如果当事人选择向本机关复议,除非复议机关的决定是终局的,当事人仍旧可以选择直接起诉,或是再向上一级机关即国务院申请复议,如选择向

国务院申请复议,则国务院的复议决定是终局的。

(2)《行政复议法》第30条第2款规定的复议终局是这两年行政复议法考核的重点,但对于第30条第2款考生应牢记必须进行限缩性解释,即必须符合如下条件复议机关的决定才是终局的:① 复议机关为省、自治区、直辖市人民政府;② 决定内容为确认自然资源的所有权或者使用权;③ 决定依据是国务院或者省、自治区、直辖市人民政府对行政区划的勘定、调整或者征用土地的决定。

第四节 行政复议的申请、受理与审理

一、行政复议的申请与受理

(一)申请期限

◆重点法条

《行政复议法》

第九条第一款 公民、法人或者其他组织认为具体行政行为侵犯其合法权益的,可以自知道该具体行政行为之日起六十日内提出行政复议申请;但是法律规定的申请期限超过六十日的除外。

《行政复议法实施条例》

第十五条 行政复议法第九条第一款规定的行政复议申请期限的计算,依照下列规定办理:

(一)当场作出具体行政行为的,自具体行政行为作出之日起计算;

(二)载明具体行政行为的法律文书直接送达的,自受送达人签收之日起计算;

(三)载明具体行政行为的法律文书邮寄送达的,自受送达人在邮件签收单上签收之日起计算;没有邮件签收单的,自受送达人在送达回执上签名之日起计算;

(四)具体行政行为依法通过公告形式告知受送达人的,自公告规定的期限届满之日起计算;

(五)行政机关作出具体行政行为时未告知公民、法人或者其他组织,事后补充告知的,自该公民、法人或者其他组织收到行政机关补充告知的通知之日起计算;

(六)被申请人能够证明公民、法人或者其他组织知道具体行政行为的,自证据材料证明其知道具体行政行为之日起计算。

行政机关作出具体行政行为,依法应当向有关公民、法人或者其他组织送达法律文书而未送达的,视为该公民、法人或者其他组织不知道该具体行政行为。

第十六条 公民、法人或者其他组织依照行政复议法第六条第(八)项、第(九)项、第(十)项的规定申请行政机关履行法定职责,行政机关未履行的,行政复议申请期限依照下列规定计算:

(一)有履行期限规定的,自履行期限届满之日起计算;

(二)没有履行期限规定的,自行政机关收到申请满60日起计算。

公民、法人或者其他组织在紧急情况下请求行政机关履行保护人身权、财产权的法定职责,行政机关不履行的,行政复议申请期限不受前款规定的限制。

◆**考点归纳**

1. 申请期限

相对人申请行政复议原则上应自知道具体行政行为之日起60日内,但法律规定的申请期限超过60日的除外。这就意味着60日是申请复议的最短时间,只有特别法规定的申请期限超过60日的,才适用特别法;如果特别法规定的申请复议时间比60日短,仍旧适用《行政复议法》。

2. 申请期限的起算

(1) 当场作出具体行政行为的,自具体行政行为作出之日起计算;

(2) 载明具体行政行为的法律文书直接送达的,自受送达人签收之日起计算;

(3) 载明具体行政行为的法律文书邮寄送达的,自受送达人在邮件签收单上签收之日起计算;没有邮件签收单的,自受送达人在送达回执上签名之日起计算;

(4) 具体行政行为依法通过公告形式告知受送达人的,自公告规定的期限届满之日起计算;

(5) 行政机关作出具体行政行为时未告知公民、法人或者其他组织,事后补充告知的,自该公民、法人或者其他组织收到行政机关补充告知的通知之日起计算;

(6) 被申请人能够证明公民、法人或者其他组织知道具体行政行为的,自证据材料证明其知道具体行政行为之日起计算。

3. 对行政不作为申请复议的期限起算

(1) 有履行期限规定的,自履行期限届满之日起计算;

(2) 没有履行期限规定的,自行政机关收到申请满60日起计算,即此时默认为行政机关的答复时间是60日,如果行政机关在60日内未作任何决定,自60日经过后的60日内当事人可申请行政复议;

(3) 相对人在紧急情况下请求行政机关履行保护人身权、财产权的法定职责,行政机关不履行的,行政复议申请期限不受前款规定的限制。

◆**经典真题**

1. (2009-2-100)郑某因某厂欠缴其社会养老保险费,向区社保局投诉。2004年9月22日,该局向该厂送达《决定书》,要求为郑某缴纳养老保险费1万元。同月30日,该局向郑某送达告知书,称其举报一事属实,并要求他缴纳养老保险费(个人缴纳部分)2,000元。郑某不服区社保局的《决定书》向法院起诉,法院的生效判决未支持郑某的请求。2005年4月19日,郑某不服告知书向市社保局申请复议,后者作出不予受理决定,郑某不服提起诉讼。下列选项正确的是:(AC)

A. 郑某向市社保局提出的复议申请已超过申请期限
B. 区社保局所在地的法院和市社保局所在地的法院对本案均有管辖权
C. 郑某的起诉属重复起诉
D. 如郑某对告知书不服直接向法院起诉,法院可以被诉行为系重复处理行为为由不受理郑某的起诉

2. (2014-2-80)《反不正当竞争法》规定,当事人对监督检查部门作出的处罚决定不服的,可以自收到处罚决定之日起15日内向上一级主管机关申请复议;对复议决定不服的,可以自收到复议决定书之日起15日内向法院提起诉讼;也可以直接向法院提起诉讼。某县工商局认

定某企业利用广告对商品作引人误解的虚假宣传,构成不正当竞争,处10万元罚款。该企业不服,申请复议。下列哪些说法是正确的?(CD)

A. 复议机关应当为该工商局的上一级工商局
B. 申请复议期间为15日
C. 如复议机关作出维持决定,该企业向法院起诉,起诉期限为15日
D. 对罚款决定,该企业可以不经复议直接向法院起诉

(二)申请形式

◆重点法条

《行政复议法》

第十一条　申请人申请行政复议,可以书面申请,也可以口头申请;口头申请的,行政复议机关应当当场记录申请人的基本情况、行政复议请求、申请行政复议的主要事实、理由和时间。

《行政复议法实施条例》

第十八条　申请人书面申请行政复议的,可以采取当面递交、邮寄或者传真等方式提出行政复议申请。

有条件的行政复议机构可以接受以电子邮件形式提出的行政复议申请。

第十九条　申请人书面申请行政复议的,应当在行政复议申请书中载明下列事项:

(一)申请人的基本情况,包括:公民的姓名、性别、年龄、身份证号码、工作单位、住所、邮政编码;法人或者其他组织的名称、住所、邮政编码和法定代表人或者主要负责人的姓名、职务;

(二)被申请人的名称;

(三)行政复议请求、申请行政复议的主要事实和理由;

(四)申请人的签名或者盖章;

(五)申请行政复议的日期。

第二十条　申请人口头申请行政复议的,行政复议机构应当依照本条例第十九条规定的事项,当场制作行政复议申请笔录交申请人核对或者向申请人宣读,并由申请人签字确认。

◆考点归纳

复议的申请形式:口头与书面。这一点同样体现了便民原则。

◆经典真题

(2016-2-48)某区食品药品监管局以某公司生产经营超过保质期的食品违反《食品安全法》为由,作出处罚决定。公司不服,申请行政复议。关于此案,下列哪一说法是正确的?(A)

A. 申请复议期限为60日
B. 公司不得以电子邮件形式提出复议申请
C. 行政复议机关不能进行调解
D. 公司如在复议决定作出前撤回申请,行政复议中止

(三)复议的受理

◆重点法条

《行政复议法》

第十七条第一款　行政复议机关收到行政复议申请后,应当在**五日内**进行审查,对不符合本法规定的行政复议申请,决定不予受理,并书面告知申请人;对符合本法规定,但是不属于本

机关受理的行政复议申请,应当告知申请人向有关行政复议机关提出。

第十八条 依照本法第十五条第二款的规定接受行政复议申请的县级地方人民政府,对依照本法第十五条第一款的规定属于其他行政复议机关受理的行政复议申请,**应当自接到该行政复议申请之日起七日内**,转送有关行政复议机关,并告知申请人。接受转送的行政复议机关应当依照本法第十七条的规定办理。

第十九条 法律、法规规定应当先向行政复议机关申请行政复议、对行政复议决定不服再向人民法院提起行政诉讼的,行政复议机关决定不予受理或者受理后超过行政复议期限不作答复的,公民、法人或者其他组织可以自收到不予受理决定书之日起或者行政复议期满之日起十五日内,依法向人民法院提起行政诉讼。

第二十条 公民、法人或者其他组织依法提出行政复议申请,行政复议机关无正当理由不予受理的,上级行政机关应当责令其受理;**必要时,上级行政机关也可以直接受理。**

◆考点归纳

(1)行政复议机关收到行政复议申请后,应当在 **5 日内**进行审查,并作出是否受理的决定;对依法属于其他行政复议机关受理的行政复议申请,**应当自接到该行政复议申请之日起 7 日内**转送有关行政复议机关,并告知申请人。

(2)依法提出行政复议申请,行政复议机关无正当理由不予受理的,上级行政机关应当责令其受理;**必要时,上级行政机关也可以直接受理。**

(3)对于法律规定的复议前置案件,如果当事人申请复议后,复议机关不予受理或者不作任何答复,**为保护相对人合法权益,相对人可直接起诉**。同理,即使法律没有规定复议是诉讼的前置程序,但相对人选择先申请复议,复议机关决定不予受理或者受理后超过行政复议期限不作答复的,公民、法人或者其他组织也可以自收到不予受理决定书之日起或者行政复议期满之日起 15 日内,依法向人民法院提起行政诉讼。起诉时,相对人既可以就原来的行政争议本身提起诉讼,也可以起诉复议机关的不作为。

◆经典真题

(2017-2-84)县食药局认定某公司用超保质期的食品原料生产食品,根据《食品安全法》没收违法生产的食品和违法所得,并处 5 万元罚款。公司不服申请行政复议。下列哪些说法是正确的?(ABC)

A. 公司可向市食药局申请行政复议,也可向县政府申请行政复议

B. 公司可委托 1 至 2 名代理人参加行政复议

C. 公司提出行政复议申请时错列被申请人的,行政复议机构应告知公司变更被申请人

D. 对县食药局的决定,申请行政复议是向法院起诉的必经前置程序

(四)具体行政行为的执行效力

◆重点法条

《行政复议法》

第二十一条 行政复议期间具体行政行为不停止执行;但是,有下列情形之一的,可以停止执行:

(一)被申请人认为需要停止执行的;

(二)行政复议机关认为需要停止执行的;

(三)申请人申请停止执行,行政复议机关认为其要求合理,决定停止执行的;

（四）法律规定停止执行的。

◆**考点归纳**

根据"起诉不停止执行"原则，当事人申请复议或提起诉讼原则上不影响具体行政行为的执行，除非：①被申请人认为需要停止执行的；②行政复议机关认为需要停止执行的；③申请人申请停止执行，行政复议机关认为其要求合理，决定停止执行的；④法律规定停止执行的。这一点规定与行政诉讼法的规定相同，但考试中出现的频率不高。

二、行政复议的审理

（一）审理形式

◆**重点法条**

《行政复议法》

第二十二条 行政复议原则上采取书面审查的办法，但是申请人提出要求或者行政复议机关负责法制工作的机构认为有必要时，可以向有关组织和人员调查情况，听取申请人、被申请人和第三人的意见。

《行政复议法实施条例》

第三十三条 行政复议机构认为必要时，可以实地调查核实证据；对重大、复杂的案件，申请人提出要求或者行政复议机构认为必要时，可以采取听证的方式审理。

第三十四条 行政复议人员向有关组织和人员调查取证时，可以查阅、复制、调取有关文件和资料，向有关人员进行询问。

调查取证时，行政复议人员不得少于2人，并应当向当事人或者有关人员出示证件。被调查单位和人员应当配合行政复议人员的工作，不得拒绝或者阻挠。

需要现场勘验的，现场勘验所用时间不计入行政复议审理期限。

◆**知识要点**

（1）行政复议的审查以书面审查为原则，只有行政复议机构认为必要时，可以实地调查核实证据；对重大、复杂的案件，申请人提出要求或者行政复议机构认为必要时，可以采取听证的方式审理。

（2）与行政处罚案件、行政许可案件的调查一样，复议机关在调查取证时，执法人员不得少于2人，并应当向当事人或者有关人员出示证件。

◆**经典真题**

1.（2015-2-80）某区工商分局对一公司未取得出版物经营许可证销售电子出版物100套的行为，予以取缔，并罚款6000元。该公司向市工商局申请复议。下列哪些说法是正确的？（AB）

A. 公司可委托代理人代为参加行政复议

B. 在复议过程中区工商分局不得自行向申请人和其他有关组织或个人收集证据

C. 市工商局应采取开庭审理方式审查此案

D. 如区工商分局的决定明显不当，市工商局应予以撤销

2.（2016-2-97）市工商局认定豪美公司的行为符合《广告法》第28条第2款第2项规定的"商品或者服务有关的允诺等信息与实际情况不符，对购买行为有实质性影响"情形，属发布虚假广告，予以行政处罚。豪美公司向省工商局申请行政复议，省工商局受理。关于此案的

复议,下列说法正确的是:(ABC)

　　A. 豪美公司委托代理人参加复议,应提交授权委托书
　　B. 应由2名以上行政复议人员参加审理
　　C. 省工商局应为公司查阅有关材料提供必要条件
　　D. 如处罚决定认定事实不清,证据不足,省工商局不得作出变更决定

(二) 举证责任

◆**重点法条**

《行政复议法实施条例》

第二十一条 有下列情形之一的,申请人应当提供证明材料:

(一) 认为被申请人不履行法定职责的,提供曾经要求被申请人履行法定职责而被申请人未履行的证明材料;

(二) 申请行政复议时一并提出行政赔偿请求的,提供受具体行政行为侵害而造成损害的证明材料;

(三) 法律、法规规定需要申请人提供证据材料的其他情形。

《行政复议法》

第二十三条第一款 行政复议机关负责法制工作的机构应当自行政复议申请受理之日起七日内,将行政复议申请书副本或者行政复议申请笔录复印件发送被申请人。被申请人应当自收到申请书副本或者申请笔录复印件之日起十日内,提出书面答复,并提交当初作出具体行政行为的证据、依据和其他有关材料。

第二十四条 在行政复议过程中,被申请人不得自行向申请人和其他有关组织或者个人收集证据。

◆**知识要点**

1. 举证责任分配的一般规则

行政复议与行政诉讼一样,均由作为被申请人的行政机关对具体行政行为的合法承担举证责任;被申请人应当自收到申请书副本或者申请笔录复印件之日起10日内,提出书面答复,并提交当初作出具体行政行为的证据、依据和其他有关材料。

2. 申请人应提交的证明材料

行政机关应举出证明具体行政行为合法的证据、依据和其他有关材料。否则应视为具体行政行为违法。复议中的举证规则与诉讼大体相同,考生可参照复习,具体包括:

(1) 认为被申请人不履行法定职责的,提供曾经要求被申请人履行法定职责而被申请人未履行的证明材料;

(2) 申请行政复议时一并提出行政赔偿请求的,提供受具体行政行为侵害而造成损害的证明材料;

(3) 法律、法规规定需要申请人提供证据材料的其他情形。

3. 《行政复议法》同样规定了复议期间被申请人自行取证禁止

在行政复议过程中,被申请人不得自行向申请人和其他有关组织或者个人收集证据。

★**特别提示**

行政复议举证责任的分配和一般规则与行政诉讼完全相同,考生在复习时可一并记忆。

（三）申请人撤回复议申请的处理与被申请人在复议期间改变原行为

1. 申请人撤回复议申请

◆重点法条

《行政复议法》

第二十五条 行政复议决定作出前，申请人要求撤回行政复议申请的，经说明理由，可以撤回；撤回行政复议申请的，行政复议终止。

《行政复议法实施条例》

第三十八条 申请人在行政复议决定作出前自愿撤回行政复议申请的，经行政复议机构同意，可以撤回。

申请人撤回行政复议申请的，不得再以同一事实和理由提出行政复议申请。但是，申请人能够证明撤回行政复议申请违背其真实意思表示的除外。

◆知识要点

（1）对于申请人撤回复议申请的处理，完全可参照诉讼中当事人撤诉的处理：① 撤诉申请须经复议机关同意；② 申请人撤回行政复议申请的，不得再以同一事实和理由提出行政复议申请。

（2）相对人在复议决定作出前撤回复议申请的，如果复议并非诉讼的前置程序，相对人仍有权提起行政诉讼，但法院是否受理，要看相对人是否超过了起诉期限，此时起诉期限的计算按照相对人直接起诉的起诉期限计算。但如果复议是诉讼的前置程序，相对人撤回复议申请，当然也不能再提起行政诉讼。

◆经典真题

(2005-2-47) A 市某县土地管理局以刘某非法占地建住宅为由，责令其限期拆除建筑，退还所占土地。刘某不服，申请行政复议。下列哪一种说法是正确的？(C)

A. 复议机关只能为 A 市土地管理局

B. 若刘某撤回复议申请，则无权再提起行政诉讼

C. 刘某有权委托代理人代为参加复议

D. 若复议机关维持了某县土地管理局的决定，刘某逾期不履行的，某县土地管理局可以自行强制执行

2. 被申请人在复议期间改变原行为

◆重点法条

《行政复议法实施条例》

第三十九条 行政复议期间被申请人改变原具体行政行为的，不影响行政复议案件的审理。但是，申请人依法撤回行政复议申请的除外。

◆知识要点

（1）与诉讼一样，在复议期间被申请人仍可以改变原行为。

（2）行政复议期间被申请人改变原具体行政行为的，并不影响行政复议案件的审理。

（3）行政复议期间被申请人改变原具体行政行为的，经行政复议机构同意的，复议活动终止。

(四) 复议过程中申请人与被申请人的和解

◆重点法条

《行政复议法实施条例》

第四十条 公民、法人或者其他组织对行政机关行使法律、法规规定的自由裁量权作出的具体行政行为不服申请行政复议，申请人与被申请人在行政复议决定作出前自愿达成和解的，应当向行政复议机构提交书面和解协议；和解内容不损害社会公共利益和他人合法权益的，行政复议机构应当准许。

◆知识要点

和解制度是复议法实施条例中新增的内容，复议中的和解必须满足以下要件：

（1）被申请行为是行政机关行使法律、法规规定的自由裁量权作出的具体行政行为，而对于羁束决定不能和解。所谓裁量行为是指行政机关对于该行为拥有一定的裁量空间和判断余地，例如，《治安管理处罚法》规定，对某类违法行为，公安机关可以作出警告或200元以下的罚款，而羁束行为是指行政机关对于该行为没有裁量空间。

（2）和解决定是在行政复议决定作出前达成。

（3）申请人与被申请人自愿达成和解协议。

（4）和解协议必须经过复议机关审查，只有内容不损害社会公共利益和他人合法权益的，复议机关才会准许。

◆考点归纳

对于复议的和解需要特别注意的是，并非申请人与被申请人达成和解协议，复议活动就会终止，他们双方达成的和解协议必须经复议机关准许，只有复议机关经过审查，认为内容不损害社会公共利益和他人合法权益的，并准许双方的和解后，复议活动才会因此终止。

(五) 复议过程中的调解

◆重点法条

《行政复议法实施条例》

第五十条 有下列情形之一的，行政复议机关可以按照自愿、合法的原则进行调解：

（一）公民、法人或者其他组织对行政机关行使法律、法规规定的自由裁量权作出的具体行政行为不服申请行政复议的；

（二）当事人之间的行政赔偿或者行政补偿纠纷。

当事人经调解达成协议的，行政复议机关应当制作行政复议调解书。调解书应当载明行政复议请求、事实、理由和调解结果，并加盖行政复议机关印章。行政复议调解书经双方当事人签字，即具有法律效力。

调解未达成协议或者调解书生效前一方反悔的，行政复议机关应当及时作出行政复议决定。

◆考点归纳

与和解不同，所谓调解是复议机关在申请人与被申请人之间进行的调解。复议的调解适用于两类案件：

（1）被诉具体行政行为是行政机关运用自由裁量权的行为；

（2）当事人之间的行政赔偿和行政补偿纠纷。当事人经调解达成协议的，复议机关应当制作复议调解书。如果调解没有达成协议或调解书生效前一方反悔的，复议机关应当及时作出行政复议决定。

复议和解与调解			
复议和解		复议调解	
适用范围	行政机关行使法律、法规规定的自由裁量权作出的具体行政为。	适用范围	(1) 被诉具体行政行为是行政机关运用自由裁量权的行为； (2) 当事人之间的行政赔偿和行政补偿纠纷。
达成条件和复议机关审查	(1) 和解决定是在行政复议决定作出前达成； (2) 申请人与被申请人自愿达成和解协议； (3) 和解协议必须经过复议机关审查，只有内容不损害社会公共利益和他人合法权益的，复议机关才会准许。	达成方式和后续处理	(1) 复议机关在申请人与被申请人之间进行的调解； (2) 当事人经调解达成协议的，复议机关应当制作复议调解书； (3) 如果调解没有达成协议或调解书生效前一方反悔的，复议机关应当及时作出行政复议决定。

◆经典真题

(2008-2-80)对下列哪些情形，行政复议机关可以进行调解？（ACD）

A. 市政府征用某村土地，该村居民认为补偿数额过低申请复议
B. 某企业对税务机关所确定的税率及税额不服申请复议
C. 公安机关以张某非法种植罂粟为由对其处以拘留10日并处1000元罚款，张某申请复议
D. 沈某对建设部门违法拆除其房屋的赔偿决定不服申请复议

第五节　行政复议的决定与执行

一、复议决定

◆重点法条

《行政复议法》

第二十八条　行政复议机关负责法制工作的机构应当对被申请人作出的具体行政行为进行审查，提出意见，经行政复议机关的负责人同意或者集体讨论通过后，按照下列规定作出行政复议决定：

（一）具体行政行为认定事实清楚，证据确凿，适用依据正确，程序合法，内容适当的，决定维持；

（二）被申请人不履行法定职责的，决定其在一定期限内履行；

（三）具体行政行为有下列情形之一的，决定撤销、变更或者确认该具体行政行为违法；决定撤销或者确认该具体行政行为违法的，可以责令被申请人在一定期限内重新作出具体行政行为：

1. 主要事实不清、证据不足的；

2. 适用依据错误的；
3. 违反法定程序的；
4. 超越或者滥用职权的；
5. 具体行政行为明显不当的。

（四）被申请人不按照本法第二十三条的规定提出书面答复、提交当初作出具体行政行为的证据、依据和其他有关材料的，视为该具体行政行为没有证据、依据，决定撤销该具体行政行为。

行政复议机关责令被申请人重新作出具体行政行为的，被申请人不得以同一的事实和理由作出与原具体行政行为相同或者基本相同的具体行政行为。

第二十九条 申请人在申请行政复议时可以一并提出行政赔偿请求，行政复议机关对符合国家赔偿法的有关规定应当给予赔偿的，在决定撤销、变更具体行政行为或者确认具体行政行为违法时，应当同时决定被申请人依法给予赔偿。

申请人在申请行政复议时没有提出行政赔偿请求的，行政复议机关在依法决定撤销或者变更罚款、撤销违法集资、没收财物、征收财物、摊派费用以及对财产的查封、扣押、冻结等具体行政行为时，应当同时责令被申请人返还财产，解除对财产的查封、扣押、冻结等措施，或者赔偿相应的价款。

《行政复议法实施条例》

第四十三条 依照行政复议法第二十八条第一款第（一）项规定，具体行政行为认定事实清楚，证据确凿，适用依据正确，程序合法，内容适当的，行政复议机关应当决定维持。

第四十四条 依照行政复议法第二十八条第一款第（二）项规定，被申请人不履行法定职责的，行政复议机关应当决定其在一定期限内履行法定职责。

第四十五条 具体行政行为有行政复议法第二十八条第一款第（三）项规定情形之一的，行政复议机关应当决定撤销、变更该具体行政行为或者确认该具体行政行为违法；决定撤销该具体行政行为或者确认该具体行政行为违法的，可以责令被申请人在一定期限内重新作出具体行政行为。

第四十六条 被申请人未依照行政复议法第二十三条的规定提出书面答复、提交当初作出具体行政行为的证据、依据和其他有关材料的，视为该具体行政行为没有证据、依据，行政复议机关应当决定撤销该具体行政行为。

第四十七条 具体行政行为有下列情形之一，行政复议机关可以决定变更：

（一）认定事实清楚，证据确凿，程序合法，但是明显不当或者适用依据错误的；

（二）认定事实不清，证据不足，但是经行政复议机关审理查明事实清楚、证据确凿的。

第四十八条 有下列情形之一的，行政复议机关应当决定驳回行政复议申请：

（一）申请人认为行政机关不履行法定职责申请行政复议，行政复议机关受理后发现该行政机关没有相应法定职责或者在受理前已经履行法定职责的；

（二）受理行政复议申请后，发现该行政复议申请不符合行政复议法和本条例规定的受理条件的。

上级行政机关认为行政复议机关驳回行政复议申请的理由不成立的，应当责令其恢复审理。

第四十九条 行政复议机关依照行政复议法第二十八条的规定责令被申请人重新作出具

体行政行为的,被申请人应当在法律、法规、规章规定的期限内重新作出具体行政行为;法律、法规、规章未规定期限的,重新作出具体行政行为的期限为60日。

公民、法人或者其他组织对被申请人重新作出的具体行政行为不服,可以依法申请行政复议或者提起行政诉讼。

第五十一条 行政复议机关在申请人的行政复议请求范围内,不得作出对申请人更为不利的行政复议决定。

◆**知识要点**

(1)复议决定的种类共包括:维持决定、撤销决定、变更决定、确认违法、履行决定以及驳回复议申请决定六种类型。考生复习时可完全参照诉讼判决类型的相关知识。

(2)维持决定的适用条件为:具体行政行为认定事实清楚、证据确凿、适用依据正确、程序合法、内容适当的,换言之,具体行政行为不仅应合法,还应合理,复议机关才会作出维持决定。

(3)撤销、确认违法和变更判决的适用条件为:① 主要事实不清、证据不足的;② 适用依据错误的;③ 违反法定程序的;④ 超越或者滥用职权的;⑤ 具体行政行为明显不当的。

此外,认定事实清楚,证据确凿,程序合法,但是明显不当或者适用依据错误的;认定事实不清,证据不足,但是经行政复议机关审理查明事实清楚,证据确凿的,复议机关也可以直接变更。

(4)履行决定的适用条件是:被申请人不履行法定职责。

(5)撤销并责令重新作出决定。《行政复议法实施条例》中补充规定,复议机关决定撤销该具体行政行为或者确认该具体行政行为违法的,可以责令被申请人在一定期限内重新作出具体行政行为。行政复议机关依照《行政复议法》第28条的规定责令被申请人重新作出具体行政行为的,被申请人应当在法律、法规、规章规定的期限内重新作出具体行政行为;法律、法规、规章未规定期限的,重新作出具体行政行为的期限为60日。公民、法人或者其他组织对被申请人重新作出的具体行政行为不服,可以依法申请行政复议或者提起行政诉讼。

(6)驳回申请人申请的决定。《行政复议法实施条例》中补充了驳回申请人申请的复议决定类型,它类似于行政诉讼的驳回原告诉讼请求的判决,适用条件为:① 申请人认为行政机关不履行法定职责申请行政复议,行政复议机关受理后发现该行政机关没有相应法定职责或者在受理前已经履行法定职责的;② 受理行政复议申请后,发现该行政复议申请不符合行政复议法和本条例规定的受理条件的。

(7)禁止加重处罚原则。行政复议机关在申请人的行政复议请求范围内,不得作出对申请人更为不利的行政复议决定。

决定类型	适用理由	适用规则
维持决定	具体行政行为认定事实清楚、证据确凿、适用依据正确、程序合法、内容适当的。	
履行决定	被申请人不履行法定职责。	

（续表）

决定类型	适用理由	适用规则
撤销/确认违法决定	(1) 主要事实不清、证据不足的； (2) 适用依据错误的； (3) 违反法定程序的； (4) 超越或者滥用职权的； (5) 具体行政行为明显不当。	(1) 决定撤销该具体行政行为或者确认该具体行政行为违法的，可以责令被申请人在一定期限内重新作出具体行政行为； (2) 被申请人应当在法律、法规、规章规定的期限内重新作出具体行政行为；法律、法规、规章未规定期限的，重新作出具体行政行为的期限为60日； (3) 被申请人未依照规定提出书面答复、提交当初作出具体行政行为的证据、依据和其他有关材料的，视为该具体行政行为没有证据、依据，行政复议机关应当决定撤销该具体行政行为。
变更决定	(1) 主要事实不清、证据不足的； (2) 适用依据错误的； (3) 违反法定程序的； (4) 超越或者滥用职权的； (5) 具体行政行为明显不当。 (6) 认定事实清楚，证据确凿，程序合法，但是明显不当或者适用依据错误的； (7) 认定事实不清，证据不足，但是经行政复议机关审理查明事实清楚，证据确凿的。	行政复议机关在申请人的行政复议请求范围内，不得作出对申请人更为不利的行政复议决定。
驳回复议申请决定	(1) 申请人认为行政机关不履行法定职责申请行政复议，行政复议机关受理后发现该行政机关没有相应法定职责或者在受理前已经履行法定职责的； (2) 受理行政复议申请后，发现该行政复议申请不符合行政复议法和本条例规定的受理条件的。	

◆考点归纳

(1) 变更决定。值得注意的是，复议中的变更决定与行政诉讼中的变更判决两者有很大区别。

在行政复议活动中，只要具体行政行为主要事实不清、证据不足，或是适用依据错误，或是违反法定程序，或是超越或者滥用职权，或是明显不当，复议机关均可作出变更判决也就是说，在上述情形下，行政复议机关既可将原行为撤销，或者确认其违法，也可以作出一个新的行政行为取代原行为，即作出变更决定。《行政复议法实施条例》第47条还补充规定："具体行政行为有下列情形之一，行政复议机关可以决定变更：（一）认定事实清楚，证据确凿，程序合法，但是明显不当或者适用依据错误的；（二）认定事实不清，证据不足，但是经行政复议机关审理查明事实清楚，证据确凿的。"

在行政诉讼中，只有在具体行政行为"显失公平"的情形下，法院才能变更原行为。

变更决定与变更判决使用条件存在上述差别的原因在于：复议机关是作为被申请人的行政机关的上级机关，因此对被申请人具有全面的监督权；而法院对于作为被告的行政机关只有有限的监督权，只能在法律授权的范围内对行政机关实施监督，而不能在任何情况下均用自己的决定取代行政机关的决定，那样无异于越俎代庖。

（2）申请人在申请复议时可以一并提出行政赔偿请求，复议机关应予处理；即使申请人未一并提出行政赔偿请求，复议机关也应当予以处理。因为与司法"不告不理"的被动行为不同，行政复议具有主动性，是上级机关对下级机关的全面监督，不受相对人复议请求的限制。

（3）首先，尽管《行政复议法》没有明文规定，但参照《行政诉讼法》及最高人民法院《关于执行〈中华人民共和国行政诉讼法〉若干问题的解释》的相关知识，对行政机关不作为申请复议的，有两种可能：一是决定其在一定期限内履行；二是履行已无实际意义的，复议机关应作出确认其不作为违法的决定。其次，如果具体行政行为违法，但复议机关撤销具体行政行为会给公共利益造成重大损失的，复议机关应作出确认违法的决定，同时责令被申请人承担赔偿责任。

◆ 经典真题

(2007-2-48)齐某不服市政府对其作出的决定，向省政府申请行政复议，市政府在法定期限内提交了答辩，但没有提交有关证据、依据。开庭时市政府提交了作出行政行为的法律和事实依据，并说明由于市政府办公场所调整，所以延迟提交证据。下列哪一选项是正确的？（C）

A. 省政府应接受市政府延期提交的证据材料
B. 省政府应中止案件的审理
C. 省政府应撤销市政府的具体行政行为
D. 省政府应维持市政府的具体行政行为

二、复议意见书与建议书

◆ 重点法条

《行政复议法实施条例》

第五十七条 行政复议期间行政复议机关发现被申请人或者其他下级行政机关的相关行政行为违法或者需要做好善后工作的，可以制作行政复议意见书。有关机关应当自收到行政复议意见书之日起60日内将纠正相关行政违法行为或者做好善后工作的情况通报行政复议机构。

行政复议期间行政复议机构发现法律、法规、规章实施中带有普遍性的问题，可以制作行政复议建议书，向有关机关提出完善制度和改进行政执法的建议。

◆ 考点归纳

（1）与行政诉讼不同，复议机关和被申请人之间因为有上下级隶属关系，因此其监督是全面的，如行政复议机关发现被申请人或者其他下级行政机关的相关行政行为违法或者需要做好善后工作的,可以制作行政复议意见书。有关机关应当自收到行政复议意见书之日起60日内将纠正相关行政违法行为或者做好善后工作的情况通报行政复议机构。

(2)行政复议期间行政复议机构发现法律、法规、规章实施中带有普遍性的问题,可以制作行政复议建议书,向有关机关提出完善制度和改进行政执法的建议。

◆经典真题

(2011-2-47)关于行政复议,下列哪一说法是正确的?(C)

A.《行政复议法》规定,被申请人应自收到复议申请书或笔录复印件之日起10日提出书面答复,此处的10日指工作日

B. 行政复议期间,被申请人不得改变被申请复议的具体行政行为

C. 行政复议期间,复议机关发现被申请人的相关行政行为违法,可以制作行政复议意见书

D. 行政复议实行对具体行政行为进行合法性审查原则

三、复议决定期限

◆重点法条

《行政复议法》

第三十一条 行政复议机关应当自受理申请之日起六十日内作出行政复议决定;但是法律规定的行政复议期限少于六十日的除外。情况复杂,不能在规定期限内作出行政复议决定的,经行政复议机关的负责人批准,可以适当延长,并告知申请人和被申请人;但是延长期限最多不超过三十日。

行政复议机关作出行政复议决定,应当制作行政复议决定书,并加盖印章。

行政复议决定书一经送达,即发生法律效力。

◆考点归纳

(1)复议决定期限与复议申请期限虽然都是60日,但要求完全相反。复议决定其现实法律规定少于60日的除外,这意味着最长不得超过60日;而复议申请期限则是法律规定长于60日的除外,这意味着至少是60日。这里面体现的仍旧是保护相对人的立法精神。

(2)由于行政复议较为复杂,在特殊情形下可以延长复议期限。延长期限的基本规则是:一要经负责人批准;二是最多不得超过30日。

◆经典真题

(2009-2-98)2002年底,王某按照县国税局要求缴纳税款12万元。2008年初,王某发现多缴税款2万元。同年7月5日,王某向县国税局提出退税书面申请。7月13日,县国税局向王某送达不予退税决定。王某在复议机关维持县国税局决定后向法院起诉。下列选项正确的是:(ABCD)

A. 复议机关是县国税局的上一级国税局

B. 复议机关应自收到王某复议申请书之日起二个月内作出复议决定

C. 被告为县国税局

D. 是否适用《税收征收管理法》"纳税人自结算缴纳税款之日起三年内发现的,可以向税务机关要求退还多缴的税款"的规定,是本案审理的焦点之一

四、复议决定的执行

◆**重点法条**

《行政复议法》

第三十二条 被申请人应当履行行政复议决定。

被申请人不履行或者无正当理由拖延履行行政复议决定的,行政复议机关或者有关上级行政机关应当责令其限期履行。

第三十三条 申请人逾期不起诉又不履行行政复议决定的,或者不履行最终裁决的行政复议决定的,按照下列规定分别处理:

(一)维持具体行政行为的行政复议决定,由作出具体行政行为的行政机关依法强制执行,或者申请人民法院强制执行;

(二)变更具体行政行为的行政复议决定,由行政复议机关依法强制执行,或者申请人民法院强制执行。

《行政复议法实施条例》

第五十二条 第三人逾期不起诉又不履行行政复议决定的,依照行政复议法第三十三条的规定处理。

◆**知识要点**

对于行政复议决定的执行,对于申请人与被申请人应采取不同的措施。

(1)被申请人不履行复议决定:基于行政隶属关系,由行政复议机关或者有关上级行政机关责令其限期履行。

(2)申请人不履行行政复议决定:按照行政领域法定义务人不履行行政机关的具体行政行为进行处理,由行政机关依法强制执行或申请人民法院强制执行。但强制执行的申请人或执行人按照复议决定的类型会有所不同。具体如下表:

复议决定类型	强制执行的申请人或执行人
维持决定	作出具体行政行为的原机关
变更决定	复议机关

◆**经典真题**

(2008-2-45)某县政府依田某申请作出复议决定,撤销某县公安局对田某车辆的错误登记,责令在30日内重新登记,但某县公安局拒绝进行重新登记。田某可以采取下列哪一项措施?(D)

A. 申请法院强制执行 B. 对某县公安局的行为申请行政复议
C. 向法院提起行政诉讼 D. 请求某县政府责令某县公安局登记

五、行政复议和行政诉讼的区别

行政复议和行政诉讼有相同之处,也存在一定差异,相同和区别具体可总结为下表:

行政复议与行政诉讼的相同点
(1) 行政复议与行政诉讼的受案范围(除复议终局事项);
(2) 对抽象行政行为的附带性审查;
(3) 举证责任的分配;
(4) 调解的适用范围;
(5) 驳回复议申请决定、撤销决定、履行决定、确认违法决定的适用条件。

区别	行政复议	行政诉讼
审查范围	全面审查,既审查被诉行为的合法性,又审查其合理性。	原则上只审查被诉行为的合法性,有限度地审查其合理性。
审查方式	以书面审查为原则。	以开庭审理为原则。
被申请人/被告确认	下级行政机关经上级行政机关批准作出具体行政行为的,以批准机关为被申请人。	下级行政机关经上级行政机关批准作出具体行政行为的,以对外署名的机关为被告。
被申请人或被告改变被诉行为的处理	被申请人在复议期间改变行政行为的,不影响复议案件的审理,但申请人撤回复议申请的除外。	被告改变行政行为,法院如何处理应看原告意愿。
申请或起诉期限	自相对人知道该具体行政行为之日起60日内提出行政复议申请;但是法律规定的申请期限超过60日的除外。	自相对人知道或应该知道行政行为之日起6个月,但法律、法规另有规定的除外。
对被申请/被诉行为以外的其他行为的处理	行政复议期间行政复议机关发现被申请人或者其他下级行政机关的相关行政行为违法或者需要做好善后工作的,可以制作行政复议意见书。	法院审查应以当事人的诉讼请求为依据,对当事人未起诉的行为,法院不能直接作出判决。
变更决定/变更判决的适用范围	(1) 主要事实不清、证据不足的; (2) 适用依据错误的; (3) 违反法定程序的; (4) 超越或者滥用职权的; (5) 具体行政行为明显不当的。	(1) 行政处罚明显不当的; (2) 其他行政行为涉及对款额的确定、认定确有错误的。
审结案件期限	行政复议机关应当自受理申请之日起60日内作出行政复议决定;但是法律规定的行政复议期限少于60日的除外。	人民法院应当在立案之日起6个月内作出第一审判决,有特殊情形需要延长的,需经高级人民法院和最高人民法院批准。

第九章 行政诉讼法

【复习提要】

行政诉讼法的知识要点可以说是法考行政法与行政诉讼法的重中之重,分值一般都会在一半以上,对这一部分考生应给予特别关注。对行政诉讼法部分的复习,考生应注意如下两点:第一,《行政诉讼法》在2014年进行了第一次大修,2017年又修改了第25条,考生应着重注意《行政诉讼法》修改后的内容;第二,在复习行政诉讼知识时,除熟知《行政诉讼法》外,还要紧扣最高人民法院2018年2月6日发布的《关于适用〈中华人民共和国行政诉讼法〉的解释》[以下简称《行诉法解释》(2018)]。本章的内容包括:行政诉讼的受案范围;行政诉讼的管辖;行政诉讼当事人;起诉与受理;证据制度;行政诉讼的法律适用;行政诉讼中的特殊制度与规则;行政诉讼的一审判决;行政诉讼的一审程序;行政诉讼的二审与再审程序;法院判决、裁定和调解书的执行。考生应重点掌握每节中总结的特殊问题和要点。

第一节 行政诉讼的受案范围

一、行政诉讼受案范围的确定规则

◆重点法条

《行政诉讼法》

第十二条 人民法院受理公民、法人或者其他组织提起的下列诉讼:

(一)对行政拘留、暂扣或者吊销许可证和执照、责令停产停业、没收违法所得、没收非法财物、罚款、警告等行政处罚不服的;

(二)对限制人身自由或者对财产的查封、扣押、冻结等行政强制措施和行政强制执行不服的;

(三)申请行政许可,行政机关拒绝或者在法定期限内不予答复,或者对行政机关作出的有关行政许可的其他决定不服的;

(四)对行政机关作出的关于确认土地、矿藏、水流、森林、山岭、草原、荒地、滩涂、海域等自然资源的所有权或者使用权的决定不服的;

(五)对征收、征用决定及其补偿决定不服的;

(六)申请行政机关履行保护人身权、财产权等合法权益的法定职责,行政机关拒绝履行或者不予答复的;

(七)认为行政机关侵犯其经营自主权或者农村土地承包经营权、农村土地经营权的;

(八)认为行政机关滥用行政权力排除或者限制竞争的;

(九)认为行政机关违法集资、摊派费用或者违法要求履行其他义务的;

(十)认为行政机关没有依法支付抚恤金、最低生活保障待遇或者社会保险待遇的;

(十一)认为行政机关不依法履行、未按照约定履行或者违法变更、解除政府特许经营协议、土地房屋征收补偿协议等协议的;

(十二)认为行政机关侵犯其他人身权、财产权等合法权益的。

除前款规定外,人民法院受理法律、法规规定可以提起诉讼的其他行政案件。

第十三条 人民法院不受理公民、法人或者其他组织对下列事项提起的诉讼:

(一)国防、外交等国家行为;

(二)行政法规、规章或者行政机关制定、发布的具有普遍约束力的决定、命令;

(三)行政机关对行政机关工作人员的奖惩、任免等决定;

(四)法律规定由行政机关最终裁决的行政行为。

《行诉法解释》(2018)

第一条 公民、法人或者其他组织对行政机关及其工作人员的行政行为不服,依法提起诉讼的,属于人民法院行政诉讼的受案范围。

下列行为不属于人民法院行政诉讼的受案范围:

(一)公安、国家安全等机关依照刑事诉讼法的明确授权实施的行为;

(二)调解行为以及法律规定的仲裁行为;

(三)行政指导行为;

(四)驳回当事人对行政行为提起申诉的重复处理行为;

(五)行政机关作出的不产生外部法律效力的行为;

(六)行政机关为作出行政行为而实施的准备、论证、研究、层报、咨询等过程性行为;

(七)行政机关根据人民法院的生效裁判、协助执行通知书作出的执行行为,但行政机关扩大执行范围或者采取违法方式实施的除外;

(八)上级行政机关基于内部层级监督关系对下级行政机关作出的听取报告、执法检查、督促履责等行为;

(九)行政机关针对信访事项作出的登记、受理、交办、转送、复查、复核意见等行为;

(十)对公民、法人或者其他组织权利义务不产生实际影响的行为。

第二条 行政诉讼法第十三条第一项规定的"国家行为",是指国务院、中央军事委员会、国防部、外交部等根据宪法和法律的授权,以国家的名义实施的有关国防和外交事务的行为,以及经宪法和法律授权的国家机关宣布紧急状态等行为。

行政诉讼法第十三条第二项规定的"具有普遍约束力的决定、命令",是指行政机关针对不特定对象发布的能反复适用的规范性文件。

行政诉讼法第十三条第三项规定的"对行政机关工作人员的奖惩、任免等决定",是指行政机关作出的涉及行政机关工作人员公务员权利义务的决定。

行政诉讼法第十三条第四项规定的"法律规定由行政机关最终裁决的行政行为"中的"法律",是指全国人民代表大会及其常务委员会制定、通过的规范性文件。

◆**知识要点**

行政诉讼的受案范围是行政诉讼中的的特殊问题。相对于民事诉讼与刑事诉讼,法院受理行政案件会受到受案范围的限制,其原因就在于法院对于行政机关的监督权是有限的,只能在法律授权的范围内对行政机关进行监督。因此,判断某个行政争议是否属于行政诉讼的受案范围,就成为行政诉讼面临的首要问题。

《行政诉讼法》与《行诉法解释》(2018)关于行政诉讼受案范围的规范非常多且复杂,考生如果仅靠死记硬背,难以掌握其中关键点。在掌握正确的判断要点前,我们首先来梳理一下上述法律规范的逻辑关联。

(一)法条逻辑关联

《行政诉讼法》与《行诉法解释》(2018)关于行政诉讼受案范围的规范共3条,它们之间存在密切的逻辑关联。《行政诉讼法》对受案范围的规定采取的是正面列举加反面排除的方式。

首先,《行政诉讼法》第12条对能够提起行政诉讼的案件进行了正面列举。但考生应明确的是,第12条所列举的案件事实上只具有示范作用,并没有穷尽所有能够提起行政诉讼的案件,也就是说,第12条列举的行政处罚案件、行政强制措施案件、侵犯经营自主权的案件、行政许可案件、行政不作为案件、行政给付案件、违法要求履行义务的案件等都属于实践中较为典型的行政争议,《行政诉讼法》对这些案件的列举仅仅是为了降低《行政诉讼法》的适用难度而进行的正面示范,而能够提起行政诉讼的案件并不仅限于这些。因此,对于第12条考生并不用花精力记忆。

其次,《行政诉讼法》第13条从反面列举了四类明确排除在受案范围之外的案件。相对于第12条,第13条的否定列举具有非常重要的意义。事实上,是否属于行政诉讼的受案范围,一般只要判断是否属于《行政诉讼法》明确排除在受案范围之外的案件即可,只要不属于法律否定列举的事项,原则上均可提起行政诉讼,因此《行政诉讼法》第13条应是考生识记的内容。

(二)判断是否属于行政诉讼受案范围的基础思路

之前的《行政诉讼法》将行政诉讼对于权益的保护仅限于人身权与财产权,行政行为侵害相对人其他权益的,只有具备特别法的依据时才可提起行政诉讼,但修改后的《行政诉讼法》将行政诉讼保护的权利范围拓展至"人身权、财产权等合法权益"。因此判断是否符合行政诉讼受案范围的基础思路应当是:看争议行为是否属于《行政诉讼法》明确排除在受案范围之外的四类案件,如果不属于,该争议行为是可诉的。

(三)新增的典型可诉行为

修改后的《行政诉讼法》除继续列入旧法所规定的典型案件,例如行政处罚、行政强制、行政许可案件、行政不作为案件(申请行政机关履行保护人身权、财产权等合法权益的法定职责,行政机关拒绝履行或者不予答复的)、认为行政机关违法要求履行义务的行为外,还增加列举了一些典型的可诉行为,这些行为在之前的诉讼实践中已经被作为可诉行为处理,新法的纳入是为了更加明确这些行为的可诉性,这些新增的典型行为包括:

1. 确认自然资源所有权、使用权的案件

相对人对行政机关作出的关于确认土地、矿藏、水流、森林、山岭、草原、荒地、滩涂、海域等自然资源的所有权或者使用权的决定不服的,可提起行政诉讼。根据《土地管理法》《矿产资源法》《水法》《森林法》《草原法》《渔业法》等法律的规定,县级以上各级人民政府对土地、矿藏、水流、森林、山岭、草原、荒地、滩涂、海域等自然资源的所有权或使用权予以明确和核发证书。此类行为属于行政裁决行为,属于行政诉讼的受案范围。

2. 征收、征用决定及其补偿决定

行政征收是行政机关为了公共利益,依法将公民、法人或其他组织的财物收归国有的行为;行政征用是行政机关为了公共利益,而依法强制使用公民、法人或其他组织的财物或劳务的行为。根据法律规定,无论是征收或征用,都应给予相对人相应的补偿。相对人对征收、征用决定或是补偿决定不服的,除法律规定的行政终局外,都可以提起行政诉讼。

3. 侵犯经营自主权或农村土地承包经营权、土地经营权

经营自主权是企业、个体经营者等依法享有的调配使用自己的人力、物力、财力,自主组织生产经营活动的权利。在市场经济体制下,各类市场主体享有广泛的经营自主权,除法律、法规对投资领域、商品价格等事项有明确限制外,行政机关不得干预生产经营,如果干预相对人可提起行政诉讼。相应的,农村土地承包经营权是土地承包权人对承包的土地享有的自主经营、流转收益的权利。如果乡镇政府或者县级以上地方各级政府相关职能部门干涉农村土地承包,变更、解除承包合同,或者强迫、阻碍承包方进行土地承包经营权流转的,可以提起行政诉讼。

4. 行政机关滥用行政权力排除或者限制竞争的行为

根据《反垄断法》的规定,行政机关滥用行政权力排除或者限制竞争的,包括:限定或者变相限定单位或个人经营、购买、使用其指定的经营者提供的商品;妨碍商品在地区之间的自由流动;以设定歧视资质要求、评审标准或者不依法发布信息等方式,排斥或者限制外地经营者参加本地的招标投标活动;对外地经营者采取与本地经营者不平等待遇等方式,排斥或者限制外地经营者在本地投资或者设立分支机构等。行政机关以及法律、法规、规章授权组织违反上述规定,经营者可向法院提起行政诉讼。

5. 行政机关未依法支付抚恤金、最低生活保障待遇或社会保险待遇

本条是对给付类行政的救济。所谓行政给付,是公民在面临年老、疾病、失业等困境时,从国家获得物质帮助的权利。而这些给付权利尤其表现为获得抚恤金、最低生活保障待遇或社会保险待遇,如果行政机关未按照法律规定发放,公民可提起行政诉讼。为和本条相互衔接,《行政诉讼法》第73条还增加了"给付判决"。

6. 行政协议纠纷

行政协议的纳入,是新法在受案范围处最大的修改。随着行政机关活动方式的转变,行政合同已经在我国行政管理领域大量使用。但此前行政合同纠纷应如何救济,各地法院做法并不一致。有些法院将此类案件作为民事案件审理,而有些法院又将其作为行政案件审理,审理规则、适用依据都不尽一致。本次修法明确规定,公民、法人或其他组织认为行政机关不依法履行、未按照约定履行或者违法变更、解除政府特许经营协议、土地房屋征收补偿协议等协议的可提起行政诉讼,这就将有关行政协议的纠纷明确纳入行政诉讼的受案范围(有关行政协议的审查,下文将有详尽论述)。

上述内容可概括为下表:

行政诉讼的受案范围	
可诉行为	不可诉行为
(1) 行政处罚； (2) 行政强制； (3) 行政许可； (4) 确认自然资源所有权与使用权决定； (5) 征收、征用与补偿； (6) 行政机关不作为； (7) 侵犯经营自主权和农村土地经营权； (8) 排除或限制竞争； (9) 违法要求履行义务； (10) 行政给付； (11) 行政协议； (12) 侵犯其他人身权、财产权等合法权益的； (13) 法律、法规规定的其他可诉案件。	(1) 国家行为； (2) 抽象行政行为(除其他规范性文件)； (3) 内部行政行为； (4) 行政终局行为。

二、不可诉行为

◆重点法条

《行政诉讼法》

第十三条 人民法院不受理公民、法人或者其他组织对下列事项提起的诉讼：

（一）国防、外交等国家行为；

（二）行政法规、规章或者行政机关制定、发布的具有普遍约束力的决定、命令；

（三）行政机关对行政机关工作人员的奖惩、任免等决定；

（四）法律规定由行政机关最终裁决的具体行政行为。

《行政诉讼解释》(2018)

第一条 公民、法人或者其他组织对行政机关及其工作人员的行政行为不服，依法提起诉讼的，属于人民法院行政诉讼的受案范围。

下列行为不属于人民法院行政诉讼的受案范围：

（一）公安、国家安全等机关依照刑事诉讼法的明确授权实施的行为；

（二）调解行为以及法律规定的仲裁行为；

（三）行政指导行为；

（四）驳回当事人对行政行为提起申诉的重复处理行为；

（五）行政机关作出的不产生外部法律效力的行为；

（六）行政机关为作出行政行为而实施的准备、论证、研究、层报、咨询等过程性行为；

（七）行政机关根据人民法院的生效裁判、协助执行通知书作出的执行行为，但行政机关扩大执行范围或者采取违法方式实施的除外；

（八）上级行政机关基于内部层级监督关系对下级行政机关作出的听取报告、执法检查、督促履责等行为；

（九）行政机关针对信访事项作出的登记、受理、交办、转送、复查、复核意见等行为；

（十）对公民、法人或者其他组织权利义务不产生实际影响的行为。

第二条 行政诉讼法第十三条第一项规定的"国家行为"，是指国务院、中央军事委员会、国防部、外交部等根据宪法和法律的授权，以国家的名义实施的有关国防和外交事务的行为，以及经宪法和法律授权的国家机关宣布紧急状态等行为。

行政诉讼法第十三条第二项规定的"具有普遍约束力的决定、命令"，是指行政机关针对不特定对象发布的能反复适用的规范性文件。

行政诉讼法第十三条第三项规定的"对行政机关工作人员的奖惩、任免等决定"，是指行政机关作出的涉及行政机关工作人员公务员权利义务的决定。

行政诉讼法第十三条第四项规定的"法律规定由行政机关最终裁决的行政行为"中的"法律"，是指全国人民代表大会及其常务委员会制定、通过的规范性文件。

◆知识要点

（一）国家行为

1. 概念要素

国家行为是指国务院、中央军事委员会、国防部、外交部等根据宪法和法律的授权，以国家的名义实施的有关国防和外交事务的行为，以及经宪法和法律授权的国家机关宣布紧急状态、实施戒严和总动员等行为。国家行为不可诉的原因在于其主权性、政治性和整体性。

2. 辨析要点

值得注意的是，并非所有跟国防、外交有关的行为均是国家行为，例如强制服兵役或是海关对外国人进行处罚等都不是国家行为，只有那些具有高度政治性和主权性的行为才是国家行为。

（二）抽象行政行为

1. 概念要素

关于抽象行政行为与具体行政行为的区分，前文已有详尽介绍，此处不再赘述。

2. 辨析要点

值得注意的是，新法并未将所有的抽象行政行为均排除在行政诉讼的受案范围之外，而是将其"部分地、有限地"纳入了行政诉讼的受案范围，不能提起诉讼的抽象行政行为仅为行政法规和行政规章，对于其他规范性文件，相对人可附带性的提起行政诉讼（对于其他规范性文件的附带性审查，下文将有详尽论述）。

（三）内部行政行为

1. 概念要素

所谓内部行政行为是行政机关针对其内部公务员作出的，涉及其权利义务的行为。

2. 辨析要点

《行政诉讼法》第13条规定，"行政机关对行政机关工作人员的奖惩、任免等决定"是不可诉的，《行诉法解释》（2018）第2条对这一规定进行扩大解释，"对行政机关工作人员的奖惩、任免等决定，是指行政机关作出的涉及该行政机关公务员权利义务的决定"。因此，行政机关所有涉及公务员权利义务的决定都是不可诉的。

(四)行政终局裁决行为

1. 概念要素

所谓行政终局裁决行为是指行政机关作出的决定是最终的,当事人无权再行起诉。

2. 辨析要点

值得注意的是,行政终局裁决行为必须是"法律"规定,这里的"法律"应作狭义解释,仅指全国人大和全国人大常委会制定的法律,也就是说只有最高立法机关才能决定哪些事项行政机关具有最终的决定权,而行政机关即使是国务院也无权规定行政终决事项。

我国法律规定的行政终局裁决行为主要有:

《行政复议法》第14条规定:"对国务院部门或者省、自治区、直辖市人民政府的具体行政行为不服的,向作出该具体行政行为的国务院部门或者省,自治区、直辖市人民政府申请行政复议。对行政复议决定不服的,可以向人民法院提起行政诉讼;也可以向国务院申请裁决,国务院依照本法的规定作出最终裁决。"

《行政复议法》第30条第2款规定:"根据国务院或者省、自治区、直辖市人民政府对行政区划的勘定、调整或者征收土地的决定,省、自治区、直辖市人民政府确认土地、矿藏、水流、森林、山岭、草原、荒地、滩涂、海域等自然资源的所有权或者使用权的行政复议决定为最终裁决。"

(五)刑事司法行为

1. 概念要素

所谓刑事侦查行为,是指公安、国家安全等特定行政机关根据《刑事诉讼法》的授权实施的侦查犯罪的行为,主要包括侦查手段和强制措施。实践中,公安机关具有双重身份,既是行政机关,履行行政管理职能,又是刑事侦查机关,履行刑事侦查职能。而它以刑事侦查机关的身份所谓的刑事侦查行为并不属于行政诉讼监督的范围。

2. 辨析要点

判断公安机关的行为是否属于刑事侦查行为的依据在于该行为是否具有《刑事诉讼法》的明确授权,是否符合《刑事诉讼法》所规定的刑事侦查行为的诸项特征,即行为目的是否为了追究犯罪、是否具备《刑事诉讼法》要求的完整的手续等。实践中,公安机关常常借刑事侦查为名,干预公民之间的经济纠纷,这类行为并非《刑事诉讼法》授权的刑事侦查行为,而是公安机关没法权力所为的违法行政行政,相对人不服,仍可提起行政诉讼。

(六)民事调解以及法律规定的仲裁行为

1. 概念要素

民事调解是行政机关在职权范围内,就平等主体之间发生的民事纠纷所为的调解行为,这类行为对当事人并没有强制力,当事人对调解结果不服,完全可以直接就民事争议提起民事诉讼,而不应将行政机关诉至法庭。同样,行政机关内设的某些仲裁机构,也可以依照法定程序,以中立的第三方的身份对平等主体之间的民事纠纷进行仲裁。实践中行政仲裁主要包括劳动仲裁和人事仲裁。这类仲裁活动依据司法解释的规定,也是不可诉的。当事人对仲裁结果不服,可直接提起民事诉讼。

2. 辨析要点

行政机关对民事纠纷的调解最典型的是公安机关在治安管理活动中对当事人之间的民事

纠纷进行的调解。如前文所述，对于因民间纠纷引起的打架斗殴或者损毁他人财物等违反治安管理行为，情节较轻的，公安机关可以调解处理。经公安机关调解，当事人达成协议的，不予处罚。经调解未达成协议或者达成协议后不履行的，公安机关应当依照本法的规定，对违反治安管理行为人给予处罚，并告知当事人可以就民事争议依法向人民法院提起民事诉讼。

但此处需要注意的是，行政机关对平等主体之间的民事争议进行的行政裁决，对相对人具有拘束力，相对人不服有权提起行政诉讼。

（七）行政指导行为

1. 概念要素

行政指导是行政主体向相对人采取指导、劝告、建议、鼓励、警示、倡议等不具有国家强制力的方式，实现行政目的的行为。行政指导因其对相对人并没有任何约束力，因此不属于行政诉讼的受案范围。

2. 辨析要点

此处值得注意的是，行政指导最重要的属性特征就在于"不具有强制力"，但行政机关借"行政指导"为名，对相对人作出具有强制力的行政处理决定，对于这类只具有行政指导外观的行为，相对人仍旧可以提起行政诉讼。

（八）重复处理行为

1. 概念要素

重复处理行为是行政机关驳回当事人对行政行为提起的申诉的处理决定，这类决定只是对先前行为的重复，并没有对相对人的权利义务作出新的调整，因此，相对人也不能对这种重复行为提起诉讼。

2. 辨析要点

《行诉法解释》（2018）之所以规定重复处理行为不可诉，目的是为了避免当事人对于已经经过起诉期限的行政行为，通过不断申诉获得行政机关的再次处理而使其"复活"，从而规避行政诉讼的起诉期限。值得注意的是，重复处理行为必须是对先前行为的完全重复，任一变动都不应再视做是重复处理，而应作为新的处理决定，当事人是可诉的。

（九）行政机关作出的不产生外部法律效力的行为

行政行为的典型特征就在于其外部的法效性，即对外部当事人的权利义务进行了设定、变更、消灭或是确认。如果行政机关作出的行为并不会对外部当事人的权利义务进行调整，例如行政机关仅对其内部机构或是公务员进行工作指示，此类行为不能提起行政诉讼。

（十）过程性行为

行政机关为作出行政行为而实施的准备、论证、研究、层报、咨询等过程性行为，此类行为只是行政机关作出最终处理决定的前阶段准备行为，此类行为并不会对相对人的权利义务进行实质调整，也不会产生如最终决定那样的针对行政机关和相对人的确定力，行政机关尚有推翻和调整的空间，因此针对此类预备性的行为，当事人不能提起行政诉讼。

（十一）执行行为

执行行为是行政机关根据法院的生效裁判或是协助执行通知书作出的执行行为。此类行为的执行依据是法院的生效裁判或是协助执行通知书，换言之，对当事人的权利义务产生实质影响的是据以执行的法院的生效裁判和协助执行通知书，当事人因此不能对行政机关的执行行为单独提起行政诉讼。但行政机关如果扩大执行范围或是采取违法方式实施,此时已经超出了执行的界限,当事人可以提起行政诉讼。

(十二) 层级监督行为

层级监督行为是上级行政机关基于内部层级监督关系对下级行政机关作出的听取报告、执法检查、督促履责等行为。此类行为系上下级行政机关基于内部层级监督关系作出,是行政系统的内部行为。同样对于当事人的权利义务未产生直接的实质性的影响。但此处需要注意的是,上级行政机关基于内部层级监督关系对下级行政机关作出的听取报告、执法检查、督促履责等行为应当与复议机关根据《行政复议法》所为的行为相互区分。对于复议机关的决定或是不作为,除非法律有例外规定,当事人当然能够提起行政诉讼。

(十三) 信访决定

信访决定是行政机关针对信访事项作出的登记、受理、交办、转送、复查、复核意见等行为,行政机关所作的信访决定,应按照《信访条例》的规定要求上级机关进行"复查",而不能提起行政诉讼。

(十四) 对相对人的权利义务不产生实际影响的行为

1. 概念要素

能够起诉的行政行为,必须是对相对人的权利义务已经作出调整,已经产生实际影响的行为,如果某个行为并未对相对人的权利义务产生实际影响,相对人不可诉。

2. 辨析要点

典型的未产生实际影响的行为,如行政机关尚未完成的行为,或是阶段性的告知行为,例如行政机关告知补正材料的通知,或者在作出强制执行决定前对当事人送达的催告通知书。

◆ 考点归纳

对行政诉讼受案范围的判断,事实上转化为对不可诉行为的判断。具体可归纳如下:

不可诉行为	行为要素	常见考点
国家行为	高度主权性与政治性	并非所有涉及国防和外交的行为都是国家行为
抽象行政行为	针对不特定对象、能够反复使用、具有普遍拘束力	以规范性文件针对具体个案或针对特定事件作出的并非抽象行政行为;其他规范性文件可申请附带性审查
内部行政行为	针对内部的公务员	内部行政行为包括所有涉及公务员权利义务的决定,这些行为公务员只能复核与申诉
终局行政裁决行为	行政机关的决定具有最终效力	只有法律才可规定行政终局,此处的"法律"应做狭义解释
公安机关的刑事司法行为	依照《刑事诉讼法》的明确授权实施的行为	公安机关借刑事侦查为名插手经济纠纷行为非刑事司法行为

(续表)

不可诉行为	行为要素	常见考点
民事调解以及法律规定的仲裁行为	民事调解不具有强制力,是否接受取决于当事人自愿	当事人不满调解仅能够就民事纠纷提起民事诉讼
行政指导行为	针对相对人采取的指导、劝告、建议、鼓励、警示、倡议等非强制行为	仅有指导外观,但具有强制力的并非指导行为
重复处理行为	驳回当事人对行政行为提起申诉的重复处理行为	① 当事人对行政机关的行政决定不服向本机关申诉;② 行政机关予以驳回
不产生外部法律效力的行为	行政机关作出的不涉及外部法律主体尤其是不涉及相对人的行为	行政机关对其内部机构或是公务员所作的工作指示
过程性行为	行政机关为作出行政行为而实施的准备、论证、研究、层报、咨询等过程性行为	此类行为只是最终决定的前阶段准备,并未对相对人产生实质性影响
执行行为	行政机关根据法院的生效裁判、协助执行通知书作出的执行行为	此类行为的执行依据是法院的生效裁判或是协助执行通知书,但行政机关扩大执行范围或者采取违法方式实施的除外
层级监督行为	上级行政机关基于内部层级监督关系对下级行政机关作出的听取报告、执法检查、督促履责等行为	此类行为系上下级行政机关基于内部层级监督关系作出,相对人对上级机关对下级机关的听取报告、执法检查、督促履责等行为不能起诉;但这种内部层级监督关系要与复议机关的决定相互区分
信访决定	行政机关针对信访事项作出的登记、受理、交办、转送、复查、复核意见等行为	行政机关所作的信访决定,应按照《信访条例》的规定要求上级机关进行"复查",而不能提起行政诉讼
对权利义务不产生实际影响的行为	未对相对人的权利义务进行调整	上述列举的"不产生外部法律效力的行为"以及"过程性行为"均属于对当事人的权利义务不产生实际影响的行为,因此此条款在此处具有兜底的功能

◆经典真题

1.(2004-2-80)下列属于行政诉讼受案范围的是:(BD)

A. 张某对其所在的行政机关在年度考核中将其评定为不合格的决定不服

B. 王某在出境时对公安机关对其作出的强制检查决定不服

C. 某小区居民联名要求公安机关取缔该小区内的某个舞厅，公安机关以不属于自己的职权范围为由拒绝。之后该小区居民又致函该公安机关，公安机关又做出不予处理的书面答复。小区居民对此书面答复不服

D. 某市经济发展局根据甲公司的申请，做出要求乙公司推出其与甲公司共同经营的合营公司，恢复甲公司在合营公司股东地位的批复，乙公司对此批复不服

【解析】 选项A属于内部行政行为不可诉，选项C是典型的重复处理行为不可诉，而BD选项并不属于不可诉行为。

2. (2015-2-98)下列选项属于行政诉讼受案范围的是：(C)

A. 方某在妻子失踪后向公安局报案要求立案侦查，遭拒绝后向法院起诉确认公安局的行为违法

B. 区房管局以王某不履行双方签订的房屋征收补偿协议为由向法院起诉

C. 某企业以工商局滥用行政权力限制竞争为由向法院起诉

D. 黄某不服市政府发布的征收土地补偿费标准直接向法院起诉

【解析】 行政诉讼仅受理相对人针对"行政行为"提起的诉讼，而A选项中涉及的行为并非行政行为，而是刑事司法行为，因此不可诉；行政诉讼受理的"行政协议"争议，只包括相对人认为行政机关未履行、未按规定履行以及单方面变更、解除协议的案件，而并不包括行政机关认为相对人不履行协议的案件，因此B不可诉；行政机关滥用权力排除竞争的案件，相对人可提起行政诉讼，因此C正确；对于行政机关发布的其他规范性文件，当事人不能直接对其提起行政诉讼，只能在对依据该文件作出的具体决定不服起诉时，一并要求法院对该规范性文件进行审查，因此D错误。

3. (2017-2-49)下列哪一选项属于法院行政诉讼的受案范围？(D)

A. 张某对劳动争议仲裁裁决不服向法院起诉的

B. 某外国人对出入境边检机关实施遣送出境措施不服申请行政复议，对复议决定不服向法院起诉的

C. 财政局工作人员李某对定期考核为不称职不服向法院起诉的

D. 某企业对县政府解除与其签订的政府特许经营协议不服向法院起诉的

【解析】 行政机关对民事争议进行的调解和裁决不能提起行政诉讼，因此A错误；根据《出入境管理法》的规定，外国人对出入境边检机关实施遣送出境措施不服申请行政复议，对复议决定是终局行政行为，不能提起行政诉讼，因此B错误；行政机关对内部公务员所作的人事处理决定，不能提起行政诉讼，因此C错误；相对人认为行政机关不依法履行、未按照约定履行或者违法变更、解除政府特许经营协议、土地房屋征收补偿协议等协议的，能够提起行政诉讼，因此D正确。

三、抽象行政行为的附带性审查

◆重点法条
《行政诉讼法》
第五十三条 公民、法人或者其他组织认为行政行为所依据的国务院部门和地方人民政府及其部门制定的规范性文件不合法，在对行政行为提起诉讼时，可以一并请求对该规范性文

件进行审查。

前款规定的规范性文件不含规章。

第六十四条 人民法院在审理行政案件中，经审查认为本法第五十三条规定的规范性文件不合法的，不作为认定行政行为合法的依据，并向制定机关提出处理建议。

《行诉法解释》(2018)

第一百四十五条 公民、法人或者其他组织在对行政行为提起诉讼时一并请求对所依据的规范性文件审查的，由行政行为案件管辖法院一并审查。

第一百四十六条 公民、法人或者其他组织请求人民法院一并审查行政诉讼法第五十三条规定的规范性文件，应当在第一审开庭审理前提出；有正当理由的，也可以在法庭调查中提出。

第一百四十七条 人民法院在对规范性文件审查过程中，发现规范性文件可能不合法的，应当听取规范性文件制定机关的意见。

制定机关申请出庭陈述意见的，人民法院应当准许。

行政机关未陈述意见或者未提供相关证明材料的，不能阻止人民法院对规范性文件进行审查。

第一百四十八条 人民法院对规范性文件进行一并审查时，可以从规范性文件制定机关是否超越权限或者违反法定程序、作出行政行为所依据的条款以及相关条款等方面进行。

有下列情形之一的，属于行政诉讼法第六十四条规定的"规范性文件不合法"：

（一）超越制定机关的法定职权或者超越法律、法规、规章的授权范围的；

（二）与法律、法规、规章等上位法的规定相抵触的；

（三）没有法律、法规、规章依据，违法增加公民、法人和其他组织义务或者减损公民、法人和其他组织合法权益的；

（四）未履行法定批准程序、公开发布程序，严重违反制定程序的；

（五）其他违反法律、法规以及规章规定的情形。

第一百四十九条 人民法院经审查认为行政行为所依据的规范性文件合法的，应当作为认定行政行为合法的依据；经审查认为规范性文件不合法的，不作为人民法院认定行政行为合法的依据，并在裁判理由中予以阐明。作出生效裁判的人民法院应当向规范性文件的制定机关提出处理建议，并可以抄送制定机关的同级人民政府、上一级行政机关、监察机关以及规范性文件的备案机关。

规范性文件不合法的，人民法院可以在裁判生效之日起三个月内，向规范性文件制定机关提出修改或者废止该规范性文件的司法建议。

规范性文件由多个部门联合制定的，人民法院可以向该规范性文件的主办机关或者共同上一级行政机关发送司法建议。

接收司法建议的行政机关应当在收到司法建议之日起六十日内予以书面答复。情况紧急的，人民法院可以建议制定机关或者其上一级行政机关立即停止执行该规范性文件。

第一百五十条 人民法院认为规范性文件不合法的，应当在裁判生效后报送上一级人民法院进行备案。涉及国务院部门、省级行政机关制定的规范性文件，司法建议还应当分别层报最高人民法院、高级人民法院备案。

第一百五十一条 各级人民法院院长对本院已经发生法律效力的判决、裁定，发现规范性文件合法性认定错误,认为需要再审的,应当提交审判委员会讨论。

最高人民法院对地方各级人民法院已经发生法律效力的判决、裁定,上级人民法院对下级人民法院已经发生法律效力的判决、裁定,发现规范性文件合法性认定错误的,有权提审或者指令下级人民法院再审。

◆知识要点

1. 审查范围

与旧法不同,新法并未将所有的抽象行政行为均排除在行政诉讼的受案范围之外,而是将抽象行政行为**部分地**纳入受案范围。所谓部分,是指除行政法规、规章以外的其他规范性文件才可以提起诉讼,而对于行政法规和规章,当事人不能提起诉讼。

2. 审查方式

附带性审查而非单独审查。相对人不能直接、单独对抽象行政行为提起诉讼,只能在对具体行政决定不服提起诉讼的同时,一并要求法院对具体行政决定依据的其他规范性文件进行审查。

3. 审查前提

行政决定必须是依据该规范性文件作出,如果规范性文件并非被诉行政行为的依据,不能要求法院进行附带性审查。

4. 申请时间

《行诉法解释》(2018)第146条规定:"公民、法人或者其他组织请求人民法院一并审查行政诉讼法第五十三条规定的规范性文件,应当在第一审开庭审理前提出;有正当理由的,也可以在法庭调查中提出。"

5. 审查程序

人民法院在对规范性文件审查过程中,发现规范性文件可能不合法的,应当听取制定机关的意见;制定机关申请出庭陈述意见的,人民法院应当准许;但行政机关未陈述意见或未提供相关证明材料的,不能阻止人民法院对规范性文件进行审查。

6. 法院的审查内容以及不合法的认定

审查内容包括:规范性文件制定机关是否超越权限或者违反法定程序、作出行政行为所依据的条款以及相关条款等方面。有下列情形的,法院会认定为"规范性文件不合法":

(1) 超越制定机关的法定职权或者超越法律、法规、规章的授权范围的;

(2) 与法律、法规、规章等上位法的规定相抵触的;

(3) 没有法律、法规、规章依据,违法增加公民、法人和其他组织义务或者减损公民、法人和其他组织合法权益的;

(4) 未履行法定批准程序、公开发布程序,严重违反制定程序的;

(5) 其他违反法律、法规以及规章规定的情形。

7. 法院的处理方式

(1) 规范性文件合法。人民法院经审查认为规范性文件合法的,应当作为认定行政行为合法的依据。

(2) 规范性文件不合法。对于其他规范性文件,法院在审理中并不能在判决中直接宣告其无效或将其撤销或废止,如果法院认为规范性不合法的,只能消极地不予适用,即"人民法院不作为认定行政行为合法的依据"。但为对行政机关起到警示作用,《行诉法解释》(2018)

第149条规定,规范性文件不合法的,人民法院不作为认定行政行为合法的依据,并在裁判理由中予以阐明。作出生效裁判的人民法院应当在判决生效之日起3个月内,向规范性文件的制定机关提出处理建议,并可以抄送制定机关的同级人民政府或者上一级行政机关。接收司法建议的行政机关应当在收到司法建议之日起60日内予以书面答复。情况紧急的,人民法院可以建议制定机关或者其上一级行政机关立即停止执行该规范性文件。第150条规定,人民法院认为规范性文件不合法的,应当在裁判生效后报送上一级人民法院进行备案。涉及国务院部门、省级行政机关制定的规范性文件,司法建议还应当分别层报最高人民法院、高级人民法院备案。

8. 法院通过再审的监督

除当事人可申请对规范性文件进行附带性审查外,《行诉法解释》(2018)还规定了通过再审的监督。各级人民法院院长对本院已经发生法律效力的判决、裁定,发现规范性文件合法性认定错误,认为需要再审的,应当提交审判委员会讨论。

最高人民法院对地方各级人民法院已经发生法律效力的判决、裁定,上级人民法院对下级人民法院已经发生法律效力的判决、裁定,发现规范性文件合法性认定错误的,有权提审或者指令下级人民法院再审。

◆ 考点归纳

抽象行政行为审查表	
审查范围	除行政法规、规章以外的其他规范性文件。
审查方式	附带审查而非单独审查:公民、法人或其他组织认为规范性文件不合法,在对行政行为提起诉讼时,可以一并请求对该规范性文件进行审查。
审查前提	行政决定必须是依据该规范性文件作出的。
申请时间	应当在第一审开庭审理前提出;有正当理由的,也可以在法庭调查中提出。
管辖法院	由行政行为案件管辖法院一并审查。
审查程序	人民法院在对规范性文件审查过程中,发现规范性文件可能不合法的,应当听取制定机关的意见;制定机关申请出庭陈述意见的,人民法院应当准许;但行政机关未陈述意见或未提供相关证明材料的,不能阻止人民法院对规范性文件进行审查。
审查内容	审查内容包括:规范性文件制定机关是否超越权限或者违反法定程序、作出行政行为所依据的条款以及相关条款等方面。
不合法的认定	(1) 超越制定机关的法定职权或者超越法律、法规、规章的授权范围的; (2) 与法律、法规、规章等上位法的规定相抵触的; (3) 没有法律、法规、规章依据,违法增加公民、法人和其他组织义务或者减损公民、法人和其他组织合法权益的; (4) 未履行法定批准程序、公开发布程序,严重违反制定程序的; (5) 其他违反法律、法规以及规章规定的情形。

(续表)

抽象行政行为审查表	
处理方式	(1) 人民法院经审查认为规范性文件合法的,应当作为认定行政行为合法的依据; (2) 人民法院在审理行政案件中,经审查认为规范性文件不合法的,不作为认定行政行为合法的依据,并在裁判理由中予以阐明;并在裁判生效之日起3个月内,向制定机关提出处理建议,抄送制定机关的同级人民政府或者上一级行政机关。 (3) 接收司法建议的行政机关应当在收到司法建议之日起60日内予以书面答复。情况紧急的,人民法院可以建议制定机关或者其上一级行政机关立即停止执行该规范性文件; (4) 人民法院认为规范性文件不合法的,应当在裁判生效后报送上一级人民法院进行备案。涉及国务院部门、省级行政机关制定的规范性文件,司法建议还应当分别层报最高人民法院、高级人民法院备案。
通过再审的监督	各级人民法院院长对本院已经发生法律效力的判决、裁定,发现规范性文件合法性认定错误,认为需要再审的,应当提交审判委员会讨论。 最高人民法院对地方各级人民法院已经发生法律效力的判决、裁定,上级人民法院对下级人民法院已经发生法律效力的判决、裁定,发现规范性文件合法性认定错误的,有权提审或者指令下级人民法院再审。

★**特别提示**

尤其需要注意的是:

(1) 法院对其他规范性文件的审查是附带性而非单独审查;

(2) 该规范性文件必须是被诉行政行为作出的依据;

(3) 法院对违法的其他规范性文件的处理方式是"消极的不予适用",即不作为认定行政行为合法的依据;

(4) 为敦促行政机关更正,法院认为规范性文件不合法的,尽管不能在判决中直接宣告其无效,但可在裁判理由中阐明不适用规范性文件的理由,并向制定机关提出处理建议,为保障建议获得落实,还可将建议抄送制定机关的同级人民政府或者上一级行政机关。

◆**经典真题**

(2016-4-7)**材料一(案情)**:孙某与村委会达成在该村采砂的协议,期限为5年。孙某向甲市乙县国土资源局申请采矿许可,该局向孙某发放采矿许可证,载明采矿的有效期为2年,至2015年10月20日止。2015年10月15日,乙县国土资源局通知孙某,根据甲市国土资源局日前发布的《严禁在自然保护区采砂的规定》,采矿许可证到期后不再延续,被许可人应立即停止采砂行为,撤回采砂设施和设备。孙某以与村委会协议未到期、投资未收回为由继续开采,并于2015年10月28日向乙县国土资源局申请延续采矿许可证的有效期。该局通知其许可证已失效,无法续期。2015年11月20日,乙县国土资源局接到举报,得知孙某仍在采砂,以孙某未经批准非法采砂,违反《矿产资源法》为由,发出《责令停止违法行为通知书》,要求其停止违法行为。孙某向法院起诉请求撤销通知书,并请求对《严禁在自然保护区采砂的规定》进行审查。孙某为了解《严禁在自然保护区采砂的规定》内容,向甲市国土资源局提出政府信息公开申请。

……

问题：

（一）结合材料一回答以下问题：

……

2. 孙某一并审查的请求是否符合要求？根据有关规定，原告在行政诉讼中提出一并请求审查行政规范性文件的具体要求是什么？

【解析】 本案中，因《严禁在自然保护区采砂的规定》并非被诉行政行为(责令停止违法行为通知)作出的依据，孙某的请求不成立。根据《行政诉讼法》第53条和司法解释的规定，原告在行政诉讼中一并请求审查规范性文件需要符合下列要求：一是该规范性文件为国务院部门和地方政府及其部门制定的规范性文件，但不含规章；二是该规范性文件是被诉行政行为作出的依据；三是应在第一审开庭审理前提出；有正当理由的，也可以在法庭调查中提出。

3. 行政诉讼中，如法院经审查认为规范性文件不合法，应如何处理？

【解析】 法院不作为认定被诉行政行为合法的依据，并在裁判理由中予以阐明。作出生效裁判的法院应当向规范性文件的制定机关提出处理建议，并可以抄送制定机关的同级政府或上一级行政机关。

第二节　行政诉讼的管辖

行政诉讼的管辖分为级别管辖、地域管辖和裁定管辖三类。

一、级别管辖

◆重点法条

《行政诉讼法》

第十四条　基层人民法院管辖第一审行政案件。

第十五条　中级人民法院管辖下列第一审行政案件：

（一）对国务院部门或者县级以上地方人民政府所作的行政行为提起诉讼的案件；

（二）海关处理的案件；

（三）本辖区内重大、复杂的案件；

（四）其他法律规定由中级人民法院管辖的案件。

第十六条　高级人民法院管辖本辖区内重大、复杂的第一审行政案件。

第十七条　最高人民法院管辖全国范围内重大、复杂的第一审行政案件。

《行诉法解释》(2018)

第五条　有下列情形之一的，属于行政诉讼法第十五条第三项规定的"本辖区内重大、复杂的案件"：

（一）社会影响重大的共同诉讼案件；

（二）涉外或者涉及香港特别行政区、澳门特别行政区、台湾地区的案件；

（三）其他重大、复杂案件。

第一百三十四条第三款　复议机关作共同被告的案件，以作出原行政行为的行政机关确定案件的级别管辖。

◆知识要点

(一) 基层人民法院审理的一审行政案件

基层人民法院管辖绝大部分的第一审行政案件,也就是说,只要法律没有例外规定,行政案件的一审法院就是基层人民法院。

(二) 中级人民法院审理的一审行政案件

中级人民法院审理的一审行政案件是级别管辖中的重点。《行政诉讼法》规定由中级人民法院作为一审法院的案件有:

1. 海关处理的案件

海关处理的案件由中级人民法院作为一审法院在于这类案件审理难度较大、专业性、技术性要求较强,同时海关部门的设置也基本上与其他行政工作部门不同,并非严格按照地方政府的级别设置。

2. 国务院各部门或县级以上人民政府为被告的案件

国务院各部门或县级以上人民政府由于级别较高,由它们作被告的案件也由中级人民法院为一审法院。"被告为县级以上人民政府"的案件包括被告为县级人民政府的案件。其中县级和县级以上人民政府包括:县政府、自治县政府、区政府;市政府、自治州政府;省、自治区、直辖市政府。这就意味着只要行政诉讼的被告是县级和县级以上人民政府以及国务院各部门,一审法院就是中级人民法院。这一规定的意义在于提高行政诉讼的审级,使行政诉讼摆脱"被告级别高于审理法院的"尴尬境地,最终使行政诉讼能够获得公正审理。

3. 本辖区内重大复杂的案件

对于所谓"重大复杂"的案件,《行诉法解释》(2018)第 5 条规定了如下情形:① 社会影响重大的共同诉讼案件;② 涉外或者涉及香港特别行政区、澳门特别行政区、台湾地区的案件;③ 其他重大、复杂案件。

(三) 高级人民法院和最高人民法院一审的行政案件

高级人民法院管辖本辖区内重大、复杂的第一审行政案件;最高人民法院管辖全国范围内重大、复杂的第一审行政案件。

我国行政诉讼的级别管辖可总结为下表:

行政诉讼的级别管辖			
基层人民法院	中级人民法院	高级人民法院	最高人民法院
法律未规定由其他法院一审的行政案件。	(1) 海关处理的案件; (2) 被告是县级和县级以上地方人民政府的案件; (3) 被告是国务院各部门的案件; (4) 本辖区内重大、复杂的行政案件:① 社会影响重大的共同诉讼案件;② 涉外或者涉及香港、澳门、台湾地区的案件;③ 其他重大复杂的案件; (5) 其他法律规定由中级法院管辖的案件。	本辖区内重大、复杂的第一审行政案件。	全国范围内重大、复杂的第一审行政案件。

◆ 考点归纳

（1）在级别管辖中，中级人民法院审理的一审案件是历年司法考试的重点，尤其是被告是县级和县级以上地方人民政府，以及国务院各部门的案件，由中级人民法院一审。对这一问题的考察也常常与被告考察相结合。但如果被告的地方人民政府的职能部门，无论其级别高低，一审法院仍旧是基层人民法院。

（2）新修改的《行政诉讼法》取消了中级人民法院对专利案件的一审管辖权，涉及专利的案件由知识产权法院进行审理；

（3）复议机关维持原行政行为的，由原机关和复议机关为共同被告，此时以作出原行政行为的行政机关确定案件的级别管辖。例如区公安分局作出处罚决定，当事人向区政府复议，区政府维持了原来的处罚决定，此时当事人起诉以区公安分局和区政府为共同被告，但在确定管辖时以原机关，即区公安分局来确定管辖，因此案件由基层人民法院一审。

★ 特别提示

（1）《行政诉讼法》仅规定当被告是县级及县级以上人民政府时，一审法院才是中级人民法院，如果被告是县政府或县级以上人民政府的职能部门，例如县公安局、市公安局或省公安厅时，一审法院仍旧是基层人民法院。

（2）复议机关维持原行为的，由原机关和复议机关为共同被告，此时以作出原行政行为的行政机关确定案件的级别管辖，这一点请尤其注意。

◆ 经典真题

（2016-2-49）某区卫计局以董某擅自开展诊疗活动为由作出没收其违法诊疗工具并处5万元罚款的处罚。董某向区政府申请复议，区政府维持了原处罚决定。董某向法院起诉。下列哪一说法是正确的？（C）

A. 如董某只起诉区卫计局，法院应追加区政府为第三人

B. 本案应以区政府确定案件的级别管辖

C. 本案可由区卫计局所在地的法院管辖

D. 法院应对原处罚决定和复议决定进行合法性审查，但不对复议决定作出判决

【解析】 经复议的案件，复议机关维持原行为的，应以原机关和复议机关为共同被告，如果原告只起诉其中一个机关，法院应追加另一机关为共同被告，因此A错误；复议机关维持原行为的，由原机关和复议机关为共同被告，此时以作出原行政行为的行政机关确定案件的级别管辖，因此B错误；经复议的案件，既可由原机关所在地的法院管辖，也可由原机关所在地的法院管辖，因此C正确；人民法院对原行政行为作出判决的同时，应当对复议决定一并作出相应判决，因此D错误。

二、地域管辖

◆ 重点法条

《行政诉讼法》

第十八条 行政案件由最初作出行政行为的行政机关所在地人民法院管辖。经复议的案件，也可以由复议机关所在地人民法院管辖。

经最高人民法院批准,高级人民法院可以根据审判工作的实际情况,确定若干人民法院跨行政区域管辖行政案件。

第十九条 对限制人身自由的行政强制措施不服提起的诉讼,由被告所在地或者原告所在地人民法院管辖。

第二十条 因不动产提起的行政诉讼,由不动产所在地人民法院管辖。

《行诉法解释》(2018)

第八条 行政诉讼法第十九条规定的"原告所在地",包括原告的户籍所在地、经常居住地和被限制人身自由地。

对行政机关基于同一事实,既采取限制公民人身自由的行政强制措施,又采取其他行政强制措施或者行政处罚不服的,由被告所在地或者原告所在地的人民法院管辖。

第九条 行政诉讼法第二十条规定的"因不动产提起的行政诉讼"是指因行政行为导致不动产物权变动而提起的诉讼。

不动产已登记的,以不动产登记簿记载的所在地为不动产所在地;不动产未登记的,以不动产实际所在地为不动产所在地。

◆知识要点

行政诉讼地域管辖的一般原则是"原告就被告",但这一原则只适用于直接起诉的情形。地域管辖中也会存在一些例外,具体总结如下:

(1) 行政案件由最初作出具体行政行为的行政机关所在地人民法院管辖;

(2) 经复议的案件,无论复议机关是维持原行为还是改变原行为,均会出现双重管辖,原机关和复议机关所在地的法院均对案件有管辖权,当事人可选择向原机关所在地的法院起诉,也可以选择向复议机关所在地的法院起诉。

(3) 对限制人身自由的行政强制措施不服提起的诉讼,由被告所在地或者原告所在地人民法院管辖。其中原告所在地包括:原告的户籍所在地、经常居住地和被限制人身自由地。此时当事人可选择管辖法院。

《行诉法解释》(2018)还增加规定了如下情形:对行政机关基于同一事实,既采取限制公民人身自由的行政强制措施,又采取其他行政强制措施或者行政处罚不服的,由被告所在地或者原告所在地的人民法院管辖。适用这一条款的前提要件是:行政机关基于同一事实既对人身自由采取的行政强制措施,又采取了其他行政强制措施(包括人身或财产的)或者行政处罚(包括人身或财产的),此时当事人对上述行为不服,均可以由被告所在地或者原告所在地的人民法院管辖。

(4) 因不动产提起的行政诉讼,由不动产所在地人民法院管辖。不动产管辖相对其他的地域管辖规则具有优先性。

所谓"因不动产提起的行政诉讼"是指因行政行为导致不动产物权变动而提起的诉讼,不动产已登记的,以不动产登记簿记载的所在地为不动产所在地;不动产未登记的,以不动产实际所在地为不动产所在地。

地域管辖		
	管辖法院	考点
未经过复议的案件	最初作出具体行政行为的行政机关所在地法院	
经过复议的案件	原机关所在地法院和复议机关所在地法院均有管辖权	无论复议机关是维持原行为还是改变原行为均可由复议机关所在地的法院管辖
限制人身自由的强制措施	原告所在地和被告所在地法院	"原告所在地"包括：户籍所在地、经常居住地和被限制人身自由地
既对人身自由实施强制措施，又采取其他行政强制措施或行政处罚	被告所在地和原告所在地法院	行政机关基于同一事实既对人身自由采取的行政强制措施，又采取了其他行政强制措施或者行政处罚
不动产案件	不动产所在地	（1）因不动产提起的行政诉讼是指因行政行为导致不动产物权变动而提起的诉讼； （2）不动产已登记的，以不动产登记簿记载的所在地为不动产所在地；不动产未登记的，以不动产实际所在地为不动产所在地。

◆ **考点归纳**

在地域管辖的考察中，最高频的考点主要集中为如下问题：

（1）经过复议的案件，既可由原机关所在地法院管辖，也可由复议机关所在地法院管辖。此时出现了双重管辖，即原机关所在地法院和复议机关所在地法院均有管辖权，相对人也因此有了选择管辖的权利。

此处需要注意的是：新法改变了旧法的做法，无论复议机关维持原行政行为还是改变原行政行为，复议机关所在地的法院对案件均有管辖权。

（2）限制人身自由的案件。行政机关限制人身自由的强制措施。为便于当事人起诉，《行政诉讼法》规定此类案件既可在原告所在地，也可在被告所在地起诉。此处需要注意的是，一定是被限制人身自由的人本人提起诉讼时，才适用本条规定的双重管辖。如果是并非被限制人身自由的其他人对行政机关的决定不服起诉，只能由被告所在地法院管辖。另外，此处的"限制人身自由的强制措施"应作狭义的解释，仅包括拘禁、强制治疗、强制戒毒等。而行政拘留并不属于强制措施，因此对行政拘留决定，当事人只能在被告所在地法院起诉。

（3）对地域管辖或级别管辖的考察往往并非分别进行，而要进行综合判断。原则上，应先判断级别，再判断地域。

◆经典真题

1.(2009-2-86)黄某与张某之妻发生口角,被张某打成轻微伤。某区公安分局决定对张某拘留五日。黄某认为处罚过轻遂向法院起诉,法院予以受理。下列哪些选项是正确的?(AD)

A. 某区公安分局在给予张某拘留处罚后,应及时通知其家属
B. 张某之妻为本案的第三人
C. 本案既可以由某区公安分局所在地的法院管辖,也可以由黄某所在地的法院管辖
D. 张某不符合申请暂缓执行拘留的条件

【解析】 本题与2008年卷二第83题一样,如果起诉的是受害人,则只能由被告所在地法院管辖,因为受害人并非被限制自由的相对人,因此选项C错误;公安机关决定给予行政拘留处罚的,应当及时通知被处罚人的家属,因此选项A正确;本案中张某之妻与具体行政行为并没有利害关系,因此不能作为第三人,因此选项B错误;一定是被行政拘留的人本人起诉的,才符合行政拘留暂缓执行的要件,而本案中,起诉的是受害人黄某,并非被行政拘留的张某,因此选项D正确。

2.(2012-2-79)甲县宋某到乙县访亲,因醉酒被乙县公安局扣留24小时。宋某认为乙县公安局的行为违法,提起行政诉讼。下列哪些说法是正确的?(BC)

A. 扣留宋某的行为为行政处罚
B. 甲县法院对此案有管辖权
C. 乙县法院对此案有管辖权
D. 宋某的亲戚为本案的第三人

【解析】 本案涉及行政机关对人身采取限制自由的强制措施,因此原告所在地与被告所在地法院均有管辖权,因此BC正确。本案中公安局因宋某醉酒而将其扣留,这属于为制止违法和防止危险发生而对相对人的人身采取的强制措施,因此选项A错误。本案中,宋某的亲戚与宋某被采取强制措施的行为并没有法律上的利害关系,因此不能成为案件的第三人,D选项错误。

3.(2016-2-99)市工商局认定豪美公司的行为符合《广告法》第28条第2款第2项规定的"商品或者服务有关的允诺等信息与实际情况不符,对购买行为有实质性影响"情形,属发布虚假广告,予以行政处罚。豪美公司向省工商局申请行政复议,省工商局受理。如省工商局在复议时认定,豪美公司的行为符合《广告法》第28条第2款第4项规定的"虚构使用商品或者接受服务的效果"情形,亦属发布虚假广告,在改变处罚依据后维持了原处罚决定。公司不服起诉。下列说法正确的是:(AC)

A. 被告为市工商局和省工商局
B. 被告为省工商局
C. 市工商局所在地的法院对本案有管辖权
D. 省工商局所在地的法院对本案无管辖权

【解析】 经复议的案件,复议机关决定维持原行政行为的,作出原行政行为的行政机关和复议机关是共同被告,因此A正确,B错误;经复议的案件,既可以由原机关所在地法院管辖,也可以由复议机关所在地人民法院管辖,因此C正确,D错误。

三、管辖的其他问题

（一）跨行政区域管辖

◆重点法条

《行政诉讼法》

第十八条第二款 经最高人民法院批准，高级人民法院可以根据审判工作的实际情况，确定若干人民法院跨行政区域管辖行政案件。

◆知识要点

跨行政区域管辖是新法在修改时引入的一项新制度，其目的是使司法机关在审理行政案件时摆脱来自地方行政机关的干预。但本条的适用必须符合两项条件：① 跨行政区域管辖必须经最高人民法院批准；② 跨行政区域管辖须由高级人民法院决定。在本条款颁布后，最高人民法院第一和第二巡回审判庭分别在深圳和沈阳揭牌。

（二）共同管辖与选择管辖

◆重点法条

《行政诉讼法》

第二十一条 两个以上人民法院都有管辖权的案件，原告可以选择其中一个人民法院提起诉讼。原告向两个以上有管辖权的人民法院提起诉讼的，由**最先立案**的人民法院管辖。

◆知识要点

《行政诉讼法》第 21 条规定的是选择管辖与共同管辖。当两个以上的法院对案件均有管辖权时，就会出现共同管辖。从当事人角度而言，这种共同管辖就意味着选择管辖。共同管辖出现的原因可能是：

(1) 不在同一区域的两个以上的行政机关共同对当事人进行处罚；

(2) 案件经过复议，原机关和复议机关所在地的法院均有权对案件进行管辖；

(3) 当事人对限制人身自由的强制措施不服，既可在原告又可在被告所在地法院起诉等。当出现共同管辖时，当事人可选择管辖法院。

本条的重点在于，原告向两个以上有管辖权的人民法院提起诉讼的，新法规定，"由**最先立案**的人民法院管辖"，旧法规定的是由"最先收到起诉状的法院管辖"，但实践中，有些法院收到起诉状后不一定立案，因此不利用保护当事人的诉权。

（三）移送管辖

◆重点法条

《行政诉讼法》

第二十二条 人民法院发现受理的案件不属于本院管辖的，应当移送有管辖权的人民法院，受移送的人民法院应当受理。受移送的人民法院认为受移送的案件按照规定不属于本院管辖的，应当报请上级人民法院指定管辖，不得再自行移送。

◆知识要点

移送管辖是法院在受理案件后，发现自己对案件没有管辖权，而将案件移送给有管辖权的法院。这一制度是法院在错误受理案件后采取的一种补救措施。移送管辖必须符合三个条件：① 移送案件的法院已经受理了案件；② 受理案件的法院发现案件不属于本院管辖；③ 应当移送有管辖权的法院。本条是对旧法移送管辖的重大修改。旧法在此问题上规定,"人民法院发现受理的案件不属于自己管辖时,应当移送有管辖权的人民法院。受移送的人民法院不得自行移送"。新法增加了"受移送的人民法院应当受理。受移送的人民法院人为受移送的案件按照规定不属于本院管辖的,应当报请上级人民法院指定管辖,不得再自行移送"的内容,这一内容的引入当然是为了保障当事人的诉权,避免法院互相推诿。

（四）指定管辖

◆重点法条

《行政诉讼法》

第二十三条 有管辖权的人民法院由于特殊原因不能行使管辖权的,由上级人民法院指定管辖。

人民法院对管辖权发生争议,由争议双方协商解决。协商不成的,报它们的共同上级人民法院指定管辖。

◆知识要点

指定管辖是指由于特殊原因,有管辖权的人民法院不能行使管辖权,或者由于管辖权发生了争议,由上级人民法院以裁定方式制定其辖区内的某个人民法院行使管辖权。指定管辖又叫做裁定管辖。

（五）管辖权转移

◆重点法条

《行政诉讼法》

第二十四条 上级人民法院有权审理下级人民法院管辖的第一审行政案件。

下级人民法院对其管辖的第一审行政案件,认为需要由上级人民法院审理或者指定管辖的,可以报请上级人民法院决定。

《行诉法解释》(2018)

第六条 当事人以案件重大复杂为由,认为有管辖权的基层人民法院不宜行使管辖权或者根据行政诉讼法第五十二条的规定,向中级人民法院起诉,中级人民法院应当根据不同情况在七日内分别作出以下处理:

（一）决定自行审理;

（二）指定本辖区其他基层人民法院管辖;

（三）书面告知当事人向有管辖权的基层人民法院起诉。

第七条 基层人民法院对其管辖的第一审行政案件,认为需要由中级人民法院审理或者指定管辖的,可以报请中级人民法院决定。中级人民法院应当根据不同情况在七日内分别作出以下处理:

（一）决定自行审理;

（二）指定本辖区其他基层人民法院管辖;

（三）决定由报请的人民法院审理。

◆知识要点

管辖权转移,是指经上级人民法院决定或同意,将行政案件的管辖权由下级人民法院移交给上级人民法院,或者由上级人民法院移交给下级人民法院。管辖权转移是人民法院将本应由自己审理的案件移交给没有管辖权的法院审理;管辖权转移是在有审判监督管辖的上下级法院之间;管辖权转移必须报经上级人民法院决定或同意。

（1）管辖权的转移本来既包括管辖权的上移,即下级法院将其管辖的案件报请上级法院审理,也包括管辖权的下移,即上级法院将其管辖的案件交由下级法院审理。但新法在修改时,在管辖权转移上取消了管辖权的下移,即行政诉讼管辖权的转移只能下移上,而不能上移下。原因是在行政诉讼中,如何避免行政机关干扰,如何提高诉讼审级是核心问题,而管辖的上移下,则违反了提高诉讼审级的基本精神,也不利用行政案件的公正审理。

根据本条,管辖权的下移上既包含:① 上级法院自己决定审理下级法院审理的一审行政案件;② 下级法院对其管辖的一审行政案件,报请上级法院审理。

（2）基层人民法院对其管辖的第一审行政案件,认为需要由中级人民法院审理或者指定管辖的,可以报请中级人民法院决定。中级人民法院应当根据不同情况在 7 日内分别作出以下处理:① 决定自行审理;② 指定本辖区其他基层人民法院管辖;③ 决定由报请的人民法院审理。

（3）值得注意的是,除基层人民法院可报请中级法院审理一审行政案件外,《行诉法解释》(2018)还规定,当事人以案件重大复杂为由,认为有管辖权的基层人民法院不宜行使管辖权,可向中级法院起诉。或者根据《行政诉讼法》第 52 条,当事人在递交了起诉状后,法院既不立案也不作出不予立案裁定的,当事人也可向上一级法院直接起诉。在上述两种情形下,中级人民法院都应当根据不同情况在 7 日内分别作出以下处理:① 决定自行审理;② 指定本辖区其他基层人民法院管辖;③ 书面告知当事人向有管辖权的基层人民法院起诉。

（六）管辖权异议

◆**重点法条**

《行诉法解释》(2018)

第十条 人民法院受理案件后,被告提出管辖异议的,应当在收到起诉状副本之日起十五日内提出。

对当事人提出的管辖异议,人民法院应当进行审查。异议成立的,裁定将案件移送有管辖权的人民法院;异议不成立的,裁定驳回。

人民法院对管辖异议审查后确定有管辖权的,不因当事人增加或者变更诉讼请求等改变管辖,但违反级别管辖、专属管辖规定的除外。

第十一条 有下列情形之一的,人民法院不予审查:

（一）人民法院发回重审或者按第一审程序再审的案件,当事人提出管辖异议的;

（二）当事人在第一审程序中未按照法律规定的期限和形式提出管辖异议,在第二审程序中提出的。

◆**知识要点**

管辖权异议是当事人认为受诉人民法院对已经受理的案件无管辖权,提出不服该受诉法院管辖的意见。根据《行诉法解释》(2018),有关管辖权异议的要点如下:

（1）管辖权异议的提出。人民法院受理案件后,被告提出管辖异议的,应当在收到起诉状副本之日起 15 日内提出。

（2）对管辖权异议的审查与处理。对当事人提出的管辖异议,人民法院应当进行审查。异议成立的,裁定将案件移送有管辖权的人民法院;异议不成立的,裁定驳回。人民法院对管辖异议审查后确定有管辖权的,不因当事人增加或者变更诉讼请求等改变管辖,但违反级别管辖、专属管辖规定的除外。

(3) 不予审查的情形。有下列情形之一的,人民法院不予审查:① 人民法院发回重审或者按第一审程序再审的案件,当事人提出管辖异议的;② 当事人在第一审程序中未按照法律规定的期限和形式提出管辖异议,在第二审程序中提出的。

	类型	适用要点
管辖的其他问题	跨行政区域管辖	经最高人民法院批准,高级人民法院决定。
	共同管辖(选择管辖)	原告向两个以上有管辖权的人民法院提起诉讼的,由最先立案的人民法院管辖。
	移送管辖	受移送的人民法院应当受理;受移送的人民法院人为受移送的案件按照规定不属于本院管辖的,应当报请上级人民法院指定管辖,不得再自行移送。
	指定管辖	(1) 有管辖权的人民法院由于特殊原因不能行使管辖权的,由上级人民法院指定管辖; (2) 人民法院对管辖权发生争议,由争议双方协商解决。协商不成的,报它们的共同上级人民法院指定管辖。
	管辖权转移	行政诉讼管辖权转移只包括下移上,即下级法院将其管辖的案件报请上级法院审理;而不包含上移下,上级法院不能将其管辖的案件转移给下级法院审理。
	管辖权异议	人民法院受理案件后,被告提出管辖异议的,应当在收到起诉状副本之日起15日内提出。对当事人提出的管辖异议,人民法院应当进行审查。异议成立的,裁定将案件移送有管辖权的人民法院;异议不成立的,裁定驳回。

第三节 行政诉讼当事人

一、行政诉讼的原告

(一) 原告资格的一般规则

◆重点法条

《行政诉讼法》

第二十五条 行政行为的相对人以及其他与行政行为有利害关系的公民、法人或者其他组织,有权提起诉讼。

有权提起诉讼的公民死亡,其近亲属可以提起诉讼。

有权提起诉讼的法人或者其他组织终止,承受其权利的法人或者其他组织可以提起诉讼。

人民检察院在履行职责中发现生态环境和资源保护、食品药品安全、国有财产保护、国有土地使用权出让等领域负有监督管理职责的行政机关违法行使职权或者不作为,致使国家利益或者社会公共利益受到侵害的,应当向行政机关提出检察建议,督促其依法履行职责。行政机关不依法履行职责的,人民检察院依法向人民法院提起诉讼。

《行诉法解释》(2018)

第十二条 有下列情形之一的,属于行政诉讼法第二十五条第一款规定的"与行政行为有利害关系":

(一) 被诉的行政行为涉及其相邻权或者公平竞争权的;

(二) 在行政复议等行政程序中被追加为第三人的;

(三) 要求行政机关依法追究加害人法律责任的;

(四) 撤销或者变更行政行为涉及其合法权益的;

(五) 为维护自身合法权益向行政机关投诉,具有处理投诉职责的行政机关作出或者未作出处理的;

(六) 其他与行政行为有利害关系的情形。

第十三条 债权人以行政机关对债务人所作的行政行为损害债权实现为由提起行政诉讼的,人民法院应当告知其就民事争议提起民事诉讼,但行政机关作出行政行为时依法应予保护或者应予考虑的除外。

第十四条 行政诉讼法第二十五条第二款规定的"近亲属",包括配偶、父母、子女、兄弟姐妹、祖父母、外祖父母、孙子女、外孙子女和其他具有扶养、赡养关系的亲属。

公民因被限制人身自由而不能提起诉讼的,其近亲属可以依其口头或者书面委托以该公民的名义提起诉讼。近亲属起诉时无法与被限制人身自由的公民取得联系,近亲属可以先行起诉,并在诉讼中补充提交委托证明。

◆ **知识要点**

1. 行政诉讼原告资格的标准与原告类型

行政诉讼的原告资格即在行政诉讼中,谁有权作为原告提起行政诉讼,换言之,就是起诉之人是否具有起诉资格。旧法并没有行政诉讼原告资格的规定,新法对原告进行了类型区分:行政行为的相对人以及其他与行政行为有利害关系的公民、法人或者其他组织,据此行政诉讼的原告分为两类:

(1) 行政行为的相对人,即行政决定直接针对的对象;

(2) 行政相关人,又可叫做利害关系人,即虽然不是行政决定直接针对的对象,但与行政行为有利害关系的"相关人"。而"利害关系"应理解为"权利义务关系",也就是说,该行为是否对公民、法人或其他组织的权利义务进行了调整或产生了影响,如果确实产生了现实的影响效果,即具备原告资格。

2. 典型的行政相关人

(1) 相邻权人。如果行政机关的具体行政行为损害了当事人的相邻权(采光权、通风权、排水权、通行权等),相邻权人均可起诉。

(2) 公平竞争权人。所谓公平竞争权,是指当事人为从事一定行为、获得一定权益而参加平等竞争的资格与条件。如果行政机关的具体行政行为破坏了公平竞争的环境,使原本平等的当事人处于不平等的境地,当事人有资格进行起诉。

(3) 受害人。如果受害人认为行政机关对加害人的处罚存在违法(一般是受害人认为处罚过轻),此时可提起行政诉讼,要求加重对加害人的处罚。

(4) 在行政复议等程序中被追加为第三人的。公民、法人或其他组织原本对行政行为并无意见,但其他人对行政行为不服申请复议,复议机关将其追加为第三人,复议机关作出决定后又影响了其权利义务,例如该行政行为经复议后被撤销或变更,或者嗣后被作出原行为的机关撤销或变更,公民、法人或其他组织对这种变更结果不服,此时有资格提起行政诉讼。

(5) 撤销、变更行政行为涉及其合法权益的。这类人通常是指信赖利益人,他因为行政行为而受益,但行政机关嗣后撤销或变更已经生效的行政行为时,其利益受到影响或是信赖该行为而利益上受到损害的人,此时有权提起行政诉讼。

(6) 为维护自身合法权益向行政机关投诉,具有处理投诉职责的行政机关作出或者未作出处理的。这类原告是指其为维护自身合法权益向行政机关投诉,要求行政机关为一定行为或不为一定行为,但具有处理投诉职责的行政机关作出一定处理影响其利益,或是在收到投诉后不作为从而影响其权益的,此时当事人有权提起行政诉讼。

(7) 其他与行政行为为有利害关系的情形。

3. 民事债权人行政诉讼原告资格的排除和例外

如果民事主体之间存在债权债务,行政机关对债务人作出行政行为,债权人认为该行为损害其债权实现,并以此为由提起行政诉讼的,人民法院一般不予准许,此时债权人应通过民事诉讼实现其债权。但根据法律规定,对债权人的利益,行政机关在作出行政行为时依法应予保护或者应予考虑的,行政机关未予保护或是未予考虑的,债权人可提起行政诉讼。

4. 原告资格的转移与委托起诉

有权提起行政诉讼的公民死亡,或者法人与其他组织终止的,其原告资格可以发生转移。原告资格转移的规则为:有权提起行政诉讼的公民死亡,其近亲属可以提起诉讼,"近亲属",包括配偶、父母、子女、兄弟姐妹、祖父母、外祖父母、孙子女、外孙子女和其他具有扶养、赡养关系的亲属;有权提起诉讼的法人或者其他组织终止,承受其权利的法人或其他组织可以提起诉讼。但值得注意的是,死亡公民的近亲属,以及承受终止法人权利的法人或其他组织是以自己的名义,而非死亡公民或权利终止的法人或其他组织的名义起诉。

只有当公民因被限制人身自由而不能提起诉讼的,其近亲属才可以依其口头或者书面委托以该公民的名义提起诉讼,此时并非原告资格的转移,而是委托起诉。近亲属起诉时无法与被限制人身自由的公民取得联系,近亲属可以先行起诉,并在诉讼中补充提交委托证明。

行政诉讼原告		
类型	相对人	行政行为直接针对的对象
	利害相关人	(1) 相邻权人; (2) 公平竞争权人; (3) 受害人; (4) 在行政复议等行政程序中被追加为第三人的; (5) 撤销或变更行政行为涉及其合法权益的; (6) 为维护自身合法权益向行政机关投诉,具有处理投诉职责的行政机关作出或者未作出处理的; (7) 其他与行政行为有利害关系的人。
资格转移	(1) 有权提起行政诉讼的公民死亡,其近亲属可以提起诉讼;有权提起诉讼的法人或者其他组织终止,承受其权利的法人或其他组织可以提起诉讼; (2) "近亲属",包括配偶、父母、子女、兄弟姐妹、祖父母、外祖父母、孙子女、外孙子女和其他具有扶养、赡养关系的亲属。	

(续表)

行政诉讼原告	
债权人起诉资格的排除	债权人以行政机关对债务人所作的行政行为损害债权实现为由提起行政诉讼的,人民法院应当告知其就民事争议提起民事诉讼,但行政机关作出行政行为时依法应予保护或者应予考虑的除外。

◆考点归纳

(1) 判断原告资格的一般规则是是否"与行政行为有利害关系",这一规则使我国行政诉讼的原告不仅限于行政行为的相对人,还包括权利受行政行为影响的"利益相关人"。

(2) 诉权与胜诉权的区别。另外尤其需要注意的是,行政诉讼的原告只要与具体行政行为有利害关系即可,至于其权益是否合法,是否应予以保护,是否真的因为行政机关的具体行政行为而受到侵害,与行政诉讼的原告资格无关,是法院经过实体审理后应确认的问题。

◆经典真题

(2003-2-80)教育行政部门取消了某甲的办学权,甲对此不服向人民法院提起行政诉讼。正在甲处学习的20个学生因此中断了学习,他们需另找学校学习,另外租借住房或乘车回家,经济上损失较大。因此,这20个学生也对取消办学权的行政决定提起了行政诉讼,法院是否应当受理这些学生的起诉?(CD)

A. 不应当,因为行政决定并不是针对学生作出的
B. 不应当,因为行政决定没有直接规定学生的权利义务
C. 应当,因为该行政决定使学生的合法权益受到损害
D. 应当,因为取消办学权的行政决定属于具体行政行为

【解析】 教育行政部门取消某甲的办学权,虽然直接针对的是甲,但在甲处学习的学生的权利亦受此行为影响,与该决定也有法律上的利害关系,因此也有权起诉,同时该决定也属于具体行政行为,所以正确答案为CD。

(二) 特殊原告的起诉问题

◆重点法条

《行诉法解释》(2018)

第十五条 合伙企业向人民法院提起诉讼的,应当以核准登记的字号为原告。未依法登记领取营业执照的个人合伙的全体合伙人为共同原告;全体合伙人可以推选代表人,被推选的代表人,应当由全体合伙人出具推选书。

个体工商户向人民法院提起诉讼的,以营业执照上登记的经营者为原告。有字号的,以营业执照上登记的字号为原告,并应当注明该字号经营者的基本信息。

第十六条 股份制企业的股东大会、股东会、董事会等认为行政机关作出的行政行为侵犯企业经营自主权的,可以企业名义提起诉讼。

联营企业、中外合资或者合作企业的联营、合资、合作各方,认为联营、合资、合作企业权益或者自己一方合法权益受行政行为侵害的,可以自己的名义提起诉讼。

非国有企业被行政机关注销、撤销、合并、强令兼并、出售、分立或者改变企业隶属关系的,该企业或者其法定代表人可以提起诉讼。

第十七条 事业单位、社会团体、基金会、社会服务机构等非营利法人的出资人、设立人认为行政行为损害法人合法权益的,可以自己的名义提起诉讼。

第十八条 业主委员会对于行政机关作出的涉及业主共有利益的行政行为,可以自己的名义提起诉讼。

业主委员会不起诉的,专有部分占建筑物总面积过半数或者占总户数过半数的业主可以提起诉讼。

◆**知识要点**

1. 联营企业、中外合资或合作企业的联营、合资或合作各方

联营企业、中外合资或者合作企业的联营、合资、合作各方,认为联营、合资、合作企业权益或者自己一方合法权益受具体行政行为侵害的,均可以自己的名义义提起诉讼。

本条的立法用意在于:

第一,如果行政机关的具体行政行为侵犯的是联营企业、中外合资或者合作企业的企业利益,按照《民事诉讼法》的规定应以企业的名义起诉,但以企业名义起诉需要所有联营、合资、合作各方的同意,为避免企业投资人的利益受损,《行诉法解释》(2018)赋予在此种情形下联营、合资、合作各方除以企业名义起诉外,还可以自己的名义提起行政诉讼的权利。

第二,如果行政机关的具体行政行为侵犯的只是联营企业、中外合资或者合作企业中联营、合资、合作某一方的权益,其他投资方如不同意以企业名义起诉,此时利益受损的联营、合资、合作方也可以自己的名义直接提起行政诉讼。

2. 非国有企业或其法定代表人

非国有企业在范围上包括集体企业、私营企业等,如果行政机关通过其行政行为,将非国有企业注销、撤销、合并、强令兼并、出售、分立或者改变企业隶属关系的,该企业或者其法定代表人可以提起行政诉讼。本来行政机关将非国有企业注销、撤销、合并、强令兼并、出售、分立或者改变企业隶属关系的,这些企业在法律上的主体资格即会消灭,而诉权也随之丧失,但《行诉法解释》(2018)为保护这些企业免受行政机关违法行政行为侵害,例外地规定,继续保留这些形式上已经被消灭了主体资格的非国有企业的诉权,允许其借助行政诉讼来审查行政机关消灭其主体资格的行为是否合法。需要注意的是,此时具备原告资格的主体共有两个:一是企业,二是企业的法定代表人。而企业作为原告起诉,其诉权实际上还是通过法定代表人的行为来实现的。但实践中,行政机关消灭企业的主体资格,往往伴随撤销企业法定代表人身份的决定,如果该法定代表人对后一决定起诉,应以自己的身份。

3. 股份企业的股东大会、股东代表大会、董事会

股份制企业的股东大会、股东代表大会、董事会等认为行政机关作出的具体行政行为侵犯企业经营自主权的,可以企业名义提起诉讼。如果行政机关作出的具体行政行为损害了股份制企业的经营自主权,企业的法定代表人当然可以以该企业的名义提起行政诉讼。但是,在有些特殊情况下,法定代表人出于各种原因,却不愿提起行政诉讼,此时企业的内部机构,包括股东大会、股东代表大会、董事会等,可以以企业的名义提起行政诉讼。此处值得注意的是,股份企业能够起诉的内部机构只包括股东大会、股东代表大会和董事会,并不包括个别股东;且这些内部机构起诉时,均应以股份企业的名义。

4. 合伙企业的起诉问题

合伙企业向人民法院提起诉讼的,应当以核准登记的字号为原告;未依法登记领取营业执照的个人合伙的全体合伙人为共同原告;全体合伙人可以推选代表人,被推选的代表人,应当由全体合伙人出具推选书。

5. 个体工商户的起诉问题

个体工商户向人民法院提起诉讼的,以营业执照上登记的经营者为原告。有字号的,以营

业执照上登记的字号为原告,并应当注明该字号经营者的基本信息。

6. 非营利性法人的出资人、设立人的独立起诉资格问题

与联营企业、中外合资或合作企业的联营、合资或合作各方一样,如果事业单位、社会团体、基金会、社会服务机构等非营利法人的出资人、设立人认为行政行为损害法人合法权益的,除可以非营利性法人的名义起诉外,也可以自己的名义起诉。此时其维护的不仅有自身的利益,也有法人的利益。

7. 业主委员会和业主的原告资格

业主委员会对于行政机关作出的涉及业主共有利益的行政行为,可以自己的名义提起诉讼。如果业主委员会不起诉的,专有部分占建筑物总面积过半数或者占总户数过半数的业主可以提起诉讼。

◆考点归纳

三类企业的起诉问题一直是行政诉讼原告资格中的高频考点。其中需要注意的问题如下:

(1) 联营企业、中外合资或者合作企业。联营、合资、合作各方既可为保护企业利益,也可为保护自己一方利益,以自己名义起诉。

(2) 非国有制企业。被行政机关注销、撤销、合并、强令兼并、出售、分立或者改变企业隶属关系,虽在法律上已经不存在,但该企业或其法定代表人仍可起诉。

(3) 能够代表股份制企业起诉的只有股东大会、股东代表大会和董事会,且这些机构起诉时均以企业的名义。

原告	起诉原因	起诉要点
合伙企业		(1) 合伙企业向人民法院提起诉讼的,应当以核准登记的字号为原告。 (2) 未依法登记领取营业执照的个人合伙的全体合伙人为共同原告;全体合伙人可以推选代表人,被推选的代表人,应当由全体合伙人出具推选书。
个体工商户		个体工商户向人民法院提起诉讼的,以营业执照上登记的经营者为原告。有字号的,以营业执照上登记的字号为原告,并应当注明该字号经营者的基本信息。
联营/合资/合作企业	行政机关的行为侵犯企业利益或企业中的任何一方利益,被侵犯一方起诉,另一方不愿起诉。	(1) 企业中的各方均可以自己的名义起诉; (2) 起诉既可为保护企业利益,也可为保护自己一方的利益。
非国有制企业	企业被行政机关在法律上消失。	企业和企业的法定代表人可起诉。
股份制企业	企业因行政机关的具体行政行为受到影响。	(1) 股东大会、股东代表大会、董事会可起诉; (2) 起诉时职能以企业名义起诉。

(续表)

原告	起诉原因	起诉要点
非营利法人机构	事业单位、社会团体、基金会、社会服务机构等非营利法人的出资人、设立人认为行政行为损害法人合法权益的。	除该非营利性法人可以起诉外,出资人也可以自己的名义起诉。
业主委员会与业主	行政机关作出的行为涉及业主共有利益。	(1)业主委员会对行政机关作出的涉及业主共有利益的行政行为,可以自己的名义起诉; (2)业主委员会不起诉的,专有部分占建筑物总面积过半数或者占总户数过半数的业主可以提起诉讼。

◆经典真题

1.(2009-2-47)某市工商局发现,某中外合资游戏软件开发公司生产的一种软件带有暴力和色情内容,决定没收该软件,并对该公司处以三万元罚款。中方投资者接受处罚,但外方投资者认为处罚决定既损害了公司的利益也侵害自己的权益,向法院提起行政诉讼。下列哪一选项是正确的?(B)

A. 外方投资者只能以合资公司的名义起诉
B. 外方投资者可以自己的名义起诉
C. 法院受理外方投资者起诉后,应追加未起诉的中方投资者为共同原告
D. 外方投资者只能以保护自己的权益为由提起诉讼

【解析】 本案中工商局的行为侵犯中外合资企业的利益,当企业未起诉时,合资方也可以越过企业,以自己的名义起诉,因此A选项错误,B选项正确;因本案中中方不同意起诉,法院受理诉讼后,应通知其作为第三人参加诉讼,C选项错误;外方投资者既可以自己的利益受损起诉,也可以企业的利益受损起诉,因此选项D错误。

2.(2013-2-82)一公司为股份制企业,认为行政机关作出的决定侵犯企业经营自主权,下列哪些主体有权以该公司的名义提起行政诉讼?(BCD)

A. 股东　　　　B. 股东大会　　　　C. 股东代表大会　　　　D. 董事会

【解析】 股份制企业权益受到行政机关具体行政行为侵害,股东大会、股东代表大会和董事会有权以公司名义起诉,而股东和企业的债权人无权起诉,因此正确答案为BCD。

(三)检察院作为行政公益诉讼的原告

◆重点法条

《行政诉讼法》

第二十五条第四款 人民检察院在履行职责中发现生态环境和资源保护、食品药品安全、国有财产保护、国有土地使用权出让等领域负有监督管理职责的行政机关违法行使职权或者不作为,致使国家利益或者社会公共利益受到侵害的,应当向行政机关提出检察建议,督促其依法履行职责。行政机关不依法履行职责的,人民检察院依法向人民法院提起诉讼。

最高人民法院、最高人民检察院《关于检察公益诉讼案件适用法律若干问题的解释》

第二十一条 人民检察院在履行职责中发现生态环境和资源保护、食品药品安全、国有财产保护、国有土地使用权出让等领域负有监督管理职责的行政机关违法行使职权或者不作为,致使国家利益或者社会公共利益受到侵害的,应当向行政机关提出检察建议,督促其依法履行职责。

行政机关应当在收到检察建议书之日起两个月内依法履行职责,并书面回复人民检察院。出现国家利益或者社会公共利益损害继续扩大等紧急情形的,行政机关应当在十五日内书面回复。

行政机关不依法履行职责的,人民检察院依法向人民法院提起诉讼。

第二十二条 人民检察院提起行政公益诉讼应当提交下列材料:

(一)行政公益诉讼起诉书,并按照被告人数提出副本;

(二)被告违法行使职权或者不作为,致使国家利益或者社会公共利益受到侵害的证明材料;

(三)检察机关已经履行诉前程序,行政机关仍不依法履行职责或者纠正违法行为的证明材料。

第二十三条 人民检察院依据行政诉讼法第二十五条第四款的规定提起行政公益诉讼,符合行政诉讼法第四十九条第二项、第三项、第四项及本解释规定的起诉条件的,人民法院应当登记立案。

第二十四条 在行政公益诉讼案件审理过程中,被告纠正违法行为或者依法履行职责而使人民检察院的诉讼请求全部实现,人民检察院撤回起诉的,人民法院应当裁定准许;人民检察院变更诉讼请求,请求确认原行政行为违法的,人民法院应当判决确认违法。

第二十五条 人民法院区分下列情形作出行政公益诉讼判决:

(一)被诉行政行为具有行政诉讼法第七十四条、第七十五条规定情形之一的,判决确认违法或者确认无效,并可以同时判决责令行政机关采取补救措施;

(二)被诉行政行为具有行政诉讼法第七十条规定情形之一的,判决撤销或者部分撤销,并可以判决被诉行政机关重新作出行政行为;

(三)被诉行政机关不履行法定职责的,判决在一定期限内履行;

(四)被诉行政机关作出的行政处罚明显不当,或者其他行政行为涉及对款额的确定、认定确有错误的,判决予以变更;

(五)被诉行政行为证据确凿,适用法律、法规正确,符合法定程序,未超越职权,未滥用职权,无明显不当,或者人民检察院诉请被诉行政机关履行法定职责理由不成立的,判决驳回诉讼请求。

人民法院可以将判决结果告知被诉行政机关所属的人民政府或者其他相关的职能部门。

◆**知识要点**

1. 行政公益诉讼

本款是《行政诉讼法》2017年修改时新引入的条文,因为该条的引入,我国在民事公益诉讼之外又有了行政公益诉讼的制度设置。公益诉讼和个人权利保护诉讼相互区分。传统的行政诉讼只是一种个人权利保护诉讼,这种诉讼模式认为行政诉讼的首要目标是为个人提供司法保护,因此个人提起行政诉讼必须有"自己权利受损"的前提,只有具备这个前提,启动行政诉讼才具有适法性。这一前提又具体体现为原告资格的规定:原告必须是行政行为的相对人或与行政行为有利害关系的公民、法人或其他组织。基于原告资格的限定，从诉讼理论而来，传统的行政诉讼原则上不允许公民、法人或其他组织为维护公共利益或他人利益而提起诉讼。但伴随行政事务的复杂化和多样化，在环境保护、食品安全和公共资源配置等领域，行政机关的决定往往会涉及公共利益，此时如果仍旧以原告起诉必须为保护"个人利益"予以限定，则难以达到有效监督行政机关以及保护公共利益的目的。行政公益诉讼也因此兴起。从学理而言，行政公益诉讼是公民或有关社会组织认为行政主体行使职权的行为违法，侵害了公共利益或有侵害之虞时，为维护公共利益而向法院提起行政诉讼。但各国因情况各异，所以对于有权提起行政公益诉讼的原告、程序和范围的规定都不尽相同。

2. 我国行政公益诉讼的原告

根据本条规定，在我国能够提起行政公益诉讼的原告只是检察院，并不包含个人和其他组织。尽管在法律修改过程中，很多学者建议纳入"环保公益组织"作为行政公益诉讼的原告，但最终本条只规定了检察院作为行政公益诉讼的原告。

3. 行政公益诉讼的适用领域

根据本条规定，行政公益诉讼的适用领域包括生态环境和资源保护、食品药品安全、国有财产保护、国有土地使用权出让等领域，这些领域中行政机关的决定除影响某些个体的私人利益外，极易影响国家利益和社会公共利益。

4. 行政公益诉讼的程序

（1）检察建议。根据《行政诉讼法》第25条的规定，人民检察院在履行职责中发现生态环境和资源保护、食品药品安全、国有财产保护、国有土地使用权出让等领域负有监督管理职责的行政机关违法行使职权或者不作为，致使国家利益或者社会公共利益受到侵害的，并非首先就提起诉讼，而是应当首先向行政机关提出检察建议，督促其依法履行职责。行政机关不依法履行职责的，人民检察院才依法向人民法院提起诉讼。行政机关应当在收到检察建议书之日起两个月内依法履行职责，并书面回复人民检察院。出现国家利益或者社会公共利益损害继续扩大等紧急情形的，行政机关应当在15日内书面回复。

（2）起诉。行政机关接到检察建议后在上述期限内不依法履行职责的，人民检察院依法向人民法院提起诉讼。人民检察院提起行政公益诉讼应当提交下列材料：行政公益诉讼起诉书，并按照被告人数提出副本；被告违法行使职权或者不作为，致使国家利益或者社会公共利益受到侵害的证明材料；检察机关已经履行诉前程序，行政机关仍不依法履行职责或者纠正违法行为的证明材料。

（3）撤回起诉或是变更诉讼请求的处理。在行政公益诉讼案件审理过程中，被告纠正违法行为或者依法履行职责而使人民检察院的诉讼请求全部实现，人民检察院撤回起诉的，人民法院应当裁定准许；人民检察院变更诉讼请求，请求确认原行政行为违法的，人民法院应当判决确认违法。

5. 行政公益诉讼的判决

人民法院区分下列情形作出行政公益诉讼判决：

（1）被诉行政行为具有行政诉讼法确认违法和确认无效规定情形之一的，判决确认违法或者确认无效，并可以同时判决责令行政机关采取补救措施；

（2）被诉行政行为具有行政诉讼法撤销情形之一的，判决撤销或者部分撤销，并可以判决被诉行政机关重新作出行政行为；

（3）被诉行政机关不履行法定职责的，判决在一定期限内履行；

（4）被诉行政机关作出的行政处罚明显不当，或者其他行政行为涉及对款额的确定、认定确有错误的，判决予以变更；

（5）被诉行政行为证据确凿，适用法律、法规正确，符合法定程序，未超越职权，未滥用职权，无明显不当，或者人民检察院诉请被诉行政机关履行法定职责理由不成立的，判决驳回诉讼请求。

人民法院可以将判决结果告知被诉行政机关所属的人民政府或者其他相关的职能部门。

行政公益诉讼	
原告	检察院
适用领域	生态环境和资源保护、食品药品安全、国有财产保护、国有土地使用权出让等领域
适用情形	负有监督管理职责的行政机关违法行使职权或者不作为，致使国家利益或者社会公共利益受到侵害的
诉讼程序	检察院应当向行政机关提出检察建议，督促其依法履行职责。行政机关不依法履行职责的，人民检察院依法向人民法院提起诉讼

二、行政诉讼的被告确认

（一）行政诉讼被告确认的一般规则

◆**重点法条**

《行政诉讼法》

第二十六条 公民、法人或者其他组织直接向人民法院提起诉讼的，作出行政行为的行政机关是被告。

经复议的案件，复议机关决定维持原行政行为的，作出原行政行为的行政机关和复议机关是共同被告；复议机关改变原行政行为的，复议机关是被告。

复议机关在法定期限内未作出复议决定，公民、法人或者其他组织起诉原行政行为的，作出原行政行为的行政机关是被告；起诉复议机关不作为的，复议机关是被告。

两个以上行政机关作出同一行政行为的，共同作出行政行为的行政机关是共同被告。

行政机关委托的组织所作的行政行为，委托的行政机关是被告。

行政机关被撤销或者职权变更的，继续行使其职权的行政机关是被告。

《行诉法解释》（2018）

第十九条 当事人不服经上级行政机关批准的行政行为，向人民法院提起诉讼的，以在对外发生法律效力的文书上署名的机关为被告。

第二十条 行政机关组建并赋予行政管理职能但不具有独立承担法律责任能力的机构，以自己的名义作出行政行为，当事人不服提起诉讼的，应当以组建该机构的行政机关为被告。

法律、法规或者规章授权行使行政职权的行政机关内设机构、派出机构或者其他组织，超出法定授权范围实施行政行为，当事人不服提起诉讼的，应当以实施该行为的机构或者组织为被告。

没有法律、法规或者规章规定,行政机关授权其内设机构、派出机构或者其他组织行使行政职权的,属于行政诉讼法第二十六条规定的委托。当事人不服提起诉讼的,应当以该行政机关为被告。

第二十一条 当事人对由国务院、省级人民政府批准设立的开发区管理机构作出的行政行为不服提起诉讼的,以该开发区管理机构为被告;对由国务院、省级人民政府批准设立的开发区管理机构所属职能部门作出的行政行为不服提起诉讼的,以其职能部门为被告;对其他开发区管理机构所属职能部门作出的行政行为不服提起诉讼的,以开发区管理机构为被告;开发区管理机构没有行政主体资格的,以设立该机构的地方人民政府为被告。

第二十二条 行政诉讼法第二十六条第二款规定的"复议机关改变原行政行为",是指复议机关改变原行政行为的处理结果。复议机关改变原行政行为所认定的主要事实和证据、改变原行政行为所适用的规范依据,但未改变原行政行为处理结果的,视为复议机关维持原行政行为。

复议机关确认原行政行为无效,属于改变原行政行为。

复议机关确认原行政行为违法,属于改变原行政行为,但复议机关以违反法定程序为由确认原行政行为违法的除外。

第二十三条 行政机关被撤销或者职权变更,没有继续行使其职权的行政机关的,以其所属的人民政府为被告;实行垂直领导的,以垂直领导的上一级行政机关为被告。

第二十四条 当事人对村民委员会或者居民委员会依据法律、法规、规章的授权履行行政管理职责的行为不服提起诉讼的,以村民委员会或者居民委员会为被告。

当事人对村民委员会、居民委员会受行政机关委托作出的行为不服提起诉讼的,以委托的行政机关为被告。

当事人对高等学校等事业单位以及律师协会、注册会计师协会等行业协会依据法律、法规、规章的授权实施的行政行为不服提起诉讼的,以该事业单位、行业协会为被告。

当事人对高等学校等事业单位以及律师协会、注册会计师协会等行业协会受行政机关委托作出的行为不服提起诉讼的,以委托的行政机关为被告。

第二十五条 市、县级人民政府确定的房屋征收部门组织实施房屋征收与补偿工作过程中作出行政行为,被征收人不服提起诉讼的,以房屋征收部门为被告。

征收实施单位受房屋征收部门委托,在委托范围内从事的行为,被征收人不服提起诉讼的,应当以房屋征收部门为被告。

第一百三十三条 行政诉讼法第二十六条第二款规定的"复议机关决定维持原行政行为",包括复议机关驳回复议申请或者复议请求的情形,但以复议申请不符合受理条件为由驳回的除外。

◆**知识要点**

行政诉讼的被告确认是行政诉讼中的另一难点问题。如前所述,行政诉讼被告确认的基本规则是**"谁行为、谁被告"**与**"谁主体、谁被告"**,首先,被告必须是被诉行政行为的实施主体,其次,被告还必须具有行政主体资格。如果行为主体并不具有主体资格,就应以它所属的具有主体资格的行政机关来担当被告。

如前文所述,具备行政主体资格的组织包括:① 行政机关;② 法律、法规、规章授权组织;③ 法律、法规、规章授权的行政机构。上述组织在作出行政行为后,均可以自己作为被告承担行政责任。反之,行政机关委托的组织因没有行政主体资格,对其所作的行为只能以委托该组织的行政机关为被告。

◆**考点归纳**

行政授权与行政委托的被告确认考查非常频繁,考生应注意行政授权和行政委托的区分标准。如前所述,区分**"行政授权"还是"行政委托"的依据**,并不在于文字表述,而在于权力来源。前者来源于法律、法规;后者来源于行政机关。考试中常用"行政机关将职权授予某组织"这样的表述来迷惑考生,此时因为权力仍旧来源于行政机关,因此,仍然属于行政委托,而不是行政授权,仍然应以该行政机关为被告。另外,没有法规、规章制定权的行政机关通过其他规范性文件进行所谓"授权",本质仍旧是委托,因此,仍以制定规范性文件的行政机关为被告。

行政诉讼被告确认的具体情形可归纳如下表,对于特殊情形的被告确认下文有详细解析。

		被告
直接起诉	作出具体行政行为的行政机关	
经复议的案件	**复议机关维持原行为——原机关为和复议机关为共同被告**	(1)复议机关维持原行为包括:① 复议机关作出维持决定;② 复议机关驳回复议申请或者复议请求的情形。但以复议申请不符合受理条件由驳回不属于维持,属于复议机关不作为。 (2)行政复议决定既有维持原行政行为内容,又有改变原行政行为内容或者不予受理申请内容的,作出原行政行为的行政机关和复议机关为共同被告。 (3)原告只起诉作出原行政行为的行政机关或者复议机关的,人民法院应当告知原告追加被告。原告不同意追加的,人民法院也应当将另一机关列为共同被告。
	复议机关改变原行为——复议机关为被告	(1)复议机关改变原行为仅是指复议机关改变原行政行为的处理结果,事实改变或是法律依据更改,但结果未改仍旧属于维持 (2)复议机关确认原行政行为无效的,属于改变原行为; (3)复议机关确认原行为违法,属于改变原行为,但复议机关以违反法定程序为由确认原行政行为违法的除外(复议机关以违反法定程序为由确认原行为违法的属于维持,仍以原机关和复议机关为共同被告)。
	复议机关不作复议决定	既可诉原机关的原行为;也可诉复议机关的不作为。复议机关不作为包括:① 复议机关不受理复议申请;② 复议机关在复议期限内不作复议决定

(续表)

被告	
两个机关的共同行为	共同被告
法律、法规授权组织行为	法律、法规授权组织
行政机关委托组织的行为	委托行政机关
经上级行政机关批准的具体行政行为	对外发生法律效力的文书上署名的机关为被告
行政机构	(1) 不具有独立承担法律责任的机构以自己的名义作出行为,以组建该机构的行政机关为被告; (2) 法律、法规或者规章授权行使行政职权的行政机构,无论是否超越法定授权范围,均以该机构为被告; (3) 行政机构如没有法律、法规或规章的授权,则以行政机关为被告。
开发区管理机构及其职能部门	(1) 对由国务院、省级人民政府批准设立的开发区管理机构作出的行政行为不服,当事人应以该开发区管理机构为被告; (2) 对由国务院、省级人民政府批准设立的开发区管理机构所属的职能部门作出的行政行为不服,当事人应以该职能部门为被告; (3) 其他开发区管理机构所属的职能部门作出的行政行为不服的,以开发区管理机构为被告; (4) 开发区管理机构没有行政主体资格的,以设立该机构的地方人民政府为被告。
村委会与居委会	(1) 当事人对村民委员会或者居民委员会依据法律、法规、规章的授权履行行政管理职责的行为不服提起诉讼的,以村民委员会或者居民委员会为被告; (2) 当事人对村民委员会、居民委员会受行政机关委托作出的行为不服提起诉讼的,以委托的行政机关为被告。
事业单位与行业协会	(1) 当事人对高等学校等事业单位以及律师协会、注册会计师协会等行业协会依据法律、法规、规章的授权实施的行政行为不服提起诉讼的,以该事业单位、行业协会为被告; (2) 当事人对高等学校等事业单位以及律师协会、注册会计师协会等行业协会受行政机关委托作出的行为不服提起诉讼的,以委托的行政机关为被告。
房屋征收部门	(1) 市、县级人民政府确定的房屋征收部门组织实施房屋征收与补偿工作过程中作出行政行为,被征收人不服提起诉讼的,以房屋征收部门为被告; (2) 征收实施单位受房屋征收部门委托,在委托范围内从事的行为,被征收人不服提起诉讼的,应当以房屋征收部门为被告。

(续表)

	被告
被撤销的行政机关的行为	(1) 继续行使其职权的行政机关； (2) 行政机关被撤销或者职权变更，没有继续行使其职权的行政机关的，以其所属的人民政府为被告，实行垂直领导的，以垂直领导的上一级行政机关为被告。

(二) 经复议的案件的被告确认

◆**重点法条**

《行政诉讼法》

第二十六条第二、三款 经复议的案件，复议机关决定维持原行政行为的，作出原行政行为的行政机关和复议机关是共同被告；复议机关改变原行政行为的，复议机关是被告。

复议机关在法定期限内未作出复议决定，公民、法人或者其他组织起诉原行政行为的，作出原行政行为的行政机关是被告；起诉复议机关不作为的，复议机关是被告。

《行诉法解释》(2018)

第二十二条 行政诉讼法第二十六条第二款规定的"复议机关改变原行政行为"，是指复议机关改变原行政行为的处理结果。复议机关改变原行政行为所认定的主要事实和证据、改变原行政行为所适用的规范依据，但未改变原行政行为处理结果的，视为复议机关维持原行政行为。

复议机关确认原行政行为无效，属于改变原行政行为。

复议机关确认原行政行为违法，属于改变原行政行为，但复议机关以违反法定程序为由确认原行政行为违法的除外。

第一百三十三条 行政诉讼法第二十六条第二款规定的"复议机关决定维持原行政行为"，包括复议机关驳回复议申请或者复议请求的情形，但以复议申请不符合受理条件为由驳回的除外。

第一百三十四条 复议机关决定维持原行政行为的，作出原行政行为的行政机关和复议机关是共同被告。原告只起诉作出原行政行为的行政机关或者复议机关的，人民法院应当告知原告追加被告。原告不同意追加的，人民法院应当将另一机关列为共同被告。

行政复议决定既有维持原行政行为内容，又有改变原行政行为内容或者不予受理申请内容的，作出原行政行为的行政机关和复议机关为共同被告。

◆**知识归纳**

经复议的案件的被告确认可分为三种情形：

(1) 复议机关维持原行政行为，此时当事人应以原机关和复议机关为共同被告。根据《行诉法解释》(2018)，复议机关维持原行为包括：复议机关作出维持决定；复议机关驳回复议申请或者复议请求，但如果复议机关以复议申请不符合受理条件为由驳回，属于复议机关不作为，而非维持。

原告只起诉作出原行政行为的行政机关或者复议机关的，人民法院应当告知原告追加被告。原告不同意追加的，人民法院也应当将另一机关列为共同被告。

行政复议决定既有维持原行政行为内容，又有改变原行政行为内容或者不予受理申请内容的,此时仍视做维持,由作出原行政行为的行政机关和复议机关为共同被告。

（2）复议机关改变原行为,当事人应以复议机关为被告,这里的"改变"根据《行诉法解释》(2018)仅包括复议机关改变原行政行为的处理结果,换言之,如果处理结果未变,但复议决定所认定的事实和法律依据发生改变,都不属于"改变",而属于维持。

此外,如果复议机关确认原行为无效属于改变原行为;复议机关确认原行为违法同样属于改变原行为,但复议机关以违反法定程序为由确认原行政行为违法的,因为对实体结果未作改变,因此仍旧属于维持。

（3）如果复议机关不受理复议申请,或在法定期间内不作复议决定,被告应以当事人起诉的行为为准,如果当事人对原具体行政行为不服提起诉讼的,应当以作出原具体行政行为的行政机关为被告;如果当事人对复议机关不作为不服提起诉讼的,应当以复议机关为被告;换言之,如果复议机关在法定期间内不作复议决定,当事人既可以原机关为被告,起诉原机关的原行为,也可以复议机关为被告,起诉复议机关的不作为。

上述内容可总结为下表：

经复议的案件	复议机关维持原行政行为——原机关为和复议机关为共同被告	（1）复议机关维持原行为包括:① 复议机关作出维持决定;② 复议机关驳回复议申请或者复议请求的情形。但以复议申请不符合受理条件为由驳回不属于维持,属于复议机关不作为。 （2）行政复议决定既有维持原行政行为内容,又有改变原行政行为内容或者不予受理申请内容的,作出原行政行为的行政机关和复议机关为共同被告。 （3）原告只起诉作出原行政行为的行政机关或者复议机关的,人民法院应当告知原告追加被告。原告不同意追加的,人民法院也应当将另一机关列为共同被告。
	复议机关改变原行政行为——复议机关为被告	（1）复议机关改变原行为仅是指复议机关改变原行政行为的处理结果,事实改变或是法律依据更改,但结果未改,仍旧属于维持。 （2）复议机关确认原行政行为无效的,属于改变原行政行为。 （3）复议机关确认原行为违法,属于改变原行为,但复议机关以违反法定程序为由确认原行政行为违法的除外（复议机关以违反法定程序为由确认原行为违法的属于维持,仍以原机关和复议机关为共同被告）。
	复议机关不作复议决定	既可诉原机关的原行政行为;也可诉复议机关的不作为。复议机关不作为包括:① 复议机关不受理复议申请;② 复议机关在复议期限内不作复议决定。

经复议案件的被告确认是新法修改最大的地方。旧法规定,复议机关维持原行政行为的,原机关为被告;复议机关只有改变原行政行为的,复议机关才是被告。但这一规定却导致实践中很多复议机关为避免当被告,而怠于认真履行复议职能,复议活动也沦为单纯的"维持会",为敦促复议机关积极履行复议职能,新法明确,"复议机关维持原行政行为的,作出原行政为的行政机关和复议机关为共同被告",同时新法增加,"复议机关在法定期限内未作出复议决定,公民、法人或者其他组织起诉原行政行为的,作出原行政行为的行政机关是被告;起诉复议机关不作为的,复议机关是被告"。据此,复议机关不论作出何种决定,在行政诉讼中均有可能成为被告,新法中的"复议案件被告确认规则"也因此被形象地概括为"复议机关恒为被告"。

旧法规定复议机关改变原行政行为包括:改变事实和依据;改变适用的法律规范并对定性产生影响;改变处理结果,而新司法解释规定,复议机关改变原行政行为仅包括改变处理结果,如果处理结果未变,事实和法律依据改变,仍属于维持。

复议机关维持原行政行为的,以作出原行政行为的行政机关和复议机关为共同被告,但确定案件的级别管辖时,应以原机关来确定级别管辖。

复议机关决定维持原行政行为的,人民法院应当在审查原行政行为合法性的同时,一并审查复议程序的合法性,而且对作出原行政行为的行政机关的原行政行为和复议决定都要作出裁判。

◆经典真题

1.(2005-2-85)金某因举报单位负责人贪污问题遭到殴打,于案发当日向某区公安分局某派出所报案,但派出所久拖不理。金某向公安分局申请复议,区公安分局以未成立复议机构为由拒绝受理,并告知金某向上级机关申请复议。下列哪些说法是正确的?(ABCD)

A. 金某可以向某区人民政府申请复议

B. 金某可以以某派出所为被告向法院提起行政诉讼

C. 金某可以以某区公安分局为被告向法院提起行政诉讼

D. 应当对某区公安分局相关责任人给予行政处分

【解析】 本案中首先是派出所不作为(此时派出所具有主体资格),对此,相对人可向派出所的上一级公安机关即区公安分局申请复议,也可以向区政府申请复议,因此选项A正确;对于复议机关不作为的,当事人既可诉原机关的原行为,也可以诉复议机关的不作为,因此BC正确;当事人向区公安分局申请复议,但复议机关拒绝受理,《行政复议法》规定,此时可对复议机关的负责人进行行政处分,因此D选项正确。

2.(2007-2-44)某派出所以扰乱公共秩序为由扣押了高某的拖拉机。高不服,以派出所为被告提起行政诉讼。诉讼中,法院认为被告应是县公安局,要求变更被告,高不同意。法院下列哪种做法是正确的?(C)

A. 以派出所为被告继续审理本案

B. 以县公安局为被告审理本案

C. 裁定驳回起诉

D. 裁定终结诉讼

【解析】 本案中派出所扣押高某的拖拉机,并无法律、法规、规章授权,因此应以派出所所属的县公安局为被告,原告起诉的被告不适格,此时法院应通知原告变更被告,原告不同意的,应裁定驳回起诉,因此 C 选项正确。

3.(2007-2-82)甲银行与乙公司签订了贷款合同并约定乙以其拥有使用权的土地作抵押。双方在镇政府内设机构镇土地管理所办理了土地使用权抵押登记,该所出具了《证明》。因乙不能归还到期贷款,甲经法院强制执行时,发现乙用于抵押的国有土地使用证系伪造。甲遂对镇土地管理所出具的抵押证明提起行政诉讼。下列哪些选项是正确的?(BCD)
  A. 本案的被告应当是镇土地管理所
  B. 本案的被告应当是镇政府
  C. 镇土地管理所出具抵押证明的行为是超越职权的行为
  D. 法院应当判决确认抵押证明违法
【解析】 镇土地管理所是镇政府的内设机构,并无行政主体资格,因此当事人对该土地管理所的行为不服,应以镇政府为被告,因此 A 选项错误,B 选项正确。作为镇政府的内设机构,镇土地管理所并没有权利以自己的名义出具土地使用权抵押登记的证明,这一行为是超越职权的行为,因此选项 C 正确。既然该抵押证明违法,法院可判决确认其违法,因此选项 D 正确。

4.(2015-2-82)李某不服区公安分局对其作出的行政拘留 5 日的处罚,向市公安局申请行政复议,市公安局作出维持决定。李某不服,提起行政诉讼。下列哪些选项是正确的?(BD)
  A. 李某可向区政府申请行政复议
  B. 被告为市公安局和区公安分局
  C. 市公安局所在地的法院对本案无管辖权
  D. 如李某的起诉状内容有欠缺,法院应给予指导和释明,并一次性告知需要补正的内容
【解析】 我国行政复议实行一级复议制,当事人对复议决定不服,原则上不能再申请复议,只能提起行政诉讼,因此 A 错误;经复议的案件,复议机关决定维持原行政行为的,作出原行政行为的行政机关和复议机关是共同被告,因此 B 正确;行政案件由最初作出行政行为的行政机关所在地人民法院管辖。经复议的案件,也可以由复议机关所在地人民法院管辖,因此 C 错误;起诉状内容欠缺或者有其他错误的,应当给予指导和释明,并一次性告知当事人需要补正的内容。不得未经指导和释明即以起诉不符合条件为由不接收起诉状。因此 D 正确。

5.(2016-2-99)市工商局认定豪美公司的行为符合《广告法》第 28 条第 2 款第 2 项规定的"商品或者服务有关的允诺等信息与实际情况不符,对购买行为有实质性影响"情形,属发布虚假广告,予以行政处罚。豪美公司向省工商局申请行政复议,省工商局受理。如省工商局在复议时认定,豪美公司的行为符合《广告法》第 28 条第 2 款第 4 项规定的"虚构使用商品或者接受服务的效果"情形,亦属发布虚假广告,在改变处罚依据后维持了原处罚决定。公司不服起诉。下列说法正确的是:(AC)
  A. 被告为市工商局和省工商局
  B. 被告为省工商局
  C. 市工商局所在地的法院对本案有管辖权
  D. 省工商局所在地的法院对本案无管辖权
【解析】 经复议的案件,复议机关决定维持原行政行为的,作出原行政行为的行政机关和复议机关是共同被告,因此 A 正确,B 错误;经复议的案件,既可以由原机关所在地人民法院

管辖,也可以由复议机关所在地人民法院管辖,因此C正确,D错误。

6. (2016-2-98)市工商局认定豪美公司的行为符合《广告法》第28条第2款第2项规定的"商品或者服务有关的允诺等信息与实际情况不符,对购买行为有实质性影响"情形,属发布虚假广告,予以行政处罚。豪美公司向省工商局申请行政复议,省工商局受理。如省工商局在法定期限内不作出复议决定,下列说法正确的是:(ABCD)

  A. 有监督权的行政机关可督促省工商局加以改正
  B. 可对省工商局直接负责的主管人员和其他直接责任人员依法给予警告、记过、记大过的行政处分
  C. 豪美公司可向法院起诉要求省工商局履行复议职责
  D. 豪美公司可针对原处罚决定向法院起诉市工商局

【解析】 《行政复议法实施条例》第53条规定:"行政复议机关应当加强对行政复议工作的指导。行政复议机构在本级行政复议机关的领导下,按照职责权限对行政复议工作进行督促、指导。"因此A正确;《行政复议法》第34条,行政复议机关"在法定期限内不作出复议决定的,对直接负责的主管人员和其他直接责任人员依法给予警告、记过、记大过的行政处分",因此B正确;复议机关在法定期限内未作出复议决定,公民、法人或者其他组织起诉原行政行为的,作出原行政行为的行政机关是被告;起诉复议机关不作为的,复议机关是被告,因此CD均正确。

(三) 经上级行政机关批准的具体行政行为的被告确认

◆重点法条
《行诉法解释》(2018)
  第十九条　当事人不服经上级行政机关批准的行政行为,向人民法院提起诉讼的,以在对外发生法律效力的文书上署名的机关为被告。

◆知识要点
经上级批准的具体行政行为究竟应诉上级机关还是下级机关,应当以在对外发生法律效力的文书上的最终署名为准。

◆考点归纳
  (1)对经上级批准的具体行政行为起诉时,应以对外发生法律效力的文书上最终署名的机关为被告,如果考题中仅交代某行为经上级机关批准,但并未交代决定对外署名的机关,则选项中"应当以上级机关为被告"或"应当以下级机关为被告"的选项均是错误的。
  (2)经上级批准的具体行政行为的被告确认与复议被申请人的确认并不相同,如前文所述,在行政复议中,下级机关经上级机关批准作出具体行政行为的,批准机关为被申请人。

(四) 行政机构的被告确认

◆重点法条
《行诉法解释》(2018)
  第二十条　行政机关组建并赋予行政管理职能但不具有独立承担法律责任能力的机构,以自己的名义作出行政行为,当事人不服提起诉讼的,应当以组建该机构的行政机关为被告。
  法律、法规或者规章授权行使行政职权的行政机关内设机构、派出机构或者其他组织,超出法定授权范围实施行政行为,当事人不服提起诉讼的,应当以实施该行为的机构或者组织为被告。

没有法律、法规或者规章规定,行政机关授权其内设机构、派出机构或者其他组织行使行政职权的,属于行政诉讼法第二十六条规定的委托。当事人不服提起诉讼的,应当以该行政机关为被告。

◆知识要点

行政机构的被告确认问题是行政诉讼中被告确认的另一难题。实践中,行政机构大致共三类:新建机构、内设机构和派出机构。而根据《行诉法解释》(2018)的上述规定,这些机构作出行为后,被告确认大体可归纳如下:

(1) 行政机关组建并赋予行政管理职能但不具有独立承担法律责任能力的机构,以自己的名义作出具体行政行为,当事人不服提起诉讼的,应当以组建该机构的行政机关为被告。

(2) 行政机关的内设机构或者派出机构在没有法律、法规或者规章授权的情况下,以自己的名义作出具体行政行为,当事人不服提起诉讼的,应当以该行政机关为被告。

(3) 法律、法规或者规章授权行使行政职权的行政机关内设机构、派出机构或者其他组织,超出法定授权范围实施行政行为,当事人不服提起诉讼的,应当以实施该行为的机构或者组织为被告。

(4) 行政机关在没有法律、法规或者规章规定的情况下,授权其内设机构、派出机构或者其他组织行使行政职权的,应当视为委托。当事人不服提起诉讼的,应当以该行政机关为被告。上述内容可总结为下表:

行为主体	被告
行政机关的不具有独立行政职能的新建机构以自己的名义作出行为	组建该机构的行政机关
法律、法规或者规章授权行使行政职权的行政机构	无论是否超越法定授权范围(授权幅度)均以该机构为被告
没有法律、法规、规章授权的行政机构	行政机构所属的行政机关为被告

(五) 开发区管理机构及其职能部门的被告确认

◆重点法条

《行诉法解释》(2018)

第二十一条 当事人对由国务院、省级人民政府批准设立的开发区管理机构作出的行政行为不服提起诉讼的,以该开发区管理机构为被告;对国务院、省级人民政府批准设立的开发区管理机构所属职能部门作出的行政行为不服提起诉讼的,以其职能部门为被告;对其他开发区管理机构所属职能部门作出的行政行为不服提起诉讼的,以开发区管理机构为被告;开发区管理机构没有行政主体资格的,以设立该机构的地方人民政府为被告。

◆知识要点

(1) 开发区管理机构。当事人对由国务院、省级人民政府批准设立的开发区管理机构作出的行政行为不服提起诉讼的,以该开发区管理机构为被告;开发区管理机构没有行政主体资格的,以设立该机构的地方人民政府为被告。

(2) 开发区管理机构所属的职能部门。对由国务院、省级人民政府批准设立的开发区管理机构所属职能部门作出的行政行为不服提起诉讼的,以其职能部门为被告;对其他开发区管理机构所属职能部门作出的行政行为不服提起诉讼的,以开发区管理机构为被告。

(六) 村委会和居委会行为的被告确认

◆重点法条

《行诉法解释》(2018)

第二十四条第一、二款 当事人对村民委员会或者居民委员会依据法律、法规、规章的授权履行行政管理职责的行为不服提起诉讼的,以村民委员会或者居民委员会为被告。

当事人对村民委员会、居民委员会受行政机关委托作出的行为不服提起诉讼的,以委托的行政机关为被告。

◆知识要点

(1) 村民委员会或者居民委员会依据法律、法规、规章的授权履行行政管理职责的行为,当事人不服的,以村民委员会或者居民委员会为被告。

(2) 村民委员会、居民委员会受行政机关委托作出的行为,当事人不服的以委托的行政机关为被告。

(七) 事业单位和行业协会行为的被告确认

◆重点法条

《行诉法解释》(2018)

第二十四条第三、四款 当事人对高等学校等事业单位以及律师协会、注册会计师协会等行业协会依据法律、法规、规章的授权实施的行政行为不服提起诉讼的,以该事业单位、行业协会为被告。

当事人对高等学校等事业单位以及律师协会、注册会计师协会等行业协会受行政机关委托作出的行为不服提起诉讼的,以委托的行政机关为被告。

◆知识要点

1. 当事人对高等学校等事业单位以及律师协会、注册会计师协会等行业协会依据法律、法规、规章的授权实施的行政行为不服提起诉讼的,以该事业单位、行业协会为被告;

2. 当事人对高等学校等事业单位以及律师协会、注册会计师协会等行业协会受行政机关委托作出的行为不服提起诉讼的,以委托的行政机关为被告。

(八) 房屋征收部门行为的被告确认

◆重点法条

《行诉法解释》(2018)

第二十五条 市、县级人民政府确定的房屋征收部门组织实施房屋征收与补偿工作过程中作出行政行为,被征收人不服提起诉讼的,以房屋征收部门为被告。

征收实施单位受房屋征收部门委托,在委托范围内从事的行为,被征收人不服提起诉讼的,应当以房屋征收部门为被告。

◆知识要点

(1) 对市、县级人民政府确定的房屋征收部门组织实施房屋征收与补偿工作过程中作出行政行为,被征收人不服提起诉讼的,以房屋征收部门为被告。

（2）征收实施单位受房屋征收部门委托，在委托范围内从事的行为，被征收人不服提起诉讼的，应当以房屋征收部门为被告。

三、行政诉讼第三人

◆**重点法条**

《行政诉讼法》

第二十九条 公民、法人或者其他组织同被诉行政行为有利害关系但没有提起诉讼，或者同案件处理结果有利害关系的，可以作为第三人申请参加诉讼，或者由人民法院通知参加诉讼。

人民法院判决第三人承担义务或者减损第三人权益的，第三人有权依法提起上诉。

《行诉法解释》(2018)

第二十八条 人民法院追加共同诉讼的当事人时，应当通知其他当事人。应当追加的原告，已明确表示放弃实体权利的，可不予追加；既不愿意参加诉讼，又不放弃实体权利的，应追加为第三人，其不参加诉讼，不能阻碍人民法院对案件的审理和裁判。

第三十条 行政机关的同一行政行为涉及两个以上利害关系人，其中一部分利害关系人对行政行为不服提起诉讼，人民法院**应当通知**没有起诉的其他利害关系人作为第三人参加诉讼。

与行政案件处理结果有利害关系的第三人，**可以申请参加诉讼，或者由人民法院通知其参加诉讼**。人民法院判决其承担义务或者减损其权益的第三人，有权提出上诉或者申请再审。

行政诉讼法第二十九条规定的第三人，因不能归责于本人的事由未参加诉讼，但有证据证明发生法律效力的判决、裁定、调解书损害其合法权益的，可以依照行政诉讼法第九十条的规定，自知道或者应当知道其合法权益受到损害之日起六个月内，向上一级人民法院申请再审。

第七十九条第二款 第三人经传票传唤无正当理由拒不到庭，或者未经法庭许可中途退庭的，不发生阻止案件审理的效果。

◆**知识要点**

1. 行政诉讼第三人的类型

旧法对于第三人的规定是，"同提起诉讼的具体行政行为有利害关系的其他公民、法人或其他组织，可以作为第三人申请参加诉讼，或者由人民法院通知参加诉讼"。上述规定使我国行政诉讼的第三人与原告基本相同，是"行政行为直接针对的对象"或是"与行政行为有利害关系的人"。上述规定使行政诉讼的第三人范围较窄，仅限于对被诉行政行为具备原告资格，但并未起诉的人。新法在修改后将行政诉讼的第三人区分为两类：

（1）同被诉行政行为有利害关系但没有提起诉讼的公民、法人或其他组织。即与原告"同质"的第三人，这类人对被诉行政行为同样具有原告资格，只是对被诉行政行为并无异议，因此也未提起司法救济，而其他人起诉后，这类人就可作为第三人参加诉讼。

这类第三人的典型类型包括：

① 行政处罚案件中的受害人或加害人。行政处罚案件中，受害人和加害人均有权起诉，如果受害人认为行政机关对加害人的处罚过轻而起诉，加害人就可作为第三人参加诉讼；而加

害人如果不服行政机关的行政处罚决定而起诉，受害人也可作为第三人参加诉讼；另如果处罚案件中涉及多个被处罚人，部分处罚人起诉的，未起诉的被处罚人也可以作为第三人参加诉讼。

② 行政确权、行政裁决或行政许可案件中的第三人。在行政确权和行政裁决案件中，多个民事主体对某项权属产生争议，由行政机关确定，此时如果未获得权益的人提起诉讼，经行政行为获得权益的人就可作为第三人参加诉讼；在行政许可案件中，如果多个相对人共同竞争一项行政许可，未获得许可的人对行政许可决定起诉时，获得许可权利的相对人就可以作为第三人参加诉讼。

(2) 同案件处理结果有利害关系的公民、法人或其他组织。这类被告虽然与被诉行政行为没有利害关系，对被诉行为没有原告资格，但与案件的处理结果之间却有利害关系。允许这些人作为第三人参加诉讼，有利于为那些与案件处理结果之间有利害关系的人提供参与诉讼程序的机会，并使法院能够充分了解案件事实。这类第三人类似于民法当中的"无独立请求权的第三人"。例如，违法相对人的财物被行政机关查封、扣押，相对人对强制措施不服提起行政诉讼，而此时对该财物享有债权的人，虽然对强制措施并不具备原告资格，但因案件处理结果与其有利害关系，因此可以作为第三人参加诉讼。

2. 行政诉讼第三人参加诉讼的方式

根据《行政诉讼法》第29条规定，第三人参加诉讼的方式既包括自己申请，也包括由法院通知。其中，行政机关的同一行政行为涉及两个以上利害关系人，其中一部分利害关系人对行政行为不服提起诉讼，人民法院**应当通知**没有起诉的其他利害关系人作为第三人参加诉讼。与行政案件处理结果有利害关系的第三人，**可以申请参加诉讼，或者由人民法院通知其参加诉讼**。

3. 法院追加第三人

人民法院追加共同诉讼的当事人时，应当通知其他当事人。应当追加的原告，已明确表示放弃实体权利的，可不予追加；既不愿意参加诉讼，又不放弃实体权利的，应追加为第三人，其不参加诉讼，不能阻碍人民法院对案件的审理和裁判。

4. 行政诉讼第三人的上诉权和申请再审权

旧法对第三人的权利地位并未规定，这也导致实践中法院将第三人的权利地位与原告等同。这一规定也因此改变了之前认为所有第三人对法院判决均有权上诉的传统做法。新法规定，只有人民法院判决第三人承担义务或者减损第三人权益的，第三人有权依法提起上诉。

《行诉法解释》(2018)第30条同时规定，人民法院判决其承担义务或者减损其权益的第三人，有权提出上诉或者申请再审。此外，第三人因不能归责于本人的事由未参加诉讼，但有证据证明发生法律效力的判决、裁定、调解书损害其合法权益的，可以依照《行政诉讼法》第90条的规定，自知道或者应当知道其合法权益受到损害之日起6个月内，向上一级人民法院申请再审。

5. 第三人经传票传唤无正当理由拒不到庭，或者未经法庭许可中途退庭的，不发生阻止案件审理的效果。

行政诉讼第三人	
类型	(1) 与行政行为有利害关系，但未提起诉讼的人； (2) 与案件处理结果有利害关系的人。
参加诉讼方式	可以自己申请参加诉讼，也可以由法院通知参加诉讼。	(1) 行政机关的同一行政行为涉及两个以上利害关系人，其中一部分利害关系人对行政行为不服提起诉讼，人民法院应当通知没有起诉的其他利害关系人作为第三人参加诉讼； (2) 与行政案件处理结果有利害关系的第三人，可以申请参加诉讼，或者由人民法院通知其参加诉讼。
上诉权与申请再审	(1) 只有人民法院判决第三人承担义务或者减损第三人权益的，第三人才能提起上诉或申请再审； (2) 上述两种情形下的第三人，因不能归责于本人的事由未参加诉讼，但有证据证明发生法律效力的判决、裁定、调解书损害其合法权益的，可以自知道或者应当知道其合法权益受到损害之日起6个月内，向上一级人民法院申请再审。	

◆考点归纳

(1)《行政诉讼法》修改后，第三人的范围拓宽，不仅包括"与行政行为有利害关系的人"，还包括"与案件处理结果有利害关系的人"。

(2) 并非所有的第三人均有权对判决提出上诉，只有法院"判决第三人承担义务或者减损第三人权益的"，第三人才有权上诉。

◆经典真题

(2012-2-82)村民甲带领乙、丙等人，与造纸厂协商污染赔偿问题。因对提出的赔偿方案不满，甲、丙等人阻止生产，将工人李某打伤。公安局接该厂厂长举报，经调查后决定对甲拘留15日、乙拘留5日，对其他人未作处理。甲向法院提起行政诉讼，法院受理。下列哪些人员不能成为本案的第三人？(AD)

A. 丙　　　　　B. 乙　　　　　C. 李某　　　　　D. 造纸厂厂长

【解析】 本案中甲对行政处罚决定起诉，丙、乙和被打的李某均与处罚决定有法律上的利害关系，而与造纸厂厂长并无任何利害关系，因此造纸厂厂长不能成为第三人；但行政机关并没有对丙进行处罚，因此法院也不可能再对丙进行处罚，因此丙也无需作为第三人参加诉讼，正确答案为AD。

四、诉讼代表人

◆重点法条

《行政诉讼法》

第二十八条 当事人一方人数众多的共同诉讼，可以由当事人推选代表人进行诉讼。代表人的诉讼行为对其所代表的当事人发生效力，但代表人变更、放弃诉讼请求或者承认对方当事人的诉讼请求，应当经被代表的当事人同意。

《行诉法解释》(2018)

第二十九条 行政诉讼法第二十八条规定的"人数众多",一般指十人以上。

根据行政诉讼法第二十八条的规定,当事人一方人数众多的,由当事人推选代表人。当事人推选不出的,可以由人民法院在起诉的当事人中指定代表人。

行政诉讼法第二十八条规定的代表人为二至五人。代表人可以委托一至二人作为诉讼代理人。

◆知识要点

(1)诉讼代表人的适用情形:当事人一方人数众多的共同诉讼,可以由当事人推选代表人进行诉讼。"人数众多",一般指10人以上。

(2)代表人的产生方式。当事人一方人数众多的,由当事人推选代表人。当事人推选不出的,可以由人民法院在起诉的当事人中指定代表人。

(3)代表人的权限和效力。代表人的诉讼行为对其所代表的当事人发生效力,但代表人变更、放弃诉讼请求或者承认对方当事人的诉讼请求,应当经被代表的当事人同意。

(4)代表人为2至5人。代表人可以委托1至2人作为诉讼代理人。

五、诉讼代理人

◆重点法条

《行政诉讼法》

第三十一条 当事人、法定代理人,可以委托一至二人作为诉讼代理人。

下列人员可以被委托为诉讼代理人:

(一)律师、基层法律服务工作者;

(二)当事人的近亲属或者工作人员;

(三)当事人所在社区、单位以及有关社会团体推荐的公民。

第三十二条 代理诉讼的律师,有权按照规定查阅、复制本案有关材料,有权向有关组织和公民调查,收集与本案有关的证据。对涉及国家秘密、商业秘密和个人隐私的材料,应当依照法律规定保密。

当事人和其他诉讼代理人有权按照规定查阅、复制本案庭审材料,但涉及国家秘密、商业秘密和个人隐私的内容除外。

《行诉法解释》(2018)

第三十一条 当事人委托诉讼代理人,应当向人民法院提交由委托人签名或者盖章的授权委托书。委托书应当载明委托事项和具体权限。公民在特殊情况下无法书面委托的,也可以由他人代书,并由自己捺印等方式确认,人民法院应当核实并记录在卷;被诉行政机关或者其他有义务协助的机关拒绝人民法院向被限制人身自由的公民核实的,视为委托成立。当事人解除或者变更委托的,应当书面报告人民法院。

第三十二条 依照行政诉讼法第三十一条第二款第二项规定,与当事人有合法劳动人事关系的职工,可以当事人工作人员的名义作为诉讼代理人。以当事人的工作人员身份参加诉讼活动,应当提交以下证据之一加以证明:

(一)缴纳社会保险记录凭证;

(二)领取工资凭证;

(三)其他能够证明其为当事人工作人员身份的证据。

第三十三条 根据行政诉讼法第三十一条第二款第三项规定,有关社会团体推荐公民担任诉讼代理人的,应当符合下列条件:
(一)社会团体属于依法登记设立或者依法免予登记设立的非营利性法人组织;
(二)被代理人属于该社会团体的成员,或者当事人一方住所地位于该社会团体的活动地域;
(三)代理事务属于该社会团体章程载明的业务范围;
(四)被推荐的公民是该社会团体的负责人或者与该社会团体有合法劳动人事关系的工作人员。

专利代理人经中华全国专利代理人协会推荐,可以在专利行政案件中担任诉讼代理人。

第四节 起诉与受理

一、行政诉讼与行政复议的衔接

(一)一般原则

◆重点法条

《行政诉讼法》

第四十四条 对属于人民法院受案范围的行政案件,公民、法人或者其他组织可以先向行政机关申请复议,对复议决定不服的,再向人民法院提起诉讼;也可以直接向人民法院提起诉讼。

法律、法规规定应当先向行政机关申请复议,对复议决定不服再向人民法院提起诉讼的,依照法律、法规的规定。

复议与诉讼的衔接关系的一般模式是"以当事人选择为原则,以复议前置为例外"。作为例外,只有单行法律、法规明确规定的才必须复议前置,除此之外,当事人都是可以选择的。关于复议与诉讼的一般原则可参阅前文。

(二)特殊情形处理

1. 复议前置的特殊情形处理

◆重点法条

《行诉法解释》(2018)

第五十六条 法律、法规规定应当先申请复议,公民、法人或者其他组织未申请复议直接提起诉讼的,人民法院裁定不予立案。

依照行政诉讼法第四十五条的规定,复议机关不受理复议申请或者在法定期限内不作出复议决定,公民、法人或者其他组织不服,依法向人民法院提起诉讼的,人民法院应当依法立案。

◆知识要点

综上,如果法律、法规规定复议前置,相对人未申请复议而直接提起诉讼,法院不予受理;但如果法律、法规规定复议前置,复议机关不受理或不作决定,相对人起诉,法院应予受理。此时需要注意的是相对人在此种情形下,既可以起诉针对复议机关的不作为起诉复议机关,也可以直接起诉原行政行为。

2. 复议非前置的特殊情形处理

◆**重点法条**

《行诉法解释》(2018)

第五十七条 法律、法规未规定行政复议为提起行政诉讼必经程序,公民、法人或者其他组织既提起诉讼又申请行政复议的,由先立案的机关管辖;同时立案的,由公民、法人或者其他组织选择。公民、法人或者其他组织已经申请行政复议,在法定复议期间内又向人民法院提起诉讼的,人民法院裁定不予立案。

第五十八条 法律、法规未规定行政复议为提起行政诉讼必经程序,公民、法人或者其他组织向复议机关申请行政复议后,又经复议机关同意撤回复议申请,在法定起诉期限内对原行政行为提起诉讼的,人民法院应当依法立案。

◆**知识要点**

如果复议非前置,相对人同时申请复议与提起诉讼,由先受理的机关管辖;如先受理的机关是复议机关,除复议终局外,相对人对复议决定不服,均可再提起行政诉讼,但如果先受理的机关是法院,当事人当然不能在诉讼后再申请行政复议。

如果复议非前置,相对人申请复议后又提起诉讼,法院不予受理。此时法院应静待复议机关作出决定,否则就是对复议机关的不尊重。

复议与诉讼的衔接	
复议前置	(1) 公民、法人或者其他组织未申请复议直接提起诉讼的,人民法院裁定不予立案; (2) 复议机关不受理复议申请或者在法定期限内不作出复议决定,公民、法人或者其他组织不服,依法向人民法院提起诉讼的,人民法院应当依法立案。
复议非前置	(1) 公民、法人或者其他组织既提起诉讼又申请行政复议的,由先立案的机关管辖;同时立案的,由公民、法人或者其他组织选择。公民、法人或者其他组织已经申请行政复议,在法定复议期间内又向人民法院提起诉讼的,人民法院裁定不予立案; (2) 公民、法人或者其他组织向复议机关申请行政复议后,又经复议机关同意撤回复议申请,在法定起诉期限内对原行政行为提起诉讼的,人民法院应当依法立案。

◆**经典真题**

(2005-2-47) A市某县土地管理局以刘某非法占地建住宅为由,责令其限期拆除建筑,退还所占土地。刘某不服,申请行政复议。下列哪一种说法是正确的?(C)

A. 复议机关只能为A市土地管理局

B. 若刘某撤回复议申请,则无权再提起行政诉讼

C. 刘某有权委托代理人代为参加复议

D. 若复议机关维持了某县土地管理局的决定,刘某逾期不履行的,某县土地管理局可以自行强制执行

【解析】 本题 B 选项中,如果刘某撤回复议申请,如其仍旧在法定起诉期限内,则仍有权起诉,因此 B 选项错误。本案中县土地管理局只是省级以下垂直领导的机关,因此复议机关既可以是县政府,也可以是市土地管理局,因此 A 错误;复议申请人有权委托代理人参加诉讼,因此选项 C 正确;因县土地局并没有行政强制执行权,如刘某逾期不履行义务,则县土地局应申请人民法院强制执行,因此选项 D 错误。

二、起诉期限

(一) 起诉期限的一般规定

◆ 重点法条

《行政诉讼法》

第四十五条 公民、法人或者其他组织不服复议决定的,可以在收到复议决定书之日起十五日内向人民法院提起诉讼。复议机关逾期不作决定的,申请人可以在复议期满之日起十五日内向人民法院提起诉讼。法律另有规定的除外。

第四十六条 公民、法人或者其他组织直接向人民法院提起诉讼的,应当自知道或者应当知道作出行政行为之日起六个月内提出。法律另有规定的除外。

《行诉法解释》(2018)

第五十九条 公民、法人或者其他组织向复议机关申请行政复议后,复议机关作出维持决定的,应当以复议机关和原行为机关为共同被告,并以复议决定送达时间确定起诉期限。

第六十四条 行政机关作出行政行为时,未告知公民、法人或者其他组织起诉期限的,起诉期限从公民、法人或者其他组织知道或者应当知道起诉期限之日起计算,但从知道或者应当知道行政行为内容之日起最长不得超过一年。

复议决定未告知公民、法人或者其他组织起诉期限的,适用前款规定。

第六十五条 公民、法人或者其他组织不知道行政机关作出的行政行为内容的,其起诉期限从知道或者应当知道该行政行为内容之日起计算,但最长不得超过行政诉讼法第四十六条第二款规定的起诉期限。

◆ 知识要点

行政诉讼的起诉期限分为经复议的起诉期限和直接起诉的起诉期限。

(1) 经复议的案件,申请人可在收到可以在收到复议决定书之日起 15 日内向人民法院提起诉讼。复议机关逾期不作决定的,申请人可以在复议期满之日起 15 日内向人民法院提起诉讼。

(2) 相对人直接向法院起诉的案件,应当在知道或应当知道作出行政行为之日起 6 个月内提出。此时起诉期限计算的时间点为"当事人知道或应当知道行政行为作出之日"。

(3) 如果特别法对特殊行政案件的起诉期限规定与《行政诉讼法》不同的,适用特别法。此处应注意与《行政复议法》规定的一般复议期限与特别复议期限相区别。《行政复议法》规定,只有特别法规定的复议申请时间超过《行政复议法》的,才适用特别法;而《行政诉讼法》则无此限制,只要特别法对起诉期限有特别规定,就应适用特别法。另外,《行政诉讼法》第 46 条规定"法律另有规定的除外",此处的"法律",同样只指狭义的法律,即全国人大和全国人大常委会制定的法律。

行政诉讼起诉期限	
经过复议的	（1）收到复议决定书之日起 15 日内向人民法院提起诉讼； （2）复议机关逾期不作决定的，申请人可以在复议期满（60 日）之日起 15 日内向人民法院提起诉讼； （3）公民、法人或者其他组织向复议机关申请行政复议后，复议机关作出维持决定的，应当以复议机关和原行为机关为共同被告，并以复议决定送达时间确定起诉期限。
直接起诉的	应当在知道或应当知道作出行政行为之日起 6 个月内提出，法律另有规定的从其规定。
法律另有规定的	起诉期限从特别法的规定，但此处的"法律"仅指全国人大、全国人大常委会制定的法律。
行政机关作出行政行为时未告知相对人起诉期限的	起诉期限从相对人知道或应当知道起诉期限之日起计算 6 个月内，但从知道或应当知道行政行为内容之日起最长不得超过 1 年。
当事人在行政行为作出时并不知道行政行为存在	应当在知道或应当知道行政行为之日起 6 个月内，但涉及不动产的，法律最长保护期为 20 年，一般的行政行为，法律最长保护期为 5 年。

◆ **考点归纳**

（1）旧法规定相对人直接向法院起诉的案件，起诉期限为知道或者应当知道作出行政行为之日起 3 个月，为更好保障当事人诉权，新法延长起诉期限至 6 个月；

（2）相对人直接提起行政诉讼的期限是 6 个月，"法律另有规定的除外"，此处的"法律"只包含全国人大以及全国人大常委会制定的法律，不含行政法规、地方性法规和规章。

（二）行政诉讼的最长保护期

◆ **重点法条**

《行政诉讼法》

第四十六条 公民、法人或者其他组织直接向人民法院提起诉讼的，应当自知道或者应当知道作出行政行为之日起六个月内提出。法律另有规定的除外。

因不动产提起诉讼的案件自行政行为作出之日起超过二十年，其他案件自行政行为作出之日起超过五年提起诉讼的，人民法院不予受理。

《行诉法解释》(2018)

第六十四条 行政机关作出行政行为时，未告知公民、法人或者其他组织起诉期限的，起诉期限从公民、法人或者其他组织知道或者应当知道起诉期限之日起计算，但从知道或者应当知道行政行为内容之日起最长不得超过一年。

复议决定未告知公民、法人或者其他组织起诉期限的，适用前款规定。

第六十五条 公民、法人或者其他组织不知道行政机关作出的行政行为内容的，其起诉期限从知道或者应当知道该行政行为内容之日起计算，但最长不得超过行政诉讼法第四十六条第二款规定的起诉期限。

◆知识要点

1. 当事人不知道行政行为的内容

根据正当程序要求，行政机关在作出行政决定时，应向相对人履行告知决定内容，以及诉讼权利和起诉期限的义务。因此，具体行政行为作出的时间、当事人知道行政行为的时间和当事人知道诉讼权利以及起诉期限的时间，三者原则上是重合的。但实践中，行政机关可能并未履行上述告知义务，就会导致行政决定在作出后，当事人并不知道行政行为的内容。此外，还有许多情形，行政机关只是将行政决定送达给直接相对人，其他因行政决定受到不利影响的相关人，在行政决定作出时，并不知道行政行为的内容。上述两种情形都有可能会影响当事人的诉权。据此，法律规定，在上述情形下，相对人起诉期限的计算从他"实际知道该行为作为或应当知道该行为作出"之日起计算，为6个月的时间。但为了法律秩序的安定，本条也同样规定了"最长保护期"，如果针对涉及不动产的行政行为，当事人是在行政行为作出之日起20年后才知道该行为内容，才诉诸司法救济，就已超过了法律规定的最长保护期，法院不予受理；而普通的行政行为，当事人是在行政行为作出之日起5年后才知道该行为内容，才诉诸司法救济，就已超过了法律规定的最长保护期，法院不予受理。

综上，**如果行政机关在作出具体行政行为时，根本未告知当事人具体行政行为的内容**，当事人嗣后才知道行政行为内容与诉讼权利的，其起诉期限从当事人实际知道或者应当知道该行为内容之日起计算，为6个月的时间，但如果当事人在具体行政行为作出之日起5年后才知道具体行政行为内容的，涉及不动产的在具体行政行为作出之日起20年后才知道具体行政行为内容，其起诉期限已经经过，这也和民事诉讼中的除斥期间相同。而当事人真正起诉期间的计算应取6个月的时间与5年时间（或者20年）的交集，这个交集就是最后当事人起诉的实际期限。

示例如下：张某长期在海外居住，遂将自己在国内某市的房子托其亲属李某照看。李某擅自向房产局申请该房子的产权确认，房产局在未经任何查证的情形下于2010年1月1日将房屋确权给李某。2015年8月1日张某在回国期间得知自己的房子已被房产局确权给李某。那么张某的起诉期限如何计算呢？

首先，房产局作出房产确认的时间是2010年1月1日，但该决定作出时，当事人张某并不知道该具体行政行为的内容，因涉及不动产，张某的起诉期限最长可延至2030年1月1日。张某在2015年8月1日知道该具体行政行为的内容，因此他的起诉期限从2015年8月1日起算6个月的时间，即从2015年8月1日至2016年2月1日。这段时间也没有超过2030年1月1日的最长保护期限。但如果张某是在2030年1月1日之后才知道该具体行政行为的，就无权再起诉了。

2. 当事人并不知道起诉期限

实践中还有一种情形是，行政机关在作出行政行为时，当事人知道内容，但并不知道诉权和起诉期限。换言之，行政机关尽管告知了当事人行政行为的内容，但并未告知其诉权和起诉期限，此时当事人的起诉期限从他知道或应当知道起诉期限之日起计算，为6个月，但从直到或应当知道行政行为内容之日起超过一年，当事人才知道诉权和起诉期限，才去法院起诉的，已经超过了法律规定的最长保护期。

(三) 起诉行政机关不作为的案件

◆**重点法条**

《行政诉讼法》

第四十七条 公民、法人或者其他组织申请行政机关履行保护其人身权、财产权等合法权益的法定职责，行政机关在接到申请之日起两个月内不履行的，公民、法人或者其他组织可以向人民法院提起诉讼。法律、法规对行政机关履行职责的期限另有规定的，从其规定。

公民、法人或者其他组织在紧急情况下请求行政机关履行保护其人身权、财产权等合法权益的法定职责，行政机关不履行的，提起诉讼不受前款规定期限的限制。

《行诉法解释》(2018)

第六十六条 公民、法人或者其他组织依照行政诉讼法第四十七条第一款的规定，对行政机关不履行法定职责提起诉讼的，应当在行政机关履行法定职责期限届满之日起六个月内提出。

◆**知识要点**

起诉行政机关不作为的案件，其起诉期限的计算包括三种情形：

(1) 如果法律、法规规定了行政机关履行职责的期限，则从该期限届满之日起，当事人可以起诉，起诉期限为行政机关履行期限届满之日起6个月。

(2) 如果法律、法规中并未包含行政机关履行职责的期限，则行政机关在接到申请之日起2个月内不履行职责的，当事人可以起诉。也就是说，如果法律、法规未规定行政机关履行职责的期限，那么2个月就是一般的履行职责期限。而2个月经过后接下来的6个月内，当事人可对行政机关的不作为起诉。

(3) 当事人在紧急情况下请求行政机关履行职责，行政机关不履行的，当事人可以立即起诉，而不用等待2个月或是法律、法规规定的履行期限的经过。例如，相对人向警察申请履行保护人身权、财产权的法定职责，警察不予履行，导致当事人人身权、财产权受损，此时当事人可立即起诉。

行政机关不作为的起诉期限计算	
法律、法规规定了履行期限的	起诉期限自履行期限届满之日起6个月
法律、法规未规定履行期限的	履行期限为2个月，当事人可在2个月经过后的6个月内起诉
紧急状态	不受前款限制，可立即起诉

◆**考点归纳**

法考中，有关起诉期限的考题越来越复杂，题目中出现的期限众多，尤其是当事人不知道诉权或起诉期限的，或者不知道具体行政行为内容的情形，又涉及除斥期间，考生在进行判断时往往非常困难，但如果掌握了判断此类考题的基本步骤和方法，就可以较为容易且正确地解答。

判断此类考题的步骤：① 找到被诉行政行为；② 找到被诉行政行为的作出时间；③ 再找当事人知道行政行为内容的时间；④ 判断后一个时间相比前一个时间有没有超过法律规定的最长保护期(5年/20年)；⑤ 如果未超过法律规定的最长保护期，则当事人的起诉时间为后一个时间(知道行政行为的时间)开始6个月。

◆**经典真题**

1. (2006-2-47)因甲公司不能偿还到期债务,贷款银行向法院提起民事诉讼。2004年6月7日,银行在诉讼中得知市发展和改革委员会已于2004年4月6日根据申请,将某小区住宅项目的建设业主由甲公司变更为乙公司。后银行认为行政机关的变更行为侵犯了其合法债权,于2006年1月9日向法院提起行政诉讼,请求确认市发展和改革委员会的变更行为违法。下列关于起诉期限的哪种说法符合法律规定?(D)

A. 原告应当在知道具体行政行为内容之日起5年内提起行政诉讼
B. 原告应当在知道具体行政行为内容之日起20年内提起行政诉讼
C. 原告应当在知道具体行政行为内容之日起2年内提起行政诉讼
D. 原告应当在知道具体行政行为内容之日起3个月内提起行政诉讼

【解析】 本题的正确解答甚至不用参照题干,如《行诉法解释》(2015)所述,当事人不知道具体行政行为内容的,应当在知道具体行政行为内容之日起3个月内起诉,因此D选项正确,而5年、20年和2年都是法律规定的除斥期间。本案中,银行起诉请求确认市发展和改革委员会的变更行为违法,而市发展和改革委员会的变更行为是2004年4月6日作出,作出时银行并不知道该变更行为,银行是2004年6月7日得知该行为,因为本案涉及不动产,因此最长保护期是20年,银行知道具体行政行为的时间相比具体行政行为的作出时间,并未超过20年,因此银行的起诉时间是从2004年6月7日起3个月。但本题因是《行政诉讼法》修改之前的题目,因此答案按照新法已经不正确,按照修改后的《行政诉讼法》,原告应当在知道具体行政行为内容之日起6个月内提起诉讼。

2. (2014-2-84)2009年3月15日,严某向某市房管局递交出让方为郭某(严某之母)、受让方为严某的房产交易申请表以及相关材料。4月20日,该局向严某核发房屋所有权证。后因家庭纠纷郭某想出售该房产时发现房产已不在名下,于2013年12月5日以该局为被告提起诉讼,要求撤销向严某核发的房屋所有权证,并给自己核发新证。一审法院判决维持被诉行为,郭某提出上诉。下列哪些说法是正确的?(CD)

A. 本案的起诉期限为2年
B. 本案的起诉期限从2009年4月20日起算
C. 如诉讼中郭某解除对诉讼代理人的委托,在其书面报告法院后,法院应当通知其他当事人
D. 第二审法院应对一审法院的裁判和被诉具体行政行为是否合法进行全面审查

【解析】 本案中郭某起诉的行为是房产局向严某核发房屋所有权证的行为,该行为于2009年4月20日作出,作出时郭某并不知道有该行为存在,因此其起诉期限不能从行政行为作出之日起计算,而应从她知道该行为时计算(这一时间题干并未明确交代),郭某的起诉时间是从知道该行为之日起6个月,而非2年,因此AB均错误。

(四)起诉期限的扣除和延长

◆**重点法条**

《行政诉讼法》

第四十八条 公民、法人或者其他组织因不可抗力或者其他不属于其自身的原因耽误起诉期限的,被耽误的时间不计算在起诉期限内。

公民、法人或其他组织因前款规定以外的其他特殊情形耽误起诉期限的,在障碍消除后十日内,可以申请延长期限,是否准许由人民法院决定。

◆**知识要点**

本条规定的是起诉期限的扣除和延长。

(1)起诉期限的扣除。公民、法人或者其他组织因不可抗力或者其他不属于其自身的原因耽误起诉期限的,被耽误的时间不计算在起诉期限内。此处的"不可抗力"是当事人不能预见、不能避免或不能克服的客观情况,包括地震、火灾、山洪等自然灾害,在行政诉讼中还包括当事人被限制人身自由等情况。

(2)起诉期限延长是在起诉期限被扣除的基础上,对当事人诉权的进一步保护。而本条所说的"前款规定以外的其他特殊情况",一般包括因交通断绝、生病或未成年人因其法定代理人未确定而不能起诉的。

三、起诉条件、起诉方式与驳回起诉

◆**重点法条**

《行政诉讼法》

第四十九条 提起诉讼应当符合下列条件:

(一)原告是符合本法第二十五条规定的公民、法人或者其他组织;

(二)有明确的被告;

(三)有具体的诉讼请求和事实根据;

(四)属于人民法院受案范围和受诉人民法院管辖。

第五十条 起诉应当向人民法院递交起诉状,并按照被告人数提出副本。

书写起诉状确有困难的,可以口头起诉,由人民法院记入笔录,出具注明日期的书面凭证,并告知对方当事人。

《行诉法解释》(2018)

第五十四条 依照行政诉讼法第四十九条的规定,公民、法人或者其他组织提起诉讼时应当提交以下起诉材料:

(一)原告的身份证明材料以及有效联系方式;

(二)被诉行政行为或者不作为存在的材料;

(三)原告与被诉行政行为具有利害关系的材料;

(四)人民法院认为需要提交的其他材料。

由法定代理人或者委托代理人代为起诉的,还应当在起诉状中写明或者在口头起诉时向人民法院说明法定代理人或者委托代理人的基本情况,并提交法定代理人或者委托代理人的身份证明和代理权限证明等材料。

第六十七条 原告提供被告的名称等信息足以使被告与其他行政机关相区别的,可以认定为行政诉讼法第四十九条第二项规定的"有明确的被告"。

起诉状列写被告信息不足以认定明确的被告的,人民法院可以告知原告补正;原告补正后仍不能确定明确的被告的,人民法院裁定不予立案。

第六十八条 行政诉讼法第四十九条第三项规定的"有具体的诉讼请求"是指:

(一)请求判决撤销或者变更行政行为;

（二）请求判决行政机关履行特定法定职责或者给付义务；
（三）请求判决确认行政行为违法；
（四）请求判决确认行政行为无效；
（五）请求判决行政机关予以赔偿或者补偿；
（六）请求解决行政协议争议；
（七）请求一并审查规章以下规范性文件；
（八）请求一并解决相关民事争议；
（九）其他诉讼请求。

当事人单独或者一并提起行政赔偿、补偿诉讼的，应当有具体的赔偿、补偿事项以及数额；请求一并审查规章以下规范性文件的，应当提供明确的文件名称或者审查对象；请求一并解决相关民事争议的，应当有具体的民事诉讼请求。

当事人未能正确表达诉讼请求的，人民法院应当要求其明确诉讼请求。

第六十九条 有下列情形之一，已经立案的，应当裁定驳回起诉：
（一）不符合行政诉讼法第四十九条规定的；
（二）超过法定起诉期限且无行政诉讼法第四十八条规定情形的；
（三）错列被告且拒绝变更的；
（四）未按照法律规定由法定代理人、指定代理人、代表人为诉讼行为的；
（五）未按照法律、法规规定先向行政机关申请复议的；
（六）重复起诉的；
（七）撤回起诉后无正当理由再行起诉的；
（八）行政行为对其合法权益明显不产生实际影响的；
（九）诉讼标的已为生效裁判或者调解书所羁束的；
（十）其他不符合法定起诉条件的情形。

前款所列情形可以补正或者更正的，人民法院应当指定期间责令补正或者更正；在指定期间已经补正或者更正的，应当依法审理。

人民法院经过阅卷、调查或者询问当事人，认为不需要开庭审理的，可以迳行裁定驳回起诉。

第七十条 起诉状副本送达被告后，原告提出新的诉讼请求的，人民法院不予准许，但有正当理由的除外。

第一百零六条 当事人就已经提起诉讼的事项在诉讼过程中或者裁判生效后再次起诉，同时具有下列情形的，构成重复起诉：
（一）后诉与前诉的当事人相同；
（二）后诉与前诉的诉讼标的相同；
（三）后诉与前诉的诉讼请求相同，或者后诉的诉讼请求被前诉裁判所包含。

◆**知识要点**

（1）行政诉讼的起诉条件。依据《行政诉讼法》第49条，行政诉讼的起诉条件包括四项：① 原告是符合《行政诉讼法》第25条规定的公民、法人或者其他组织；② 有明确的被告；③ 有具体的诉讼请求和事实根据；④ 属于人民法院受案范围和受诉人民法院管辖。与旧法相比，新法在起诉条件中，对第（一）项规定的原告适格有所修改。旧法规定，"原告是认为具体行政行为侵犯其合法权益的公民、法人或其他组织"。而这一规定可能会造成法院在起诉受理阶段就对原告是否权益受损进行实质审查，从而为违法不受理案件留下空间。

（2）原告起诉时应提交的材料：① 原告的身份证明材料以及有效联系方式；② 被诉行政行为或者不作为存在的材料；③ 原告与被诉行政行为具有利害关系的材料；④ 人民法院认为需要提交的其他材料。

由法定代理人或者委托代理人代为起诉的，还应当在起诉状中写明或者在口头起诉时向人民法院说明法定代理人或者委托代理人的基本情况，并提交法定代理人或者委托代理人的身份证明和代理权限证明等材料。

（3）"有明确的被告"的含义：原告提供被告的名称等信息足以使被告与其他行政机关相区别的，可以认定为"有明确的被告"。起诉状列写被告信息不足以认定明确的被告的，人民法院可以告知原告补正；原告补正后仍不能确定明确的被告的，人民法院裁定不予立案。

（4）有具体的诉讼请求具体包括：① 请求判决撤销或者变更行政行为；② 请求判决行政机关履行法定职责或者给付义务；③ 请求判决确认行政行为违法；④ 请求判决确认行政行为无效；⑤ 请求判决行政机关予以赔偿或者补偿；⑥ 请求解决行政协议争议；⑦ 请求一并审查规章以下规范性文件；⑧ 请求一并解决相关民事争议。这些请求与行政诉讼的判决类型及适用理由相互呼应。如果当事人未能正确表达诉讼请求的，人民法院应当予以释明。

当事人单独或者一并提起行政赔偿、补偿诉讼的，应当有具体的赔偿、补偿事项以及数额；请求一并审查规章以下规范性文件的，应当提供明确的文件名称或者审查对象；请求一并解决相关民事争议的，应当有具体的民事诉讼请求。

（5）起诉方式：以书面起诉为原则，口头起诉为例外。

（6）如果有某些情形的，不符合起诉条件，法院应不予立案，如果已经立案的，应裁定驳回起诉。在《行诉法解释》（2018）列举的这些条件中，以下是行政诉讼特殊的问题，请考生在复习时格外注意：① 错列被告且拒绝变更的；② 未按照法律、法规规定先向行政机关申请复议的；③ 撤回起诉后无正当理由再行起诉的；④ 行政行为对其合法权益明显不产生实际影响的。

（7）重复起诉的认定。当事人就已经提起诉讼的事项在诉讼过程中或者裁判生效后再次起诉，同时具有下列情形的，构成重复起诉：① 后诉与前诉的当事人相同；② 后诉与前诉的诉讼标的相同；③ 后诉与前诉的诉讼请求相同，或者后诉的诉讼请求被前诉裁判所包含。

（8）起诉状副本送达后，原告提出新诉讼请求的处理。起诉状副本送达被告后，原告提出新的诉讼请求的，人民法院不予准许，但有正当理由的除外。

◆经典真题

（2009-2-100）郑某因某厂欠缴其社会养老保险费，向区社保局投诉。2004年9月22日，该局向该厂送达《决定书》，要求为郑某缴纳养老保险费1万元。同月30日，该局向郑某送达告知书，称其举报一事属实，并要求他缴纳养老保险费（个人缴纳部分）2,000元。郑某不服区社保局的《决定书》向法院起诉，法院的生效判决未支持郑某的请求。2005年4月19日，郑某不服告知书向市社保局申请复议，后者作出不予受理决定，郑某不服提起诉讼。下列选项正确的是：（A）

A. 郑某向市社保局提出的复议申请已超过申请期限

B. 区社保局所在地的法院和市社保局所在地的法院对本案均有管辖权

C. 郑某的起诉属重复起诉

D. 如郑某对告知书不服直接向法院起诉,法院可以被诉行为系重复处理行为为由不受理郑某的起诉

【解析】 所谓重复起诉是指,相对人对同一争诉行为重复起诉,而本案中郑某后来起诉的行为是市社保局不受理复议申请的行为,并非区社保局的决定,因此并不属于重复起诉,选项 C 错误。本案中法院不予受理的原因并非争诉行为是重复处理的行为。"重复处理"是行政机关对已经作出的具体行政行为进行强调、重复的行为,而区社保局向郑某送达《决定书》,是履行行政行为的告知程序,并非重复处理,因此选项 D 错误。公民、法人或者其他组织认为具体行政行为侵犯其合法权益的,可以自知道该具体行政行为之日起 60 日内提出行政复议申请;但是法律规定的申请期限超过 60 日的除外,而本案中区社保局作出《决定书》的日期是 2004 年 9 月 22 日,郑某申请行政复议的日期是 2005 年 4 月 19 日,已经超过了《行政复议法》规定的复议期限,因此选项 A 正确;本案中,郑某起诉的是市社保局不受理复议申请的行为,因此,管辖的法院为市社保局所在地的法院,选项 B 错误。

四、立案登记制

◆ **重点法条**

《行政诉讼法》

第五十一条 人民法院在接到起诉状时对符合本法规定的起诉条件的,**应当登记立案**。

对当场不能判定是否符合本法规定的起诉条件的,应当接收起诉状,出具注明收到日期的书面凭证,并在七日内决定是否立案。不符合起诉条件的,作出不予立案的裁定。裁定书应当载明不予立案的理由。原告对裁定不服的,可以提起上诉。

起诉状内容欠缺或者有其他错误的,应当给予指导和释明,并一次性告知当事人需要补正的内容。不得未经指导和释明即以起诉不符合条件为由不接收起诉状。

对于不接收起诉状、接收起诉状后不出具书面凭证,以及不一次性告知当事人需要补正的起诉状内容的,当事人可以向上级人民法院投诉,上级人民法院应当责令改正,并对直接负责的主管人员和其他直接责任人员依法给予处分。

第五十二条 人民法院既不立案,又不作出不予立案裁定的,当事人可以向上一级人民法院起诉。上一级人民法院认为符合起诉条件的,应当立案、审理,也可以指定其他下级人民法院立案、审理。

《行诉法解释》(2018)

第五十三条 人民法院对符合起诉条件的案件应当立案,依法保障当事人行使诉讼权利。

对当事人依法提起的诉讼,人民法院应当根据行政诉讼法第五十一条的规定接收起诉状。能够判断符合起诉条件的,应当当场登记立案;当场不能判断是否符合起诉条件的,应当在接收起诉状后七日内决定是否立案;七日内仍不能作出判断的,应当先予立案。

第五十五条 依照行政诉讼法第五十一条的规定,人民法院应当就起诉状内容和材料是否完备以及是否符合行政诉讼法规定的起诉条件进行审查。

起诉状内容或者材料欠缺的,人民法院应当给予指导和释明,并一次性全面告知当事人需要补正的内容、补充的材料及期限。在指定期限内补正并符合起诉条件的,应当登记立案。当事人拒绝补正或者经补正仍不符合起诉条件的,退回诉状并记录在册;坚持起诉的,裁定不予

立案,并载明不予立案的理由。

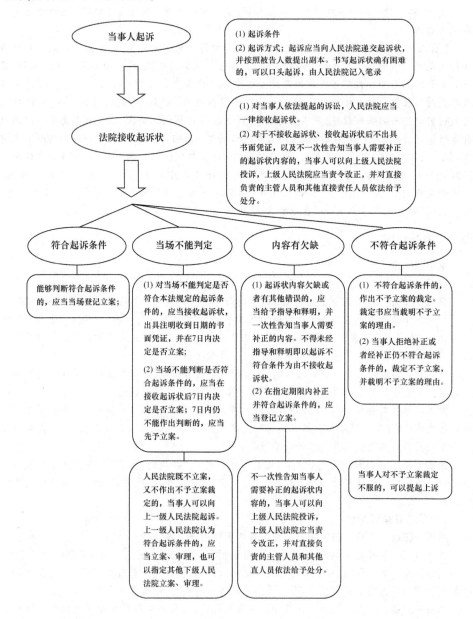

◆知识要点

"立案登记制"的引入是《行政诉讼法》修改新增加的重要条款。这一条款针对行政诉讼中的"立案难"问题,通过用"立案登记制"取代"立案审查制",来敦促法院积极立案,改变传统诉讼实践中经常出现的"不接受起诉状、不出具书面凭证、不出裁定"等做法。立案登记制的要点在于：① 立案登记要求法院在立案阶段的审查应该是有限的，形式的审查，只要符合法律规定的起诉条件，法院就应该登记立案；② 立案登记制要求法院在立案的每个阶段，对每项决定都要提供相应的书面凭证，使当事人"有据可查"；③ 立案登记制对法院作出的每项负面决定，都为当事人提供了相应的救济途径。具体而言，立案登记制包括以下内容：

（1）对当事人依法提起的诉讼，人民法院应当一律接收起诉状。

（2）能够判断符合起诉条件的，应当当场登记立案；

（3）对当场不能判定是否符合本法规定的起诉条件的，应当接收起诉状，出具注明收到日期的书面凭证，并在7日内决定是否立案；7日内仍不能作出判断的，应当先予立案。

（4）起诉状内容或者材料欠缺的，人民法院应当一次性全面告知当事人需要补正的内容、补充的材料及期限；不得未经指导和释明即以起诉不符合条件为由不接收起诉状。

（5）对于不接收起诉状、接收起诉状后不出具书面凭证，以及不一次性告知当事人需要补正的起诉状内容的，**当事人可以向上级人民法院投诉**，上级人民法院应当责令改正，并对直接负责的主管人员和其他直接责任人员依法给予处分。

（6）不符合起诉条件的，作出不予立案的裁定。裁定书应当载明不予立案的理由。原告对裁定不服的，可以提起上诉。

（7）在指定期限内补正材料并符合起诉条件的，应当登记立案。当事人拒绝补正或者经补正仍不符合起诉条件的，裁定不予立案，并载明不予立案的理由，当事人对不予立案裁定不服的，可以提起上诉。

（8）人民法院既不立案，又不作出不予立案裁定的，当事人可以向上一级人民法院起诉。上一级人民法院认为符合起诉条件的，应当立案、审理，也可以指定其他下级人民法院立案、审理。

◆**考点归纳**

（1）《行政诉讼法》和《行诉法解释》（2018）规定了立案登记阶段，相对人对法院所有的负面决定均有相应的救济权，适用条件和救济方式如下：① 投诉：对于不接受起诉状、接收起诉状后不出具书面凭证，以及不一次性告知当事人需要补正的起诉状内容的，当事人可以向上级人民法院投诉；② 上诉：对不予立案的裁定，当事人可以提起上诉；③ 起诉：人民法院既不立案，又不作出不予立案裁定的，当事人可以向上一级人民法院起诉。

（2）对当场不能判定是否符合本法规定的起诉条件的，应当接收起诉状，并在7日内决定是否立案，7日内不能决定的，应当先予立案；

（3）人民法院既不立案，又不作出不予立案裁定的，当事人可以向上一级人民法院起诉，此处的"起诉"为越级起诉，即当事人对原来的行政决定直接向上一级法院提起诉讼。

◆**经典真题**

1.（2015-2-82）李某不服区公安分局对其作出的行政拘留5日的处罚，向市公安局申请行政复议，市公安局作出维持决定。李某不服，提起行政诉讼。下列哪些选项是正确的？（BD）

A. 李某可向区政府申请行政复议

B. 被告为市公安局和区公安分局

C. 市公安局所在地的法院对本案无管辖权

D. 如李某的起诉状内容有欠缺,法院应给予指导和释明,并一次性告知需要补正的内容

【解析】 起诉状内容欠缺或者有其他错误的,应当给予指导和释明,并一次性告知当事人需要补正的内容。不得未经指导和释明即以起诉不符合条件为由不接收起诉状,因此D正确。

2.(2015-2-6)案情:某公司系转制成立的有限责任公司,股东15人。全体股东通过的公司章程规定,董事长为法定代表人。对董事长产生及变更办法,章程未作规定。股东会议选举甲、乙、丙、丁四人担任公司董事并组成董事会,董事会选举甲为董事长。后乙、丙、丁三人组织召开临时股东会议,会议通过罢免甲董事长职务并解除其董事,选举乙为董事长的决议。乙向区工商分局递交法定代表人变更登记申请,经多次补正后该局受理其申请。其后,该局以乙递交的申请,缺少修改后明确董事长变更办法的公司章程和公司法定代表人签署的变更登记申请书等材料,不符合法律、法规规定为由,作出登记驳回通知书。乙、丙、丁三人向市工商局提出复议申请,市工商局经复议后认定三人提出的变更登记申请不符合受理条件,分局作出的登记驳回通知错误,决定予以撤销。三人遂向法院起诉,并向法院提交了公司的章程、经过公证的临时股东会决议。

问题:
……

4.法院接到起诉状决定是否立案时通常面临哪些情况?如何处理?
……

【解析】 接到起诉状时,对符合法定起诉条件的,应当登记立案。当场不能判定的,应当接收起诉状,出具注明收到日期的书面凭证,并在7日内决定是否立案;不符合起诉条件的,作出不予立案的裁定;如起诉状内容欠缺或有其他错误的,应给予指导和释明,并一次性告知当事人需要补正的内容。不得未经指导和释明即以起诉不符合条件为由不接收起诉状。

3.(2017-2-98)某环保联合会对某公司提起环境民事公益诉讼,因在诉讼中需要该公司的相关环保资料,遂向县环保局提出申请公开该公司的排污许可证、排污口数量和位置等有关环境信息。申请书中载明了单位名称、住所地、联系人及电话并加盖了公章、获取信息的方式等。县环保局收到申请后,要求环保联合会提供申请人身份的证明材料。环保联合会提供了社会团体登记证复印件。县环保局以申请公开的内容不明确为由拒绝公开,该环保联合会遂提起行政诉讼。关于本案的起诉,下列说法正确的是:(BC)

A. 本案由县环保局所在地法院或者环保联合会所在地的法院管辖
B. 起诉期限为6个月
C. 如法院当场不能判定起诉是否符合条件的,应接受起诉状,出具注明收到日期的书面凭证,并在7日内决定是否立案
D. 如法院当场不能判定起诉是否符合条件,经7日内仍不能作出判断的,应裁定暂缓立案

【解析】 本案应由县环保局所在地的法院管辖,环保联合会所在地的法院无权管辖,因此A错误;本案的起诉期限为6个月,因此B正确;如法院当场不能判定起诉是否符合条件的,应接受起诉状,出具注明收到日期的书面凭证,并在7日内决定是否立案,因此C正确;如法院当场不能判定起诉是否符合条件,经7日内仍不能作出判断的,应当先立案,因此D正确。

第五节 证据制度

行政诉讼的证据制度是行政诉讼中的重要问题,在历年的司法考试中所占的分值也不少。考生在复习时应尤其注意《行政诉讼法》以及《行诉法解释》(2018)中关于行政诉讼证据问题的规定,以及 2002 年最高人民法院颁布的《关于行政诉讼证据若干问题的规定》(以下简称《证据规定》)。

一、证据类型与提交要求

（一）证据类型

◆**重点法条**

《行政诉讼法》

第三十三条 证据包括：

（一）书证；

（二）物证；

（三）视听资料；

（四）电子数据；

（五）证人证言；

（六）当事人的陈述；

（七）鉴定意见；

（八）勘验笔录、现场笔录。

以上证据经法庭审查属实,才能作为认定案件事实的根据。

◆**知识要点**

（1）书证与物证的区别。书证是通过证据的内容来证明案件事实,而物证则是通过证据的客观存在来证明案件事实。

（2）行政诉讼的特殊证据：现场笔录。

现场笔录是行政诉讼中的特殊证据,是行政机关的工作人员在进行行政检查时对现场情况的记录。根据《证据规定》第 15 条的规定,"被告向人民法院提供的现场笔录,应当载明时间、地点和事件等内容,并由执法人员和当事人签名。当事人拒绝签名或者不能签名的,应当注明原因,有其他人在现场的,可由其他人签名"。

综上,现场笔录的制作必须符合如下要求：① 必须现场制作；② 原则上有执行职务人、当事人或见证人签名或盖章。但如果当事人拒绝签名,并不会必然导致现场笔录无效,行政机关可邀请在场见证人签名。如无见证人,只要行政机关可证明现场笔录符合证据的真实性、关联性和合法性,法院仍可认定其证明效力。

（3）电子数据作为新增加的证据。电子数据是本次修法时新增加的证据类型,是指能够证明案件相关事实的电子文件,包括电子邮件、电子数据交换、电子资金划拨、网络 IP 地址和电子公告牌记录等。

◆**考点归纳**

需要注意的是,现场笔录不是必须要有当事人的签名,当事人拒绝签名或不能签名的,可由其他当场见证人签名;另现场笔录无须行政机关盖章。

(二) 提交要求

◆重点法条

《证据规定》

第十条 根据行政诉讼法第三十一条第一款第(一)项的规定,当事人向人民法院提供书证的,应当符合下列要求:

(一) 提供书证的原件,原本、正本和副本均属于书证的原件。提供原件确有困难的,可以提供与原件核对无误的复印件、照片、节录本;

(二) 提供由有关部门保管的书证原件的复制件、影印件或者抄录件的,应当注明出处,经该部门核对无异后加盖其印章;

(三) 提供报表、图纸、会计帐册、专业技术资料、科技文献等书证的,应当附有说明材料;

(四) 被告提供的被诉具体行政行为所依据的询问、陈述、谈话类笔录,应当有行政执法人员、被询问人、陈述人、谈话人签名或者盖章。

法律、法规、司法解释和规章对书证的制作形式另有规定的,从其规定。

第十一条 根据行政诉讼法第三十一条第一款第(二)项的规定,当事人向人民法院提供物证的,应当符合下列要求:

(一) 提供原物。提供原物确有困难的,可以提供与原物核对无误的复制件或者证明该物证的照片、录像等其他证据;

(二) 原物为数量较多的种类物的,提供其中的一部分。

第十二条 根据行政诉讼法第三十一条第一款第(三)项的规定,当事人向人民法院提供计算机数据或者录音、录像等视听资料的,应当符合下列要求:

(一) 提供有关资料的原始载体。提供原始载体确有困难的,可以提供复制件;

(二) 注明制作方法、制作时间、制作人和证明对象等;

(三) 声音资料应当附有该声音内容的文字记录。

第十三条 根据行政诉讼法第三十一条第一款第(四)项的规定,当事人向人民法院提供证人证言的,应当符合下列要求:

(一) 写明证人的姓名、年龄、性别、职业、住址等基本情况;

(二) 有证人的签名,不能签名的,应当以盖章等方式证明;

(三) 注明出具日期;

(四) 附有居民身份证复印件等证明证人身份的文件。

第十四条 根据行政诉讼法第三十一条第一款第(六)项的规定,被告向人民法院提供的在行政程序中采用的鉴定结论,应当载明委托人和委托鉴定的事项、向鉴定部门提交的相关材料、鉴定的依据和使用的科学技术手段、鉴定部门和鉴定人鉴定资格的说明,并应有鉴定人的签名和鉴定部门的盖章。通过分析获得的鉴定结论,应当说明分析过程。

第十五条 根据行政诉讼法第三十一条第一款第(七)项的规定,被告向人民法院提供的现场笔录,应当载明时间、地点和事件等内容,并由执法人员和当事人签名。当事人拒绝签名或者不能签名的,应当注明原因。有其他人在现场的,可由其他人签名。法律、法规和规章对现场笔录的制作形式另有规定的,从其规定。

◆知识要点

有关行政诉讼证据的提交要求可总结为下表：

证据种类	要求
书证	提供原件；原本、正本和副本
物证	提供原物；原物为种类物的，提供一部分
视听资料	原始载体；注明制作方法等；声音附有文字记录说明
证人证言	证人签名或盖章，且附有身份证明
现场笔录	时间、地点、执法人员和当事人签名；当事人拒绝签名，可由其他在场人签名
鉴定结论	在明委托人和委托鉴定的事项、乡鉴定部门提交的相关材料、鉴定依据、鉴定手段、鉴定资格证明、签名盖章、说明分析过程

◆经典真题

1.（2007-2-84）县烟草专卖局发现刘某销售某品牌外国香烟，执法人员表明了自己的身份，并制作了现场笔录。因刘某拒绝签名，随行电视台记者张某作为见证人在笔录上签名，该局当场制作《行政处罚决定书》，没收 15 条外国香烟。刘某不服该决定，提起行政诉讼。诉讼中，县烟草专卖局向法院提交了现场笔录、县电视台拍摄的现场录像、张某的证词。下列哪些选项是正确的？（AD）

A. 现场录像应当提供原始载体
B. 张某的证词有张某的签字后，即可作为证人证言使用
C. 现场笔录必须有执法人员和刘某的签名
D. 法院收到县烟草专卖局提供的证据应当出具收据，由经办人员签名或盖章

【解析】 选项 A 符合证据提交要求；证人证言除要有证人签名或盖章外，还应有证人的身份说明，因此选项 B 错误；现场笔录并非必须有相对人的签名，相对人拒绝签名的，可由其他当场见证人签名，也具有证明效力，因此选项 C 错误；法院收到证据后应出具收据，并由经办人员签名或盖章，选项 D 正确。

2.（2009-2-87）许某与汤某系夫妻，婚后许某精神失常。二人提出离婚，某县民政局准予离婚。许某之兄认为许某为无民事行为能力人，县民政局准予离婚行为违法，遂提起行政诉讼。县民政局向法院提交了县医院对许某作出的间歇性精神病的鉴定结论。许某之兄申请法院重新进行鉴定。下列哪些选项是正确的？（BD）

A. 原告需对县民政局准予离婚行为违法承担举证责任
B. 鉴定结论应有鉴定人的签名和鉴定部门的盖章
C. 当事人申请法院重新鉴定可以口头提出
D. 当事人申请法院重新鉴定应当在举证期限内提出

【解析】 该案的举证责任应由被告县民政局承担，因此选项 A 错误；鉴定结论应有鉴定人的签名和鉴定部门的盖章，选项 B 正确；原告有正当理由表明被告据以认定案件事实的鉴定结论可能存在错误，应在举证期限内书面向法院提出申请，因此选项 C 错误，选项 D 正确。

3.（2009-2-88）某县公安局接到有人在薛某住所嫖娼的电话举报，遂派员前往检查。警察到达举报现场，敲门未开破门入室，只见薛某一人。薛某拒绝在检查笔录上签字，警察在笔

录上注明这一情况。薛某认为检查行为违法,提起行政诉讼。下列哪些选项是正确的?(ABC)

A. 某县公安局应当对电话举报进行登记

B. 警察对薛某住所进行检查时不得少于二人

C. 警察对薛某住所进行检查时应当出示工作证件和县级以上政府公安机关开具的检查证明文件

D. 因薛某未在警察制作的检查笔录上签字,该笔录在行政诉讼中不具有证据效力

【解析】 现场笔录并非必须有相对人的签名,相对人拒绝签名的,可由其他当场见证人签名,也具有证明效力,因此选项D错误。公安机关接到举报,应进行登记,因此选项A正确;公安机关对当事人的住所进行检查时,执法人员不得少于2人,因此选项B正确;公安机关对当事人的住所进行检查时,应出示证件以及县级以上政府公安机关开具的检查证明文件,因此选项C正确。

4. (2015-2-84)梁某酒后将邻居张某家的门、窗等物品砸坏。县公安局接警后,对现场进行拍照、制作现场笔录,并请县价格认证中心作价格鉴定意见,对梁某作出行政拘留8日处罚。梁某向法院起诉,县公安局向法院提交照片、现场笔录和鉴定意见。下列哪些说法是正确的?(ACD)

A. 照片为书证

B. 县公安局提交的现场笔录无当事人签名的,不具有法律效力

C. 县公安局提交的鉴定意见应有县价格认证中心的盖章和鉴定人的签名

D. 梁某对现场笔录的合法性有异议的,可要求县公安局的相关执法人员作为证人出庭作证

【解析】 书证是以内容来证明案件事实,而物证是以客观存在来证明案件事实,照片是书证,因此A正确;当事人拒绝签名,不会必然导致现场笔录失去效力,因此B错误。鉴定结论应当有鉴定人及鉴定部门签名盖章,因此C正确;原告或第三人对现场笔录的合法性有异议的,可要求相关行政执法人员作出证人出庭作证,因此D正确。

二、举证责任

◆**重点法条**

《行政诉讼法》

第三十四条 被告对作出的行政行为负有举证责任,应当提供作出该行政行为的证据和所依据的规范性文件。

被告不提供或者无正当理由逾期提供证据,视为没有相应证据。但是,被诉行政行为涉及第三人合法权益,第三人提供证据的除外。

第三十七条 原告可以提供证明行政行为违法的证据。原告提供的证据不成立的,不免除被告的举证责任。

第三十八条 在起诉被告不履行法定职责的案件中,原告应当提供其向被告提出申请的证据。但有下列情形之一的除外:

(一)被告应当依职权主动履行法定职责的;

(二)原告因正当理由不能提供证据的。

在行政赔偿、补偿的案件中,原告应当对行政行为造成的损害提供证据。因被告的原因导致原告无法举证的,由被告承担举证责任。

《行诉法解释》(2018)

第三十五条 原告或者第三人应当在开庭审理前或者人民法院指定的交换证据清单之日提供证据。因正当事由申请延期提供证据的,经人民法院准许,可以在法庭调查中提供。逾期提供证据的,人民法院应当责令其说明理由;拒不说明理由或者理由不成立的,视为放弃举证权利。

原告或者第三人在第一审程序中无正当事由未提供而在第二审程序中提供的证据,人民法院不予接纳。

第三十六条 当事人申请延长举证期限,应当在举证期限届满前向人民法院提出书面申请。

申请理由成立的,人民法院应当准许,适当延长举证期限,并通知其他当事人。申请理由不成立的,人民法院不予准许,并通知申请人。

第四十七条 根据行政诉讼法第三十八条第二款的规定,在行政赔偿、补偿案件中,因被告的原因导致原告无法就损害情况举证的,应当由被告就该损害情况承担举证责任。

对于各方主张损失的价值无法认定的,应当由负有举证责任的一方当事人申请鉴定,但法律、法规、规章规定行政机关在作出行政行为时依法应当评估或者鉴定的除外;负有举证责任的当事人拒绝申请鉴定的,由其承担不利的法律后果。

当事人的损失因客观原因无法鉴定的,人民法院应当结合当事人的主张和在案证据,遵循法官职业道德,运用逻辑推理和生活经验、生活常识等,酌情确定赔偿数额。

第一百三十五条第二、三款 作出原行政行为的行政机关和复议机关对原行政行为合法性共同承担举证责任,可以由其中一个机关实施举证行为。复议机关对复议决定的合法性承担举证责任。

复议机关作共同被告的案件,**复议机关在复议程序中依法收集和补充的证据**,可以作为人民法院认定复议决定和原行政行为合法的依据。

◆知识要点

1. 行政诉讼的举证原则

"被告对具体行政行为负有举证责任"是行政诉讼的举证原则。因为依法行政是行政机关在作出行政行为时必须遵循的基本要求,即行政机关应该"先取证,后裁决",必须有充分的事实依据和法律依据,才能作出行政行为。因此当行政行为被诉至法院时,法律上确认该行为是应有充分的证据的,如被告不能提供该具体行政行为的证据和所依据的规范性文件,就应当承担败诉的风险。

2. 被告承担举证责任的内容、法律后果与例外

被告在承担举证责任时必须提供"提供作出该行政行为的证据和所依据的规范性文件"。而举证责任的法律效果也在于,"如果被告不提供或者无正当理由逾期提供证据的,视为没有相应证据"。此时法院会因缺乏事实证据和法律依据而将被诉行政行为撤销。但有的行政行为还涉及第三人利益,如果此时被告未履行举证责任,如果一概视为该行政行为没有相应证据,就会损害第三人的利益,因此本条也规定了被告不承担举证责任的例外,"被诉行政行为涉及第三人合法利益,第三人提供证据的除外"。在这种情形下,法院不仅可以接受第三人提

供的证据,还可以根据第三人的申请收集证据。例如,行政机关针对甲乙之间的民事权属争议作出裁决,乙对裁决不服提起行政诉讼,在案件中本应由行政机关举证证明裁决的合法,但如果行政机关怠于举证,而法院又一概视为该行政行为没有相应证据,就会损害第三人甲的利益,因此如果甲在案件审理中提供了证据,就不能一概视为行政行为没有相应证据。

3. 被告的举证期限

被告应当自收到起诉书副本之日起15日内,提供据以作出被诉具体行政行为的全部证据和所依据的规范性文件。如果被告因不可抗力或者客观上不能控制的其他正当事由,不能在收到起诉状副本之日起15日内提供证据的,应当在此举证期限内向法院提出延期举证的书面申请。如法院准许其延期举证的,被告应当在正当事由消除后10日内提供证据。

4. 被告负举证责任的例外:原告的举证责任

由被告对行政行为的合法性负举证责任,虽然有效促进了行政机关对依法行政原则的遵守,但将举证责任一律分配给被告,却忽视了行政诉讼和其他诉讼一样同样存在利益对立和冲突的双方当事人,因此不利于诉讼当事人的地位平等。鉴于诉讼情形的复杂,新法同样引入了原告的举证责任作为"被告对行政行为合法性承担举证责任"的例外。原告须举证的情形具体如下:

(1)起诉被告不履行法定职责的案件,证明其向被告提出申请。

在大多数情况下,被告行政机关履行法定职责,必须要首先有相对人的申请,而并非在法定状态出现时就要积极主动地履行义务,因此,对于曾向被告提出过申请,是原告在起诉被告不履行法定职责时应承担的举证责任。但在以下两种情况下,可免除原告证明提出申请事实的责任。

第一,被告应依职权主动履行法定职责。如果被告义务的履行并不需要相对人提出申请,而是在条件具备时就应主动进行,此时原告的此项举证责任就被免除了。

第二,原告因正当理由不能提供证据的。实践中经常会出现因为被告登记制度不完备或是其他正当石油,导致原告起诉被告不作为时,不能提供曾提出过申请的证据,此时原告的此项举证责任就被免除了。而此时证明原告是否提出过申请的证明责任也被转移至被告身上。

(2)在行政赔偿诉讼、行政补偿诉讼中,证明因被诉行为侵害而受到损害。

行政赔偿诉讼和补偿诉讼在性质上与行政诉讼有所区别,其目的是获得给付,而并非宣告行政行为违法。在这种诉讼中,由原告来证明因被诉行政行为侵害而受到损害,与民事损害赔偿诉讼并无差别。而且赔偿和补偿的前提是原告受到被诉行为的侵害而造成损害,证明损害的存在又是受害者或是要求赔偿者的责任。但本条的适用同样存在例外,如果因被告的原因导致原告无法举证的,原告的举证责任被免除,此时由被告承担举证责任。

5. 原告和第三人的举证期限

原告或者第三人应当在开庭审理前或者人民法院指定的交换证据清单之日提供证据。因正当事由申请延期提供证据的,经人民法院准许,可以在法庭调查中提供。逾期提供证据的,人民法院应当责令其说明理由;拒不说明理由或者理由不成立的,视为放弃举证权利。原告或者第三人在第一审程序中无正当事由未提供而在第二审程序中提供的证据,人民法院不予接纳。

6. 原告提供证据的权利

《行政诉讼法》将证明被诉行政行为合法的举证责任分配给行政机关,但并未禁止原告同样可提供证据证明被诉行政行为的违法。相应的,原告提供证据证明行政行为违法,也并非是原告的举证责任,而是其权利。据此,如果原告提出有利于法院确信行政行为违法的证据,法院也不应加以拒绝,反而应予鼓励。也正因为"提供证据证明被诉行为违法"并非原告的举证责任,如果"原告提供的证据不成立的",法院绝不能就此认为"行政行为合法",此时仍应由被告行政机关举证证明行为合法。正因如此,法条又补充"原告提供的证据不成立的,不免除被告的举证责任"。

7. 当事人申请延期举证的处理

当事人申请延长举证期限,应当在举证期限届满前向人民法院提出书面申请。申请理由成立的,人民法院应当准许,适当延长举证期限,并通知其他当事人。申请理由不成立的,人民法院不予准许,并通知申请人。

8. 原机关和复议机关同为被告的举证责任分配

作出原行政行为的行政机关和复议机关对原行政行为合法性共同承担举证责任,可以由其中一个机关实施举证行为。复议机关对复议决定的合法性承担举证责任。复议机关作共同被告的案件,**复议机关在复议程序中依法收集和补充的证据,可以作为人民法院认定复议决定和原行政行为合法的依据。**

行政诉讼举证责任分配			
	举证事项	举证期限	法律效果与例外
被告	提供证明行政行为合法的证据、依据。	自收到起诉书副本之日起15日内。	被告不提供或者无正当理由逾期提供证据,视为没有相应证据。但是,被诉行政行为涉及第三人合法权益,第三人提供证据的除外。
原告	(1)起诉被告不作为,证明提出申请的事实,但被告依职权应主动履行法定职责,或是原告因正当理由不能提供的,原告的此项举证责任免除; (2)行政赔偿诉讼,行政补偿诉讼,证明因行政行为侵害而受到损害,但因被告原因不能提供的,应当由被告就该损害情况承担举证责任。	原告举证的期限为开庭审理前或法院指定的交换证据清单之日,因正当事由申请延期提供证据的,经人民法院准许,可以在法庭调查中提供。	因正当事由申请延期提供证据的,经人民法院准许,可以在法庭调查中提供。逾期提供证据的,人民法院应当责令其说明理由;拒不说明理由或者理由不成立的,视为放弃举证权利。原告或者第三人在第一审程序中无正当事由未提供而在第二审程序中提供的证据,人民法院不予接纳。

◆ 考点归纳

(1) 被告的举证期限为收到起诉书副本之日起15日内,如果被告无正当理由在此期限内未提供作出具体行政行为的证据、依据的,法院可认定行政行为无事实依据和法律依据,进而撤销行政机关的行政行为,但被诉行政行为涉及第三人利益,第三人提供证据的除外。

(2) 原告的举证责任包括两项:起诉被告不作为,证明提出申请的事实以及行政赔偿诉讼、行政补偿诉讼中证明因行政行为侵害而受到损害,但这两项举证责任中都有例外。

(3) 原告虽无责任,但却有权提供证据,证明被诉具体行政行为的违法性,这是原告行使诉讼权利的表现。但如果原告提供的证据不成立的,不免除被告对被诉具体行政行为合法性的举证责任。

三、被告取证限制及其例外

◆**重点法条**

《行政诉讼法》

第三十五条 在诉讼过程中,被告及其诉讼代理人不得自行向原告、第三人和证人收集证据。

第三十六条 被告在作出行政行为时已经收集了证据,但因不可抗力等正当事由不能提供的,经人民法院准许,可以延期提供。

原告或者第三人提出了其在行政处理程序中没有提出的理由或者证据的,经人民法院准许,被告可以补充证据。

《行诉法解释》(2018)

第三十四条 根据行政诉讼法第三十六条第一款的规定,被告申请延期提供证据的,应当在收到起诉状副本之日起十五日内以书面方式向人民法院提出。人民法院准许延期提供的,被告应当在正当事由消除后十五日内提供证据。逾期提供的,视为被诉行政行为没有相应的证据。

◆**知识要点**

在诉讼过程中,被告不得自行向原告和证人收集证据的"被告取证限制原则"是被告负举证责任原则的延伸,被告所有用来支持具体行政行为合法的证据,都应当是从行政程序中来的,行政机关在诉讼开始后向原告和证人收集的证据,原则上不能用于认定被诉具体行政行为的合法性。但法律对这一原则也规定了例外,在以下情形下,被告经法院允许可以补充提供相关证据:

(1) 被告在作出具体行政行为时已经收集,但因不可抗力不能提供的,经法院允许可以补充证据。本条的适用必须符合三项条件:① 该证据是被告在作出行政决定时已经收集的;② 被告因不可抗力不能提供该证据;③ 被告补充证据必须经法院准许。根据《证据规定》,被告因不可抗力或者客观上不能控制的其他正当事由,不能在前款规定的期限内提供证据的,应当在收到起诉状副本之日起15日内向人民法院提出延期提供证据的书面申请。人民法院准许延期提供的,被告应当在正当事由消除后15日内提供证据。逾期提供的,视为被诉具体行政行为没有相应的证据。

根据《行诉法解释》(2018),在上述情形下,被告申请延期提供证据的,应当在收到起诉状副本之日起15日内以书面方式向人民法院提出。人民法院准许延期提供的,被告应当在正当事由消除后15日内提供证据。逾期提供的,视为被诉行政行为没有相应的证据。

(2) 原告或第三人提出了行政程序中未提出的反驳理由和证据,被告经法院准许,可以补充证据。基于依法行政原则的要求,被告在诉讼中原则上不能补充证据,但实践中,尽管被告行政机关在作出行政决定时为相对人提供了表达意见的机会,但原告或第三人并未提出反驳理由和证据,而是在诉讼程序中才提出,此时,基于诉讼平等原则,如果一律不履行被告补充证据,对于被告同样不公平。因此,如果原告或第三人在诉讼中提出了其在行政机关作出行政决定时未提出的反驳理由和证据,经法院允许,被告可以补充证据。以上内容可总结为:

被告取证限制原则	例外
在诉讼过程中,被告及其诉讼代理人不得自行向原告、第三人和证人收集证据	(1) 延期提供:被告在作出行政行为时已经收集了证据,但因不可抗力等正当事由不能提供的,经人民法院准许,可以延期提供。被告申请延期提供证据的,应当在收到起诉状副本之日起15日内以书面方式向人民法院提出。人民法院准许延期提供的,被告应当在正当事由消除后15日内提供证据。逾期提供的,视为被诉行政行为没有相应的证据。
	(2) 补充提供:原告或者第三人提出了其在行政处理程序中没有提出的理由或者证据的,经人民法院准许,被告可以补充证据

◆考点归纳

(1) 基于"先取证、后裁决"的原则,被告在诉讼中不得自行再向原告、第三人和证人收集证据;

(2) 如果原告或第三人在诉讼中提出了其在行政程序中未提出的反驳理由和证据,被告经法院允许可以补充证据。

◆经典真题

(2005-2-45)黄某在与陈某的冲突中被陈某推倒后摔成轻微伤,甲市乙县公安局以此对陈某作出行政拘留15日的决定。陈某不服申请复议,甲市公安局经调查并补充了王某亲眼看到黄某摔伤的证言后为此维持了原处罚决定。陈某向法院提起诉讼。庭审中,陈某提出该处罚未经过负责人集体讨论,一审法院遂要求被告补充提供该处罚由负责人集体讨论决定的记录。下列哪一种说法是正确的?(B)

A. 此案应由甲市公安局所在地人民法院管辖
B. 王某的证言只能作为证明甲市公安局的复议决定合法的证据
C. 法院要求被告补充记录的做法不符合法律规定
D. 法院对被告提供的记录形成时间所作的审查属于对证据的关联性审查

【解析】 本案中,陈某在诉讼中提出了他在行政程序中没有提出的反驳理由,因此法院可因此法院可要求被告补充证据,选项C错误(本题其他选项已经涉及行政诉讼法的修改,请勿参考)。

四、人民法院要求当事人提供证据和自己调取证据

为全面查清案件事实,保护公共利益,尤其是处于劣势一方的原告相对人利益,行政诉讼并未采取决定的当事人主义,而是采用了"职权调查主义",法院在审理案件时,除对原被告双方提出的证据进行审核外,还可以主动获取证据。法院主动获取证据的方式包括两种:① 要

求当事人提供或补充证据;② 调取证据。

(一) 人民法院要求当事人提供或补充证据

◆重点法条

《行政诉讼法》

第三十九条 人民法院有权要求当事人提供或者补充证据。

《行诉法解释》(2018)

第三十七条 根据行政诉讼法第三十九条的规定,对当事人无争议,但涉及国家利益、公共利益或者他人合法权益的事实,人民法院可以责令当事人提供或者补充有关证据。

◆知识要点

基于职权调查原则,法院在行政诉讼中可以主动获取证据,但主动获取证据并不意味着一概由法院自己调取证据,如果法院认为当事人趋利避害,仅提供于己有利的证据,为全面调查案件事实,法院可要求当事人提供和补充证据。此外,法院基于专业手段限制和程序经济的考虑,无法主动调取证据时,同样可要求当事人提供和补充证据。此时当事人负有协助的义务。此处的当事人既包含原告、第三人,还包括被告行政机关。《行诉法解释》(2018)规定,对当事人无争议,但涉及国家利益、公共利益或者他人合法权益的事实,人民法院可以责令当事人提供或者补充有关证据。

(二) 法院调取证据

◆重点法条

《行政诉讼法》

第四十条 人民法院有权向有关行政机关以及其他组织、公民调取证据。但是,不得为证明行政行为的合法性调取被告作出行政行为时未收集的证据。

第四十一条 与本案有关的下列证据,原告或者第三人不能自行收集的,可以申请人民法院调取:

(一) 由国家机关保存而须由人民法院调取的证据;

(二) 涉及国家秘密、商业秘密和个人隐私的证据;

(三) 确因客观原因不能自行收集的其他证据。

《行诉法解释》(2018)

第三十七条 根据行政诉讼法第三十九条的规定,对当事人无争议,但涉及国家利益、公共利益或者他人合法权益的事实,人民法院可以责令当事人提供或者补充有关证据。

第三十九条 当事人申请调查收集证据,但该证据与待证事实无关联、对证明待证事实无意义或者其他无调查收集必要的,人民法院不予准许。

第四十六条 原告或者第三人确有证据证明被告持有的证据对原告或者第三人有利的,可以在开庭审理前书面申请人民法院责令行政机关提交。

申请理由成立的,人民法院应当责令行政机关提交,因提交证据所产生的费用,由申请人预付。行政机关无正当理由拒不提交的,人民法院可以推定原告或者第三人基于该证据主张的事实成立。

《证据规定》

第二十二条 根据行政诉讼法第三十四条第二款的规定,有下列情形之一的,人民法院有权向有关行政机关以及其他组织、公民调取证据:

（一）涉及国家利益、公共利益或者他人合法权益的事实认定的；

（二）涉及依职权追加当事人、中止诉讼、终结诉讼、回避等程序性事项的。

第二十三条 原告或者第三人不能自行收集，但能够提供确切线索的，可以申请人民法院调取下列证据材料：

（一）由国家有关部门保存而须由人民法院调取的证据材料；

（二）涉及国家秘密、商业秘密、个人隐私的证据材料；

（三）确因客观原因不能自行收集的其他证据材料。

人民法院不得为证明被诉具体行政行为的合法性，调取被告在作出具体行政行为时未收集的证据。

第二十四条 当事人申请人民法院调取证据的，应当在举证期限内提交调取证据申请书。调取证据申请书应当写明下列内容：

（一）证据持有人的姓名或者名称、住址等基本情况；

（二）拟调取证据的内容；

（三）申请调取证据的原因及其要证明的案件事实。

第二十五条 人民法院对当事人调取证据的申请，经审查符合调取证据条件的，应当及时决定调取；不符合调取证据条件的，应当向当事人或者其诉讼代理人送达通知书，说明不准许调取的理由。当事人及其诉讼代理人可以在收到通知书之日起三日内向受理申请的人民法院书面申请复议一次。

人民法院应当在收到复议申请之日起五日内作出答复。人民法院根据当事人申请，经调取未能取得相应证据的，应当告知申请人并说明原因。

◆知识要点

调取证据是法院在诉讼中按照法定程序依职权发现、提取、采集并固定与案件事实有关的证据材料的活动。调取证据和要求当事人提供或补充证据，都是职权调查注意的表现，都是为了克服仅由当事人提供证据的缺陷和不足，以全面审核证据，查明案情。法院调取证据的方式分为依职权调取和依申请调取两种。

1. 依职权调取

法院依职权主动调取证据无须当事人提出，自己主动进行。根据《证据规定》，法院可依职权主动调取的证据包括：① 涉及国家利益、公共利益或者他人合法权益的事实认定的；② 涉及依职权追加当事人、中止诉讼、终结诉讼、回避等程序性事项的。

但法院依职权主动调取证据同样要受到限制，法院不得为证明行政行为的合法性而调取被告作出行政行为时未收集的证据。否则既违反了"先取证、后裁决"的依法行政原则，同样也违法了司法中立的原则。

2. 依申请调取

法院可依原告或第三人的申请取证。在行政程序中，行政机关享有调取证据的主动权，行政机关作出行政决定时依据的事实材料和规范性文件一般也都由行政机关掌握，而原告和第三人掌握证据较为困难。此时，如果原告或第三人虽然知道证据线索，但客观上无法自行收集的，可以申请法院调取证据。法院绝对不能依被告申请调取证据。

原告或第三人申请法院调取的证据包括：① 国家有关部门保存而须由人民法院调取的证据材料；② 涉及国家秘密、商业秘密、个人隐私的证据材料；③ 确因客观原因不能自行收集的其他证据材料。

原告或者第三人确有证据证明被告持有的证据对原告或者第三人有利的,可以在开庭审理前书面申请人民法院责令行政机关提交。

申请理由成立的,人民法院应当责令行政机关提交,因提交证据所产生的费用,由申请人预付。行政机关无正当理由拒不提交的,人民法院可以推定原告或者第三人基于该证据主张的事实成立。

以上内容可总结为下表:

		依职权调取证据		依申请调取证据
法院调取证据	调取范围	(1) 涉及国家利益、公共利益或者他人合法权益的事实认定的; (2) 涉及依职权追加当事人、中止诉讼、终结诉讼、回避等程序性事项的。	调取范围	(1) 国家有关部门保存而须由人民法院调取的证据材料; (2) 涉及国家秘密、商业秘密、个人隐私的证据材料; (3) 确因客观原因不能自行收集的其他证据材料.
	禁止规定	不得为证明行政行为的合法性而调取被告作出行政行为时未收集的证据。	禁止规定	(1) 只能是原告或第三人申请,被告不能申请法院调取证据; (2) 当事人申请调查收集证据,但该证据与待证事实无关联、对证明待证事实无意义或者其他无调查收集必要的,人民法院不予准许。
法院责令被告提交证据	(1) 原告或者第三人确有证据证明被告持有的证据对原告或者第三人有利的,可以在开庭审理前书面申请人民法院责令行政机关提交; (2) 申请理由成立的,人民法院应当责令行政机关提交,因提交证据所产生的费用,由申请人预付。行政机关无正当理由拒不提交的,人民法院可以推定原告或者第三人基于该证据主张的事实成立。			

◆考点归纳

(1) 法院可主动调取证据,但不得为证明行政行为的合法性而调取被告作出行政行为时未收集的证据。

(2) 能够申请法院调取证据只有原告和第三人,被告不能申请法院调取证据。

◆经典真题

(2004-2-46)根据行政诉讼的有关规定,下列哪一证据材料在原告不能自行收集,但能够提供确切线索时,可以申请人民法院调取?(B)

A. 涉及公共利益的证据材料

B. 涉及个人隐私的证据材料

C. 涉及中止诉讼事项的证据材料

D. 涉及回避事项的证据材料

【解析】 涉及个人隐私的,原告不能自行收集的,但能够提供确切线索的,可申请人民法院调取证据,因此选项 B 正确;而 ACD 选项中所涉及的事项均为人民法院可依职权主动调取证据的情形。

(三)证据保全

◆重点法条

《行政诉讼法》

第四十二条 在证据可能灭失或者以后难以取得的情况下,诉讼参加人可以向人民法院申请保全证据,人民法院也可以主动采取保全措施。

《证据规定》

第二十七条 当事人根据行政诉讼法第三十六条的规定向人民法院申请保全证据的,应当在举证期限届满前以书面形式提出,并说明证据的名称和地点、保全的内容和范围、申请保全的理由等事项。

当事人申请保全证据的,人民法院可以要求其提供相应的担保。

法律、司法解释规定诉前保全证据的,依照其规定办理。

第二十八条 人民法院依照行政诉讼法第三十六条规定保全证据的,可以根据具体情况,采取查封、扣押、拍照、录音、录像、复制、鉴定、勘验、制作询问笔录等保全措施。

人民法院保全证据时,可以要求当事人或者其诉讼代理人到场。

◆知识要点

证据保全是在证据可能灭失或者以后难以取得的情况下,人民法院根据诉讼参加人申请或主动依职权采取措施对证据加以固定和保护的制度。证据保全可通过两种方式进行:

(1)诉讼参加人向法院提出申请。当事人向法院申请保全证据,应当在举证期限届满前以书面方式提出,并证明证据的名称和地点、保全的内容和范围,申请保全的理由等。无论是准许还是不准许,人民法院均应作出裁定。当事人申请保全证据的,人民法院可以要求其提供相应的担保,但提供担保不是申请证据保全的必要条件。

(2)人民法院依职权主动采取。此时可以根据具体情况,采取查封、扣押、拍照、录音、录像、复制、鉴定、勘验、制作询问笔录等保全措施。人民法院保全证据时,可以要求当事人或者其诉讼代理人到场。

证据保全内容可总结为下表:

	适用前提	证据可能灭失或者以后难以取得
证据保全	类型	当事人申请法院保全证据
		(1)当事人向法院申请保全证据,应当在举证期限届满前以书面方式提出; (2)法院不论是否准许均应以裁定方式作出; (3)法院可要求当事人提供相应担保。
		法院依职权保全证据
		可以根据具体情况,采取查封、扣押、拍照、录音、录像、复制、鉴定、勘验、制作询问笔录等保全措施。人民法院保全证据时,可以要求当事人或者其诉讼代理人到场。

◆**经典真题**

(2007-2-45)关于行政诉讼中的证据保全申请,下列哪一选项是正确的?(B)

A. 应当在第一次开庭前以书面形式提出

B. 应当在举证期限届满前以书面形式提出

C. 应当在举证期限届满前以口头形式提出

D. 应当在第一次开庭前以口头形式提出

【解析】 证据保全申请应在举证期限届满前以书面形式提出,选项B正确。

五、证据的质证、认证与非法证据排除

◆**重点法条**

《行政诉讼法》

第四十三条第一款 证据应当在法庭上出示,并由当事人互相质证。对涉及国家秘密、商业秘密和个人隐私的证据,不得在公开开庭时出示。

《行诉法解释》(2018)

第三十八条 对于案情比较复杂或者证据数量较多的案件,人民法院可以组织当事人在开庭前向对方出示或者交换证据,并将交换证据清单的情况记录在卷。

当事人在庭前证据交换过程中没有争议并记录在卷的证据,经审判人员在庭审中说明后,可以作为认定案件事实的依据。

《证据规定》

第三十五条 证据应当在法庭上出示,并经庭审质证。未经庭审质证的证据,不能作为定案的依据。

当事人在庭前证据交换过程中没有争议并记录在卷的证据,经审判人员在庭审中说明后,可以作为认定案件事实的依据。

第三十六条 经合法传唤,因被告无正当理由拒不到庭而需要依法缺席判决的,被告提供的证据不能作为定案的依据,但当事人在庭前交换证据中没有争议的证据除外。

第三十七条 涉及国家秘密、商业秘密和个人隐私或者法律规定的其他应当保密的证据,不得在开庭时公开质证。

第三十八条 当事人申请人民法院调取的证据,由申请调取证据的当事人在庭审中出示,并由当事人质证。

人民法院依职权调取的证据,由法庭出示,并可就调取该证据的情况进行说明,听取当事人意见。

第五十条 在第二审程序中,对当事人依法提供的新的证据,法庭应当进行质证;当事人对第一审认定的证据仍有争议的,法庭也应当进行质证。

第五十一条 按照审判监督程序审理的案件,对当事人依法提供的新的证据,法庭应当进行质证;因原判决、裁定认定事实的证据不足而提起再审所涉及的主要证据,法庭也应当进行质证。

第五十二条 本规定第五十条和第五十一条中的"新的证据"是指以下证据:

(一)在一审程序中应当准予延期提供而未获准许的证据;

(二)当事人在一审程序中依法申请调取而未获准许或者未取得,人民法院在第二审程序

中调取的证据;

(三)原告或者第三人提供的在举证期限届满后发现的证据。

◆知识要点

证据的适用规则中包括证据的质证、证人出庭作证。

(一)质证

质证是当事人在法官的主持下,对证据的真实性、关联性、合法性与证明力的有无、证明力的大小等问题进行对质与辨识,是对行政诉讼证据进行全面审查的关键环节。证据应当在法庭上出示,并由当事人互相质证。《证据规定》中既规定了各种证据的共同质证规则,也规定了某些证据,例如书证、物证、证人、视听资料、鉴定结论等单独的质证规则。在质证过程中,需要注意的问题有:

(1)未经庭审质证的证据,不得作为定案证据;被告不到庭提供的证据不得作为定案证据。

(2)公开质证和证据公开出示的例外。涉及国家秘密、商业秘密和个人隐私或者法律规定的其他应当保密的证据,不得在开庭时公开质证;对涉及国家秘密、商业秘密和个人隐私的证据,也不得在公开开庭时出示。

(3)人民法院调取证据的质证。当事人申请人民法院调取的证据,由申请调取证据的当事人在庭审中出示,并由当事人质证。人民法院依职权调取的证据,由法庭出示,并可就调取该证据的情况进行说明,听取当事人意见。

(4)二审与再审程序的质证。在二审程序中,法庭对当事人提供的新证据进行质证,当事人对一审认定的证据仍有争议的,法庭也应当进行质证;在再审程序中,法庭对当事人提供的新证据进行质证,因原审生效判决认定事实的证据不足而提起再审所涉及的主要证据,法庭也应当进行质证。

有关行政诉讼质证的问题可总结为下表:

行政诉讼证据质证	
原则	证据应当在法庭上出示,并由当事人互相质证。
公开质证的例外	涉及国家秘密、商业秘密和个人隐私或者法律规定的其他应当保密的证据,不得在开庭时公开质证;对涉及国家秘密、商业秘密和个人隐私的证据,也不得在公开开庭时出示。
法院调取的证据	当事人申请人民法院调取的证据,由申请调取证据的当事人在庭审中出示,并由当事人质证;人民法院依职权调取的证据,由法庭出示,并可就调取该证据的情况进行说明,听取当事人意见。
二审与再审的质证	在二审程序中,法庭对当事人提供的新证据进行质证,当事人对一审认定的证据仍有争议的,法庭也应当进行质证;在再审程序中,法庭对当事人提供的新证据进行质证,因原审生效判决认定事实的证据不足而提起再审所涉及的主要证据,法庭也应当进行质证。

◆经典真题

(2008-2-50)某区城管执法局以甲工厂的房屋建筑违法为由强行拆除,拆除行为被认定违法后,甲工厂要求某区城管执法局予以赔偿,遭到拒绝后向法院起诉。甲工厂除提供证据证明房屋损失外,还提供了甲工厂工人刘某与当地居民谢某的证言,以证明房屋被拆除时,房屋有办公用品、机械设备未搬出,应予赔偿。某区城管执法局提交了甲工厂工人李某和执法人员张某的证言,以证明房屋内没有物品。下列哪一选项是正确的?(A)

A. 法院不能因李某为甲工厂工人而不采信其证言
B. 法院收到甲工厂提交的证据材料,应当出具收据,由经办人员签名并加盖法院印章
C. 张某的证言优于谢某的证言
D. 在庭审过程中,甲工厂要求刘某出庭作证,法院应不予准许

【解析】 原告或者第三人在诉讼中,对现场笔录的合法性或者真实性有异议的,可以要求相关行政执法人员作为证人出庭作证,D选项错误。证人与当事人有亲属关系或其他密切关系,并不能成为法院不采信其证言的依据,只要该证人证言符合证据的真实性、合法性与关联性,法院仍需采信,因此选项A正确。人民法院在接收证据后,只要由经办人员签名或盖章即可,无需人民法院的印章,因此B选项错误。执法人员张某的证言并不一定优于当地居民谢某的证言,选项C错误。

(二)证人出庭作证

◆重点法条

《证据规定》

第四十一条 凡是知道案件事实的人,都有出庭作证的义务。有下列情形之一的,经人民法院准许,当事人可以提交书面证言:

(一)当事人在行政程序或者庭前证据交换中对证人证言无异议的;
(二)证人因年迈体弱或者行动不便无法出庭的;
(三)证人因路途遥远、交通不便无法出庭的;
(四)证人因自然灾害等不可抗力或者其他意外事件无法出庭的;
(五)证人因其他特殊原因确实无法出庭的。

第四十二条 不能正确表达意志的人不能作证。

根据当事人申请,人民法院可以就证人能否正确表达意志进行审查或者交由有关部门鉴定。必要时,人民法院也可以依职权交由有关部门鉴定。

第四十四条 有下列情形之一,原告或者第三人可以要求相关行政执法人员作为证人出庭作证:

(一)对现场笔录的合法性或者真实性有异议的;
(二)对扣押财产的品种或者数量有异议的;
(三)对检验的物品取样或者保管有异议的;
(四)对行政执法人员的身份的合法性有异议的;
(五)需要出庭作证的其他情形。

《行诉法解释》(2018)

第四十一条 有下列情形之一,原告或者第三人要求相关行政执法人员出庭说明的,人民法院可以准许:

（一）对现场笔录的合法性或者真实性有异议的；
（二）对扣押财产的品种或者数量有异议的；
（三）对检验的物品取样或者保管有异议的；
（四）对行政执法人员身份的合法性有异议的；
（五）需要出庭说明的其他情形。

第四十四条 人民法院认为有必要的，可以要求当事人本人或者行政机关执法人员到庭，就案件有关事实接受询问。在询问之前，可以要求其签署保证书。

保证书应当载明据实陈述、如有虚假陈述愿意接受处罚等内容。当事人或者行政机关执法人员应当在保证书上签名或者捺印。

负有举证责任的当事人拒绝到庭、拒绝接受询问或者拒绝签署保证书，待证事实又欠缺其他证据加以佐证的，人民法院对其主张的事实不予认定。

◆知识要点

1. 证人出庭作证的义务

凡是知道案件事实的人，都有出庭作证的义务，有下列情形的除外：① 当事人在行政程序或者庭前证据交换中对证人证言无异议的；② 证人因年迈体弱或者行动不便无法出庭的；③ 证人因路途遥远、交通不便无法出庭的；④ 证人因自然灾害等不可抗力或者其他意外事件无法出庭的；⑤ 证人因其他特殊原因确实无法出庭的。

2. 行政机关执法人员出庭作证

原告或者第三人在诉讼中，有下列情形的，可以要求相关行政执法人员作为证人出庭作证：① 对现场笔录的合法性或者真实性有异议的；② 对扣押财产的品种或者数量有异议的；③ 对检验的物品取样或者保管有异议的；④ 对行政执法人员的身份的合法性有异议的；⑤ 需要出庭作证的其他情形。

除原告和第三人可要求行政机关执法人员出庭作证外，人民法院认为有必要的，可以要求当事人本人或者行政机关执法人员到庭，就案件有关事实接受询问。在询问之前，可以要求其签署保证书。保证书应当载明据实陈述、如有虚假陈述愿意接受处罚等内容。当事人或者行政机关执法人员应当在保证书上签名或者捺印。负有举证责任的当事人拒绝到庭、拒绝接受询问或者拒绝签署保证书，待证事实又欠缺其他证据加以佐证的，人民法院对其主张的事实不予认定。

有关证人出庭作证可总结为下表：

证人出庭作证	
原则	凡是知道案件事实的人，都有出庭作证的义务。
例外	有下列情形之一的，经人民法院准许，当事人可以提交书面证言： (1) 当事人在行政程序或者庭前证据交换中对证人证言无异议的； (2) 证人因年迈体弱或者行动不便无法出庭的； (3) 证人因路途遥远、交通不便无法出庭的； (4) 证人因自然灾害等不可抗力或者其他意外事件无法出庭的； (5) 证人因其他特殊原因确实无法出庭的。

（续表）

	证人出庭作证
原告或第三人申请行政机关执法人员作为证人出庭作证	有下列情形之一，原告或者第三人可以要求相关行政执法人员作为证人出庭作证： (1) 对现场笔录的合法性或者真实性有异议的； (2) 对扣押财产的品种或者数量有异议的； (3) 对检验的物品取样或者保管有异议的； (4) 对行政执法人员的身份的合法性有异议的； (5) 需要出庭作证的其他情形。
法院要求行政机关执法人员出庭作证	(1) 人民法院认为有必要的，可以要求行政机关执法人员到庭，就案件有关事实接受询问。在询问之前，可以要求其签署保证书。 (2) 负有举证责任的当事人拒绝到庭、拒绝接受询问或者拒绝签署保证书，待证事实又欠缺其他证据加以佐证的，人民法院对其主张的事实不予认定。

六、证据的审核与认定

证据的审核与认定，是法官对证据证明力进行判断的活动，判断的内容主要包括证据证明力的有无，以及证明力的大小两个方面。

（一）证据的审核原则

◆**重点法条**

《行政诉讼法》

第四十三条第二、三款 人民法院应当按照法定程序，全面、客观地审查核实证据。对未采纳的证据应当在裁判文书中说明理由。

以非法手段取得的证据，不得作为认定案件事实的根据。

《行诉法解释》(2018)

第三十八条 对于案情比较复杂或者证据数量较多的案件，人民法院可以组织当事人在开庭前向对方出示或者交换证据，并将交换证据清单的情况记录在卷。

当事人在庭前证据交换过程中没有争议并记录在卷的证据，经审判人员在庭审中说明后，可以作为认定案件事实的依据。

第四十二条 能够反映案件真实情况、与待证事实相关联、来源和形式符合法律规定的证据，应当作为认定案件事实的根据。

《证据规定》

第五十三条 人民法院裁判行政案件，应当以证据证明的案件事实为依据。

第五十四条 法庭应当对经过庭审质证的证据和无需质证的证据进行逐一审查和对全部证据综合审查，遵循法官职业道德，运用逻辑推理和生活经验，进行全面、客观和公正地分析判断，确定证据材料与案件事实之间的证明关系，排除不具有关联性的证据材料，准确认定案件事实。

第五十五条 法庭应当根据案件的具体情况，从以下方面审查证据的合法性：

（一）证据是否符合法定形式；
（二）证据的取得是否符合法律、法规、司法解释和规章的要求；
（三）是否有影响证据效力的其他违法情形。
第五十六条 法庭应当根据案件的具体情况，从以下方面审查证据的真实性：
（一）证据形成的原因；
（二）发现证据时的客观环境；
（三）证据是否为原件、原物，复制件、复制品与原件、原物是否相符；
（四）提供证据的人或者证人与当事人是否具有利害关系；
（五）影响证据真实性的其他因素。

◆知识要点

法院应当按照法定程序，全面、客观地审查核实证据，是证据审核与认证的一般原则。法院对证据的审核主要围绕证据的真实性、关联性和合法性进行。为强化对法院的监督和贯彻向当事人公开的原则，法院对未采纳的证据应当在裁判文书中说明理由。

（二）不能作为定案依据的证据

◆重点法条

《行政诉讼法》
第四十三条第三款 以非法手段取得的证据，不得作为认定案件事实的根据。

《行诉法解释》(2018)
第四十三条 有下列情形之一的，属于行政诉讼法第四十三条第三款规定的"以非法手段取得的证据"：
（一）严重违反法定程序收集的证据材料；
（二）以违反法律强制性规定的手段获取且侵害他人合法权益的证据材料；
（三）以利诱、欺诈、胁迫、暴力等手段获取的证据材料。

《证据规定》
第五十七条 下列证据材料不能作为定案依据：
（一）严重违反法定程序收集的证据材料；
（二）以偷拍、偷录、窃听等手段获取侵害他人合法权益的证据材料；
（三）以利诱、欺诈、胁迫、暴力等不正当手段获取的证据材料；
（四）当事人无正当事由超出举证期限提供的证据材料；
（五）在中华人民共和国领域以外或者在中华人民共和国香港特别行政区、澳门特别行政区和台湾地区形成的未办理法定证明手续的证据材料；
（六）当事人无正当理由拒不提供原件、原物，又无其他证据印证，且对方当事人不予认可的证据的复制件或者复制品；
（七）被当事人或者他人进行技术处理而无法辨明真伪的证据材料；
（八）不能正确表达意志的证人提供的证言；
（九）不具备合法性和真实性的其他证据材料。

第五十八条 以违反法律禁止性规定或者侵犯他人合法权益的方法取得的证据，不能作为认定案件事实的依据。

第五十九条 被告在行政程序中依照法定程序要求原告提供证据，原告依法应当提供而拒不提供，在诉讼程序中提供的证据，人民法院一般不予采纳。

◆知识要点

不能作为定案依据的证据即完全无效的证据。《行政诉讼法》规定,以非法手段收集得证据,不能作为定案的依据。《证据规定》中也详述了不能作为定案依据的证据,其中特别注意:

(1) 严重违反法定程序收集的证据。

(2) 以偷拍、偷录、窃听等手段获取侵害他人合法权益的证据材料。这里需要注意的是,并非所有以偷拍、偷录、窃听等秘密手段获取的证据都不能作为定案依据,只有同时具备"侵害他人合法权益"的条件才是无效证据。

(3) 被告在行政程序中依照法定程序要求原告提供证据,原告依法应当提供而拒不提供,在诉讼程序中提供的证据,人民法院一般不予采纳。

不能作为定案依据的证据
(1) 以非法手段取得的证据,不得作为认定案件事实的根据:① 严重违反法定程序收集的证据材料;② 以偷拍、偷录、窃听等手段获取侵害他人合法权益的证据材料;③ 以利诱、欺诈、胁迫、暴力等不正当手段获取的证据材料;④ 以违反法律禁止性规定或者侵犯他人合法权益的方法取得的证据,不能作为认定案件事实的依据。 (2) 被告在行政程序中依照法定程序要求原告提供证据,原告依法应当提供而拒不提供,在诉讼程序中提供的证据。

(三) 人民法院可以直接认定的证据

◆重点法条

《行诉法解释》(2018)

第四十六条 原告或者第三人确有证据证明被告持有的证据对原告或者第三人有利的,可以在开庭审理前书面申请人民法院责令行政机关提交。

申请理由成立的,人民法院应当责令行政机关提交,因提交证据所产生的费用,由申请人预付。行政机关无正当理由拒不提交的,人民法院可以推定原告或者第三人基于该证据主张的事实成立。

持有证据的当事人以妨碍对方当事人使用为目的,毁灭有关证据或者实施其他致使证据不能使用行为的,人民法院可以推定对方当事人基于该证据主张的事实成立,并可依照行政诉讼法第五十九条规定处理。

《证据规定》

第六十八条 下列事实法庭可以直接认定:

(一) 众所周知的事实;

(二) 自然规律及定理;

(三) 按照法律规定推定的事实;

(四) 已经依法证明的事实;

(五) 根据日常生活经验法则推定的事实。

前款(一)、(三)、(四)、(五)项,当事人有相反证据足以推翻的除外。

◆知识要点

上述证据人民法院无须审核,可直接用来作为案件依据。

(四) 不能单独作为定案依据的证据
◆重点法条
《证据规定》
第七十一条　下列证据不能单独作为定案依据：
（一）未成年人所作的与其年龄和智力状况不相适应的证言；
（二）与一方当事人有亲属关系或者其他密切关系的证人所作的对该当事人有利的证言，或者与一方当事人有不利关系的证人所作的对该当事人不利的证言；
（三）应当出庭作证而无正当理由不出庭作证的证人证言；
（四）难以识别是否经过修改的视听资料；
（五）无法与原件、原物核对的复制件或者复制品；
（六）经一方当事人或者他人改动，对方当事人不予认可的证据材料；
（七）其他不能单独作为定案依据的证据材料。
◆知识要点
《证据规定》第70条所规定的证据，证明力较弱，不能单独作为定案依据，即案件如果只有这些证据证明并不充分，还必须辅助其他证据。

(五) 证据的证明力
◆重点法条
《证据规定》
第六十三条　证明同一事实的数个证据，其证明效力一般可以按照下列情形分别认定：
（一）国家机关以及其他职能部门依职权制作的公文文书优于其他书证；
（二）鉴定结论、现场笔录、勘验笔录、档案材料以及经过公证或者登记的书证优于其他书证、视听资料和证人证言；
（三）原件、原物优于复制件、复制品；
（四）法定鉴定部门的鉴定结论优于其他鉴定部门的鉴定结论；
（五）法庭主持勘验所制作的勘验笔录优于其他部门主持勘验所制作的勘验笔录；
（六）原始证据优于传来证据；
（七）其他证人证言优于与当事人有亲属关系或者其他密切关系的证人提供的对该当事人有利的证言；
（八）出庭作证的证人证言优于未出庭作证的证人证言；
（九）数个种类不同、内容一致的证据优于一个孤立的证据。
◆知识要点
证据的证明效力是不同的证据之间在证明力方面的比较。在上述规则中，以下问题需要特别注意：
（1）国家机关以及其他职能部门依职权制作的公文文书优于其他书证；
（2）鉴定结论、现场笔录、勘验笔录、档案材料以及经过公证或者登记的书证优于其他书证、视听资料和证人证言；
（3）其他证人证言优于与当事人有亲属关系或者其他密切关系的证人提供的对该当事人有利的证言。

证据的证明效力
(1) 国家机关以及其他职能部门依职权制作的公文文书 > 其他书证； (2) 鉴定结论、现场笔录、勘验笔录、档案材料以及经过公证或者登记的书证 > 其他书证、视听资料和证人证言； (3) 原件、原物 > 复制件、复制品； (4) 法定鉴定部门的鉴定结论 > 其他鉴定部门的鉴定结论； (5) 法庭主持勘验所制作的勘验笔录 > 其他部门主持勘验所制作的勘验笔录； (6) 原始证据 > 传来证据； (7) 其他证人证言 > 与当事人有亲属关系或者其他密切关系的证人提供的对该当事人有利的证言； (8) 出庭作证的证人证言 > 未出庭作证的证人证言； (9) 数个种类不同、内容一致的证据 > 一个孤立的证据。

◆**经典真题**

(2008-2-50) 某区城管执法局以甲工厂的房屋建筑违法为由强行拆除,拆除行为被认定违法后,甲工厂要求某区城管执法局予以赔偿,遭到拒绝后向法院起诉。甲工厂除提供证据证明房屋损失外,还提供了甲工厂工人刘某与当地居民谢某的证言,以证明房屋被拆除时,房屋有办公用品、机械设备未搬出,应予赔偿。某区城管执法局提交了甲工厂工人李某和执法人员张某的证言,以证明房屋内没有物品。下列哪一选项是正确的?(A)

A. 法院不能因李某为甲工厂工人而不采信其证言
B. 法院收到甲工厂提交的证据材料,应当出具收据,由经办人员签名并加盖法院印章
C. 张某的证言优于谢某的证言
D. 在庭审过程中,甲工厂要求刘某出庭作证,法院应不予准许

【解析】 张某的证言不一定优于谢某的证言,证人证言中只有其他证人证言优于与当事人有亲属关系或者其他密切关系的证人提供的对该当事人有利的证言,或是出庭作证的证人证言优于未出庭作证的证人证言,因此选项 C 错误。法院不能因为李某为甲工厂工人,就拒绝采信其有利于甲工厂的证据,因此选项 A 正确。法院收到甲工厂提交的证据材料,应当出具收据,由经办人员签名,无须法院盖章,因此 B 错误;在庭审过程中,当事人要求证人出庭作证的,法院应予准许,因此 D 错误。

第六节 行政诉讼的法律适用

一、行政诉讼法律适用的一般原则

◆**重点法条**

《行政诉讼法》

第六十三条 人民法院审理行政案件,以法律和行政法规、地方性法规为依据。地方性法规适用于本行政区域内发生的行政案件。

人民法院审理民族自治地方的行政案件,并以该民族自治地方的自治条例和单行条例为依据。

人民法院审理行政案件,参照规章。

第六十四条 人民法院在审理行政案件中,经审查认为本法第五十三条规定的规范性文

件不合法的,不作为认定行政行为合法的依据,并向制定机关提出处理建议。

《行诉法解释》(2018)

第一百条 人民法院审理行政案件,适用最高人民法院司法解释的,应当在裁判文书中援引。

人民法院审理行政案件,可以在裁判文书中引用合法有效的规章及其他规范性文件。

◆知识要点

行政诉讼的法律适用主要解决不同层级的法律规范对于行政审判的拘束力问题。根据《行政诉讼法》的规定,行政诉讼的法律适用原则可总结为"以法律、法规为依据,参照规章"。

二、以法律、法规为依据

◆知识要点

法律、法规是行政诉讼的审判依据。作为"依据"是指,如果法律、法规对被诉具体行政行为所涉及的相关行政管理事项已作出规定,法院在审判时就必须遵循,而不得拒绝适用。这里的"法律"为狭义的法律,指全国人大和全国人大常委会制定的法律,而"法规"包括行政法规和地方性法规。地方性法规适用于本行政区域内发生的行政案件。人民法院审理民族自治地方的行政案件,并以该民族自治地方的自治条例和单行条例为依据。

三、参照规章

◆知识要点

法院在行政审判中对规章的适用态度是"参照",所谓"参照",是指法院可以对行政规章的内容进行审查判断,如果认为其内容合法,法院可以选择适用;如果认为内容与上位法相抵触,法院就可以拒绝适用。也就是说,对于规章,法院有选择适用的权利。而"规章"根据前文介绍,包括国务院部门根据法律和国务院的行政法规、决定、命令制定、发布的部门规章以及省级人民政府和设区的市级人民政府根据法律和国务院的行政法规制定、发布的地方政府规章。《行政诉讼法》之所以作这样的规定,就是因为规章较之上位法律规范层级较低,而且在内容上往往参差不齐。

四、对其他规范性文件的审查

◆知识要点

《行政诉讼法》修改后,允许法院可对其他规范性文件进行附带性审查,有关审查的启动和要点可参照前文。法院在审查后认为规范性文件不合法的,不作为认定行政行为合法的依据。

行政诉讼的法律适用	
法律规范	适用问题
法律、法规	"依据",即必须依据,不能拒绝适用
规章	"参照",即法院有选择余地,合法的适用,不合法的可不适用
其他规范性文件	法院可进行附带性审查,认为规范性文件不合法的,不作为认定行政行为合法的依据,并向制定机关提出处理建议

◆经典真题

(2009-4-6)案情:高某系A省甲县个体工商户,其持有的工商营业执照载明经营范围是林产品加工,经营方式是加工收购、销售。高某向甲县工商局缴纳了松香运销管理费后,将自己加工的松香运往A省乙县出售。当高某进入乙县时,被乙县林业局执法人员拦截。乙县林业局以高某未办理运输证为由,依据A省地方性法规《林业行政处罚条例》以及授权省林业厅制定的《林产品目录》(该目录规定松香为林产品,应当办理运输证)的规定,将高某无证运输的松香认定为"非法财物",予以没收。高某提起行政诉讼要求撤销没收决定,法院予以受理。

有关规定:《森林法》及行政法规《森林法实施条例》涉及运输证的规定如下:除国家统一调拨的木材外,从林区运出木材,必须持有运输证,否则由林业部门给予没收、罚款等处罚。A省地方性法规《林业行政处罚条例》规定"对规定林产品无运输证的,予以没收"。

问题:
……

3.省林业厅制定的《林产品目录》的性质是什么?可否适用于本案?理由是什么?

【解析】 省林业厅制定的《林产品目录》是根据地方性法规授权制定的规范性文件,在行政诉讼中不属于法院应当依据或者参照适用的规范,但可以作为证明被诉行政行为合法的事实依据之一。

……

5.(1)法院审理本案时应如何适用法律、法规?理由是什么?

……

【解析】《森林法》及《森林法实施条例》均未将木材以外的林产品的无证运输行为纳入行政处罚的范围,也未规定对无证运输其他林产品的行为给予没收处罚。A省地方性法规《林业行政处罚条例》的有关规定,扩大了《森林法》及其实施条例关于应受行政处罚行为以及没收行为的范围,不符合上位法。根据行政诉讼法律适用规则,法院应当适用《森林法》及《森林法实施条例》。

第七节　行政诉讼中的特殊制度与规则

行政诉讼中有一些特殊制度与规则,这些制度或者是行政诉讼特有的,或者与民事诉讼有很大差异,而这些内容也常常是考试的重点。

一、撤诉与缺席判决

◆重点法条

《行政诉讼法》

第五十八条　经人民法院传票传唤,原告无正当理由拒不到庭,或者未经法庭许可中途退庭的,可以按照撤诉处理;被告无正当理由拒不到庭,或者未经法庭许可中途退庭的,可以缺席判决。

第六十二条　人民法院对行政案件宣告判决或者裁定前,原告申请撤诉的,或者被告改变其所作的行政行为,原告同意并申请撤诉的,是否准许,由人民法院裁定。

《行诉法解释》(2018)

第六十条　人民法院裁定准许原告撤诉后,原告以同一事实和理由重新起诉的,人民法院不予立案。

准予撤诉的裁定确有错误,原告申请再审的,人民法院应当通过审判监督程序撤销原准予撤诉的裁定,重新对案件进行审理。

第六十一条 原告或者上诉人未按规定的期限预交案件受理费,又不提出缓交、减交、免交申请,或者提出申请未获批准的,按自动撤诉处理。在按撤诉处理后,原告或者上诉人在法定期限内再次起诉或者上诉,并依法解决诉讼费预交问题的,人民法院应予立案。

第七十九条 原告或者上诉人申请撤诉,人民法院裁定不予准许的,原告或者上诉人经传票传唤无正当理由拒不到庭,或者未经法庭许可中途退庭的,人民法院可以缺席判决。

第三人经传票传唤无正当理由拒不到庭,或者未经法庭许可中途退庭的,不发生阻止案件审理的效果。

根据行政诉讼法第五十八条的规定,被告经传票传唤无正当理由拒不到庭,或者未经法庭许可中途退庭的,人民法院可以按期开庭或者继续开庭审理,对到庭的当事人诉讼请求、双方的诉辩理由以及已经提交的证据及其他诉讼材料进行审理后,依法缺席判决。

第八十条 原告或者上诉人在庭审中明确拒绝陈述或者以其他方式拒绝陈述,导致庭审无法进行,经法庭释明法律后果后仍不陈述意见的,视为放弃陈述权利,由其承担不利的法律后果。

当事人申请撤诉或者依法可以按撤诉处理的案件,当事人有违反法律的行为需要依法处理的,人民法院可以不准许撤诉或者不按撤诉处理。

法庭辩论终结后原告申请撤诉,人民法院可以准许,但涉及到国家利益和社会公共利益的除外。

◆**知识要点**

1. 行政诉讼的撤诉类型与处理要件

(1) 经人民法院传票传唤,原告无正当理由拒不到庭,或者未经法庭许可中途退庭的,可以按照撤诉处理。

(2) 原告申请撤诉的,或者被告改变其所作出的行政行为,原告同意并申请撤诉的,是否准许,由人民法院裁定。

(3) 原告或者上诉人未按规定的期限预交案件受理费,又不提出缓交、减交、免交申请,或者提出申请未获批准的,按自动撤诉处理。

2. 撤诉的法律效果

撤回起诉后无正当理由再行起诉的,法院应裁定不予立案。准予撤诉的裁定确有错误,原告申请再审的,人民法院应当通过审判监督程序撤销原准予撤诉的裁定,重新对案件进行审理。

例外:原告或者上诉人未按规定的期限预交案件受理费,又不提出缓交、减交、免交申请,或者提出申请未获批准的,按自动撤诉处理。在按撤诉处理后,原告或者上诉人在法定期限内再次起诉或者上诉,并依法解决诉讼费预交问题的,人民法院应予立案。

3. 法院不准予撤诉或不按撤诉处理

当事人申请撤诉或者依法可以按撤诉处理的案件,当事人有违反法律的行为需要依法处理的,人民法院可以不准许撤诉或者不按撤诉处理。

法庭辩论终结后原告申请撤诉,人民法院可以准许,但涉及国家利益和社会公共利益的除外。

4. 缺席判决

（1）被告无正当理由拒不到庭，或者未经法庭许可中途退庭的，可以缺席判决；被告经传票传唤无正当理由拒不到庭，或者未经法庭许可中途退庭的，人民法院可以按期开庭或者继续开庭审理，对到庭的当事人诉讼请求、双方的诉辩理由以及已经提交的证据及其他诉讼材料进行审理后，依法缺席判决。

（2）原告或者上诉人申请撤诉，人民法院裁定不予准许的，原告或者上诉人经传票传唤无正当理由拒不到庭，或者未经法庭许可中途退庭的，人民法院可以缺席判决。

◆考点归纳

对行政诉讼的撤诉主要把握其特殊性：

（1）行政诉讼的撤诉必须同时具备原告申请与法院同意两个条件，换言之，在行政诉讼中，并非原告申请撤诉，诉讼便就此终结，是否按撤诉处理还须经法院审查同意，在行政诉讼实践中，原告申请撤诉的原因大多是行政机关在一审期间改变了具体行政行为。最高人民法院在 2008 年的《关于行政诉讼撤诉若干问题的规定》第 2 条规定，被告改变具体行政行为，原告申请撤诉，符合下列条件的，人民法院应当裁定准许：申请撤诉是当事人真实意思表示；被告改变被诉具体行政行为，不违反法律、法规的禁止性规定，不超越或者放弃职权，不损害公共利益和他人合法权益；被告已经改变或者决定改变被诉具体行政行为，并书面告知人民法院；第三人无异议。如果申请撤诉不符合法定条件，法院应及时作出裁判。

（2）原告申请撤诉，法院准许按撤诉处理后，原告再以同一事实和理由起诉的，法院原则上不予受理，换言之，撤诉并非仅仅关系原告个人利益，因行政诉讼的标的是具体行政行为，撤诉还关系到公共利益，法律要求原告慎重对待撤诉权利。

行政诉讼的撤诉		
撤诉类型	适用情形	法律后果
按撤诉处理	经人民法院传票传唤，原告无正当理由拒不到庭，或者未经法庭许可中途退庭的。	（1）当事人申请撤诉或者依法可以按撤诉处理的案件，当事人有违反法律的行为需要依法处理的，人民法院可以不准许撤诉或者不按撤诉处理； （2）撤回起诉后无正当理由再行起诉的，人民法院不予立案。准予撤诉的裁定确有错误，原告申请再审的，人民法院应当通过审判监督程序撤销原准予撤诉的裁定，重新对案件进行审理。
申请撤诉	（1）被告改变具体行政行为，原告申请撤诉，须经法院审查，符合下列条件的，人民法院应当裁定准许：① 申请撤诉是当事人真实意思表示；② 被告改变被诉具体行政行为，不违反法律、法规的禁止性规定，不超越或者放弃职权，不损害公共利益和他人合法权益；③ 被告已经改变或者决定改变被诉具体行政行为，并书面告知人民法院；④ 第三人无异议。（2）法庭辩论终结后原告申请撤诉，人民法院可以准许，但涉及国家利益和社会公共利益的除外。	

(续表)

行政诉讼的撤诉		
撤诉类型	适用情形	法律后果
按自动撤诉处理	原告或者上诉人未按规定的期限预交案件受理费，又不提出缓交、减交、免交申请，或者提出申请未获批准的，按自动撤诉处理。	在按撤诉处理后，原告或者上诉人在法定期限内再次起诉或者上诉，并依法解决诉讼费预交问题的，人民法院应予立案。

二、被告在诉讼期间改变具体行政行为

◆重点法条

《行诉法解释》(2018)

第八十一条　被告在一审期间改变被诉行政行为的，应当书面告知人民法院。

原告或者第三人对改变后的行政行为不服提起诉讼的，人民法院应当就改变后的行政行为进行审理。

被告改变原违法行政行为，原告仍要求确认原行政行为违法的，人民法院应当依法作出确认判决。

原告起诉被告不作为，在诉讼中被告作出行政行为，原告不撤诉的，人民法院应当就不作为依法作出确认判决。

◆知识要点

被告在诉讼期间改变被诉具体行政行为的处理，是行政诉讼中的又一难点，它涉及的问题主要包括：

（1）被告在诉讼期间可以自行改变具体行政行为，无须经过法院同意，但应书面通知法院，以示对法院的尊重，这一点与原告申请撤诉不同，后者必须经过法院的同意。

（2）被告改变具体行政行为的处理：① 被告改变具体行政行为，原告同意且申请撤诉的，只要法院准许，诉讼就此终结。② 被告改变具体行政行为，原告不撤诉，但也没有对改变后的具体行政行为提起诉讼的，法院应继续审理原行为，但判决种类会变化：如果经审查认为原行为违法的，因其已经被告废弃，所以法院应作出确认违法判决，如果经审查认为原行为合法的，应作出驳回诉讼请求的判决，而不能作出维持判决。③ 被告改变具体行政行为，原告对改变后的具体行政行为不服，法院应审理改变后的具体行政行为；如果原告对原行为不申请撤诉，对改变后的具体行政行为也不服的，法院对这两个具体行政行为应进行合并审理。④ 原告诉被告不履行法定职责的，被告在诉讼中履行法定职责的，如原告撤诉，法院同意则诉讼终结；如果原告不撤诉，法院应继续审理被告的不作为。但判决种类也要发生变化。如果法院经审查认为被告不履行法定职责是违法的，此时因被告在诉讼中已经履行了法定职责，就不能再作出履行判决，而只能作出确认违法判决；如果法院经审查认为被告不作为是合法的，应判决驳回原告诉讼请求。

被告改变具体行政行为的处理		
时间	前提条件	法院处理
被告可在一审、二审和再审期间改变	被告改变原行为须书面通知法院,但无须经法院同意	(1) 被告改变具体行政行为,原告同意且申请撤诉的,经法院审查,认为符合条件,法院裁定准予撤诉; (2) 被告改变具体行政行为,原告不撤诉,法院继续审查原行为,如原行为违法,则法院判决确认违法;如原行为合法,则法院判决驳回原告诉讼请求; (3) 被告改变具体行政行为,原告对改变后的具体行政行为不服的,法院应审理改变后的具体行政行为;如果原告对原行为不申请撤诉,对改变后的具体行政行为也不服,法院对这两个具体行政行为应进行合并审理; (4) 原告诉被告不履行法定职责的,被告在诉讼中履行法定职责的,如果原告不撤诉,法院应继续审理被告的不作为,违法的法院判决确认违法;合法的法院判决驳回原告诉讼请求。

◆ **考点归纳**

(1) 被告改变具体行政行为无须获得法院同意,但应书面通知法院,以示对法院的尊重,这一点与原告申请撤诉不同,后者必须经过法院的同意。

(2) 被告改变具体行政行为后,法院如何处理取决于原告的意愿,原告不撤诉,法院应继续审理原行为;原告对改变后的具体行政行为不服的,法院应审理改变后的具体行政行为;如果原告对原行为不申请撤诉,对改变后的具体行政行为也不服的,法院对这两个具体行政行为应进行合并审理。

三、先予执行

◆ **重点法条**

《行政诉讼法》

第五十七条 人民法院对起诉行政机关没有依法支付抚恤金、最低生活保障金和工伤、医疗社会保险金的案件,权利义务关系明确、不先予执行将严重影响原告生活的,可以根据原告的申请,裁定先予执行。

当事人对先予执行裁定不服的,可以申请复议一次。复议期间不停止裁定的执行。

◆ **知识要点**

先予执行是法院尚未作出生效裁判之前,先行执行有关财产的行为。行政诉讼中的先予执行须符合以下条件:① 涉及案件是行政机关没有依法发给抚恤金、社会保险金、最低生活保障费的案件;② 原告提出申请。

法院可根据原告的申请作出准予或不予先予执行的裁定,当事人对先予执行裁定不服的,可以申请复议一次。复议期间不停止裁定的执行。

◆ **经典真题**

(2010-2-47)陈某申请领取最低生活保障费,遭民政局拒绝。陈某诉至法院,要求判令民

政局履行法定职责,同时申请法院先予执行。对此,下列哪一说法是正确的?(C)
　　A. 陈某提出先予执行申请时,应提供相应担保
　　B. 陈某的先予执行申请,不属于《行政诉讼法》规定的先予执行范围
　　C. 如法院作出先予执行裁定,民政局不服可以申请复议
　　D. 如法院作出先予执行裁定,情况特殊的可以采用口头方式

　　【解析】 当事人申请先予执行,无须提供财产担保,因此选项 A 错误;起诉行政机关没有依法支付抚恤金、最低生活保障金和工伤、医疗社会保险金的案件,属于先予执行的范围,因此选项 B 错误;当事人对先予执行裁定不服,可以申请复议一次,因此选项 C 正确;先予执行是通过裁定的方式作出,不能口头作出,因此选项 D 错误。

四、诉讼保全

《行诉法解释》(2018)

第七十六条 人民法院对于因一方当事人的行为或者其他原因,可能使行政行为或者人民法院生效裁判不能或者难以执行的案件,根据对方当事人的申请,可以裁定对其财产进行保全、责令其作出一定行为或者禁止其作出一定行为;当事人没有提出申请的,人民法院在必要时也可以裁定采取上述保全措施。

人民法院采取保全措施,可以责令申请人提供担保;申请人不提供担保的,裁定驳回申请。

人民法院接受申请后,对情况紧急的,必须在四十八小时内作出裁定;裁定采取保全措施的,应当立即开始执行。

当事人对保全的裁定不服的,可以申请复议;复议期间不停止裁定的执行。

第七十七条 利害关系人因情况紧急,不立即申请保全将会使其合法权益受到难以弥补的损害的,可以在提起诉讼前向被保全财产所在地、被申请人住所地或者对案件有管辖权的人民法院申请采取保全措施。申请人应当提供担保,不提供担保的,裁定驳回申请。

人民法院接受申请后,必须在四十八小时内作出裁定;裁定采取保全措施的,应当立即开始执行。

申请人在人民法院采取保全措施后三十日内不依法提起诉讼的,人民法院应当解除保全。

当事人对保全的裁定不服的,可以申请复议;复议期间不停止裁定的执行。

第七十八条 保全限于请求的范围,或者与本案有关的财物。

财产保全采取查封、扣押、冻结或者法律规定的其他方法。人民法院保全财产后,应当立即通知被保全人。

财产已被查封、冻结的,不得重复查封、冻结。

涉及财产的案件,被申请人提供担保的,人民法院应当裁定解除保全。

申请有错误的,申请人应当赔偿被申请人因保全所遭受的损失。

◆知识要点

诉讼保全是法院对于因一方当事人的行为或其他原因,可能使行政行为或者法院生效裁判不能或难以执行的案件,根据对方当事人的申请,而裁定对其财产进行保全。因为行政诉讼的特殊性,因此行政诉讼中不仅包含财产保全,还包括暂时性保护,换言之,为避免行政行为或者法院的生效裁判不能或者难以执行,法院除可以裁定对一方当事人的财产进行保全外,还可责令其作出一定行为或禁止其作出一定行为。

根据《行诉法解释》(2018)的规定,行政诉讼的财产保全可区分为诉中保全和诉前保全两种类型。

(一) 诉中保全

诉中保全是在诉讼进行过程中,人民法院裁定对一方当事人的财产进行保全。诉中保全的要件如下:

(1) 诉讼保全的原因:因一方当事人的行为或者其他原因,可能使行政行为或者人民法院的生效裁判不能或者难以执行。

(2) 诉讼保全的要件:法院根据一方当事人申请进行诉讼保全或是主动采取保全措施。

(3) 诉讼保全的对象:对可能使行政行为或法院的生效裁判不能或难以执行的当事人的财产进行保全,或是责令其作出一定行为或禁止作出一定行为。

(4) 财产担保:人民法院在诉中采取保全措施,可以责令申请人提供担保;申请人不提供担保的,裁定驳回申请。

(5) 保全裁定的作出和救济:人民法院接受申请后,对情况紧急的,必须在48小时内作出裁定;裁定采取保全措施的,应当立即开始执行。当事人对保全的裁定不服的,可以申请复议;复议期间不停止裁定的执行。

(二) 诉前保全

诉前保全是在诉讼开始之前,利害关系人因为情况紧急,认为不立即申请保全将使其合法权益受到难以弥补的损害的,在起诉前向人民法院申请采取保全措施。

(1) 诉前保全的原因:利害关系人因情况紧急,不立即申请保全将会使其合法权益受到难以弥补的损害的。

(2) 诉前保全的要件:① 利害关系人提出申请;② 利害关系人向保全财产所在地、被申请人住所地或者对案件有管辖权的人民法院申请;③ 申请人必须提供财产担保,不提供担保的,法院会裁定驳回申请。

(3) 诉前保全的裁定的作出和救济。人民法院接受申请后,必须在48小时内作出裁定;裁定采取保全措施的,应当立即开始执行。当事人对保全的裁定不服的,可以申请复议;复议期间不停止裁定的执行。

(4) 诉前保全的解除。申请人在人民法院采取保全措施后30日内不依法提起诉讼的,人民法院应当解除保全。

(三) 诉讼保全的范围

保全限于请求的范围,或者与本案有关的财物。

财产保全采取查封、扣押、冻结或者法律规定的其他方法。人民法院保全财产后,应当立即通知被保全人。

财产已被查封、冻结的,不得重复查封、冻结。

(四) 保全解除和损害赔偿

(1) 涉及财产的案件,被申请人提供担保的,人民法院应当裁定解除保全。

(2) 申请有错误的,申请人应当赔偿被申请人因保全所遭受的损失。

第九章 行政诉讼法

◆ 考点归纳

类型	前提要件	法律后果	保全禁止与解除
诉中保全	（1）当事人申请：人民法院对于因一方当事人的行为或者其他原因，可能使行政行为或者人民法院生效裁判不能或者难以执行的案件，根据对方当事人的申请，可以裁定对其财产进行保全、责令其作出一定行为或者禁止其作出一定行为。 （2）法院依职权作出：当事人没有提出申请的，人民法院在必要时也可以裁定采取上述保全措施。	（1）人民法院采取保全措施，可以责令申请人提供担保；申请人不提供担保的，裁定驳回申请； （2）人民法院接受申请后，对情况紧急的，必须在48小时内作出裁定；裁定采取保全措施的，应当立即开始执行； （3）当事人对保全的裁定不服的，可以申请复议；复议期间不停止裁定的执行。	（1）保全限于请求的范围，或者与本案有关的财物； （2）财产保全采取查封、扣押、冻结或者法律规定的其他方法。人民法院保全财产后，应当立即通知被保全人。 （3）财产已被查封、冻结的，不得重复查封、冻结。 （4）涉及财产的案件，被申请人提供担保的，人民法院应当裁定解除保全。 （5）申请有错误的，申请人应当赔偿被申请人因保全所遭受的损失。
诉前保全	利害关系人因情况紧急，不立即申请保全将会使其合法权益受到难以弥补的损害的，可以在提起诉讼前向被保全财产所在地、被申请人住所地或者对案件有管辖权的人民法院申请采取保全措施。	（1）申请人应当提供担保，不提供担保的，裁定驳回申请； （2）人民法院接受申请后，必须在48小时内作出裁定；裁定采取保全措施的，应当立即开始执行； （3）申请人在人民法院采取保全措施后30日内不依法提起诉讼的，人民法院应当解除保全； （4）当事人对保全的裁定不服的，可以申请复议；复议期间不停止裁定的执行。	

五、共同诉讼与合并审理

◆**重点法条**

《行政诉讼法》

第二十七条 当事人一方或者双方为二人以上,因同一行政行为发生的行政案件,或者因同类行政行为发生的行政案件、人民法院认为可以合并审理并经当事人同意的,为共同诉讼。

第二十八条 当事人一方人数众多的共同诉讼,可以由当事人推选代表人进行诉讼。代表人的诉讼行为对其所代表的当事人发生效力,但代表人变更、放弃诉讼请求或者承认对方当事人的诉讼请求,应当经被代表的当事人同意。

《行诉法解释》(2018)

第七十三条 根据行政诉讼法第二十七条的规定,有下列情形之一的,人民法院可以决定合并审理:

(一)两个以上行政机关分别对同一事实作出行政行为,公民、法人或者其他组织不服向同一人民法院起诉的;

(二)行政机关就同一事实对若干公民、法人或者其他组织分别作出行政行为,公民、法人或者其他组织不服分别向同一人民法院起诉的;

(三)在诉讼过程中,被告对原告作出新的行政行为,原告不服向同一人民法院起诉的;

(四)人民法院认为可以合并审理的其他情形。

◆**知识要点**

共同诉讼与合并审理是相互联结的一组概念。

所谓共同诉讼是指因为数人一起起诉或是数人一起被诉,而这些诉讼之间又有密切关联,法院为诉讼经济以及节约当事人精力的缘故,而合并其诉讼程序共同审理。共同诉讼分为两类:

(1)必要的共同诉讼,即当事人一方或者双方为二人以上,因同一具体行政行为发生的行政案件,此时法院应当合并审理;

(2)普通的共同诉讼,即法院决定可以合并审理的情形,是因同类的行政行为发生的行政案件,法院认为可以合并审理的,必须要经过当事人同意。

根据《行诉法解释》(2018),合并审理的情形又具体包括:

(1)两个以上行政机关,依据不同的法律规范,针对同意相对人,针对同一事实作出处理,相对人对此均表示不服;

(2)行政机关就同一事实对若干相对人分别作出具体行政行为,这些相对人表示不服分别向同一法院起诉的;

(3)在诉讼过程中,被告对原告作出新的具体行政行为,原告不服向同一人民法院起诉的;

(4)人民法院认为可以合并审理的其他情形。

六、行政诉讼附带民事诉讼

◆**重点法条**

《行政诉讼法》

第六十一条 在涉及行政许可、登记、征收、征用和行政机关对民事争议所作的裁决的行政诉讼中,当事人申请一并解决相关民事争议的,人民法院可以一并审理。

在行政诉讼中,人民法院认为行政案件的审理需以民事诉讼的裁判为依据的,可以裁定中止行政诉讼。

《行诉法解释》(2018)

第一百三十七条 公民、法人或者其他组织请求一并审理行政诉讼法第六十一条规定的相关民事争议,应当在第一审开庭审理前提出;有正当理由的,也可以在法庭调查中提出。

第一百三十八条 人民法院决定在行政诉讼中一并审理相关民事争议,或者案件当事人一致同意相关民事争议在行政诉讼中一并解决,人民法院准许的,由受理行政案件的人民法院管辖。

公民、法人或者其他组织请求一并审理相关民事争议,人民法院经审查发现行政案件已经超过起诉期限,民事案件尚未立案的,告知当事人另行提起民事诉讼;民事案件已经立案的,由原审判组织继续审理。

人民法院在审理行政案件中发现民事争议为解决行政争议的基础,当事人没有请求人民法院一并审理相关民事争议的,人民法院应当告知当事人依法申请一并解决民事争议。当事人就民事争议另行提起民事诉讼并已立案的,人民法院应当中止行政诉讼的审理。民事争议处理期间不计算在行政诉讼审理期限内。

第一百三十九条 有下列情形之一的,人民法院应当作出不予准许一并审理民事争议的决定,并告知当事人可以依法通过其他渠道主张权利:

(一)法律规定应当由行政机关先行处理的;

(二)违反民事诉讼法专属管辖规定或者协议管辖约定的;

(三)约定仲裁或者已经提起民事诉讼的;

(四)其他不宜一并审理民事争议的情形。

对不予准许的决定可以申请复议一次。

第一百四十条 人民法院在行政诉讼中一并审理相关民事争议的,民事争议应当单独立案,由同一审判组织审理。

人民法院审理行政机关对民事争议所作裁决的案件,一并审理民事争议的,不另行立案。

第一百四十一条 人民法院一并审理相关民事争议,适用民事法律规范的相关规定,法律另有规定的除外。

当事人在调解中对民事权益的处分,不能作为审查被诉行政行为合法性的根据。

第一百四十二条 对行政争议和民事争议应当分别裁判。

当事人仅对行政裁判或者民事裁判提出上诉的,未上诉的裁判在上诉期满后即发生法律效力。第一审人民法院应当将全部案卷一并移送第二审人民法院,由行政审判庭审理。第二审人民法院发现未上诉的生效裁判确有错误的,应当按照审判监督程序再审。

第一百四十三条 行政诉讼原告在宣判前申请撤诉的,是否准许由人民法院裁定。人民法院裁定准许行政诉讼原告撤诉,但其对已经提起的一并审理相关民事争议不撤诉的,人民法院应当继续审理。

第一百四十四条 人民法院一并审理相关民事争议,应当按行政案件、民事案件的标准分别收取诉讼费用。

◆**知识要点**

行政诉讼附带民事诉讼是指法院在审理行政争议时,附带解决与该行政争议密切相关的民事争议。

1. 适用范围

旧法中的行政诉讼附带民事诉讼范围仅涉及行政机关对民事纠纷的裁决。新法将行政诉讼附带民事诉讼的适用范围扩大至以下三类案件:① 行政许可、登记;② 征收、征用;③ 行政机关对民事争议所作的裁决。在上述三类诉讼中,行政争议与民事争议相互关联,一并审理可以避免民事与行政争议分别裁判导致的相互矛盾,并减少当事人讼累,节省司法资源,降低诉讼成本。

2. 适用条件

行政诉讼附带民事诉讼的适用要件是:① 相关的民事争议与行政许可、登记、征收、征用、行政机关对民事纠纷的裁决密切相关;② 当事人申请法院在解决行政争议时一并解决民事争议,法院不能依职权主动对与行政纠纷密切相关的民事纠纷进行审查,必须要受到当事人请求的约束,唯有当事人申请一并解决民事争议,法院才可启动民事诉讼程序;③ 受诉法院一并审理该民事争议。行政诉讼附带民事诉讼制度的设立主要是为了诉讼经济,解决该民事争议的仍旧是法院处理行政争议的行政庭,而不是将该民事争议再由行政庭转交民事庭,因此,在相互关联的民事争议和行政争议中,行政诉讼是"主诉",而民事诉讼属于"从诉"。

3. 提出时间

公民、法人或者其他组织请求一并审理《行政诉讼法》第61条规定的相关民事争议,应当在第一审开庭审理前提出;有正当理由的,也可以在法庭调查中提出。

4. 管辖法院

人民法院决定在行政诉讼中一并审理相关民事争议,或者案件当事人一致同意相关民事争议在行政诉讼中一并解决,人民法院准许的,由受理行政案件的人民法院管辖。

5. 与民事诉讼的衔接协调

(1) 在行政诉讼中,人民法院认为行政案件的审理需以民事诉讼的裁判为依据的,可以裁定中止行政诉讼。

(2) 公民、法人或者其他组织请求一并审理相关民事争议,人民法院经审查发现行政案件已经超过起诉期限,民事案件尚未立案的,告知当事人另行提起民事诉讼;民事案件已经立案的,由原审判组织继续审理。

(3) 人民法院在审理行政案件中发现民事争议为解决行政争议的基础,当事人没有请求人民法院一并审理相关民事争议的,人民法院应当告知当事人依法申请一并解决民事争议。当事人就民事争议另行提起民事诉讼并已立案的,人民法院应当中止行政诉讼的审理。民事争议处理期间不计算在行政诉讼审理期限内。

6. 不予准许的情形

有下列情形之一的,人民法院应当作出不予准许一并审理民事争议的决定,并告知当事人可以依法通过其他渠道主张权利:

(1) 法律规定应当由行政机关先行处理的,即当事人申请一并审理的民事争议法律规定应先由具有相应行政管理职权的行政机关进行处理,之后才能提起民事诉讼的;

(2) 违反民事诉讼法专属管辖规定或者协议管辖约定的,即当事人申请一并审理的民事

争议根据民事诉讼法的规定属于专属管辖的范畴,或是民事争议的当事人此前对此争议的处理已有相关协议;

(3) 已经申请仲裁或者提起民事诉讼的,即当事人申请一并审理的民事争议,另一方当事人已经申请民事仲裁,或提起民事诉讼;

(4) 其他不宜一并审理的民事争议。

对不予准许的决定可以申请复议一次。

7. 审理

(1) 立案。人民法院在行政诉讼中一并审理相关民事争议的,民事争议应当单独立案,由同一审判组织审理。审理行政机关对民事争议所作裁决的案件,一并审理民事争议的,不另行立案。

(2) 法律适用。人民法院一并审理相关民事争议,适用民事法律规范的相关规定,法律另有规定的除外,即行政诉讼与民事诉讼适用各自的起诉期限、诉讼时效、举证期限、举证责任、庭审程序、裁判方式、诉讼费用交纳等。

(3) 证据制度。当事人在调解中对民事权益的处分,不能作为审查被诉行政行为合法性的根据。

(4) 判决。行政争议和民事争议应当分别裁判。

(5) 上诉。当事人仅对行政裁判或者民事裁判提出上诉的,未上诉的裁判在上诉期满后即发生法律效力。第一审人民法院应当将全部案卷一并移送第二审人民法院,由行政审判庭审理。第二审人民法院发现未上诉的生效裁判确有错误的,应当按照审判监督程序再审。

(6) 撤诉。行政诉讼原告在宣判前申请撤诉的,是否准许由人民法院裁定。人民法院裁定准许行政诉讼原告撤诉,但其对已经提起的一并审理相关民事争议不撤诉的,人民法院应当继续审理。

8. 诉讼费用的征收

人民法院一并审理相关民事争议,应当按行政案件、民事案件的标准分别收取诉讼费用。

行政诉讼附带民事诉讼	
适用条件	(1) 行政诉讼涉及行政许可、登记、征收、征用和行政机关对民事争议所作的裁决; (2) 当事人申请一并解决与上述行政争议相关的民事争议。
申请时间	应当在第一审开庭审理前提出;有正当理由的,也可以在法庭调查中提出。
管辖法院	人民法院决定在行政诉讼中一并审理相关民事争议,或者案件当事人一致同意相关民事争议在行政诉讼中一并解决,人民法院准许的,由受理行政案件的人民法院管辖。
与民事诉讼的衔接协调	(1) 公民、法人或者其他组织请求一并审理相关民事争议,人民法院经审查发现行政案件已经超过起诉期限,民事案件尚未立案的,告知当事人另行提起民事诉讼; (2) 民事案件已经立案的,由原审判组织继续审理; (3) 人民法院在审理行政案件中发现民事争议为解决行政争议的基础,当事人没有请求人民法院一并审理相关民事争议的,人民法院应当告知当事人依法申请一并解决民事争议。当事人就民事争议另行提起民事诉讼并已立案的,人民法院应当中止行政诉讼的审理。民事争议处理期间不计算在行政诉讼审理期限内。

(续表)

	行政诉讼附带民事诉讼
不予准许一并审理的情形	(1) 法律规定应当由行政机关先行处理的; (2) 违反民事诉讼法专属管辖规定或者协议管辖约定的; (3) 已经申请仲裁或者提起民事诉讼的; (4) 其他不宜一并审理的民事争议。 对不予准许的决定可以申请复议一次。
审理方式	(1) 在行政诉讼中一并审理相关民事争议的,民事争议应当单独立案,由同一审判组织审理。 (2) 审理行政机关对民事争议所作裁决的案件,一并审理民事争议的,不另行立案。
法律适用	人民法院一并审理相关民事争议,适用民事法律规范的相关规定,法律另有规定的除外。
证据规则	当事人在调解中对民事权益的处分,不能作为审查被诉行政行为合法性的根据。
判决	行政争议和民事争议应当分别裁判。
撤诉	行政诉讼原告在宣判前申请撤诉的,是否准许由人民法院裁定。人民法院裁定准许行政诉讼原告撤诉,但其对已经提起的一并审理相关民事争议不撤诉的,人民法院应当继续审理。
上诉	(1) 当事人仅对行政裁判或者民事裁判提出上诉的,未上诉的裁判在上诉期满后即发生法律效力。 (2) 第一审人民法院应当将全部案卷一并移送第二审人民法院,由行政审判庭审理。 (3) 第二审人民法院发现未上诉的生效裁判确有错误的,应当按照审判监督程序再审。
诉讼费用	人民法院一并审理相关民事争议,应当按行政案件、民事案件的标准分别收取诉讼费用。

◆**经典真题**

(2016-2-85)甲、乙两村因土地使用权发生争议,县政府裁决使用权归甲村。乙村不服向法院起诉撤销县政府的裁决,并请求法院判定使用权归乙村。关于乙村提出的土地使用权归属请求,下列哪些说法是正确的?(AB)

　　A. 除非有正当理由的,乙村应于第一审开庭审理前提出
　　B. 法院作出不予准许决定的,乙村可申请复议一次
　　C. 法院应单独立案
　　D. 法院应另行组成合议庭审理

【解析】　当事人在行政诉讼中请求审理相关的民事争议的,应当在第一审开庭审理前提出;有正当理由的,也可以在法庭调查中提出,因此 A 正确;如果法院作出不予准许决定的,当事人可申请复议一次,因此 B 正确;在行政诉讼中一并审理相关民事争议的,民事争议应当单

独立案,由同一审判组织审理,但审理行政机关对民事争议所作裁决的案件,一并审理民事争议的,不另行立案,因此 C 错误;在行政诉讼中一并审理相关民事争议的,由同一审判组织审理,因此 D 错误。

七、行政诉讼的调解

◆重点法条

《行政诉讼法》

第六十条 人民法院审理行政案件,不适用调解。但是,行政赔偿、补偿以及行政机关行使法律、法规规定的自由裁量权的案件可以调解。

调解应当遵循自愿、合法原则,不得损害国家利益、社会公共利益和他人合法权益。

《行诉法解释》(2018)

第八十四条 人民法院审理行政诉讼法第六十条第一款规定的行政案件,认为法律关系明确、事实清楚,在征得当事人双方同意后,可以迳行调解。

第八十五条 调解达成协议,人民法院应当制作调解书。调解书应当写明诉讼请求、案件的事实和调解结果。

调解书由审判人员、书记员署名,加盖人民法院印章,送达双方当事人。

调解书经双方当事人签收后,即具有法律效力。调解书生效日期根据最后收到调解书的当事人签收的日期确定。

第八十六条 人民法院审理行政案件,调解过程不公开,但当事人同意公开的除外。

经人民法院准许,第三人可以参加调解。人民法院认为有必要的,可以通知第三人参加调解。

调解协议内容不公开,但为保护国家利益、社会公共利益、他人合法权益,人民法院认为确有必要公开的除外。

当事人一方或者双方不愿调解、调解未达成协议的,人民法院应当及时判决。

当事人自行和解或者调解达成协议后,请求人民法院按照和解协议或者调解协议的内容制作判决书的,人民法院不予准许。

◆知识要点

旧法中规定,"人民法院审理行政案件,不适用调解"。其原因主要有两点:首先,行政诉讼的核心是由人民法院审理行政行为的合法性,而行政行为是否合法并没有调解的余地;其次,调解以双方当事人能够自由处分其权益为前提,而行政机关并不能自由处分自己的职权。但实践却表明,行政诉讼并非没有调解的空间,上述理由不仅有绝对化、片面化和陈旧化的倾向,而且不利于化解相对人和行政机关之间的矛盾。鉴于此,新法在"行政诉讼不适用调解"原则之后又引入了可以调解的例外,并对调解本身进行了法律规范。

1. 调解的适用范围

(1) 行政赔偿和行政补偿案件。在赔偿和补偿诉讼中,当事人可对诉讼标的进行自由处分,只要不违反法律、损害他人利益,在此类案件中,原告和被告就赔偿补偿的方式、数额、项目、期限等均可以自由协商,通过互相谅解的方式解决纠纷。

(2) 行政机关行使法律、法规规定的自由裁量权的案件。如上文所述,行政机关对于法律所赋予的职权并不拥有完全的处分权,因此,行政机关并非可以对任何行政行为和任何行政事项都享有处分权。当法律、法规赋予行政机关裁量空间和判断余地时,行政机关可对是否采取措施以及采取何种措施拥有裁量权时,也就意味着行政机关拥有了处分空间。此时,原告和被告可以对争诉行为进行调解。

2. 调解适用的原则

(1) 自愿原则。调解是法院提出,因此法院在行政审判中既要适时地提出调解建议,又要尊重当事人的意思自治。任何人不同意调解的,不得强迫其进行。此外,法院也应该监督行政机关不利用自身地位的优越性强迫原告接受和解。

(2) 合法原则。合法原则是指行政诉讼调解不能排除或放弃对被诉行政行为合法性的审查,法院对于调解活动及调解内容是否合法也要进行监督。

(3) 不得损害国家利益、社会公共利益和他人合法权益。

3. 调解程序

(1) 对于属于调解范围的行政案件,法院认为法律关系明确、事实清楚,在征得当事人双方同意后,可以迳行调解。

(2) 人民法院审理行政案件,调解过程不公开,但当事人同意公开的除外。

(3) 第三人参加调解。经人民法院准许,第三人可以参加调解。人民法院认为有必要的,可以通知第三人参加调解。

4. 调解书的制作

调解达成协议,人民法院应当制作调解书。调解书应当写明诉讼请求、案件的事实和调解结果。

调解书由审判人员、书记员署名,加盖人民法院印章,送达双方当事人。

调解书经双方当事人签收后,即具有法律效力。调解书生效日期根据最后收到调解书的当事人签收的日期确定。

行政诉讼调解	
适用范围	(1) 行政赔偿和行政补偿案件; (2) 行政机关行使法律、法规规定的自由裁量权的案件。
原则	自愿、合法原则;不损害国家利益、社会公共利益和他人合法权益。
调解程序	(1) 人民法院审理行政案件,调解过程不公开,但当事人同意公开的除外; (2) 经人民法院准许,第三人可以参加调解。人民法院认为有必要的,可以通知第三人参加调解。

(续表)

	行政诉讼调解
调解协议的制作和效力	(1) 调解达成协议,人民法院应当制作调解书。调解书应当写明诉讼请求、案件的事实和调解结果。 (2) 调解书由审判人员、书记员署名,加盖人民法院印章,送达双方当事人。 (3) 调解书经双方当事人签收后,即具有法律效力。调解书生效日期根据最后收到调解书的当事人签收的日期确定。 (4) 调解协议内容不公开,但为保护国家利益、社会公共利益、他人合法权益,人民法院认为确有必要公开的除外。 (5) 当事人一方或者双方不愿调解、调解未达成协议的,人民法院应当及时判决。
禁止规定	当事人自行和解或者调解达成协议后,请求人民法院按照和解协议或者调解协议的内容制作判决书的,人民法院不予准许。
救济方式	(1) 再审:各级人民法院院长发现调解违反自愿原则或调解书内容违法,认为需要再审的,应当提交审判委员会讨论决定,最高人民法院对地方各级人民法院,上级人民法院对下级人民法院的调解违反自愿原则或者调解书内容违法的,有权提审或者指令下级人民法院再审。 (2) 抗诉和检察意见:最高人民检察院发现地方各级人民法院的调解书损害国家利益、社会公共利益的,应当提出抗诉。地方各级人民检察院认为同级人民法院的调解书损害国家利益、社会公共利益的,可以向同级人民法院提出检察建议,并报上级人民检察院备案;也可以提请上级人民检察院向同级人民法院提出抗诉。

八、妨害诉讼的强制措施

◆重点法条

《行政诉讼法》

第五十九条 诉讼参与人或者其他人有下列行为之一的,人民法院可以根据情节轻重,予以训诫、责令具结悔过或者处一万元以下的罚款、十五日以下的拘留;构成犯罪的,依法追究刑事责任:

(一) 有义务协助调查、执行的人,对人民法院的协助调查决定、协助执行通知书,无故推拖、拒绝或者妨碍调查、执行的;

(二) 伪造、隐藏、毁灭证据或者提供虚假证明材料,妨碍人民法院审理案件的;

(三) 指使、贿买、胁迫他人作伪证或者威胁、阻止证人作证的;

(四) 隐藏、转移、变卖、毁损已被查封、扣押、冻结的财产;

(五) 以欺骗、胁迫等非法手段使原告撤诉的;

(六) 以暴力、威胁或者其他方法阻碍人民法院工作人员执行职务,或者以哄闹、冲击法庭等方法扰乱人民法院工作秩序的;

(七) 对人民法院审判人员或者其他工作人员、诉讼参与人、协助调查和执行的人员恐吓、侮辱、诽谤、诬陷、殴打、围攻或者打击报复的。

人民法院对有前款规定的行为之一的单位，可以对其主要负责人或者直接责任人员依照前款规定予以罚款、拘留；构成犯罪的，依法追究刑事责任。

罚款、拘留须经人民法院院长批准。当事人不服的，可以向上一级人民法院申请复议一次。复议期间不停止执行。

《行诉法解释》(2018)

第八十二条　当事人之间恶意串通，企图通过诉讼等方式侵害国家利益、社会公共利益或者他人合法权益的，人民法院应当裁定驳回起诉或者判决驳回其请求，并根据情节轻重予以罚款、拘留；构成犯罪的，依法追究刑事责任。

第八十三条　行政诉讼法第五十九条规定的罚款、拘留可以单独适用，也可以合并适用。

对同一妨害行政诉讼行为的罚款、拘留不得连续适用。发生新的妨害行政诉讼行为的，人民法院可以重新予以罚款、拘留。

◆知识要点

本条是人民法院对妨害诉讼的行为采取强制措施的规定。

(1) 妨害诉讼的行为。妨害诉讼的行为是诉讼参与人或其他人在行政诉讼过程中，故意实施的扰乱诉讼秩序，妨害诉讼正常进行的各类违法行为。新法在旧法的基础上又增加了几类妨害诉讼的行为，具体包括：① 伪造、隐藏、毁灭证据或者提供虚假证明材料，妨碍人民法院审理案件的；② 以欺骗、胁迫等非法手段使原告撤诉的；③ 以暴力、威胁或者其他方法阻碍人民法院工作人员执行职务，或者以哄闹、冲击法庭等方法扰乱人民法院工作秩序的。

此外，《行诉法解释》(2018)还规定，当事人之间恶意串通，企图通过诉讼等方式侵害国家利益、社会公共利益或者他人合法权益的，人民法院应当裁定驳回起诉或者判决驳回其请求，并根据情节轻重予以罚款、拘留；构成犯罪的，依法追究刑事责任。

(2) 妨害诉讼的强制措施包括：训诫、责令具结悔过或处1万元以下的罚款、15日以下的拘留。除可对诉讼参与人采取妨害诉讼的强制措施外，对有妨害行政诉讼行为的单位，人民法院可对其主要负责人或直接责任人员予以罚款、拘留。罚款、拘留需经人民法院院长批准。当事人不服的，可以向上一级法院申请复议一次，但复议期间不停止执行。

罚款、拘留可以单独适用，也可以合并适用。

对同一妨害行政诉讼行为的罚款、拘留不得连续适用。发生新的妨害行政诉讼行为的，人民法院可以重新予以罚款、拘留。

(3) 除上述强制措施外，本条还规定，构成犯罪的，依法追究刑事责任。

九、中止诉讼与终结诉讼

◆重点法条

《行诉法解释》(2018)

第八十七条　在诉讼过程中，有下列情形之一的，中止诉讼：

(一) 原告死亡，须等待其近亲属表明是否参加诉讼的；

（二）原告丧失诉讼行为能力，尚未确定法定代理人的；

（三）作为一方当事人的行政机关、法人或者其他组织终止，尚未确定权利义务承受人的；

（四）一方当事人因不可抗力的事由不能参加诉讼的；

（五）案件涉及法律适用问题，需要送请有权机关作出解释或者确认的；

（六）案件的审判须以相关民事、刑事或者其他行政案件的审理结果为依据，而相关案件尚未审结的；

（七）其他应当中止诉讼的情形。

中止诉讼的原因消除后，恢复诉讼。

第八十八条 在诉讼过程中，有下列情形之一的，终结诉讼：

（一）原告死亡，没有近亲属或者近亲属放弃诉讼权利的；

（二）作为原告的法人或者其他组织终止后，其权利义务的承受人放弃诉讼权利的。

因本解释第八十七条第一款第一、二、三项原因中止诉讼满九十日仍无人继续诉讼的，裁定终结诉讼，但有特殊情况的除外。

◆ **知识要点**

1. 中止诉讼

诉讼中止是指在行政诉讼过程中，因出现需中断诉讼进行的情形，诉讼暂时停止，待引起诉讼中止的原因消失后诉讼再继续进行的制度。

根据《行诉法解释》(2018)，中止诉讼的情形包括：

（1）原告死亡，须等待其近亲属表明是否参加诉讼的；

（2）原告丧失诉讼行为能力，尚未确定法定代理人的；

（3）作为一方当事人的行政机关、法人或者其他组织终止，尚未确定权利义务承受人的；

（4）一方当事人因不可抗力的事由不能参加诉讼的；

（5）案件涉及法律适用问题，需要送请有权机关作出解释或者确认的；

（6）案件的审判须以相关民事、刑事或者其他行政案件的审理结果为依据，而相关案件尚未审结的；

（7）其他应当中止诉讼的情形。

中止诉讼的原因消除后，恢复诉讼。

2. 终结诉讼

诉讼终结是行政诉讼开始后，出现了使行政诉讼不能再继续进行或没有必要再继续进行的情形，法院决定结束行政诉讼案件审理的制度。

根据《行诉法解释》(2018)，终结诉讼的情形包括：

（1）原告死亡，没有近亲属或者近亲属放弃诉讼权利的；

（2）作为原告的法人或者其他组织终止后，其权利义务的承受人放弃诉讼权利的；

（3）因《行诉法解释》(2018)第87条第1款第（一）、（二）、（三）项原因中止诉讼满90日仍无人继续诉讼的，裁定终结诉讼，但有特殊情况的除外。

	中止诉讼	终结诉讼
适用情形	(1) 原告死亡,须等待其近亲属表明是否参加诉讼的; (2) 原告丧失诉讼行为能力,尚未确定法定代理人的; (3) 作为一方当事人的行政机关、法人或者其他组织终止,尚未确定权利义务承受人的; (4) 一方当事人因不可抗力的事由不能参加诉讼的; (5) 案件涉及法律适用问题,需要送请有权机关作出解释或者确认的; (6) 案件的审判须以相关民事、刑事或者其他行政案件的审理结果为依据,而相关案件尚未审结的; (7) 其他应当中止诉讼的情形。	(1) 原告死亡,没有近亲属或者近亲属放弃诉讼权利的; (2) 作为原告的法人或者其他组织终止后,其权利义务的承受人放弃诉讼权利的; (3) 因左框中第(1)、(2)、(3)项原因中止诉讼满90日仍无人继续诉讼的,裁定终结诉讼,但有特殊情况的除外。
备注情形	中止诉讼的原因消除后,恢复诉讼。	

第八节 行政诉讼的一审判决

行政诉讼的一审判决是行政诉讼制度构成中非常重要的部分,也是法考的重点。而新法在一审判决的类型、适用理由以及注意事项上都进行了重大调整,考生在复习此部分时应特别注意。

一、行政诉讼的一审判决类型

◆知识要点

行政诉讼的一审判决共有六种,包括:驳回原告诉讼请求判决、撤销判决、变更判决、履行判决、给付判决、确认(违法或无效)判决。法院在作出撤销判决、变更判决、履行判决和确认违法或无效判决时,可同时判决被告承担赔偿责任,但赔偿判决并非独立的判决种类,不能单独适用。这六种判决种类的适用理由可归纳为下表:

判决种类	适用理由	适用问题
驳回原告诉讼请求	(1) 行政行为证据确凿,适用法律、法规正确,符合法定程序的; (2) 原告申请被告履行法定职责或者给付义务理由不成立的。	

(续表)

判决种类	适用理由	适用问题
撤销	(1) 主要证据不足； (2) 适法错误； (3) 违反法定程序； (4) 超越职权； (5) 滥用职权； (6) 明显不当的。	(1) 人民法院判决撤销或者部分撤销，并可以判决被告重新作出行政行为。 (2) 人民法院判决被告重新作出行政行为的，被告不得以同一的事实和理由作出与原行政行为基本相同的行政行为。人民法院判决被告重新作出行政行为，被告重新作出的行政行为与原行政行为的结果相同，但主要事实或者主要理由有改变的，不属于此种情形；人民法院以违反法定程序为由，判决撤销被诉行政行为的，行政机关重新作出行政行为不受此款的限制。 (3) 行政机关以同一事实和理由重新作出与原行政行为基本相同的行政行为，人民法院应当判决撤销或部分撤销。
变更	(1) 行政处罚明显不当； (2) 其他行政行为涉及对款额的确定、认定确有错误的。	人民法院判决变更，不得加重原告的义务或者减损原告的权益。但利害关系人同为原告，且诉讼请求相反的除外。
履行	被告不履行法定职责的。	(1) 尚需被告调查或者裁量的，应当判决被告针对原告的请求重新作出处理。 (2) 原告请求被告履行法定职责或者依法履行支付抚恤金、最低生活保障待遇或者社会保险待遇等给付义务，原告未先向行政机关提出申请的，人民法院裁定驳回起诉。 (3) 人民法院经审理认为原告所请求履行的法定职责或者给付义务明显不属于行政机关权限范围的，可以裁定驳回起诉。
给付	被告依法负有给付义务的，原告申请被告依法履行支付抚恤金、最低生活保障待遇或者社会保险待遇等给付义务的理由成立，被告依法负有给付义务而拒绝或者拖延履行义务且无正当理由的。	

(续表)

判决种类	适用理由	适用问题
确认违法	确认违反但不能撤销的：(1) 行政行为依法应当撤销，但撤销会给国家利益、社会公共利益造成重大损害的。(2) 行政行为程序轻微违法，但对原告权利不产生实际影响的；"程序轻微违法"是指有下列情形，且对原告依法享有的听证、陈述、申辩等重要程序性权利不产生实质损害的：① 处理期限轻微违法；② 通知、送达等程序轻微违法；③ 其他程序轻微违法的情形。 不需撤销或判决履行的确认违法：(3) 行政行为违法，但不具有可撤销内容的。(4) 被告改变原违法行政行为，原告仍要求确认原行政行为违法的。(5) 被告不履行或者拖延履行法定职责，判决履行没有意义的。	(1) 人民法院判决确认违法或者无效的，可以同时判决责令被告采取补救措施；给原告造成损失的，依法判决被告承担赔偿责任。(2) 撤销转确认无效：公民、法人或者其他组织起诉请求撤销行政行为，人民法院经审查认为行政行为无效的，应当作出确认无效的判决。(3) 确认无效转撤销：公民、法人或者其他组织起诉请求确认行政行为无效，人民法院审查认为行政行为不属于无效情形，经释明，原告请求撤销行政行为的，应当继续审理并依法作出相应判决；原告请求撤销行政行为但超过法定起诉期限的，裁定驳回起诉；原告拒绝变更诉讼请求的，判决驳回其诉讼请求。(4) 确认无效的起诉期限：相对人对2015年5月1日之前作出的行政行为提起诉讼，请求确认行政行为无效的，人民法院不予立案。
确认无效	行政行为有实施主体不具有行政主体资格或者没有依据等重大且明显违法情形。"重大且明显违法"：① 行政行为实施主体不具有行政主体资格；② 减损权利或者增加义务的行政行为没有法律规范依据；③ 行政行为的内容客观上不可能实施；④ 其他重大且明显违法的情形。	

二、驳回原告诉讼请求判决

◆**重点法条**

《行政诉讼法》

第六十九条 行政行为证据确凿，适用法律、法规正确，符合法定程序的，或者原告申请被告履行法定职责或者给付义务理由不成立的，人民法院判决驳回原告的诉讼请求。

◆**知识要点**

驳回原告诉讼请求判决是修改后的《行政诉讼法》新增的一类判决，也是对之前的维持判决的彻底替代。维持判决是极具有中国特色的一类行政诉讼判决，但在司法实践中却暴露出诸多弊端，例如它无法涵盖原告的所有诉讼请求，与"监督行政机关依法行政"的功能不符。

此外,这一判决也不利于建立相对人对行政诉讼制度的信赖。鉴于此,新法用"驳回原告诉讼请求判决"彻底替代了"维持判决"。"驳回原告诉讼请求判决"能够更好地回应原告的诉讼请求,同样也有利于行政审判的"诉判合一"。

驳回原告诉讼请求判决的适用理由包括:① 被诉行政行为合法:行政行为证据确凿,适用法律、法规正确,符合法定程序的;② 原告起诉被告不作为理由不成立;原告申请被告履行法定职责或者给付义务理由不成立的。

◆ 考点归纳

驳回原告诉讼请求判决是法院经过实体审理后,认为原告的诉讼请求不成立所作出的判决,这一判决应与"驳回原告起诉"相区别。后者是原告不符合起诉条件。

◆ 经典真题

(2014-2-82)在行政诉讼中,针对下列哪些情形,法院应当判决驳回原告的诉讼请求?(AC)

A. 起诉被告不作为理由不能成立的
B. 受理案件后发现起诉不符合起诉条件的
C. 被诉具体行政行为合法,但因法律变化需要变更或者废止的
D. 被告在一审期间改变被诉具体行政行为,原告不撤诉的

【解析】 起诉被告不作为理由不成立的,应判决驳回原告诉讼请求,因此 A 正确;受理案件后发现起诉不符合起诉条件的,应裁定驳回起诉,而非作出驳回原告诉讼请求的判决,因此 B 错误;判断行为是否合法是根据行政行为作出时的法律,因此即使行政行为在作出后法律发生变化,行政行为不再符合新法的规定,法院也不能将行政行为撤销,而应作出驳回原告诉讼请求的判决,因此 C 正确。

三、撤销判决

◆ 重点法条

《行政诉讼法》

第七十条　行政行为有下列情形之一的,人民法院判决撤销或者部分撤销,并可以判决被告重新作出行政行为:

(一) 主要证据不足的;
(二) 适用法律、法规错误的;
(三) 违反法定程序的;
(四) 超越职权的;
(五) 滥用职权的;
(六) 明显不当的。

第七十一条　人民法院判决被告重新作出行政行为的,被告不得以同一的事实和理由作出与原行政行为基本相同的行政行为。

《行诉法解释》(2018)

第九十条　人民法院判决被告重新作出行政行为,被告重新作出的行政行为与原行政行为的结果相同,但主要事实或者主要理由有改变的,不属于行政诉讼法第七十一条规定的

情形。

人民法院以违反法定程序为由,判决撤销被诉行政行为的,行政机关重新作出行政行为不受行政诉讼法第七十一条规定的限制。

行政机关以同一事实和理由重新作出与原行政行为基本相同的行政行为,人民法院应当根据行政诉讼法第七十条、第七十一条的规定判决撤销或者部分撤销,并根据行政诉讼法第九十六条的规定处理。

第九十四条 公民、法人或者其他组织起诉请求撤销行政行为,人民法院经审查认为行政行为无效的,应当作出确认无效的判决。

◆知识要点

撤销判决是对具体行政行为违法的确认,法院通过撤销使具体行政行为溯及既往地失去效力。

1. 适用理由

行政行为只要具备下列情形之一,法院即可判决撤销该行为:证据不足;适法错误;违反法定程序;超越职权;滥用职权。新法在这五项适用理由基础上又增加了一项:行政行为明显不当的。明显不当是指行政行为虽然形式上符合法律规定,但明显地不合理,不符合行政法的基本原则。"明显不当"作为撤销判决适用理由的引入,从根本上确认了法院可对行政机关行使自由裁量权进行审查。行政机关在被赋予裁量权时,虽然享有一定的活动空间和判断余地,但必须遵守裁量权的界限和法律授权的目的,必须符合比例原则、平等原则,不能考虑法律授权以外的以他因素。如果行政机关逾越了上述裁量界限,且明显不符合合理行政原则,法院同样可以判决撤销。

2. 全部撤销与部分撤销

根据撤销判决是否针对具体行政行为的全部,可以将撤销判决区分为全部撤销与部分撤销。部分撤销适用于具体行政行为可分的情形。

3. 撤销并责令重作判决

法院在作出撤销判决时可同时责令被告重新作出新的具体行政行为,这就是所谓的"撤销并责令重作判决",对于重作判决,需要注意的是:

(1)人民法院判决被告重新作出具体行政行为的,被告不得以同一的事实和理由作出与原具体行政行为基本相同的具体行政行为。被告重新作出的具体行政行为与原具体行政行为的结果相同,但主要事实或者主要理由有改变的,不属于这种情形。另外,人民法院以违反法定程序为由,判决撤销被诉具体行政行为的,行政机关重新作出具体行政行为不受这一限制。

(2)如果行政机关以同一事实和理由重新作出与原具体行政行为基本相同的具体行政行为,人民法院应当判决撤销或者部分撤销,并向该行政机关的上一级行政机关或者监察、人事机关提出司法建议。

4. 撤销转无效

相对人起诉请求撤销行政行为,人民法院经审查认为行政行为因罹患"重大且明显的违法"瑕疵而属于无效的,法院应作出确认无效的判决。

◆考点归纳

撤销判决中的重要考点包括:

(1)被诉行为违法,但撤销会给公共利益造成重大损失的,不予撤销,作出确认违法判决,并责令行政机关承担赔偿责任。

（2）撤销并责令被告重新作出具体行政行为应注意以下问题：① 责令重作，被告不能以同一事实和理由重新作出与原行为相同的行为，除非有如下例外：第一，被告重作时，结果相同，但事实和理由不同；第二，原行为因违反法定程序而被撤销。② 如果被告根据同一事实和理由作出与原行政行为相同的行为，法院的处理方法是继续作出撤销判决并提出司法建议。

◆经典真题

（2006-2-46）法院因主要证据不足判决撤销被诉具体行政行为并判令被告重新作出具体行政行为后，被告以同一事实与理由作出与原具体行政行为基本相同的具体行政行为，原告向法院提起诉讼的，法院下列哪种做法是正确的？（D）

A. 确认被告重新作出的具体行政行为违法
B. 确认被告重新作出的具体行政行为无效
C. 判决撤销该具体行政行为，并判令被告重新作出具体行政行为
D. 判决撤销该具体行政行为，并向该行政机关的上一级行政机关或者监察、人事机关提出司法建议

【解析】 法院撤销被告的具体行政行为后，被告又以同一事实与理由作出与原具体行政行为基本相同的具体行政行为，原告向法院提起诉讼的，法院应当受理，并应继续撤销此行政行为，还可以向该行政机关的上一级行政机关或者监察、人事机关提出司法建议，因此选项D正确。

四、履行判决

◆重点法条

《行政诉讼法》

第七十二条　人民法院经过审理，查明被告不履行法定职责的，判决被告在一定期限内履行。

《行诉法解释》（2018）

第九十一条　原告请求被告履行法定职责的理由成立，被告违法拒绝履行或者无正当理由逾期不予答复的，人民法院可以根据行政诉讼法第七十二条的规定，判决被告在一定期限内依法履行原告请求的法定职责；尚需被告调查或者裁量的，应当判决被告针对原告的请求重新作出处理。

第九十三条　原告请求被告履行法定职责或者依法履行支付抚恤金、最低生活保障待遇或者社会保险待遇等给付义务，原告未先向行政机关提出申请的，人民法院裁定驳回起诉。

人民法院经审理认为原告所请求履行的法定职责或者给付义务明显不属于行政机关权限范围的，可以裁定驳回起诉。

第九十八条　因行政机关不履行、拖延履行法定职责，致使公民、法人或者其他组织的合法权益遭受损害的，人民法院应当判决行政机关承担行政赔偿责任。在确定赔偿数额时，应当考虑该不履行、拖延履行法定职责的行为在损害发生过程和结果中所起的作用等因素。

◆知识要点

（1）履行判决适用于原告起诉被告不履行法定职责（金钱给付义务除外），法院确认被告不履行或拖延履行法定职责违法，并责令其在一定期限内履行的判决。履行判决也是一种原

告胜诉的判决类型。

(2) 如果法院经审理认为被告未履行法定职责违法，但如何履行尚需被告调查或者裁量的，应当判决被告针对原告的请求重新作出处理。

(3) 原告请求被告履行法定职责，但原告未向行政机关提出申请的，人民法院裁定驳回起诉。人民法院经审理认为原告所请求履行的法定职责明显不属于行政机关权限范围的，可以裁定驳回起诉。

(4) 因行政机关不履行、拖延履行法定职责，致使公民、法人或者其他组织的合法权益遭受损害的，人民法院应当判决行政机关承担行政赔偿责任。在确定赔偿数额时，应当考虑该不履行、拖延履行法定职责的行为在损害发生过程和结果中所起的作用等因素。

◆考点归纳

此处需要注意的是，新法将给付判决从履行判决中分离了出来，如果被告应履行金钱给付义务而未履行的，法院应作出给付判决，而非履行判决。

五、给付判决

◆重点法条

《行政诉讼法》

第七十三条 人民法院经过审理，查明被告依法负有给付义务的，判决被告履行给付义务。

《行诉法解释》(2018)

第九十二条 原告申请被告依法履行支付抚恤金、最低生活保障待遇或者社会保险待遇等给付义务的理由成立，被告依法负有给付义务而拒绝或者拖延履行义务的，人民法院可以根据行政诉讼法第七十三条的规定，判决被告在一定期限内履行相应的给付义务。

第九十三条 原告请求被告履行法定职责或者依法履行支付抚恤金、最低生活保障待遇或者社会保险待遇等给付义务，原告未先向行政机关提出申请的，人民法院裁定驳回起诉。

人民法院经审理认为原告所请求履行的法定职责或者给付义务明显不属于行政机关权限范围的，可以裁定驳回起诉。

◆知识要点

(1) 适用范围。给付判决是新法新增的一类判决。它是从原来的履行判决中分离出的一种判决类型。如果原告申请被告履行支付抚恤金、最低生活保障待遇或者社会保险待遇等金钱给付义务，但被告拒绝或拖延履行且无正当理由的，法院应判决被告在一定期限内履行相应的给付义务。

(2) 与履行判决相同，原告请求被告依法履行支付抚恤金、最低生活保障待遇或者社会保险待遇等给付义务，原告未先向行政机关提出申请的，人民法院裁定驳回起诉。

人民法院经审理认为原告所请求履行的给付义务明显不属于行政机关权限范围的，可以裁定驳回起诉。

◆考点归纳

给付判决适用于原告申请被告依法履行支付抚恤金、最低生活保障待遇或者社会保险待遇等金钱给付义务，被告依法负有给付义务而拒绝或者拖延履行义务且无正当理由的，法院应判决被告履行金钱给付义务。

六、变更判决

◆**重点法条**

《行政诉讼法》

第七十七条 行政处罚明显不当,或者其他行政行为涉及对款额的确定、认定确有错误的,人民法院可以判决变更。

人民法院判决变更,不得加重原告的义务或者减损原告的权益。但利害关系人同为原告,且诉讼请求相反的除外。

◆**知识要点**

变更判决是法院直接对被告的具体行政行为进行变更的判决。变更判决中应注意的事项如下:

1. 适用范围有限

变更判决是法院直接对被诉具体行政行为进行变更,事实上就是法院用新的处理决定取代被告原来的决定。鉴于司法权和行政权的关系问题,旧法将变更判决在行政诉讼中的适用范围仅限于"行政处罚显失公正的案件"。新法增加了变更判决的适用情形,根据新法,变更判决主要适用于以下两种情形:

(1) 行政处罚明显不当。所谓"明显不当"和旧法中的"显失公正"在本质上没有差别,主要是为了与撤销判决中行政行为"明显不当",法院可判决撤销保持一致,是指行政处罚虽然不违法,但明显的不公正、不合理。

(2) 其他行政行为涉及对款额的确定、认定确有错误的。如果行政行为涉及对款额的确定和认定存在错误,此时涉及的并非行政行为的合法性问题,而是相关的技术问题,如法院再要求行政机关根据法院认定的款额重作行政行为,将不利于行政经济和效率,此时法院可直接判决变更对款额的确认和认定。

2. 禁止不利变更原则

新法对变更原则的规定不仅在于增加了变更判决的适用理由,还在于引入了"禁止不利变更原则"。"禁止不利变更原则"源于刑法中的"上诉不加刑"原则,其宗旨是为了保护当事人对诉讼制度的信赖,免去当事人诉诸司法救济的后顾之忧。根据这一原则,人民法院判决变更,不得加重原告的义务或者减损原告的权益。但这一原则也有例外,如果利害关系人同为原告,且诉讼请求与原告相反,则法院也并非一律不得加重处罚。例如,在治安类案件中,加害人与受害人对于治安管理处罚均不服,加害人认为处罚过重,受害人认为处罚过轻,此时法院应全面的审查行政行为的适用,不再受"禁止不利变更原则"的拘束。

◆**考点归纳**

变更判决在行政诉讼中的适用范围相当有限,仅限于行政处罚显失公正的案件,其他案件法院均不能直接变更。这一点与行政复议的变更决定有显著差异。

七、确认判决

确认判决是新法新增的判决类型,可区分为确认违法判决与确认无效判决。

(一) 确认违法判决

◆**重点法条**

《行政诉讼法》

第七十四条 行政行为有下列情形之一的,人民法院判决确认违法,但不撤销行政行为:
(一) 行政行为依法应当撤销,但撤销会给国家利益、社会公共利益造成重大损害的;
(二) 行政行为程序轻微违法,但对原告权利不产生实际影响的。
行政行为有下列情形之一,不需要撤销或者判决履行的,人民法院判决确认违法:
(一) 行政行为违法,但不具有可撤销内容的;
(二) 被告改变原违法行政行为,原告仍要求确认原行政行为违法的;
(三) 被告不履行或者拖延履行法定职责,判决履行没有意义的。

《行诉法解释》(2018)

第九十六条 有下列情形之一,且对原告依法享有的听证、陈述、申辩等重要程序性权利不产生实质损害的,属于行政诉讼法第七十四条第一款第二项规定的"程序轻微违法":
(一) 处理期限轻微违法的;
(二) 通知、送达等程序轻微违法的;
(三) 其他程序轻微违法的情形。

◆**知识要点**

确认违法判决是法院经审理后认为被诉行政行为(包括行政不作为违法),但并不适合作出撤销判决或是履行判决,转而确认被诉行政行为违法的判决。从属性上来说,确认违法判决是对被诉行政行为的一种否定性评价,但其在行政诉讼中的地位则属于撤销判决的补充。新法又将确认违法根据其法律效果分为两类:一是确认违法,但不撤销行政行为;二是不需要撤销或判决履行的。

1. 确认违法但不撤销行政行为

所谓确认违法但不撤销行政行为是指,法院虽对被诉行政行为的合法性进行了否定性评价,但并不将其予以撤销,使其溯及既往地失去效力,而是让其在法律上依旧存在,依旧有效。其适用情形包括:

(1) 行政行为依法应当撤销,但撤销会给国家利益、社会公共利益造成重大损害的。其含义是指被诉行政行为本来符合撤销的适用理由,例如主要证据不足、适用法律法规错误、违反法定程序、超越职权、滥用职权、明显不当等,但此时如果撤销该行为,使其溯及既往地失去效力,会对国家利益、社会公共利益造成重大损失,此时法院虽判决宣告确认该行为违法,但并不撤销该行为,依旧使其在法律上存在并发挥效力。

(2) 行政行为程序轻微违法,但对原告权利不产生实际影响的。根据《行政诉讼法》第70条的规定,如果行政行为违反法定程序的,法院应判决撤销。但实践中,有些行政机关只是轻微的程序违法,违法瑕疵对原告的权利并未产生实际影响,此时如果撤销,被告行政机关又会作出与之前相同的行政行为,因此不符合程序经济原则。所以如果行政行为只是程序轻微违法,但对原告权利不产生实际影响的,法院虽判决宣告该违法,但并不撤销该行为,依旧使其在法律上存在并发挥效力。

根据《行诉法解释》(2018),所谓"程序轻微违法"是指行政行为对原告依法享有的听证、陈述、申辩等重要程序性权利不产生实质损害,且具有以下情形的:

(1) 处理期限轻微违法；
(2) 通知、送达等程序轻微违法；
(3) 其他程序轻微违法的情形。

2. 不需要撤销或判决履行的

即被诉行政行为(或是不作为)虽然违法，但法院此时已经无法判决撤销或是判决其履行也没有任何意义的。其适用情形包括：

(1) 被诉行政行为违法，但不具有可撤销内容。这种情形主要指被诉具体行政行为已经执行完毕且无法恢复原状。

(2) 被告不履行法定职责，但判决其履行已无意义。这种情形是指被告不履行法定职责已经给原告造成了损失，即使被告再履行法定职责，也难以挽回损失。

(3) 被告在诉讼中改变具体行政行为，原告不撤诉且原行为违法。如果被告在诉讼期间已经改变了具体行政行为，原告不撤诉要求继续审理原行为的，根据前文所述，法院应继续审理原行为，如审查后认为原行为违法的，因原行为已经被被告撤销，在法律上已经不存在，所以法院应作出确认原行为违法的判决。

(二) 确认无效判决

◆重点法条

《行政诉讼法》

第七十五条 行政行为有实施主体不具有行政主体资格或者没有依据等重大且明显违法情形，原告申请确认行政行为无效的，人民法院判决确认无效。

《行诉法解释》(2018)

第九十四条 公民、法人或者其他组织起诉请求撤销行政行为，人民法院经审查认为行政行为无效的，应当作出确认无效的判决。

公民、法人或者其他组织起诉请求确认行政行为无效，人民法院审查认为行政行为不属于无效情形，经释明，原告请求撤销行政行为的，应当继续审理并依法作出相应判决；原告请求撤销行政行为但超过法定起诉期限的，裁定驳回起诉；原告拒绝变更诉讼请求的，判决驳回其诉讼请求。

第九十九条 有下列情形之一的，属于行政诉讼法第七十五条规定的"重大且明显违法"：

(一) 行政行为实施主体不具有行政主体资格；
(二) 减损权利或者增加义务的行政行为没有法律规范依据；
(三) 行政行为的内容客观上不可能实施；
(四) 其他重大且明显违法的情形。

第一百六十二条 公民、法人或者其他组织对2015年5月1日之前作出的行政行为提起诉讼，请求确认行政行为无效的，人民法院不予立案。

◆知识要点

1. 确认无效判决

根据之前的行政行为效力理论：一般的违法瑕疵并不会导致行政行为自始无效，只是使该行为构成违法的可撤销行为，但在当事人在诉请有权机关将该行政行为撤销前，当事人仍旧受该行政行为约束。但如果行政行为存在重大且明显的违法瑕疵，此时该行政行为自始无效。

因为如果法院经审查认为，被诉行政行为已经不再是一般性的违法，而是罹患重大且明显的违法瑕疵，就不能再作出撤销判决，而应该判决确认无效。以上学理认知被新法所吸纳，新法增加的确认无效判决主要适用于无效行政行为。对于"无效行政行为"的判断，《行政诉讼法》援用了"重大且明显违法"的标准，即行政行为的违法情形已经重大且明显到任何有理智的人均能判断的程度。

2. 重大且明显的情形

为给司法实践给予明确示范，《行诉法解释》(2018)还列举了导致无效的典型情形：

(1) 实施主体没有主体资格；

(2) 减损权利或者增加义务的行政行为没有法律规范依据；

(3) 行政行为的内容客观上不可能实施；

(4) 其他重大且明显违法的情形。

3. 确认无效转撤销判决

公民、法人或者其他组织起诉请求确认行政行为无效，人民法院审查认为行政行为不属于无效情形，经释明，原告请求撤销行政行为的，应当继续审理并依法作出相应判决；原告请求撤销行政行为但超过法定起诉期限的，裁定驳回起诉；原告拒绝变更诉讼请求的，判决驳回其诉讼请求。

4. 请求确认无效的诉讼期限

值得注意的是，相对人请求法院确认行政行为无效并不受起诉期限的限制，换言之，法院可在任何时间确认一项重大且明显违法的行政行为无效。但因为确认无效判决是2014年《行政诉讼法》修改时纳入的，且修改后的《行政诉讼法》自2015年5月1日起生效，因此，公民、法人或者其他组织对2015年5月1日之前作出的行政行为提起诉讼，请求确认行政行为无效的，人民法院不予立案。

(三) 确认违法和确认无效的补充规定

◆重点法条

《行政诉讼法》

第七十六条 人民法院判决确认违法或者无效的，可以同时判决责令被告采取补救措施；给原告造成损失的，依法判决被告承担赔偿责任。

《行诉法解释》(2018)

第九十五条 人民法院经审理认为被诉行政行为违法或者无效，可能给原告造成损失，经释明，原告请求一并解决行政赔偿争议的，人民法院可以就赔偿事项进行调解；调解不成的，应当一并判决。人民法院也可以告知其就赔偿事项另行提起诉讼。

第九十七条 原告或者第三人的损失系由其自身过错和行政机关的违法行政行为共同造成的，人民法院应当依据各方行为与损害结果之间有无因果关系以及在损害发生和结果中作用力的大小，确定行政机关相应的赔偿责任。

◆知识要点

确认违法和确认无效判决原则上只是对被诉行政行为进行具有法律效力的确认和宣告，其内容并不包含实质的给付，也不会使法律关系发生变动，因此在某些情形下，并不能充分满足原告的诉讼请求。此时法院可同时作出以下辅助性判决：① 责令被告采取补救措施；② 给原告造成损失的，依法判决被告承担赔偿责任。

此外，人民法院经审理认为被诉行政行为违法或者无效，可能给原告造成损失，经释明，原告请求一并解决行政赔偿争议的，人民法院可以就赔偿事项进行调解；调解不成的，应当一并判决。人民法院也可以告知其就赔偿事项另行提起诉讼。

◆ 考点归纳

（1）确认违法判决只是撤销判决的补充判决，对于违法的行政行为，法院原则上就是撤销，只有不适宜撤销时，才会作出确认违法判决。考生不能将撤销判决与确认违法判决并置，认为被诉行政行为违法时，法院可自由选择作出撤销或确认违法判决。

（2）新法将确认违法判决的法律效果进行了细分，对于确认违法判决适用的五种情形，都在考试中经常出现。

（3）确认无效判决是新法对行政行为效力理论的吸纳。如果被诉行政行为属于"重大且明显违法"，法院就不应再作出撤销判决，而应作出确认无效判决。

◆ 经典真题

1.（2006-2-45）法院在审理某药品行政处罚案时查明，药品监督管理局在作出处罚决定前拒绝听取被处罚人甲的陈述申辩。下列关于法院判决的哪种说法是正确的？（C）

A. 拒绝听取陈述申辩属于违反法定程序，应判决撤销行政处罚决定，并判令被告重新作出具体行政行为

B. 拒绝听取陈述申辩属于程序瑕疵，应判决驳回原告的诉讼请求

C. 拒绝听取陈述申辩属于违反法定程序，应判决确认行政处罚决定无效

D. 拒绝听取陈述申辩属于违反法定程序，应判决确认行政处罚决定不能成立

【解析】 根据《行政处罚法》的规定，行政机关在作出处罚决定前，没有告知当事人事实、理由和依据，或者拒绝听取当事人陈述、申辩的，为处罚不成立的行为，应作出确认无效判决。因此选项 C 正确。

2.（2007-2-83）罗某受到朱某的人身威胁，向公安机关报案，公安机关未采取任何措施。三天后，罗某了解到朱某因涉嫌抢劫被刑事拘留。罗某以公安机关不履行法定职责为由向法院提起行政诉讼，同时提出行政赔偿请求，要求赔偿精神损失。法院经审理认为，公安机关确未履行法定职责。下列哪些选项是正确的？（BD）

A. 因朱某已被刑事拘留，法院应当判决驳回罗某起诉

B. 法院应当判决确认公安机关不履行职责行为违法

C. 法院应当判决公安机关赔偿罗某的精神损失

D. 法院应当判决驳回罗某的行政赔偿请求

【解析】 本案中罗某诉公安机关不作为，但此时判决公安机关履行法定职责已经没有意义，因此应确认其违法，选项 A 错误，B 正确；本题在 2007 年的真题，当时我国的《国家赔偿法》还未纳入精神损害赔偿，因此选项 C 错误；我国的《国家赔偿法》赔偿的主要是当事人的直接和实际损失，而本案中，尽管公安机关未履行法定职责，但罗某并没有任何直接和实际损失，因此法院应判决驳回其行政赔偿请求，选项 D 正确。

3.（2015-2-99）某镇政府以一公司所建钢架大棚未取得乡村建设规划许可证为由责令限期拆除。该公司逾期不拆除，镇政府现场向其送达强拆通知书，组织人员拆除了大棚。该公司向法院起诉要求撤销强拆行为。如一审法院审理认为强拆行为违反法定程序，可作出的判决有:(B)

A. 撤销判决　　　B. 确认违法判决　　　C. 履行判决　　　D. 变更判决

【解析】 本案中尽管强拆行为违反法定程序，应予撤销，但强拆行为虽然违法，但并没有可撤销的内容，因此法院不能作出撤销判决，只能确认违法，因此 B 正确。

八、法院对复议决定和原行为的一并裁判

◆ **重点法条**

《行政诉讼法》

第七十九条 复议机关与作出原行政行为的行政机关为共同被告的案件,人民法院应当对复议决定和原行政行为一并作出裁判。

《行诉法解释》(2018)

第八十九条 复议决定改变原行政行为错误,人民法院判决撤销复议决定时,可以一并责令复议机关重新作出复议决定或者判决恢复原行政行为的法律效力。

第一百三十五条 复议机关决定维持原行政行为的,人民法院应当在审查原行政行为合法性的同时,一并审查复议决定的合法性。

作出原行政行为的行政机关和复议机关对原行政行为合法性共同承担举证责任,可以由其中一个机关实施举证行为。复议机关对复议决定的合法性承担举证责任。

复议机关作共同被告的案件,复议机关在复议程序中依法收集和补充的证据,可以作为人民法院认定复议决定和原行政行为合法的依据。

第一百三十六条 人民法院对原行政行为作出判决的同时,应当对复议决定一并作出相应判决。

人民法院依职权追加作出原行政行为的行政机关或者复议机关为共同被告的,对原行政行为或者复议决定可以作出相应判决。

人民法院判决撤销原行政行为和复议决定的,可以判决作出原行政行为的行政机关重新作出行政行为。

人民法院判决作出原行政行为的行政机关履行法定职责或者给付义务的,应当同时判决撤销复议决定。

原行政行为合法、复议决定违法的,人民法院可以判决撤销复议决定或者确认复议决定违法,同时判决驳回原告针对原行政行为的诉讼请求。

原行政行为被撤销、确认违法或者无效,给原告造成损失的,应当由作出原行政行为的行政机关承担赔偿责任;因复议决定加重损害的,由复议机关对加重部分承担赔偿责任。

原行政行为不符合复议或者诉讼受案范围等受理条件,复议机关作出维持决定的,人民法院应当裁定一并驳回对原行政行为和复议决定的起诉。

◆ **知识要点**

(一)复议决定改变原行政行为的裁判

复议决定改变原行政行为错误,人民法院判决撤销复议决定时,可以一并责令复议机关重新作出复议决定或者判决恢复原行政行为的法律效力。

(二)复议决定维持原行为的裁判

《行政诉讼法》修改后,复议机关维持原行政行为的,原机关和复议机关为共同被告,此时法院在审查中就应对复议决定和原行为一并进行裁判,即法院在诉讼中要分别审查原行政行为和复议决定的合法性,并在一个判决中对原行政行为和复议决定的合法性同时作出裁判。具体裁判方式如下:

(1)如果原行政决定违法,复议决定又维持了原行政决定,此时法院应同时撤销原行政行为和复议决定,并可以判决作出原行政行为的行政机关重新作出行政行为;

(2) 如果法院经审理认为原机关未依法履行法定职责或给付义务,而复议机关又驳回了当事人要求原机关履行义务的复议申请(驳回复议申请同样属于维持原行为),此时法院会判决作出原行政行为的行政机关履行法定职责或给付义务,相应的,也应同时判决撤销复议机关驳回复议申请的决定;

(3) 如果法院经审理认为原行政行为合法,但复议机关虽维持了原行政行为,但在复议程序中存在程序瑕疵,此时法院应判决驳回原告针对原行政行为的诉讼请求,并判决确认罹患程序瑕疵的复议决定违法。

(4) 原行政行为被撤销、确认违法或者无效,给原告造成损失的,应当由作出原行政行为的行政机关承担赔偿责任;因复议程序违法给原告造成损失的,由复议机关承担赔偿责任。

复议机关维持原行为,法院对原行为和复议决定的一并裁判			
情形	原行为	复议决定	赔偿责任
原行政行为违法,复议决定又维持了原行为	人民法院判决撤销原行政行为,可以判决作出原行政行为的行政机关重新作出行政行为	判决撤销复议决定	原行政行为被撤销、确认违法或者无效,给原告造成损失的,应当由作出原行政行为的行政机关承担赔偿责任,因复议程序违法给原告造成损失的,由复议机关承担赔偿责任
原机关未履行法定职责或给付义务,复议决定维持原行政为	人民法院判决作出原行政行为的行政机关履行法定职责或者给付义务的	判决撤销复议决定	
原行政行为合法、复议决定违法的	人民法院判决驳回原告针对原行政行为的诉讼请求	判决确认复议决定违法	
原行政行为不符合复议或诉讼受案范围等受理条件,复议机关作出维持决定的	人民法院裁定驳回对原行政行为的起诉	裁定驳回对复议决定的起诉	

第九节 行政诉讼的一审程序

本节主要涉及一审中的公开宣判、审理期限以及简易程序。其中简易程序是新法新增的重要内容,考生复习时请特别注意。

一、公开宣判

◆**重点法条**
《**行政诉讼法**》
第八十条 人民法院对公开审理和不公开审理的案件,一律公开宣告判决。
当庭宣判的,应当在十日内发送判决书;定期宣判的,宣判后立即发给判决书。

宣告判决时,必须告知当事人上诉权利、上诉期限和上诉的人民法院。

◆ **知识要点**

判决要公开宣告,是诉讼法中的重要规则。无论是公开审理或是不公开审理的案件,都应该公开宣判。对于不公开审理的案件,宣判时只是宣读判决的主文,对涉及国家秘密、商业秘密和个人隐私的部分,已经作了相应技术处理,因此并不会造成秘密泄露。宣告判决时,为保障当事人的上诉权,必须告知当事人上诉权利、上诉期限和上诉的人民法院。

判决应以书面形式作出。当庭宣判的,应当在10日内发送判决书;定期宣判的,宣判后立即发给判决书。

二、第一审审理期限

◆ **重点法条**

《行政诉讼法》

第八十一条 人民法院应当在立案之日起六个月内作出第一审判决。有特殊情况需要延长的,由高级人民法院批准。高级人民法院审理第一审案件需要延长的,由最高人民法院批准。

◆ **知识要点**

旧法规定行政案件一审的期限为3个月,但实践证明,3个月时间对审结一些复杂的行政案件,期限太短;新法因此将一审期限延长至6个月。

人民法院遇到特殊情况不能如期审结案件的,还可以延长审理期限。这些特殊情形包括:① 行政行为依据的证据需要重新鉴定、勘验或需要补充其他证据;② 行政行为认定的事实需要进一步调查、核实的;③ 案件复杂,涉及较多的人员和地区,致使案件不能如期审结的。基层和中级人民法院有特殊情况需要延长的,由高级人民法院批准。高级人民法院审理第一审案件需要延长的,由最高人民法院批准。

三、简易程序

◆ **重点法条**

《行政诉讼法》

第八十二条 人民法院审理下列第一审行政案件,认为事实清楚、权利义务关系明确、争议不大的,可以适用简易程序:

(一)被诉行政行为是依法当场作出的;

(二)案件涉及款额二千元以下的;

(三)属于政府信息公开案件的。

除前款规定以外的第一审行政案件,当事人各方同意适用简易程序的,可以适用简易程序。

发回重审、按照审判监督程序再审的案件不适用简易程序。

第八十三条 适用简易程序审理的行政案件,由审判员一人独任审理,并应当在立案之日起四十五日内审结。

第八十四条 人民法院在审理过程中,发现案件不宜适用简易程序的,裁定转为普通程序。

《行诉法解释》(2018)

第一百零二条 行政诉讼法第八十二条规定的行政案件中的"事实清楚",是指当事人对争议的事实陈述基本一致,并能提供相应的证据,无须人民法院调查收集证据即可查明事实;"权利义务关系明确",是指行政法律关系中权利和义务能够明确区分;"争议不大",是指当事人对行政行为的合法性、责任承担等没有实质分歧。

第一百零三条 适用简易程序审理的行政案件,人民法院可以用口头通知、电话、短信、传真、电子邮件等简便方式传唤当事人、通知证人、送达裁判文书以外的诉讼文书。

以简便方式送达的开庭通知,未经当事人确认或者没有其他证据证明当事人已经收到的,人民法院不得缺席判决。

第一百零四条 适用简易程序案件的举证期限由人民法院确定,也可以由当事人协商一致并经人民法院准许,但不得超过十五日。被告要求书面答辩的,人民法院可以确定合理的答辩期间。

人民法院应当将举证期限和开庭日期告知双方当事人,并向当事人说明逾期举证以及拒不到庭的法律后果,由双方当事人在笔录和开庭传票的送达回证上签名或者捺印。

当事人双方均表示同意立即开庭或者缩短举证期限、答辩期间的,人民法院可以立即开庭审理或者确定近期开庭。

第一百零五条 人民法院发现案情复杂,需要转为普通程序审理的,应当在审理期限届满前作出裁定并将合议庭组成人员及相关事项书面通知双方当事人。

案件转为普通程序审理的,审理期限自人民法院立案之日起计算。

◆知识要点

简易程序相对于普通程序,是以"相对快速、简单的方式解决争议或处理案件的程序"。旧法并没有简易程序的规定,所有的行政案件,无论繁简,均按同一程序进行;而新法则引入了简易程序,使行政案件的审理做到了"繁简分流"。

1. 适用范围

简易程序只适用于一审行政案件,二审和再审的行政案件均不能适用简易程序。在一审案件中,也并非所有的案件均能适用简易程序,可以适用简易程序审理的案件首先应具备"事实清楚、权利义务关系明确、争议不大"的前提。"事实清楚",是指当事人对争议的事实陈述基本一致,并能提供相应的证据,无须人民法院调查收集证据即可查明事实;"权利义务关系明确",是指行政法律关系中权利和义务能够明确区分;"争议不大",是指当事人对行政行为的合法性、责任承担等没有实质分歧。

在形式标准方面,新法列举了以下三种可适用简易程序的情形:

(1) 案件涉及款额是2000元以下的;

(2) 被诉行政行为是依法当场作出的,即被诉行政行为是行政机关在执法现场适用简易程序直接作出行政行为的情形。例如《行政处罚法》规定,对于"违法事实确凿并有法定依据,对公民处以五十元以下、对法人或其他组织处以一千元以下罚款或警告的行政处罚,可以当场作出行政处罚决定"。对此类决定,当事人不服提起诉讼,法院可适用简易程序审理案件;

(3) 属于政府信息公开案件的。政府信息公开案件虽然数量众多,但案情相对简单,并不存在太多争议,因此可适用简易程序审理。这类案件包括:向行政机关申请获取政府信息,行政机关拒绝提供或者逾期不予答复的;认为行政机关提供的政府信息不符合其在申请中要求的内容或者法律、法规规定的适当形式的;认为行政机关主动公开或者依他人申请公开政府信息侵犯其商业秘密、个人隐私;认为行政机关提供的与其自身相关的政府信息记录不准确,要求该行政机关予以更正,该行政机关拒绝更正、逾期不予答复或者不予转送有权机关处理的;认为行政机关在政府信息公开工作中的其他具体行政行为侵犯其合法权益的。

(4)除上述情形外,当事人各方都同意适用简易程序审理的一审案件,可以适用简易程序。但发回重审、按照审判监督程序再审的案件,不能适用简易程序。此类案件一般都存在事实不清或法律争议较大的问题,因此不能适用简易程序。

2. 简易程序的特点

简易程序和一般程序相比有以下特点:① 独任审理:即适用简易程序一般都采用独任制的组织形式,由审判员一人独任审理;② 审理期限:适用简易程序审理的案件,应当在立案之日起45日内审结。

3. 传唤方式

(1)适用简易程序审理的行政案件,人民法院可以用口头通知、电话、短信、传真、电子邮件等简便方式传唤当事人、通知证人、送达裁判文书以外的诉讼文书。

(2)但以简便方式送达的开庭通知,未经当事人确认或者没有其他证据证明当事人已经收到的,人民法院不得缺席判决。

4. 举证期限

适用简易程序案件的举证期限由人民法院确定,也可以由当事人协商一致并经人民法院准许,但不得超过15日。被告要求书面答辩的,人民法院可以确定合理的答辩期间。

5. 立即开庭或近期开庭

当事人双方均表示同意立即开庭或者缩短举证期限、答辩期间的,人民法院可以立即开庭审理或者确定近期开庭。

6. 简易程序转为普通程序

人民法院在审理过程中,如发现案件不宜适用简易程序的,可裁定转为普通程序,转为普通程序后,应当组成合议庭对案件进行审理,并及时通知双方当事人。

需要转为普通程序审理的,应当在审理期限届满前作出裁定并将合议庭组成人员及相关事项书面通知双方当事人。案件转为普通程序审理的,审理期限自人民法院立案之日起计算。

简易程序	
适用范围	事实清楚、权利义务关系明确、争议不大的一审行政案件: (1)被诉行政行为是依法当场作出的; (2)案件涉及款额2 000元以下的; (3)属于政府信息公开案件的; (4)除上述情形外,当事人各方都同意适用简易程序审理的。
适用禁止	发回重审、按照审判监督程序再审的案件,不能适用简易程序。

(续表)

简易程序	
传唤方式	(1) 适用简易程序审理的行政案件,人民法院可以用口头通知、电话、短信、传真、电子邮件等简便方式传唤当事人、通知证人,**送达裁判文书以外的诉讼文书**。 (2) 但以简便方式送达的开庭通知,未经当事人确认或者没有其他证据证明当事人已经收到的,人民法院不得缺席判决。
举证期限	适用简易程序案件的举证期限由人民法院确定,也可以由当事人协商一致并经人民法院准许,但不得超过15日。被告要求书面答辩的,人民法院可以确定合理的答辩期间。
立即开庭或近期开庭	当事人双方均表示同意立即开庭或者缩短举证期限、答辩期间的,人民法院可以立即开庭审理或者确定近期开庭。
特点	(1) 由审判员一人独任审理; (2) 在立案之日起45日内审结。
转换程序	(1) 人民法院在审理过程中,发现案件不宜适用简易程序的,裁定转为普通程序。 (2) 需要转为普通程序审理的,应当在审理期限届满前作出裁定并将合议庭组成人员及相关事项书面通知双方当事人。 (3) 案件转为普通程序审理的,审理期限自人民法院立案之日起计算。

◆ **经典真题**

(2016-2-84) 交警大队以方某闯红灯为由当场处以50元罚款,方某不服起诉。法院适用简易程序审理。关于简易程序,下列哪些说法是正确的?(AC)

A. 由审判员一人独任审理

B. 法院应在立案之日起30日内审结,有特殊情况需延长的经批准可延长

C. 法院在审理过程中发现不宜适用简易程序的,裁定转为普通程序

D. 对适用简易程序作出的判决,当事人不得提出上诉

【解析】 适用简易程序审理的案件,由审判员一人独任审理,因此A正确;适用简易程序审理的案件,应在立案之日起45日内审结,因此B错误;人民法院在审理过程中,发现案件不宜适用简易程序的,裁定转为普通程序,因此C正确;当事人对适用简易程序作出的判决当然有权上诉,因此D错误。

第十节 行政诉讼的二审与再审程序

二审和再审程序并非行政诉讼的重点,但考生仍需注意新法对于二审和再审程序作出修改的地方。

一、二审程序

◆ **重点法条**
《行政诉讼法》
第八十五条 当事人不服人民法院第一审判决的,有权在判决书送达之日起十五日内向上一级人民法院提起上诉。当事人不服人民法院第一审裁定的,有权在裁定书送达之日起十日内向上一级人民法院提起上诉。逾期不提起上诉的,人民法院的第一审判决或者裁定发生法律效力。

第八十六条 人民法院对上诉案件,应当组成合议庭,开庭审理。经过阅卷、调查和询问当事人,对没有提出新的事实、证据或者理由,合议庭认为不需要开庭审理的,也可以不开庭审理。

第八十七条 人民法院审理上诉案件,应当对原审人民法院的判决、裁定和被诉行政行为进行全面审查。

第八十八条 人民法院审理上诉案件,应当在收到上诉状之日起三个月内作出终审判决。有特殊情况需要延长的,由高级人民法院批准,高级人民法院审理上诉案件需要延长的,由最高人民法院批准。

第八十九条 人民法院审上诉案件,按照下列情形,分别处理:
(一)原判决、裁定认定事实清楚,适用法律、法规正确的,判决或者裁定驳回上诉,维持原判决、裁定;
(二)原判决、裁定认定事实错误或者适用法律、法规错误的,依法改判、撤销或者变更;
(三)原判决认定基本事实不清、证据不足的,发回原审人民法院重审,或者查清事实后改判;
(四)原判决遗漏当事人或者违法缺席判决等严重违反法定程序的,裁定撤销原判决,发回原审人民法院重审。

原审人民法院对发回重审的案件作出判决后,当事人提起上诉的,第二审人民法院不得再次发回重审。

人民法院审理上诉案件,需要改变原审判决的,应当同时对被诉行政行为作出判决。

《行诉法解释》(2018)
第一百零七条 第一审人民法院作出判决和裁定后,当事人均提起上诉的,上诉各方均为上诉人。

诉讼当事人中的一部分人提出上诉,没有提出上诉的对方当事人为被上诉人,其他当事人依原审诉讼地位列明。

第一百零八条 当事人提出上诉,应当按照其他当事人或者诉讼代表人的人数提出上诉状副本。

原审人民法院收到上诉状,应当在五日内将上诉状副本发送其他当事人,对方当事人应当在收到上诉状副本之日起十五日内提出答辩状。

原审人民法院应当在收到答辩状之日起五日内将副本发送上诉人。对方当事人不提出答辩状的,不影响人民法院审理。

原审人民法院收到上诉状、答辩状,应当在五日内连同全部案卷和证据,报送第二审人民法院;已经预收的诉讼费用,一并报送。

第一百零九条 第二审人民法院经审理认为原审人民法院不予立案或者驳回起诉的裁定确有错误且当事人的起诉符合起诉条件的,应当裁定撤销原审人民法院的裁定,指令原审人民法院依法立案或者继续审理。

第二审人民法院裁定发回原审人民法院重新审理的行政案件,原审人民法院应当另行组成合议庭进行审理。

原审判决遗漏了必须参加诉讼的当事人或者诉讼请求的,第二审人民法院应当裁定撤销原审判决,发回重审。

原审判决遗漏行政赔偿请求,第二审人民法院经审查认为依法不应当予以赔偿的,应当判决驳回行政赔偿请求。

原审判决遗漏行政赔偿请求,第二审人民法院经审理认为依法应当予以赔偿的,在确认被诉行政行为违法的同时,可以就行政赔偿问题进行调解;调解不成的,应当就行政赔偿部分发回重审。

当事人在第二审期间提出行政赔偿请求的,第二审人民法院可以进行调解;调解不成的,应当告知当事人另行起诉。

◆**知识要点**

行政诉讼的二审程序需要特别注意的是:

(1)审理方式。旧法规定,"人民法院对上诉案件,认为事实清楚的,可以实行书面审理"。但新法为更好地保障当事人的上诉权而规定,二审案件以"开庭审理为原则,以书面审查为例外"。人民法院对上诉案件,应当组成合议庭,开庭审理。经过阅卷、调查和询问当事人,对没有提出新的事实、证据或者理由,合议庭认为不需要开庭审理的,也可以不开庭审理。

(2)审理范围。二审法院对于行政诉讼的上诉案件,实行全面审查的原则。所谓"全面审查"指法院审理二审行政案件时,既要审查一审判决,也审查被诉具体行政行为;既要审查法律问题,也要审查事实问题;二审法院的审查也不受当事人上诉理由的限制。

(3)诉讼地位的列明。第一审人民法院作出判决和裁定后,当事人均提起上诉的,上诉各方均为上诉人。诉讼当事人中的一部分人提出上诉,没有提出上诉的对方当事人为被上诉人,其他当事人依原审诉讼地位列明。

(4)二审裁判。行政案件的二审裁判原则上和民诉相同,需要注意的有三点:① 法院审理上诉案件,需要改变原审判决的,应当同时对被诉行政行为作出判决。② 再次发回重审的禁止。新法特别规定,原审人民法院对发回重审的案件作出判决后,当事人提起上诉的,第二审人民法院不得再次发回重审。③ 第二审人民法院经审理认为原审人民法院不予立案或者驳回起诉的裁定确有错误且当事人的起诉符合起诉条件的,应当裁定撤销原审人民法院的裁定,指令原审人民法院依法立案或者继续审理。

(5)二审遗漏诉讼请求的处理具体分为三类:① 原审判决遗漏当事人或诉讼请求,撤销原判,发回重审。② 原审判决遗漏行政赔偿请求的二审法院应对是否赔偿作出处理,二审法院认为依法不应当予以赔偿的,应当判决驳回行政赔偿请求;第二审人民法院经审理认为依法应当予以赔偿的,在确认被诉具体行政行为违法的同时,可以就行政赔偿问题进行调解;调解不成的,应当就行政赔偿部分发回重审。③ 当事人在二审提出赔偿请求的,二审法院可以调解,调解不成,当事人另行起诉。

(6) 二审期限。人民法院审理上诉案件,应当在收到上诉状之日起 3 个月内作出终审判决。有特殊情况需要延长的,由高级人民法院批准,高级人民法院审理上诉案件需要延长的,由最高人民法院批准。

行政诉讼的二审程序	
审理方式	以开庭审理为原则,以书面审查为例外。
审理范围	实行全面审查原则,既要审查一审判决,也审查被诉具体行政行为。
诉讼地位	第一审人民法院作出判决和裁定后,当事人均提起上诉的,上诉各方均为上诉人。诉讼当事人中的一部分人提出上诉,没有提出上诉的对方当事人为被上诉人,其他当事人依原审诉讼地位列明。
二审裁判	(1) 原判事实清楚、适法正确,驳回上诉,维持原判; (2) 原判认定事实错误或适法错误,依法改判、撤销或变更原判,需要改变原审判决的,应当同时对被诉行政行为作出判决; (3) 原判事实不清、证据不足的,发回重审或是查清事实后改判,原审人民法院对发回重审的案件作出判决后,当事人提起上诉的,第二审人民法院不得再次发回重审; (4) 原判遗漏当事人或违法缺席判决等严重违反法定程序的,撤销原判,发回重审,原审人民法院对发回重审的案件作出判决后,当事人提起上诉的,第二审人民法院不得再次发回重审; (5) 第二审人民法院经审理认为原审人民法院不予立案或者驳回起诉的裁定确有错误且当事人的起诉符合起诉条件的,应当裁定撤销原审人民法院的裁定,指令原审人民法院依法立案或者继续审理。
遗漏诉讼请求的处理	(1) 原审判决遗漏当事人或诉讼请求,撤销原判,发回重审。 (2) 原审判决遗漏行政赔偿请求的二审法院应对是否赔偿作出处理,二审法院认为依法不应当予以赔偿的,应当判决驳回行政赔偿请求;第二审人民法院经审理认为依法应予以赔偿的,在确认被诉具体行政行为违法的同时,可以就行政赔偿问题进行调解;调解不成的,应当就行政赔偿部分发回重审。 (3) 当事人在二审提出赔偿请求,二审法院可以调解,调解不成,当事人另行起诉。
二审期限	人民法院审理上诉案件,应当在收到上诉状之日起 3 个月内作出终审判决。

◆经典真题

1. (2009-2-48) 某区公安分局以蔡某殴打孙某为由对蔡某拘留十日并处罚款 500 元。蔡某向法院起诉,要求撤销处罚决定和赔偿损失。一审法院经审理认定处罚决定违法。下列哪一选项是正确的?(D)

A. 蔡某所在地的法院对本案无管辖权

B. 一审法院应判决撤销拘留决定,返还罚款 500 元、按照国家上年度职工日平均工资赔偿拘留十日的损失和一定的精神抚慰金

C. 如一审法院的判决遗漏了蔡某的赔偿请求,二审法院应当裁定撤销一审判决,发回重审

D. 如蔡某在二审期间提出赔偿请求,二审法院可以进行调解,调解不成的,应告知蔡某另行起诉

【解析】 当事人在二审期间提出行政赔偿请求的,二审法院可以进行调解,调解不成的,应告知当事人另行起诉,因此选项 D 正确;原审判决遗漏行政赔偿请求的,二审法院认为依法不应当予以赔偿的,应当判决驳回行政赔偿请求;第二审人民法院经审理认为依法应当予以赔偿的,在确认被诉具体行政行为违法的同时,可以就行政赔偿问题进行调解;调解不成的,应当就行政赔偿部分发回重审,因此选项 C 错误;本案涉及行政机关既对人身采取限制自由的强制措施,又对财产进行处罚,因此蔡某所在地的法院有管辖权,A 选项错误;我国的国家赔偿不支持精神损害赔偿,因此选项 B 错误。

2. (2017-2-100)县政府以某化工厂不符合国家产业政策、污染严重为由,决定强制关闭该厂。该厂向法院起诉要求撤销该决定,并提出赔偿请求。一审法院认定县政府决定违法,予以撤销,但未对赔偿请求作出裁判,县政府提出上诉。下列说法正确的是:(CD)
A. 本案第一审应由县法院管辖
B. 二审法院不得以不开庭方式审理该上诉案件
C. 二审法院应对一审法院的判决和被诉行政行为进行全面审查
D. 如二审法院经审查认为依法不应给予该厂赔偿的,应判决驳回其赔偿请求

【解析】 被告是县法院的,一审法院是中级人民法院,因此 A 错误;人民法院对上诉案件,应当组成合议庭,开庭审理。经过阅卷、调查和询问当事人,对没有提出新的事实、证据或者理由,合议庭认为不需要开庭审理的,也可以不开庭审理,因此 B 错误;二审法院应对一审法院的判决和被诉行政行为进行全面审查,因此 C 正确;一审遗漏行政赔偿请求的,二审法院认为不应当赔的,应当判决驳回赔偿请求,因此 D 正确。

二、再审程序

◆重点法条

《行政诉讼法》

第九十条 当事人对已经发生法律效力的判决、裁定,认为确有错误的,可以向上一级人民法院申请再审,但判决、裁定不停止执行。

第九十一条 当事人的申请符合下列情形之一的,人民法院应当再审:
(一) 不予立案或者驳回起诉确有错误的;
(二) 有新的证据,足以推翻原判决、裁定的;
(三) 原判决、裁定认定事实的主要证据不足、未经质证或者系伪造的;
(四) 原判决、裁定适用法律、法规确有错误的;
(五) 违反法律规定的诉讼程序,可能影响公正审判的;
(六) 原判决、裁定遗漏诉讼请求的;
(七) 据以作出原判决、裁定的法律文书被撤销或者变更的;
(八) 审判人员在审理该案件时有贪污受贿、徇私舞弊、枉法裁判行为的。

第九十二条 各级人民法院院长对本院已经发生法律效力的判决、裁定,发现有本法第九十一条规定情形之一,或者发现调解违反自愿原则或者调解书内容违法,认为需要再审的,应当提交审判委员会讨论决定。

最高人民法院对地方各级人民法院已经发生法律效力的判决、裁定,上级人民法院对下级

人民法院已经发生法律效力的判决、裁定,发现有本法第九十一条规定情形之一,或者发现调解违反自愿原则或者调解书内容违法的,有权提审或者指令下级人民法院再审。

第九十三条 最高人民检察院对各级人民法院已经发生法律效力的判决、裁定,上级人民检察院对人民法院已经发生法律效力的判决、裁定,发现有本法第九十一条规定情形之一,或者发现调解书损害国家利益、社会公共利益的,应当提出抗诉。

地方各级人民检察院对同级人民法院已经发生法律效力的判决、裁定,发现有本法第九十一条规定情形之一,或者发现调解书损害国家利益、社会公共利益的,可以向同级人民法院提出检察建议,并报上级人民检察院备案;也可以提请上级人民检察院向同级人民法院提出抗诉。

各级人民检察院对审判监督程序以外的其他审判程序中审判人员的违法行为,有权向同级人民法院提出检察建议。

《行诉法解释》(2018)

第一百一十条 当事人向上一级人民法院申请再审,应当在判决、裁定或者调解书发生法律效力后六个月内提出。有下列情形之一的,自知道或者应当知道之日起六个月内提出:

(一)有新的证据,足以推翻原判决、裁定的;

(二)原判决、裁定认定事实的主要证据是伪造的;

(三)据以作出原判决、裁定的法律文书被撤销或者变更的;

(四)审判人员审理该案件时有贪污受贿、徇私舞弊、枉法裁判行为的。

第一百一十一条 当事人申请再审的,应当提交再审申请书等材料。人民法院认为有必要的,可以自收到再审申请书之日起五日内将再审申请书副本发送对方当事人。对方当事人应当自收到再审申请书副本之日起十五日内提交书面意见。人民法院可以要求申请人和对方当事人补充有关材料,询问有关事项。

第一百一十二条 人民法院应当自再审申请案件立案之日起六个月内审查,有特殊情况需要延长的,由本院院长批准。

第一百一十三条 人民法院根据审查再审申请案件的需要决定是否询问当事人;新的证据可能推翻原判决、裁定的,人民法院应当询问当事人。

第一百一十四条 审查再审申请期间,被申请人及原审其他当事人依法提出再审申请的,人民法院应当将其列为再审申请人,对其再审事由一并审查,审查期限重新计算。经审查,其中一方再审申请人主张的再审事由成立的,应当裁定再审。各方再审申请人主张的再审事由均不成立的,一并裁定驳回再审申请。

第一百一十五条 审查再审申请期间,再审申请人申请人民法院委托鉴定、勘验的,人民法院不予准许。

审查再审申请期间,再审申请人撤回再审申请的,是否准许,由人民法院裁定。

再审申请人经传票传唤,无正当理由拒不接受询问的,按撤回再审申请处理。

人民法院准许撤回再审申请或者按撤回再审申请处理后,再审申请人再次申请再审的,不予立案,但有行政诉讼法第九十一条第二项、第三项、第七项、第八项规定情形,自知道或者应当知道之日起六个月内提出的除外。

第一百一十六条 当事人主张的再审事由成立,且符合行政诉讼法和本解释规定的申请再审条件的,人民法院应当裁定再审。

当事人主张的再审事由不成立,或者当事人申请再审超过法定申请再审期限、超出法定再审事由范围等不符合行政诉讼法和本解释规定的申请再审条件的,人民法院应当裁定驳回再审申请。

第一百一十八条 按照审判监督程序决定再审的案件,裁定中止原判决、裁定、调解书的执行,但支付抚恤金、最低生活保障费或者社会保险待遇的案件,可以不中止执行。

上级人民法院决定提审或者指令下级人民法院再审的,应当作出裁定,裁定应当写明中止原判决的执行;情况紧急的,可以将中止执行的裁定口头通知负责执行的人民法院或者作出生效判决、裁定的人民法院,但应当在口头通知后十日内发出裁定书。

第一百一十九条 人民法院按照审判监督程序再审的案件,发生法律效力的判决、裁定是由第一审法院作出的,按照第一审程序审理,所作的判决、裁定,当事人可以上诉;发生法律效力的判决、裁定是由第二审法院作出的,按照第二审程序审理,所作的判决、裁定,是发生法律效力的判决、裁定;上级人民法院按照审判监督程序提审的,按照第二审程序审理,所作的判决、裁定是发生法律效力的判决、裁定。

人民法院审理再审案件,应当另行组成合议庭。

第一百二十条 人民法院审理再审案件应当围绕再审请求和被诉行政行为合法性进行。当事人的再审请求超出原审诉讼请求,符合另案诉讼条件的,告知当事人可以另行起诉。

被申请人及原审其他当事人在庭审辩论结束前提出的再审请求,符合本解释规定的申请期限的,人民法院应当一并审理。

人民法院经再审,发现已经发生法律效力的判决、裁定损害国家利益、社会公共利益、他人合法权益的,应当一并审理。

第一百二十一条 再审审理期间,有下列情形之一的,裁定终结再审程序:
(一)再审申请人在再审期间撤回再审请求,人民法院准许的;
(二)再审申请人经传票传唤,无正当理由拒不到庭的,或者未经法庭许可中途退庭,按撤回再审请求处理的;
(三)人民检察院撤回抗诉的;
(四)其他应当终结再审程序的情形。

因人民检察院提出抗诉裁定再审的案件,申请抗诉的当事人有前款规定的情形,且不损害国家利益、社会公共利益或者他人合法权益的,人民法院裁定终结再审程序。

再审程序终结后,人民法院裁定中止执行的原生效判决自动恢复执行。

第一百二十二条 人民法院审理再审案件,认为原生效判决、裁定确有错误,在撤销原生效判决或者裁定的同时,可以对生效判决、裁定的内容作出相应裁判,也可以裁定撤销生效判决或者裁定,发回作出生效判决、裁定的人民法院重新审理。

◆知识要点

行政诉讼的再审程序亦与民事诉讼相同,需要注意的问题有:① 审理内容。再审法院应当全面审查原审判决与被诉的具体行政行为。② 审理程序。再审案件一般适用原审程序。③ 审理方式。再审原则上均按照原审方式进行,原审开庭审理的再审也开庭审理,原审书面审理的再审也书面审理。

此外需要注意的是,新法相比旧法在再审程序上进行了修改和增加:① 取消了向原审法院提出申诉,只允许向上一级人民法院申请再审。② 增加对"调解书"的再审程序:各级人民法院院长对本院已经发生法律效力的调解,认为违反自愿原则或者调解书内容违法,认为需要再审的,应当提交审判委员会讨论决定。最高人民法院发现地方各级人民法院的调解违反自愿原则或者调解书内容违法的,有权提审或者指令下级人民法院再审。③ 细化了旧法中的检察院抗诉程序。

◆**考点归纳**

再审	
再审法院	当事人向上一级人民法院申请再审。
再审对象	已经发生法律效力的判决、裁定。
再审事由	(1) 不予立案或者驳回起诉确有错误的; (2) 有新的证据,足以推翻原判决、裁定的; (3) 原判决、裁定认定事实的主要证据不足、未经质证或者系伪造的; (4) 原判决、裁定适用法律、法规确有错误的; (5) 违反法律规定的诉讼程序,可能影响公正审判的; (6) 原判决、裁定遗漏诉讼请求的; (7) 据以作出原判决、裁定的法律文书被撤销或者变更的; (8) 审判人员在审理该案件时有贪污受贿、徇私舞弊、枉法裁判行为的。
再审申请期限	(1) 当事人向上一级人民法院申请再审,应当在判决、裁定或者调解书发生法律效力后6个月内提出。 (2) 有下列情形之一的,自知道或者应当知道之日起6个月内提出:① 有新的证据,足以推翻原判决、裁定的;② 原判决、裁定认定事实的主要证据是伪造的;③ 据以作出原判决、裁定的法律文书被撤销或者变更的;④ 审判人员审理该案件时有贪污受贿、徇私舞弊、枉法裁判行为的。
再审审理期限	人民法院应当自再审申请案件立案之日起6个月内审查,有特殊情况需要延长的,由本院院长批准。
再审申请人	审查再审申请期间,被申请人及原审其他当事人依法提出再审申请的,人民法院应当将其列为再审申请人,对其再审事由一并审查,审查期限重新计算。
再审审理中的制度	(1) 审查再审申请期间,再审申请人申请人民法院委托鉴定、勘验的,人民法院不予准许; (2) 审查再审申请期间,再审申请人撤回再审申请的,是否准许,由人民法院裁定;再审申请人经传票传唤,无正当理由拒不接受询问的,按撤回再审申请处理。 (3) 人民法院准许撤回再审申请或者按撤回再审申请处理后,再审申请人再次申请再审的,不予立案。但有新的证据、足以推翻原判决、裁定的;原判决、裁定认定事实的主要证据不足,未经质证或系伪造的;据以作出原判决、裁定的法律文书被撤销或变更的;审判人员在审理该案件时有贪污受贿、徇私舞弊、枉法裁判行为的除外。

（续表）

再审	
再审的审查方式	人民法院根据审查再审申请案件的需要决定是否询问当事人；新的证据可能推翻原判决、裁定的，人民法院应当询问当事人。
裁定再审和裁定驳回	当事人主张的再审事由成立，且符合申请再审条件的，人民法院应当裁定再审；当事人主张的再审事由不成立，或者当事人申请再审超过法定申请再审期限、超出法定再审事由范围等不符合申请再审条件的，人民法院应当裁定驳回再审申请。
中止执行	按照审判监督程序决定再审的案件，裁定中止原判决、裁定、调解书的执行，但支付抚恤金、最低生活保障费或者社会保险待遇的案件，可以不中止执行。
再审内容	(1) 人民法院审理再审案件应当围绕再审请求和被诉行政行为合法性进行。当事人的再审请求超出原审诉讼请求，符合另案诉讼条件的，告知当事人可以另行起诉。 (2) 被申请人及原审其他当事人在庭审辩论结束前提出的再审请求，符合本解释规定的申请期限的，人民法院应当一并审理。 (3) 人民法院经再审，发现已经发生法律效力的判决、裁定损害国家利益、社会公共利益、他人合法权益的，应当一并审理。
对原生效裁判内容的处理	人民法院审理再审案件，认为原生效判决、裁定确有错误，在撤销原生效判决或者裁定的同时，可以对生效判决、裁定的内容作出相应裁判，也可以裁定撤销生效判决或者裁定，发回作出生效判决、裁定的人民法院重新审理

三、抗诉和检察建议

◆**重点法条**

《行政诉讼法》

第九十三条 最高人民检察院对各级人民法院已经发生法律效力的判决、裁定，上级人民检察院对人民法院已经发生法律效力的判决、裁定，发现有本法第九十一条规定情形之一，或者发现调解书损害国家利益、社会公共利益的，应当提出抗诉。

地方各级人民检察院对同级人民法院已经发生法律效力的判决、裁定，发现有本法第九十一条规定情形之一，或者发现调解书损害国家利益、社会公共利益的，可以向同级人民法院提出检察建议，并报上级人民检察院备案；也可以提请上级人民检察院向同级人民法院提出抗诉。

各级人民检察院对审判监督程序以外的其他审判程序中审判人员的违法行为，有权向同级人民法院提出检察建议。

《行诉法解释》(2018)

第一百一十七条 有下列情形之一的，当事人可以向人民检察院申请抗诉或者检察建议：

（一）人民法院驳回再审申请的；

(二) 人民法院逾期未对再审申请作出裁定的;
(三) 再审判决、裁定有明显错误的。
人民法院基于抗诉或者检察建议作出再审判决、裁定后,当事人申请再审的,人民法院不予立案。

◆知识要点
1. 抗诉
抗诉是人民检察院以国家法律监督机关的身份,对人民法院已经发生法律效力的行政判决、裁定,在具有法定理由时,提请人民法院重新审理。抗诉包括:最高人民检察院对各级人民法院已经发生法律效力的判决、裁定,上级人民检察院对人民法院已经发生法律效力的判决、裁定,发现有应当再审情形之一,或者发现调解书损害国家利益、社会公共利益的,应当提出抗诉。
抗诉与当事人申请再审不同,检察院的抗诉必然会引起再审程序的开始。

2. 检察建议
地方各级人民检察院对同级人民法院已经发生法律效力的判决、裁定,发现有本法第91条规定情形之一,或者发现调解书损害国家利益、社会公共利益的,可以向同级人民法院提出检察建议,并报上级人民检察院备案;也可以提请上级人民检察院向同级人民法院提出抗诉。
各级人民检察院对审判监督程序以外的其他审判程序中审判人员的违法行为,有权向同级人民法院提出检察建议。

3. 当事人申请检察院提出抗诉或是检察建议
为进一步保障当事人诉权,并敦促检察权积极履行监督职能,《行诉法解释》(2018)还规定了有下列情形的,当事人可以向检察院申请抗诉或者检察建议:
(1) 人民法院驳回再审申请的;
(2) 人民法院逾期未对再审申请作出裁定的;
(3) 再审判决、裁定有明显错误的。
人民法院基于抗诉或者检察建议作出再审判决、裁定后,当事人申请再审的,人民法院不予立案。

◆考点归纳

抗诉和检察建议	
抗诉和检察建议的对象	已经发生法律效力的判决、裁定和调解书
当事人申请抗诉和检察建议	(1) 人民法院驳回再审申请的; (2) 人民法院逾期未对再审申请作出裁定的; (3) 再审判决、裁定有明显错误的。

第十一节 法院判决、裁定和调解书的执行

行政诉讼判决、裁定和调解书的执行可区分为公民不履行,以及行政机关不履行,二者的处理方式有相当差异。

一、公民不履行判决、裁定和调解书的执行

◆重点法条

《行政诉讼法》

第九十五条 公民、法人或者其他组织拒绝履行判决、裁定、调解书的,行政机关或者第三人可以向第一审人民法院申请强制执行,或者由行政机关依法强制执行。

《行诉法解释》(2018)

第一百五十二条 对发生法律效力的行政判决书、行政裁定书、行政赔偿判决书和行政调解书,负有义务的一方当事人拒绝履行的,对方当事人可以依法申请人民法院强制执行。

人民法院判决行政机关履行行政赔偿、行政补偿或者其他行政给付义务,行政机关拒不履行的,对方当事人可以依法向法院申请强制执行。

第一百五十三条 申请执行的期限为二年。申请执行时效的中止、中断,适用法律有关规定。

申请执行的期限从法律文书规定的履行期间最后一日起计算;法律文书规定分期履行的,从规定的每次履行期间的最后一日起计算;法律文书中没有规定履行期限的,从该法律文书送达当事人之日起计算。

逾期申请的,除有正当理由外,人民法院不予受理。

◆知识要点

与非诉案件的执行不同,法院判决、裁定和调解书执行的对象是法院已经生效的判决、裁定和调解书。执行原因是当事人不履行上述法律文书。对法院生效判决、裁定和赔偿决定书的执行,需要注意的问题是:

(1) 申请期限。申请执行的期限为两年。申请执行时效的中止、中断,适用法律有关规定。申请执行的期限从法律文书规定的履行期间最后一日起计算;法律文书规定分期履行的,从规定的每次履行期间的最后一日起计算;法律文书中没有规定履行期限的,从该法律文书送达当事人之日起计算。逾期申请的,除有正当理由外,人民法院不予受理。

(2) 执行法院。原则上由一审法院执行,第一审人民法院认为情况特殊需要由第二审人民法院执行的,可以报请第二审人民法院执行,第二审人民法院可以决定由其执行,也可以决定由第一审人民法院执行。

二、行政机关不履行判决、裁定和调解书的执行

◆重点法条

《行政诉讼法》

第九十六条 行政机关拒绝履行判决、裁定、调解书的,第一审人民法院可以采取下列措施:

(一) 对应当归还的罚款或者应当给付的款额,通知银行从该行政机关的账户内划拨;

(二) 在规定期限内不履行的,从期满之日起,对该行政机关负责人按日处五十元至一百元的罚款;

(三) 将行政机关拒绝履行的情况予以公告;

(四) 向监察机关或者该行政机关的上一级行政机关提出司法建议。接受司法建议的机关,根据有关规定进行处理,并将处理情况告知人民法院;

（五）拒不履行判决、裁定、调解书，社会影响恶劣的，可以对该行政机关直接负责的主管人员和其他直接责任人员予以拘留；情节严重，构成犯罪的，依法追究刑事责任。

《行诉法解释》(2018)

第一百五十二条 对发生法律效力的行政判决书、行政裁定书、行政赔偿判决书和行政调解书，负有义务的一方当事人拒绝履行的，对方当事人可以依法申请人民法院强制执行。

人民法院判决行政机关履行行政赔偿、行政补偿或者其他行政给付义务，行政机关拒不履行的，对方当事人可以依法向法院申请强制执行。

第一百五十三条 申请执行的期限为二年。申请执行时效的中止、中断，适用法律有关规定。

申请执行的期限从法律文书规定的履行期间最后一日起计算；法律文书规定分期履行的，从规定的每次履行期间的最后一日起计算；法律文书中没有规定履行期限的，从该法律文书送达当事人之日起计算。

逾期申请的，除有正当理由外，人民法院不予受理。

◆知识要点

1. 执行措施

行政机关不履行行政诉讼判决、裁定和调解书的，第一审人民法院可以采取以下措施：

（1）对应当归还的罚款或者应当给付的款额，通知银行从该行政机关的账户内划拨；

（2）在规定期限内不履行的，从期满之日起，对该行政机关负责人按日处50元至100元的罚款；

（3）将行政机关拒绝履行的情况予以公告；

（4）向监察机关或者该行政机关的上一级行政机关提出司法建议，接受司法建议的机关，根据有关规定进行处理，并将处理情况告知人民法院；

（5）拒不履行判决、裁定、调解书，社会影响恶劣的，可以对该行政机关直接负责的主管人员和其他直接责任人员予以拘留；情节严重，构成犯罪的，依法追究刑事责任。

行政机关不履行行政诉讼判决、裁定和调解书的，申请人是公民的，申请执行生效的行政判决书、行政裁定书、行政赔偿判决书和行政赔偿调解书的期限为1年，申请执行的期限从法律文书规定的履行期间最后一日起计算；法律文书中没有规定履行期限的，从该法律文书送达当事人之日起计算。逾期申请的，除有正当理由外，人民法院不予受理。

2. 申请期限

申请执行的期限为两年。申请执行时效的中止、中断，适用法律有关规定。申请执行的期限从法律文书规定的履行期间最后一日起计算；法律文书规定分期履行的，从规定的每次履行期间的最后一日起计算；法律文书中没有规定履行期限的，从该法律文书送达当事人之日起计算。逾期申请的，除有正当理由外，人民法院不予受理。

3. 执行法院

原则上由一审法院执行，第一审人民法院认为情况特殊需要由第二审人民法院执行的，可以报请第二审人民法院执行，第二审人民法院可以决定由其执行，也可以决定由第一审人民法院执行。

◆考点归纳

在行政判决、裁定以及调解书的执行中，行政机关拒不履行，法院的处理方式是法考的重点，在法院可以采取的措施中，以下三项是新法新增的内容：

(1) 在规定期限内不履行的,从期满之日起,对该行政机关负责人按日处 50 元至 100 元的罚款;

(2) 将行政机关拒绝履行的情况予以公告;

(3) 拒不履行判决、裁定、调解书,社会影响恶劣的,可以对该行政机关直接负责的主管人员和其他直接责任人员予以拘留;情节严重,构成犯罪的,依法追究刑事责任。

此外,因为行政诉讼引入了调解制度,因此执行的对象不仅包括法院的判决、裁定,还包括已经发生法律效力的调解书。

对法院已生效的判决、裁定和调解书的执行		
	公民、法人或其他组织不履行	行政机关不履行
采取措施	公民、法人或者其他组织拒绝履行判决、裁定、调解书的,行政机关或第三人可以向第一审人民法院申请强制执行,或者由行政机关依法强制执行。	(1) 对应当归还的罚款或者应当给付的款额,通知银行从该行政机关的账户内划拨; (2) 在规定期限内不履行的,从期满之日起,对该行政机关负责人按日处 50 元至 100 元的罚款; (3) 将行政机关拒绝履行的情况予以公告; (4) 向监察机关或者该行政机关的上一级行政机关提出司法建议。接受司法建议的机关,根据有关规定进行处理,并将处理情况告知人民法院; (5) 拒不履行判决、裁定、调解书,社会影响恶劣的,可以对该行政机关直接负责的主管人员和其他直接责任人员予以拘留;情节严重,构成犯罪的,依法追究刑事责任。
申请时间	(1) 申请执行的期限为两年。申请执行时效的中止、中断,适用法律有关规定。 (2) 申请执行的期限从法律文书规定的履行期间最后一日起计算;法律文书规定分期履行的,从规定的每次履行期间的最后一日起计算;法律文书中没有规定履行期限的,从该法律文书送达当事人之日起计算。 (3) 逾期申请的,除有正当理由外,人民法院不予受理。	
执行法院	原则上由一审法院执行,第一审人民法院认为情况特殊需要由第二审人民法院执行的,可以报请第二审人民法院执行,第二审人民法院可以决定由其执行,也可以决定由第一审人民法院执行。	

第十章 国家赔偿法

【复习提要】

《国家赔偿法》虽然放在行政法里面,但其中最重要的部分却并非行政赔偿,而是刑事赔偿,所占的分值也更多;另《国家赔偿法》自 1996 年制定颁布以来,2010 年、2012 年进行了两次大幅度修改,《国家赔偿法》中大幅修改的刑事赔偿的范围、国家赔偿的标准与方式、国家赔偿的程序,这些考生都需特别注意。

本章内容包括:国家赔偿的构成要件与归责原则;行政赔偿;刑事赔偿;国家赔偿的方式和标准。其中刑事赔偿的范围、赔偿义务机关的确认、赔偿的标准与方式以及赔偿程序是《国家赔偿法》考核的重点。

第一节 国家赔偿的构成要件与归责原则

一、国家赔偿的构成要件

◆重点法条

《国家赔偿法》

第二条 国家机关和国家机关工作人员行使职权,有本法规定的侵犯公民、法人和其他组织的合法权益的情形,造成损害的,受害人有依照本法取得国家赔偿的权利。

本法规定的赔偿义务机关,应当依照本法及时履行赔偿义务。

◆知识要点

国家赔偿构成要件是国家承担赔偿责任的必要条件,即国家应在什么情况下给予受害人赔偿、申请人符合哪些条件才能取得国家赔偿,审判机关根据哪些条件才能要求赔偿义务机关进行赔偿。

国家赔偿的构成要件具体而言包括主体要件、行为要件、损害后果要件、因果要件和法律要件五项,分别如下:

1. 主体要件

国家赔偿必须是因国家侵权行为所引起的赔偿责任,但是并非所有的国家机关实施的行为均能获得国家赔偿,根据《国家赔偿法》的规定,只有行使国家行政权与司法权的机关和组织所实施的行为,才可能引起国家赔偿,其中行使行政权的主体即为前文中所说的行政主体,具体包括行政机关与法律、法规授权的组织,而行使司法权的主体则包括法院、检察院以及实施刑事侦查活动的公安机关、国家安全机关、看守所以及监狱管理机关。立法机关和军事机关等都不会引起国家赔偿责任。

2. 行为要件

国家赔偿必须是因国家机关和国家机关工作人员执行职务的行为。如何理解"职务行为"是国家赔偿的关键。《国家赔偿法》将"职务行为"解析为"与行使职权有关的行为"。判断职务行为可以通过行为实施的时间、地点、名义、目的等因素来综合考虑。但基本上,对"职务性"的判断应采用**客观标准**,只要受害人有理由相信工作人员是在执行职务,或客观上足以认定其行为与执行职务有关,就是职务行为。

3. 损害后果要件

损害后果要件是指,国家机关及其工作人员的行为必须造成了公民、法人或其他组织合法权益的实际损害。损害后果包含以下几个方面:

(1) 必须是公民、法人或其他组织的合法权益受损,国家不赔偿当事人的不法权益;

(2) 必须是有实际损害后果发生,国家赔偿原则上不包含可期待利益的赔偿;

(3) 国家赔偿原则上只赔偿物质损害,对于精神损害,《国家赔偿法》虽然在原有的赔礼道歉、恢复名誉、消除影响等方式基础上增加了精神损害抚慰金的赔偿,但其适用仍然有条件限制。

4. 因果关系要件

国家侵权行为与当事人遭受的损害之间必须具有确定的因果关系。一般情况下,对国家赔偿中的因果关系判断采用的标准为充分性要件。如果有侵权行为,就会产生损害后果,那么侵权行为和损害后果之间就有因果关系;如果没有侵权行为,就一定不会发生损害后果,那么侵权行为和损害后果之间也有因果关系。

5. 法律要件

并非所有的国家侵权行为都能引起国家赔偿,我国的国家赔偿有范围限制,即便一个案件符合上述主体、行为、损害后果和因果关系要件,还要看它是否属于国家赔偿法所规定的赔偿范围。

◆经典真题

1. (2006-2-44)2005 年 4 月,县交通局执法人员甲在整顿市场秩序的执法活动中,滥用职权致使乘坐在非法营运车辆上的孕妇乙重伤,检察机关对甲提起公诉。为保障自己的合法权益,乙的下列哪种做法是正确的?(B)

A. 提起刑事附带民事诉讼,要求甲承担民事赔偿责任
B. 提起行政赔偿诉讼,要求甲所在行政机关承担国家赔偿责任
C. 提起刑事附带行政赔偿诉讼,要求甲所在行政机关承担国家赔偿责任
D. 提起刑事附带民事诉讼,要求甲及其所在的行政机关承担民事赔偿责任

2. (2007-2-89)李某租用一商店经营服装。某区公安分局公安人员驾驶警车追捕时,为躲闪其他车辆,不慎将李某服装厅的橱窗玻璃及模特衣物撞坏。事后,公安分局与李某协商赔偿不成,李某请求国家赔偿。下列哪些选项是错误的?(ABD)

A. 公安分局应作为赔偿义务机关,因为李某曾与其协商赔偿
B. 公安分局不应作为赔偿义务机关,因该公安人员行为属于与行使职权无关的个人行为
C. 公安分局不应作为赔偿义务机关,因为该公安人员的行为不是违法行使职权,应按行政补偿解决
D. 公安分局应作为赔偿义务机关,因为该公安人员的行为属于与行使职权有关的行为

二、国家赔偿的归责原则

◆**重点法条**

《**国家赔偿法**》

第三条 行政机关及其工作人员在行使行政职权时有下列侵犯人身权情形之一的,受害人有取得赔偿的权利:

(一)违法拘留或者违法采取限制公民人身自由的行政强制措施的;

(二)非法拘禁或者以其他方法非法剥夺公民人身自由的;

(三)以殴打、虐待等行为或者唆使、放纵他人以殴打、虐待等行为造成公民身体伤害或者死亡的;

(四)违法使用武器、警械造成公民身体伤害或者死亡的;

(五)造成公民身体伤害或者死亡的其他违法行为。

第四条 行政机关及其工作人员在行使行政职权时有下列侵犯财产权情形之一的,受害人有取得赔偿的权利:

(一)违法实施罚款、吊销许可证和执照、责令停产停业、没收财物等行政处罚的;

(二)违法对财产采取查封、扣押、冻结等行政强制措施的;

(三)违法征收、征用财产的;

(四)造成财产损害的其他违法行为。

第十七条 行使侦查、检察、审判职权的机关以及看守所、监狱管理机关及其工作人员在行使职权时有下列侵犯人身权情形之一的,受害人有取得赔偿的权利:

(一)违反刑事诉讼法的规定对公民采取拘留措施的,或者依照刑事诉讼法规定的条件和程序对公民采取拘留措施,但是拘留时间超过刑事诉讼法规定的时限,其后决定撤销案件、不起诉或者判决宣告无罪终止追究刑事责任的;

(二)对公民采取逮捕措施后,决定撤销案件、不起诉或者判决宣告无罪终止追究刑事责任的;

(三)依照审判监督程序再审改判无罪,原判刑罚已经执行的;

(四)刑讯逼供或者以殴打、虐待等行为或者唆使、放纵他人以殴打、虐待等行为造成公民身体伤害或者死亡的;

(五)违法使用武器、警械造成公民身体伤害或者死亡的。

第十八条 行使侦查、检察、审判职权的机关以及看守所、监狱管理机关及其工作人员在行使职权时有下列侵犯财产权情形之一的,受害人有取得赔偿的权利:

(一)违法对财产采取查封、扣押、冻结、追缴等措施的;

(二)依照审判监督程序再审改判无罪,原判罚金、没收财产已经执行的。

第三十八条 人民法院在民事诉讼、行政诉讼过程中,违法采取对妨害诉讼的强制措施、保全措施或者对判决、裁定及其他生效法律文书执行错误,造成损害的,赔偿请求人要求赔偿的程序,适用本法刑事赔偿程序的规定。

◆**知识要点**

国家赔偿的归责原则,是指国家据以承担赔偿责任的根据,是确认国家机关及其工作人员的职务行为是否构成侵权赔偿责任的根据和标准。不同于民事赔偿中的过错原则,《国家赔偿法》采取的是一种多元的规则原则,即以违法归责原则为主,结果归责原则为辅的原则。

违法归责是以国家机关及其工作人员的职务行为是否违法作为认定标准,在这一标准的作用下:

(1)只要国家机关及其工作人员的职权行为违法,其所造成的损害国家就应当承担赔偿责任,而不论国家机关工作人员是否有主观过错此外;

(2)如果国家机关及其工作人员的职权行为合法,即使造成了损害后果,其引发的也并非国家赔偿责任,而是国家补偿责任;

(3)判断国家机关及其工作人员的职务行为是否违法是以行为作出时是否符合法律的规定为基准,如果该项职务行为在作出时符合法律规定,但事后证明并不适当,国家亦不承担赔偿责任。我国的国家赔偿中,行政赔偿实行的就是违法归责,而刑事赔偿则是部分违法归责。在刑事赔偿中,典型的实行违法归责的是《国家赔偿法》第17条第(一)项、第(四)项、第(五)项规定的行为。其中最值得关注的是第(一)项,"违反刑事诉讼法的规定对公民采取拘留措施的,或者依照刑事诉讼法规定的条件和程序对公民采取拘留措施,但是拘留时间超过刑事诉讼法规定的时限,其后决定撤销案件、不起诉或者判决宣告无罪终止追究刑事责任的",这就意味着,只要刑事司法机关在采取拘留措施时符合《刑事诉讼法》的规定,即使事后证明该项拘留措施是错误的,刑事司法机关采取了撤销案件、不起诉或者判决宣告无罪终止追究刑事责任的决定,国家仍旧不承担赔偿责任。

结果归责是以国家机关及其工作人员的职务行为造成的损害后果作为认定赔偿责任的标准,换言之,不论国家机关及其工作人员的职务行为在作出时是否合法,只要造成了相应的损害后果,且事后证明是错误的,国家就应履行赔偿责任。结果归责在我国国家赔偿法中是违法归责的补充,只有法律特别规定时才实行结果归责。在刑事赔偿中,最典型的实行结果归责的是对逮捕的赔偿。《国家赔偿法》第17条第(二)项规定,"对公民采取逮捕措施后,决定撤销案件、不起诉或者判决宣告无罪终止追究刑事责任的",受害人有取得赔偿的权利。这就意味着,不论刑事司法机关在采取逮捕措施时是否符合《刑事诉讼法》规定的逮捕要件,只要给当事人造成了损害后果,国家就应承担赔偿责任。

三、国家赔偿的赔偿主体

◆**重点法条**

《国家赔偿法》

第二条 国家机关和国家机关工作人员行使职权,有本法规定的侵犯公民、法人和其他组织的合法权益的情形,造成损害的,受害人有依照本法取得国家赔偿的权利。

本法规定的赔偿义务机关,应当依照本法及时履行赔偿义务。

◆**知识要点**

我国《国家赔偿法》实行的是"国家责任,机关赔偿"的基本原则,即国家赔偿的责任主体是国家,不是国家机关,也不是国家机关中的工作人员,但具体赔偿义务是由法定的赔偿义务机关履行。

第二节　行政赔偿

一、行政赔偿的范围

◆**重点法条**

《**国家赔偿法**》

第三条　行政机关及其工作人员在行使行政职权时有下列侵犯人身权情形之一的,受害人有取得赔偿的权利：

(一) 违法拘留或者违法采取限制公民人身自由的行政强制措施的；

(二) 非法拘禁或者以其他方法非法剥夺公民人身自由的；

(三) 以殴打、虐待等行为或者唆使、放纵他人以殴打、虐待等行为造成公民身体伤害或者死亡的；

(四) 违法使用武器、警械造成公民身体伤害或者死亡的；

(五) 造成公民身体伤害或者死亡的其他违法行为。

第四条　行政机关及其工作人员在行使行政职权时有下列侵犯财产权情形之一的,受害人有取得赔偿的权利：

(一) 违法实施罚款、吊销许可证和执照、责令停产停业、没收财物等行政处罚的；

(二) 违法对财产采取查封、扣押、冻结等行政强制措施的；

(三) 违法征收、征用财产的；

(四) 造成财产损害的其他违法行为。

第五条　属于下列情形之一的,国家不承担赔偿责任：

(一) 行政机关工作人员与行使职权无关的个人行为；

(二) 因公民、法人和其他组织自己的行为致使损害发生的；

(三) 法律规定的其他情形。

◆**知识要点**

行政赔偿是国家行政机关及其工作人员在行使行政职权时,侵犯公民、法人和其他组织合法权益造成损害时所进行的赔偿。《国家赔偿法》对行政赔偿范围的规定,分为正面列举和反面排除两类。第3条和第4条分别列举了国家承担赔偿责任的行政违法案件,其中第3条为侵犯人身权的案件,而第4条为侵犯财产权的案件,第5条从反面排除了国家不承担赔偿责任的案件。综合这3条的逻辑关系,《国家赔偿法》是在表明侵犯公民人身权和财产权的行政违反行为,只要不属于第5条的排除范围,国家就应当承担赔偿责任。

1. 行政赔偿范围中的人身侵权案件

对人身权的侵害,包括对人身自由、生命权、身体健康权的侵害。《国家赔偿法》第3条第(一)项、第(二)项是关于人身自由的侵害,第(三)项、第(四)项是关于生命健康权的侵害。需要注意的是,第(一)项中的"违法拘留"是指有行政拘留权的行政机关(即公安机关)违法行使拘留权,而第(二)项中的"非法拘禁"是指没有限制公民人身自由权的行政机关非法剥夺公民的人身自由。第(三)项中的"殴打、虐待等行为"除行政机关工作人自己实施的此类行为外,还包括行政机关工作人员唆使他人,或放纵他人以此类行为造成公民身体伤害或死亡的。第(四)项中的"违法使用武器、警械"必须是行政机关的工作人员在执行职务的过程中,否则不属于国家赔偿的范围。

2. 行政赔偿范围内的财产侵权赔偿案件

财产侵权案件是指国家行政机关及其工作人员的违法行政造成了公民财产的毁损、灭失与减少。其中包括：违法实施行政处罚；违法对财产采取强制措施；违反违法征收、征用财产的；造成财产损害的其他违法行为。

3. 国家不承担行政赔偿责任的范围

具体包括：

（1）行政机关工作人员与行使职权无关的个人行为；个人行为与行使职权无关，后果只能由行政机关工作人员个人承担。区别个人行为与职权行为应采取客观标准，而并非行政机关工作人员的主观意志。只要客观上足以认定行政机关工作人员的行为与职务相关就是职务行为，而不论其是否在工作时间实施，是否在工作岗位上实施等。

（2）因公民、法人或其他组织自己的行为致使损害发生的；自己的行为造成的损失由公民、法人或其他组织自己承担，但如果是混合过错，国家不能免责，应按过错比例分担赔偿责任。

（3）法律规定的其他情形。本条中的"法律"是狭义的法律，即全国人大及其常委会制定的法律。

行政赔偿的范围		
承担赔偿责任的范围		不承担赔偿责任的范围
侵犯人身权行为	侵犯财产权行为	
（1）违法拘留或者违法采取限制公民人身自由的行政强制措施的； （2）非法拘禁或者以其他方法非法剥夺公民人身自由的； （3）以殴打、虐待等行为或者唆使、放纵他人以殴打、虐待等行为造成公民身体伤害或者死亡的； （4）违法使用武器、警械造成公民身体伤害或者死亡的； （5）造成公民身体伤害或者死亡的其他违法行为。	（1）违法实施罚款、吊销许可证和执照、责令停产停业、没收财物等行政处罚的； （2）违法对财产采取查封、扣押、冻结等行政强制措施的； （3）违法征收、征用财产的； （4）造成财产损害的其他违法行为。	（1）行政机关工作人员与行使职权无关的个人行为； （2）因公民、法人和其他组织自己的行为致使损害发生的； （3）法律规定的其他情形。

◆ 考点归纳

（1）国家赔偿中的行政赔偿范围相对简单，只要是国家行政机关及其工作人员的职权行为侵犯了公民的人身权和财产权，且不属于《国家赔偿法》第 5 条的排除范围，国家就应当承担赔偿责任。

（2）如国家行政机关及其工作人员的职权行为并未违背法律规定，但造成了相对人的权利损害，此时引发的是行政补偿责任。

二、赔偿请求权人与行政赔偿义务机关

(一) 赔偿请求权人

◆重点法条

《国家赔偿法》

第六条 受害的公民、法人或者其他组织有权要求赔偿。

受害的公民死亡,其继承人和其他有扶养关系的亲属有权要求赔偿。

受害的法人或者其他组织终止,其权利承受人有权要求赔偿。

◆知识要点

赔偿请求权人即有权要求国家赔偿的人。**在国家赔偿中,行政赔偿请求人与刑事赔偿请求人范围相同,为受害的公民、法人或其他组织。**如受害公民死亡,或是受害的法人或其他组织终止,请求权资格会发生移转。受害人死亡后,有权请求赔偿的人有:一是继承人;二是其他有抚养关系的亲属。此处的"亲属"与其他法律中规定的"近亲属"范围不同,近亲属的范围更小。

另外需要注意的是,继受赔偿请求权资格的人是以自己的名义起诉。如果受害的法人或其他组织终止,承受其权利的法人或其他组织有权要求赔偿,如果法人或其他组织被行政机关撤销,根据《行诉法解释(2018)》的规定,原企业或法人组织依旧具有行政赔偿请求权。

◆经典真题

(1997-1-77)王某是有权要求国家赔偿的受害人,在请求国家赔偿期间内王某忽然死亡。下列关于王某请求国家赔偿的权利的说法,哪些是正确的?(CD)

A. 因死亡而自然消失　　　　　　B. 转移给他的近亲属

C. 转移给他的继承人　　　　　　D. 转移给予他有抚养关系的亲属

(二) 行政赔偿义务机关

◆重点法条

《国家赔偿法》

第七条 行政机关及其工作人员行使行政职权侵犯公民、法人和其他组织的合法权益造成损害的,该行政机关为赔偿义务机关。

两个以上行政机关共同行使行政职权时侵犯公民、法人和其他组织的合法权益造成损害的,共同行使行政职权的行政机关为共同赔偿义务机关。

法律、法规授权的组织在行使授予的行政权力时侵犯公民、法人和其他组织的合法权益造成损害的,被授权的组织为赔偿义务机关。

受行政机关委托的组织或者个人在行使受委托的行政权力时侵犯公民、法人和其他组织的合法权益造成损害的,委托的行政机关为赔偿义务机关。

赔偿义务机关被撤销的,继续行使其职权的行政机关为赔偿义务机关;没有继续行使其职权的行政机关的,撤销该赔偿义务机关的行政机关为赔偿义务机关。

第八条 经复议机关复议的,最初造成侵权行为的行政机关为赔偿义务机关,但复议机关的复议决定加重损害的,复议机关对加重的部分履行赔偿义务。

◆知识要点

(1) 侵权行为机关为赔偿义务机关。行政机关及其工作人员行使行政职权侵犯公民、法人和其他组织的合法权益造成损害的,该行政机关为赔偿义务机关。所谓"自己侵权自

已赔"。

（2）共同行政赔偿义务机关。两个以上行政机关共同行使行政职权时侵犯公民、法人和其他组织的合法权益造成损害的,共同行使行政职权的行政机关为共同赔偿义务机关。共同赔偿义务机关可分为不可分之诉与可分之诉。如果诉讼请求为可分之诉,则被诉的一个或数个侵权机关为被告。如诉讼请求为不可分之诉,则法院应当依法追加其他侵权机关为被告。

（3）法律、法规授权的组织为赔偿义务机关。法律、法规授权的组织在行使授予的行政权力时侵犯公民、法人和其他组织的合法权益造成损害的,被授权的组织为赔偿义务机关。因法律、法规授权组织具有行政主体资格,因此对自己的侵权行为可以作为赔偿义务机关。

（4）委托机关为赔偿义务机关。受行政机关委托的组织或者个人在行使受委托的行政权力时侵犯公民、法人和其他组织的合法权益造成损害的,委托的行政机关为赔偿义务机关。受委托的组织或个人不具有行政主体资格,其侵权行为只能由委托他的行政机关作为赔偿义务机关。

（5）行政赔偿义务机关被撤销后,一般由继续行使其职权的行政机关为赔偿义务机关,如果没有继续行使其职权的行政机关,撤销该赔偿义务机关的行政机关为赔偿义务机关。

（6）**经行政复议后**的案件,原则上以原机关为赔偿义务机关。经复议的案件,由最初作出具体行政行为的行政机关为赔偿义务机关,但是,复议机关的复议决定加重损害的,复议机关对加重的部分履行赔偿义务。但值得注意的是,复议机关加重损害的,复议机关对加重的部分承担赔偿责任,而原机关对原有的损害承担赔偿责任,双方并不承担连带责任的共同赔偿义务机关。

◆考点归纳

（1）赔偿义务机关是实施了侵权行为,并具体履行赔偿义务的机关。国家是赔偿责任的最终承担者,但赔偿义务机关代表国家向请求人具体履行赔偿义务。如前所述,赔偿义务机关的确认与行政诉讼被告的确认、行政复议被申请人的确认一样,**遵循的依旧是"谁侵权、谁赔偿"和"谁主体,谁赔偿"的原则**。担当行政赔偿义务机关的行政组织必须是侵权主体,同时又具有行政主体资格。

（2）经过复议的案件,赔偿义务机关的确认规则与被告确认并不相同。如前文所述,复议机关改变原行为的,行政诉讼的被告就是复议机关;而经复议的案件,原则上均由最初作出具体行政行为的行政机关为赔偿义务机关,只有复议机关的复议决定加重损害的,复议机关才对加重的部分履行赔偿义务。

此外,对于经过复议的案件,如果赔偿请求人提起行政赔偿诉讼的,其被告的确认与普通行政诉讼有所不同,并不必然以复议机关为被告。如果请求人只起诉了作出原具体行政行为的机关,那么原机关为被告,但原告的诉讼请求不得超过其赔偿范围;如果请求人只起诉了复议机关,复议机关为被告,但原告的诉讼请求也不得超过其赔偿范围;如果请求人同时起诉了两个机关,则两个机关都作为被告,但法院应判决两被告分别承担各自的赔偿责任。

（3）非诉执行案件的赔偿义务机关。行政机关申请人民法院强制执行其具体行政行为,造成被执行人合法权益损害的,赔偿义务机关的确认应视侵权行为而有所区别。如果是法院及其工作人员的执行错误造成的侵权,则由法院作为赔偿义务机关;如果是作为执行依据的具体行政行为存在错误,则应以申请执行的行政机关为赔偿义务机关。

◆经典真题

1.（2006-2-88）经张某申请并缴纳了相应费用后,某县土地局和某乡政府将一土地(实为已被征用的土地)批准同意由张某建房。某县土地局和某乡政府还向张某发放了建设用地规划许可证和建设工程许可证。后市规划局认定张某建房违法,责令立即停工。张某不听,继续施工。市规划局申请法院将张某所建房屋拆除,张某要求赔偿。下列哪些说法是正确的?(BCD)

　　A. 某县土地局、某乡政府和市规划局为共同赔偿义务机关
　　B. 某县土地局和某乡政府向张某发放规划许可证和建设工程许可证的行为系超越职权的行为
　　C. 市规划局有权撤销张某的规划许可证
　　D. 对张某继续施工造成的损失,国家不承担赔偿责任

　　2. (2013-2-7)某区规划局以一公司未经批准擅自搭建地面工棚为由,限期自行拆除。该公司逾期未拆除。根据规划局的请求,区政府组织人员将违法建筑拆除,并将拆下的钢板作为建筑垃圾运走。如该公司申请国家赔偿,下列哪些说法是正确的?(BD)

　　A. 可以向区规划局提出赔偿请求
　　B. 区政府为赔偿义务机关
　　C. 申请国家赔偿之前应先申请确认运走钢板的行为违法
　　D. 应当对自己的主张提供证据

三、行政赔偿程序

◆重点法条

《国家赔偿法》

　　第九条　赔偿义务机关有本法第三条、第四条规定情形之一的,应当给予赔偿。
　　赔偿请求人要求赔偿,应当先向赔偿义务机关提出,也可以在申请行政复议或者提起行政诉讼时一并提出。
　　行政赔偿的程序一般可分为两种:一是赔偿请求权人单独提出赔偿请求的程序;二是在行政复议和行政诉讼程序中一并提出行政赔偿请求的程序。

(一) 单独提出赔偿请求的程序

◆重点法条

《国家赔偿法》

　　第十条　赔偿请求人可以向共同赔偿义务机关中的任何一个赔偿义务机关要求赔偿,该赔偿义务机关应当先予赔偿。
　　第十一条　赔偿请求人根据受到的不同损害,可以同时提出数项赔偿要求。
　　第十二条　要求赔偿应当递交申请书,申请书应当载明下列事项:
　　(一) 受害人的姓名、性别、年龄、工作单位和住所,法人或者其他组织的名称、住所和法定代表人或者主要负责人的姓名、职务;
　　(二) 具体的要求、事实根据和理由;
　　(三) 申请的年、月、日。
　　赔偿请求人书写申请书确有困难的,可以委托他人代书;也可以口头申请,由赔偿义务机关记入笔录。
　　赔偿请求人不是受害人本人的,应当说明与受害人的关系,并提供相应证明。
　　赔偿请求人当面递交申请书,赔偿义务机关应当当场出具加盖本行政机关专用印章并注明收讫日期的书面凭证。申请材料不齐全的,赔偿义务机关应当当场或者在五日内一次性

告知赔偿请求人需要补正的全部内容。

第十三条 赔偿义务机关应当自收到申请之日起两个月内,作出是否赔偿的决定。赔偿义务机关作出赔偿决定,应当充分听取赔偿请求人的意见,并可以与赔偿请求人就赔偿方式、赔偿项目和赔偿数额依照本法第四章的规定进行协商。

赔偿义务机关决定赔偿的,应当制作赔偿决定书,并自作出决定之日起十日内送达赔偿请求人。

赔偿义务机关决定不予赔偿的,应当自作出决定之日起十日内书面通知赔偿请求人,并说明不予赔偿的理由。

第十四条 赔偿义务机关在规定期限内未作出是否赔偿的决定,赔偿请求人可以自期限届满之日起三个月内,向人民法院提起诉讼。

赔偿请求人对赔偿的方式、项目、数额有异议的,或者赔偿义务机关作出不予赔偿决定的,赔偿请求人可以自赔偿义务机关作出赔偿或者不予赔偿决定之日起三个月内,向人民法院提起诉讼。

第十五条 人民法院审理行政赔偿案件,赔偿请求人和赔偿义务机关对自己提出的主张,应当提供证据。

赔偿义务机关采取行政拘留或者限制人身自由的强制措施期间,被限制人身自由的人死亡或者丧失行为能力的,赔偿义务机关的行为与被限制人身自由的人的死亡或者丧失行为能力是否存在因果关系,赔偿义务机关应当提供证据。

◆ **知识要点**

1. 单独提出赔偿请求程序的前提

单独提出赔偿请求程序的前提是侵权行为已经被确认为违法。确认为违法可能是因为该侵权行为已经经过复议或是诉讼而被复议机关或是法院变更、撤销或确认为违法;或者是因为侵权行为的作出机关本身已经变更、撤销该侵权行为或确认其违法;或者是其他与侵权机关有监督关系的机关对该行为作出的处理和确认。总之,受害人和赔偿义务机关对于侵权行为的违法性已经没有任何争议。此时需解决的仅是行政赔偿问题。

2. 赔偿请求权人提出申请

单独提出赔偿请求的程序以赔偿请求人提出申请为开端。在提出申请时如下问题需特别注意:

(1) 赔偿请求权人可以向共同赔偿义务机关中的任何一个赔偿义务机关要求赔偿,该赔偿义务机关应当先予赔偿。

(2) 赔偿请求人根据受到的不同损害,可以同时提出数项赔偿要求。

(3) 应当递交申请书,申请书应当载明受害人的基本信息、赔偿请求、事实根据和理由;赔偿请求人书写申请书确有困难的,可以委托他人代书;也可以口头申请,由赔偿义务机关记入笔录。

(4) 赔偿请求人不是受害人本人的,应当说明与受害人的关系,并提供相应证明。

3. 赔偿义务机关的先行处理

(1) 收讫凭证:赔偿请求人当面递交申请书的,赔偿义务机关应当当场出具加盖本行政机关专用印章并注明收讫日期的书面凭证。申请材料不齐全的,赔偿义务机关应当当场或者在5日内一次性告知赔偿请求人需要补正的全部内容。

(2) 处理期限:赔偿义务机关应当自收到申请之日起两个月内,作出是否赔偿的决定;

(3) 处理过程:赔偿义务机关作出赔偿决定,应当充分听取赔偿请求人的意见,并可以与赔偿请求人就赔偿方式、赔偿项目和赔偿数额依照《国家赔偿法》第四章的规定进行协商;

(4) 赔偿决定:赔偿义务机关决定赔偿的,应当制作赔偿决定书,并自作出决定之日起10日内送达赔偿请求人。赔偿义务机关决定不予赔偿的,应当自作出决定之日起10日内书面通知赔偿请求人,并说明不予赔偿的理由。

4. 行政赔偿诉讼

(1) 赔偿诉讼的提出。赔偿义务机关在规定期限内未作出是否赔偿的决定,赔偿请求人可以自期限届满之日起3个月内,向人民法院提起诉讼。赔偿请求人对赔偿的方式、项目、数额有异议的,或者赔偿义务机关作出不予赔偿决定的,赔偿请求人可以自赔偿义务机关作出赔偿或者不予赔偿决定之日起3个月内,向人民法院提起诉讼。

(2) 赔偿诉讼的举证责任。举证原则:人民法院审理行政赔偿案件,赔偿请求人和赔偿义务机关对自己提出的主张,应当提供证据。这就表明行政赔偿诉讼的举证原则与行政诉讼并不相同,并非赔偿义务机关承担全部的举证责任,而是"谁主张谁举证"。有如下情况的例外:赔偿义务机关采取行政拘留或者限制人身自由的强制措施期间,被限制人身自由的人死亡或者丧失行为能力的,赔偿义务机关的行为与被限制人身自由的人的死亡或者丧失行为能力是否存在因果关系,赔偿义务机关应当提供证据。

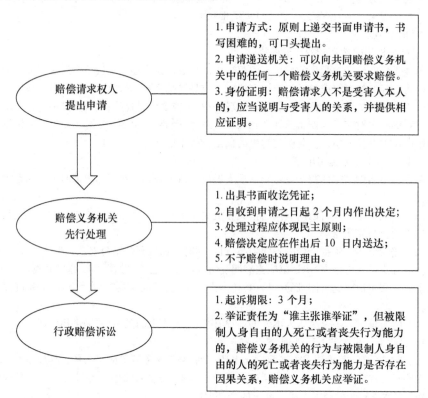

◆考点归纳

行政赔偿诉讼是一种特别的行政诉讼类型,其起诉期限、原告资格、被告确认、管辖更均与一般的行政诉讼相同,但在举证责任上则有重大差异。人民法院审理行政赔偿案件,赔偿请求人和赔偿义务机关对自己提出的主张,应当提供证据。除非是赔偿义务机关采取行政拘留或者限制人身自由的强制措施期间,被限制人身自由的人死亡或者丧失行为能力的,赔偿义务机关的行为与被限制人身自由的人的死亡或者丧失行为能力是否存在因果关系,赔偿义务机关应当提供证据。

(二)一并提出行政赔偿请求的程序

◆知识要点

所谓"一并提起"行政赔偿请求的程序是指,赔偿请求权人在对侵权行为申请行政复议或提起行政诉讼的过程中,一并要求侵权机关对该行为造成的损失进行赔偿。

(1)与先行处理程序不同,在一并提起的程序中,复议机关或是法院首先要确定被申请的或是被诉的行为的违法,在确认违法之后,再确定是否应给予受害人赔偿。也就是说在一并提起的程序中,处理机关要同时处理具体行政行为的合法性问题与赔偿问题。

(2)在一并提起的程序中,因为受害人是在申请行政复议或提起行政诉讼过程中,一并提出行政赔偿请求,因此具体程序应适用行政复议程序或行政诉讼程序。

(3)在行政复议程序中,申请人赔偿请求的提出可以在申请复议之后到复议决定最终作出之前;在行政诉讼程序中,原告可以在起诉之后到一审庭审结束之前提出行政赔偿的诉讼请求。

(4)无论是在行政复议过程中,还是在行政诉讼过程中,对行政赔偿部分,即是否应予赔偿、具体赔偿数额、履行期限及方式等可以适用调解。

(5)在行政诉讼中,还应结合前文中关于遗漏赔偿请求的处理方式。例如:① 原审判决遗漏行政赔偿请求,第二审人民法院经审查认为依法不应当予以赔偿的,应当判决驳回行政赔偿请求。② 原审判决遗漏行政赔偿请求,第二审人民法院经审理认为依法应当予以赔偿的,在确认被诉具体行政行为违法的同时,可以就行政赔偿问题进行调解;调解不成的,应当就行政赔偿部分发回重审。③ 当事人在第二审期间提出行政赔偿请求的,第二审人民法院可以进行调解;调解不成的,应当告知当事人另行起诉。

(三)行政追偿

◆重点法条

《国家赔偿法》

第十六条第一款 赔偿义务机关赔偿损失后,应当责令有故意或者重大过失的工作人员或者受委托的组织或者个人承担部分或者全部赔偿费用。

◆知识要点

国家追偿是指国家在向赔偿请求人支付了赔偿费用后,依法责令在国家侵权行为中具有违法情形的工作人员或具有其他违法情形的工作人员、受委托组织和个人承担全部或部分赔偿费用的制度。**国家追偿的前提是赔偿义务机关已经承担了赔偿责任,即已经向请求人支付了相关的赔偿费用。**

在行政追偿中,被追偿人必须是**有故意或者重大过失**的工作人员或者受委托的组织或者个人。赔偿义务机关可以根据被追偿人的过错程度,要求被追偿人支付部分或全部赔偿费用,但追偿额度不得超过赔偿费用。对于被追偿人,赔偿义务机关还应当依法给予行政处分,构成犯罪的应当依法追究刑事责任。

第三节 刑事赔偿

一、刑事赔偿的范围

◆**重点法条**
《国家赔偿法》
第十七条 行使侦查、检察、审判职权的机关以及看守所、监狱管理机关及其工作人员在行使职权时有下列侵犯人身权情形之一的,受害人有取得赔偿的权利:
(一)违反刑事诉讼法的规定对公民采取拘留措施的,或者依照刑事诉讼法规定的条件和程序对公民采取拘留措施,但是拘留时间超过刑事诉讼法规定的时限,其后决定撤销案件、不起诉或者判决宣告无罪终止追究刑事责任的;
(二)对公民采取逮捕措施后,决定撤销案件、不起诉或者判决宣告无罪终止追究刑事责任的;
(三)依照审判监督程序再审改判无罪,原判刑罚已经执行的;
(四)刑讯逼供或者以殴打、虐待等行为或者唆使、放纵他人以殴打、虐待等行为造成公民身体伤害或者死亡的;
(五)违法使用武器、警械造成公民身体伤害或者死亡的。

第十八条 行使侦查、检察、审判职权的机关以及看守所、监狱管理机关及其工作人员在行使职权时有下列侵犯财产权情形之一的,受害人有取得赔偿的权利:
(一)违法对财产采取查封、扣押、冻结、追缴等措施的;
(二)依照审判监督程序再审改判无罪,原判罚金、没收财产已经执行的。

第十九条 属于下列情形之一的,国家不承担赔偿责任:
(一)因公民自己故意作虚伪供述,或者伪造其他有罪证据被羁押或者被判处刑罚的;
(二)依照刑法第十七条、第十八条规定不负刑事责任的人被羁押的;
(三)依照刑事诉讼法第十五条、第一百七十三条第二款、第二百七十三条第二款、第二百七十九条规定不追究刑事责任的人被羁押的;
(四)行使侦查、检察、审判职权的机关以及看守所、监狱管理机关的工作人员与行使职权无关的个人行为;
(五)因公民自伤、自残等故意行为致使损害发生的;
(六)法律规定的其他情形。

最高人民法院《关于人民法院执行〈中华人民共和国国家赔偿法〉几个问题的解释》(1996)
一、根据《中华人民共和国国家赔偿法》(以下简称赔偿法)第十七条第(二)项、第(三)项的规定,依照刑法第十四条、第十五条规定不负刑事责任的人和依照刑事诉讼法第十五条规定不追究刑事责任的人被羁押,国家不承担赔偿责任。但是对起诉后经人民法院判处拘役、有期徒刑、无期徒刑和死刑并已执行的上列人员,有权依法取得赔偿。判决确定前被羁押的日期依法不予赔偿。
……

四、根据赔偿法第二十六条、第二十七条的规定，人民法院判处管制、有期徒刑缓刑、剥夺政治权利等刑罚的人被依法改判无罪的，国家不承担赔偿责任，但是，赔偿请求人在判决生效前被羁押的，依法有权取得赔偿。

……

◆知识要点

刑事赔偿是刑事司法机关及其工作人员违法行使刑事司法职权时造成侵权行为的国家赔偿责任。能够引起刑事赔偿的机关包括公安机关（及国家安全机关）、检察机关、法院、看守所、监狱管理机关。

与行政赔偿范围的规定相同，《国家赔偿法》正面列举和反面排除两种方式。第17条和第18条分别列举了国家承担赔偿责任的刑事违法案件，其中第17条为侵犯人身权的案件，而第18条为侵犯财产权的案件，第19条从反面排除了国家不承担赔偿责任的案件。但与行政赔偿范围不同的是，在行政赔偿中，只要是不属于国家赔偿法排除在外的不赔案件，行政机关侵害公民人身权和财产权的违法行为，无论是否属于第3条和第4条明文列举的案件，国家均要承担赔偿责任，而对于刑事案件，只有属于《国家赔偿法》明文列举的赔偿案件，国家才承担赔偿责任。即刑事赔偿范围的范围是确定的，并不包含"其他"的兜底性条款。这一点考生应格外注意。

刑事赔偿的范围具体包括：

（一）人身权侵权赔偿案件

人身权侵权案件即侵犯公民人身自由的案件和侵犯公民生命健康权的案件。

1. 违法拘留

对于拘留类案件，国家承担赔偿责任的情形仅限于以下两类：

（1）违法拘留，即违反刑事诉讼法的规定进行拘留，即公安机关在作出拘留决定时根本不具备《刑事诉讼法》规定的拘留要件而对公民进行拘留。

（2）合法拘留＋超期拘留＋事后证明无罪。依照《刑事诉讼法》规定的条件和程序对公民采取拘留措施，但是拘留时间超过《刑事诉讼法》规定的时限，其后决定撤销案件、不起诉或者判决宣告无罪终止追究刑事责任的，这类案件是指公安机关在对当事人采取拘留措施时符合《刑事诉讼法》规定的条件，但拘留时间超过《刑事诉讼法》规定的时限，其后有关机关又通过决定撤销案件、不起诉或者判决宣告无罪终止追究刑事责任的方式确认当事人无罪。

据此，如果公安机关在对当事人采取拘留措施时符合《刑事诉讼法》规定的条件，即便其后决定撤销案件、不起诉或者判决宣告无罪终止追究刑事责任的，国家也不承担赔偿责任。

2. 错误逮捕

如前文所述，对于逮捕的赔偿，《国家赔偿法》采取了完全不同于拘留的"结果归责原则"，不论刑事司法机关在采取逮捕措施时是否符合《刑事诉讼法》规定的逮捕要件，只要事后有权机关通过决定撤销案件、不起诉或者判决宣告无罪终止追究刑事责任的方式确认当事人无罪，国家就应承担赔偿责任。

3. 无罪错判有罪

对于"错判案件"，《国家赔偿法》只赔偿无罪判有罪，且刑罚已经执行的。这就意味着，如果是轻罪判重罪，即使再审改判且刑罚已经执行，国家也不承担赔偿责任。

但此处需注意的是，根据**1996年最高人民法院《关于人民法院执行〈中华人民共和国国家赔偿法〉几个问题的解释》的规定，人民法院判处管制、有期徒刑缓刑、剥夺政治权利等刑罚的人被依法改判无罪，国家不承担赔偿责任，但是，赔偿请求人在判决生效前被羁押的，依法有权取得赔偿。

4. 暴力行为造成公民人身权侵害

这类案件是指刑事司法机关通过刑讯逼供或者以殴打、虐待等行为或者唆使、放纵他人以殴打、虐待等行为造成公民身体伤害或者死亡的。

5. 违法使用武器、警械造成公民人身权侵害

（二）财产权侵权赔偿案件

（1）违法对财产采取查封、扣押、冻结、追缴等措施；

（2）依照审判监督程序再审改判无罪，原判罚金、没收财产已经执行的。

与上文相同，这里的错判也只包括"无罪判有罪"，而不包括"轻罪判重罪"。

（三）国家不承担赔偿责任的情形

（1）因受害人自己的过错导致被羁押或被判处刑罚。例如受害人故意作伪证或是伪造其他有罪证据的。

（2）不负刑事责任的人和不追究刑事责任的人被羁押的。但是1996年最高人民法院《关于人民法院执行〈中华人民共和国国家赔偿法〉几个问题的解释》中规定，对起诉后经人民法院判处拘役、有期徒刑、无期徒刑和死刑并已执行的上列人员，有权依法取得赔偿。判决确定前被羁押的日期依法不予赔偿。

（3）刑事司法机关工作人员的个人行为。与前文相同，区分"个人行为"与"职务行为"的标准是客观标准，而非工作人员的个人主观意识。

（4）公民个人的自伤、自残行为导致损害后果发生的。

（5）法律规定的其他情形。

刑事赔偿的范围		国家不赔的范围
人身权侵权案件	财产权侵权案件	（1）受害人自己的过错； （2）不负刑事责任的人和不追究刑事责任的人被羁押（但是对起诉后经人民法院判处拘役、有期徒刑、无期徒刑和死刑并已执行的上列人员，有权依法取得赔偿。判决确定前被羁押的日期依法不予赔偿）； （3）工作人员的个人行为； （4）公民个人的自伤、自残行为； （5）其他情形。
（1）违法拘留； （2）错误逮捕； （3）无罪错判有罪（如法院判处管制、有期徒刑缓刑、剥夺政治权利等刑罚的人被依法改判无罪，国家不承担赔偿责任，但是，赔偿请求人在判决生效前被羁押的，依法有权取得赔偿）； （4）暴力行为； （5）违反使用武器警械。	（1）违法对财产采取查封、扣押、冻结、追缴等措施； （2）再审改判无罪，原判罚金、没收财产已经执行的。	

◆考点归纳

（1）对于拘留类案件，国家承担赔偿责任的情形仅限于以下两种：① 违法拘留；② 合法拘留+超期拘留+事后证明无罪。据此，如果公安机关在对当事人采取拘留措施时符合刑事诉讼法规定的条件，即便其后决定撤销案件、不起诉或者判决宣告无罪终止追究刑事责任的，国

家也不承担赔偿责任。而有权机关决定撤销案件、不起诉或者判决宣告无罪终止追究刑事责任,都是确认当事人无罪的证明,当事人可直接依据这些决定要求国家赔偿。

(2) 对于逮捕的赔偿,不论刑事司法机关在采取逮捕措施时是否符合《刑事诉讼法》规定的逮捕要件,只要事后有权机关通过决定撤销案件、不起诉或者判决宣告无罪终止追究刑事责任的方式确认当事人无罪,国家就应承担赔偿责任。其中,有权机关通过决定撤销案件、不起诉或者判决宣告无罪终止追究刑事责任,都是确认错误逮捕的证明,当事人可直接依据这些决定要求国家赔偿,无须再经过确认。

(3) 无罪错判有罪的赔偿。根据**1996 年最高人民法院《关于人民法院执行〈中华人民共和国国家赔偿法〉几个问题的解释》**,人民法院判处管制、有期徒刑缓刑、剥夺政治权利等刑罚的人被依法改判无罪的,国家不承担赔偿责任,但是,赔偿请求人在判决生效前被羁押的,依法有权取得赔偿。因此,对于无罪错判有罪的当事人,国家如何赔偿分为两段:① 在判决生效之前的羁押,国家一律需要赔偿;② 而判决生效之后,国家是否赔偿要看当事人有无实质羁押,如果生效判决判处当事人拘役、有期徒刑、无期徒刑、死刑且已经执行的,国家必须赔偿,所谓"实刑赔偿",如果判处的是管制、有期徒刑缓刑、剥夺政治权利等刑罚,因为没有实质羁押,因此国家不予赔偿。

综上,无罪错判有罪的国家赔偿的范围可总结为下图:

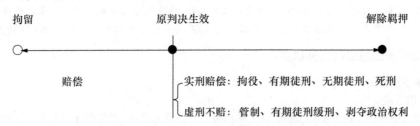

(4) 不负刑事责任的人和不追究刑事责任的人被羁押,国家原则上不承担赔偿责任。但是 1996 年最高人民法院《关于人民法院执行〈中华人民共和国国家赔偿法〉几个问题的解释》中规定,对起诉后经人民法院判处拘役、有期徒刑、无期徒刑和死刑并已执行的上列人员,有权依法取得赔偿,判决确定前被羁押的日期依法不予赔偿。也就是说不负刑事责任的人和不追究刑事责任的人被羁押,对于国家如何赔偿同样分为两段:① 在判决生效之前的羁押,国家一律不予赔偿;② 而判决生效之后,国家是否赔偿要看当事人有无实质羁押,如果生效判决判处当事人拘役、有期徒刑、无期徒刑、死刑且已经执行的,国家必须赔偿,所谓"实刑赔偿",如果判处的是管制、有期徒刑缓刑、剥夺政治权利等刑罚,因为没有实质羁押,因此国家不予赔偿。

综上,不负刑事责任和不追究刑事责任的人被羁押的国家赔偿的范围可总结为下图:

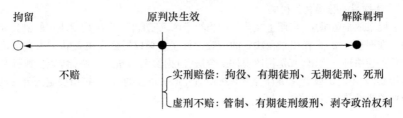

◆ **经典真题**

1. (2007-2-50)李某涉嫌盗窃被公安局刑事拘留,后检察院批准将其逮捕。法院审理时发现,李某系受人教唆,且是从犯,故判处李某有期徒刑2年,缓期3年执行。后李某以自己年龄不满16周岁为由提起上诉,二审法院因此撤销原判,改判李某无罪并解除羁押。下列哪一选项是正确的?(A)
   A. 对于李某受到的羁押损失,国家不予赔偿
   B. 对于一审有罪判决至二审无罪判决期间李某受到的羁押损失,国家应当给予赔偿
   C. 对于一审判决前李某受到的羁押损失,国家应当给予赔偿
   D. 对于检察院批准逮捕之前李某受到的羁押损失,国家应当给予赔偿

2. (2009-2-89)2006年12月5日,王某因涉嫌盗窃被某县公安局刑事拘留,同月11日被县检察院批准逮捕。2008年3月4日王某被一审法院判处有期徒刑二年,王某不服提出上诉。2008年6月5日,二审法院维持原判,判决交付执行。2009年3月2日,法院经再审以王某犯罪时不满16周岁为由撤销生效判决,改判其无罪并当庭释放。王某申请国家赔偿,下列哪些选项是错误的?(BCD)
   A. 国家应当对王某从2008年6月5日到2009年3月2日被羁押的损失承担赔偿责任
   B. 国家应当对王某从2006年12月11日到2008年3月4日被羁押的损失承担赔偿责任
   C. 国家应当对王某从2006年12月5日到2008年3月4日被羁押的损失承担赔偿责任
   D. 国家应当对王某从2008年3月4日到2009年3月2日被羁押的损失承担赔偿责任

二、刑事赔偿的赔偿义务机关

◆ **重点法条**
《国家赔偿法》
第二十一条 行使侦查、检察、审判职权的机关以及看守所、监狱管理机关及其工作人员在行使职权时侵犯公民、法人和其他组织的合法权益造成损害的,该机关为赔偿义务机关。

对公民采取拘留措施,依照本法的规定应当给予国家赔偿的,作出拘留决定的机关为赔偿义务机关。

对公民采取逮捕措施后决定撤销案件、不起诉或者判决宣告无罪的,作出逮捕决定的机关为赔偿义务机关。

再审改判无罪的,作出原生效判决的人民法院为赔偿义务机关。二审改判无罪,以及二审发回重审后作无罪处理的,作出一审有罪判决的人民法院为赔偿义务机关。

◆ **知识要点**
刑事赔偿义务机关确认的一般规则如下:

1. 违法拘留的赔偿义务机关

对公民采取拘留措施,依照上文分析应当给予国家赔偿的,作出拘留决定的机关为赔偿义务机关。在刑事诉讼中,作出拘留决定的一般为行使侦查权的公安机关和国家安全机关。如果上述机关违法进行拘留,或是拘留要件虽合法,但拘留期限超过了法律规定,其后有权机关决定撤销案件、不起诉或者判决宣告无罪终止追究刑事责任的,作出拘留决定的公安机关和国家安全机关为赔偿义务机关。

2. 错误逮捕的赔偿义务机关

对公民采取逮捕措施后决定撤销案件、不起诉或者判决宣告无罪的,作出逮捕决定的机关为赔偿义务机关。在刑事诉讼中,作出逮捕决定的一般为检察机关,在自诉案件中作出逮捕决定的是法院。上述机关在作出逮捕决定后,有权机关又通过撤销案件、不起诉或者判决宣告无罪的方式,确认当事人并不犯罪事实,此时,作出逮捕决定的检察机关或是法院对逮捕之前的羁押承担国家赔偿责任。

3. 无罪错判有罪的赔偿义务机关

(1) 再审改判无罪的,作出原生效判决的人民法院为赔偿义务机关。

再审改判无罪的可分为以下两种情形:第一,原一审法院作出有罪判决后,当事人并未上诉,检察院也未抗诉,一审判决即发生法律效力,此时再审改判无罪的,作出原一审判决的一审法院为赔偿义务机关;第二,原一审法院作出判决,当事人上诉或检察院抗诉,原二审法院维持了一审法院的有罪判决,或是改判后确认当事人有罪的,此时发生法律效力的是二审判决,当再审改判无罪的,作出二审判决的二审法院为赔偿义务机关。

(2) 二审改判无罪,以及二审发回重审后作无罪处理的,作出一审有罪判决的人民法院为赔偿义务机关。

如果一审法院在判决中确认当事人有罪,而二审法院改判无罪;或是二审法院将案件发回重审后,一审法院改判无罪,或是通过其他方式对当事人作出无罪处理的,例如一审法院退回检察院补充侦查,检察院又作出不起诉决定或是撤销案件的决定,此时的赔偿义务机关均是一审法院。

4. 刑事司法机关工作人员的职务侵权行为

除上述决定外,如果行使侦查、检察、审判职权的机关以及看守所、监狱管理机关及其工作人员在行使职权时侵犯公民、法人和其他组织的合法权益造成损害的,工作人员所在的机关为赔偿义务机关。

◆ **考点归纳**

1. 后者吸收前者的一般规则

对刑事赔偿义务机关的确定,《国家赔偿法》采取的是**"后者吸收前者"**的一般规则。换言之,刑事诉讼是一个环环相扣的过程,从刑事拘留—逮捕—起诉——审判决—二审判决—再审判决,一般情况下,如果前阶段的决定已经经过后阶段决定的确认,而后阶段的决定再未继续进行下去,后续的刑事司法机关已经停止追究当事人的刑事责任,则作出后阶段决定的刑事司法机关,要做当事人此前所有国家应当赔偿的羁押损失承担赔偿责任。具体而言:

(1) 如果公安机关在作出拘留决定后,向检察院提请逮捕,检察院作出逮捕决定后,之后又决定撤销案件、不起诉,或者检察院起诉后一审法院判决宣告无罪,而当事人未上诉,检察院也未抗诉,一审法院判决就此生效的,检察院应当对当事人此前所有国家应当赔偿的羁押损失承担赔偿责任,而作出拘留决定的公安机关不再是赔偿义务机关。

(2) 如果公安机关在作出拘留决定、检察院作出逮捕决定,之后又提起公诉,一审法院对当事人作出有罪判决,二审法院改判无罪的,一审法院为赔偿义务机关,一审法院应当对当事人此前所有国家应当赔偿的羁押损失承担赔偿责任,作出拘留决定的公安机关和作出逮捕决定的检察机关不再是赔偿义务机关。

(3) 如果公安机关在作出拘留决定、检察院作出逮捕决定,之后又提起公诉,案件经过一审、二审后,二审法院最终确定了当事人的刑事责任,而再审又改判当事人无罪的,二审法院为赔偿义务机关,二审法院应当对当事人此前所有国家应当赔偿的羁押损失承担赔偿责任,此前作出拘留决定的公安机关、作出逮捕决定的检察机关以及一审法院均不再是赔偿义务机关。

2. 二审改判无罪或发回重审后作无罪处理的

新的《国家赔偿法》规定此时作出一审有罪判决的人民法院为赔偿义务机关,这一点和旧的《国家赔偿法》规定不同,这一修改使刑事赔偿义务机关的确认完全贯彻了上文所述的"后者吸收前者"的原则。

刑事赔偿义务机关的确认	
刑事决定	赔偿义务机关
对公民采取拘留措施后停止追究刑事责任	公安机关
检察院批捕后,之后又决定撤销案件、不起诉,或者检察院起诉后一审法院判决宣告无罪	检察院
一审法院作出有罪判决,二审改判无罪或发回重审后停止追究当事人刑事责任的	一审法院
再审改判无罪的	作出原生效判决的人民法院为赔偿义务机关

◆经典真题

1.(2012-2-50)50. 县公安局以李某涉嫌盗窃为由将其刑事拘留,并经县检察院批准逮捕。县法院判处李某有期徒刑5年。李某上诉,市中级法院改判李某无罪。李某向赔偿义务机关申请国家赔偿。下列哪一说法是正确的?(D)

A. 县检察院为赔偿义务机关

B. 李某申请国家赔偿前应先申请确认刑事拘留和逮捕行为违法

C. 李某请求国家赔偿的时效自羁押行为被确认为违法之日起计算

D. 赔偿义务机关可以与李某就赔偿方式进行协商

2.(2012-2-83)83. 区公安分局以涉嫌故意伤害罪为由将方某刑事拘留,区检察院批准对方某的逮捕。区法院判处方某有期徒刑3年,方某上诉。市中级法院以事实不清为由发回区法院重审。区法院重审后,判决方某无罪。判决生效后,方某请求国家赔偿。下列哪些说法是错误的?(AB)

A. 区检察院和区法院为共同赔偿义务机关

B. 区公安分局为赔偿义务机关

C. 方某应当先向区法院提出赔偿请求

D. 如区检察院在审查起诉阶段决定撤销案件,方某请求国家赔偿的,区检察院为赔偿义务机关

3.(2014-2-100) 某县公安局以沈某涉嫌销售伪劣商品罪为由将其刑事拘留,并经县检察院批准逮捕。后检察院决定不起诉。沈某申请国家赔偿,赔偿义务机关拒绝。下列说法正确的是:(BCD)

A. 县公安局为赔偿义务机关

B. 赔偿义务机关拒绝赔偿,应当书面通知沈某

C. 国家应当给予沈某赔偿

D. 对拒绝赔偿,沈某可以向县检察院的上一级检察院申请复议

4. (2015-2-100)某县公安局以涉嫌诈骗为由将张某刑事拘留,并经县检察院批准逮捕,后县公安局以证据不足为由撤销案件,张某遂申请国家赔偿。下列说法正确的是:(C)

A. 赔偿义务机关为县公安局和县检察院

B. 张某的赔偿请求不属国家赔偿范围

C. 张某当面递交赔偿申请书,赔偿义务机关应当场出具加盖本机关专用印章并注明收讫日期的书面凭证

D. 如赔偿义务机关拒绝赔偿,张某可向法院提起赔偿诉讼

5. (2016-2-50)某县公安局于2012年5月25日以方某涉嫌合同诈骗罪将其刑事拘留,同年6月26日取保候审,8月11日检察院决定批准逮捕方某。2013年5月11日,法院以指控依据不足为由判决方某无罪,方某被释放。2014年3月2日方某申请国家赔偿。下列哪一说法是正确的?(C)

A. 县公安局为赔偿义务机关

B. 赔偿义务机关可就赔偿方式和数额与方某协商,但不得就赔偿项目进行协商

C. 方某2012年6月26日至8月11日取保候审,不属于国家赔偿范围

D. 对方某的赔偿金标准应按照2012年度国家职工日平均工资计算

6. (2017-2-50)某市公安局以朱某涉嫌盗窃罪于2013年7月25日将其刑事拘留,经市检察院批准逮捕。2015年9月11日,市中级法院判决朱某无罪,朱某被释放。2016年3月15日,朱某以无罪被羁押为由申请国家赔偿,要求支付侵犯人身自由的赔偿金,赔礼道歉,赔偿精神损害抚慰金200万元。下列哪一说法是正确的?(A)

A. 市检察院为赔偿义务机关

B. 朱某不能以口头方式提出赔偿申请

C. 限制人身自由的时间是计算精神抚慰金的唯一标准

D. 侵犯朱某人身自由的每日赔偿金应按照2014年度职工日平均工资计算

三、刑事赔偿程序

◆**重点法条**

《国家赔偿法》

第二十二条 赔偿义务机关有本法第十七条、第十八条规定情形之一的,应当给予赔偿。

赔偿请求人要求赔偿,应当先向赔偿义务机关提出。

赔偿请求人提出赔偿请求,适用本法第十一条、第十二条的规定。

第二十三条 赔偿义务机关应当自收到申请之日起两个月内,作出是否赔偿的决定。赔偿义务机关作出赔偿决定,应当充分听取赔偿请求人的意见,并可以与赔偿请求人就赔偿方式、赔偿项目和赔偿数额依照本法第四章的规定进行协商。

赔偿义务机关决定赔偿的,应当制作赔偿决定书,并自作出决定之日起十日内送达赔偿请求人。

赔偿义务机关决定不予赔偿的,应当自作出决定之日起十日内书面通知赔偿请求人,并说

明不予赔偿的理由。

第二十四条 赔偿义务机关在规定期限内未作出是否赔偿的决定,赔偿请求人可以自期限届满之日起三十日内向赔偿义务机关的上一级机关申请复议。

赔偿请求人对赔偿的方式、项目、数额有异议的,或者赔偿义务机关作出不予赔偿决定的,赔偿请求人可以自赔偿义务机关作出赔偿或者不予赔偿决定之日起三十日内,向赔偿义务机关的上一级机关申请复议。

赔偿义务机关是人民法院的,赔偿请求人可以依照本条规定向其上一级人民法院赔偿委员会申请作出赔偿决定。

第二十五条 复议机关应当自收到申请之日起两个月内作出决定。

赔偿请求人不服复议决定的,可以在收到复议决定之日起三十日内向复议机关所在地的同级人民法院赔偿委员会申请作出赔偿决定;复议机关逾期不作决定的,赔偿请求人可以自期限届满之日起三十日内向复议机关所在地的同级人民法院赔偿委员会申请作出赔偿决定。

第二十六条 人民法院赔偿委员会处理赔偿请求,赔偿请求人和赔偿义务机关对自己提出的主张,应当提供证据。

被羁押人在羁押期间死亡或者丧失行为能力的,赔偿义务机关的行为与被羁押人的死亡或者丧失行为能力是否存在因果关系,赔偿义务机关应当提供证据。

第二十七条 人民法院赔偿委员会处理赔偿请求,采取书面审查的办法。必要时,可以向有关单位和人员调查情况、收集证据。赔偿请求人与赔偿义务机关对损害事实及因果关系有争议的,赔偿委员会可以听取赔偿请求人和赔偿义务机关的陈述和申辩,并可以进行质证。

第二十八条 人民法院赔偿委员会应当自收到赔偿申请之日起三个月内作出决定;属于疑难、复杂、重大案件的,经本院院长批准,可以延长三个月。

第二十九条 中级以上的人民法院设立赔偿委员会,由人民法院三名以上审判员组成,组成人员的人数应当为单数。

赔偿委员会作赔偿决定,实行少数服从多数的原则。

赔偿委员会作出的赔偿决定,是发生法律效力的决定,必须执行。

第三十条 赔偿请求人或者赔偿义务机关对赔偿委员会作出的决定,认为确有错误的,可以向上一级人民法院赔偿委员会提出申诉。

赔偿委员会作出的赔偿决定生效后,如发现赔偿决定违反本法规定的,经本院院长决定或者上级人民法院指令,赔偿委员会应当在两个月内重新审查并依法作出决定,上一级人民法院赔偿委员会也可以直接审查并作出决定。

最高人民检察院对各级人民法院赔偿委员会作出的决定,上级人民检察院对下级人民法院赔偿委员会作出的决定,发现违反本法规定的,应当向同级人民法院赔偿委员会提出意见,同级人民法院赔偿委员会应当在两个月内重新审查并依法作出决定。

第三十一条第一款 赔偿义务机关赔偿后,应当向有下列情形之一的工作人员追偿部分或者全部赔偿费用:

(一)有本法第十七条第四项、第五项规定情形的;

(二)在处理案件中有贪污受贿,徇私舞弊,枉法裁判行为的。

最高人民法院《关于人民法院赔偿委员会审理国家赔偿案件程序的规定》

第三条 赔偿委员会收到赔偿申请,经审查认为符合申请条件的,应当在七日内立案,并通知赔偿请求人、赔偿义务机关和复议机关；认为不符合申请条件的，应当在七日内决定不予受理；立案后发现不符合申请条件的，决定驳回申请。

前款规定的期限，自赔偿委员会收到赔偿申请之日起计算。申请材料不齐全的，赔偿委员会应当在五日内一次性告知赔偿请求人需要补正的全部内容，收到赔偿申请的时间应当自赔偿委员会收到补正材料之日起计算。

第四条 赔偿委员会应当在立案之日起五日内将赔偿申请书副本或者《申请赔偿登记表》副本送达赔偿义务机关和复议机关。

第五条 赔偿请求人可以委托一至二人作为代理人。律师、提出申请的公民的近亲属、有关的社会团体或者所在单位推荐的人、经赔偿委员会许可的其他公民，都可以被委托为代理人。

赔偿义务机关、复议机关可以委托本机关工作人员一至二人作为代理人。

第九条 赔偿委员会审理赔偿案件，可以组织赔偿义务机关与赔偿请求人就赔偿方式、赔偿项目和赔偿数额依照国家赔偿法第四章的规定进行协商。

第十二条 赔偿请求人、赔偿义务机关对自己提出的主张或者反驳对方主张所依据的事实有责任提供证据加以证明。有国家赔偿法第二十六条第二款规定情形的，应当由赔偿义务机关提供证据。

没有证据或者证据不足以证明其事实主张的，由负有举证责任的一方承担不利后果。

第十三条 赔偿义务机关对其职权行为的合法性负有举证责任。

赔偿请求人可以提供证明职权行为违法的证据，但不因此免除赔偿义务机关对其职权行为合法性的举证责任。

第十九条 赔偿委员会审理赔偿案件应当按照下列情形，分别作出决定：

（一）赔偿义务机关的决定或者复议机关的复议决定认定事实清楚，适用法律正确的，依法予以维持；

（二）赔偿义务机关的决定、复议机关的复议决定认定事实清楚，但适用法律错误的，依法重新决定；

（三）赔偿义务机关的决定、复议机关的复议决定认定事实不清、证据不足的，查清事实后依法重新决定；

（四）赔偿义务机关、复议机关逾期未作决定的，查清事实后依法作出决定。

◆**知识要点**

刑事赔偿的程序按照赔偿义务机关的不同，可分为两种：

（1）公安机关、检察机关、国家安全机关、看守所和监狱管理机关为赔偿义务机关的赔偿程序；

（2）人民法院为赔偿义务机关的赔偿程序。

（一）公安机关、检察机关、国家安全机关、看守所和监狱管理机关为赔偿义务机关的赔偿程序

1. 请求权人提出申请

刑事赔偿中，赔偿请求权人要求赔偿的，应当先向赔偿义务机关提出。同行政赔偿一样，当事人提出赔偿请求应注意以下事项：

（1）赔偿请求人根据受到的不同损害，可以同时提出数项赔偿要求。

(2) 应当递交申请书,申请书应当载明受害人的基本信息、赔偿请求、事实根据和理由;赔偿请求人书写申请书确有困难的,可以委托他人代书;也可以口头申请,由赔偿义务机关记入笔录。

(3) 赔偿请求人不是受害人本人的,应当说明与受害人的关系,并提供相应证明。

2. 赔偿义务机关先行处理

刑事赔偿义务机关的先行处理程序与行政赔偿中的先行处理程序相同,同样应注意以下问题:

(1) 收讫凭证:赔偿请求人当面递交申请书的,赔偿义务机关应当当场出具加盖本行政机关专用印章并注明收讫日期的书面凭证。申请材料不齐全的,赔偿义务机关应当当场或者在5日内一次性告知赔偿请求人需要补正的全部内容。

(2) 处理期限:赔偿义务机关应当自收到申请之日起2个月内,作出是否赔偿的决定。

(3) 处理过程:赔偿义务机关作出赔偿决定,应当充分听取赔偿请求人的意见,并可以与赔偿请求人就赔偿方式、赔偿项目和赔偿数额依照《国家赔偿法》第四章的规定进行协商。

(4) 赔偿决定:赔偿义务机关决定赔偿的,应当制作赔偿决定书,并自作出决定之日起10日内送达赔偿请求人。赔偿义务机关决定不予赔偿的,应当自作出决定之日起10日内书面通知赔偿请求人,并说明不予赔偿的理由。

3. 上一级机关的复议程序

(1) 申请期限:赔偿义务机关在规定期限内未作出是否赔偿的决定,赔偿请求人可以自期限届满之日起30日内向赔偿义务机关的上一级机关申请复议;赔偿请求人对赔偿的方式、项目、数额有异议的,或者赔偿义务机关作出不予赔偿决定的,赔偿请求人可以自赔偿义务机关作出赔偿或者不予赔偿决定之日起30日内,向赔偿义务机关的上一级机关申请复议。

(2) 复议期限:复议机关应当自收到申请之日起2个月内作出决定。

4. 赔偿委员会的处理程序

(1) 申请期限:赔偿请求人不服复议决定的,可以在收到复议决定之日起30日内向复议机关所在地的同级人民法院赔偿委员会申请作出赔偿决定;复议机关逾期不作决定的,赔偿请求人可以自期间届满之日起30日内向复议机关所在地的同级人民法院赔偿委员会申请作出赔偿决定。

(2) 人民法院的赔偿委员会对于刑事赔偿问题作出最终决定。

对于赔偿委员会的处理程序,应注意的是:

第一,机构设置与组织规则。中级以上的人民法院设立赔偿委员会,由人民法院3名以上审判员组成,组成人员的人数应当为单数。

第二,受理与代理人制度。赔偿委员会收到赔偿申请,经审查认为符合申请条件的,应当在7日内立案,并通知赔偿请求人、赔偿义务机关和复议机关;认为不符合申请条件的,应当在7日内决定不予受理;立案后发现不符合申请条件的,决定驳回申请。

赔偿请求人可以委托1至2人作为代理人。律师、提出申请的公民的近亲属、有关的社会团体或者所在单位推荐的人、经赔偿委员会许可的其他公民,都可以被委托为代理人。赔偿义务机关、复议机关可以委托本机关工作人员1至2人作为代理人。

第三,书面审查与协商制度。人民法院赔偿委员会处理赔偿请求,采取**书面审查**的办法;必要时,可以向有关单位和人员调查情况、收集证据;赔偿委员会审理赔偿案件,可以组织赔偿义务机关与赔偿请求人就赔偿方式、赔偿项目和赔偿数额**进行协商**。

第四,举证责任。人民法院赔偿委员会处理赔偿请求,赔偿请求人和赔偿义务机关对自己提出的主张,应当提供证据,即人民法院赔偿委员会处理案件实行"谁主张谁举证"的一般规则,只有被羁押人在羁押期间死亡或者丧失行为能力的,赔偿义务机关的行为与被羁押人的死亡或者丧失行为能力是否存在因果关系,赔偿义务机关应当提供证据;没有证据或者证据不足以证明其事实主张的,由负有举证责任的一方承担不利后果;赔偿义务机关对其职权行为的合法性负有举证责任,赔偿请求人可以提供证明职权行为违法的证据,但不因此免除赔偿义务机关对其职权行为合法性的举证责任。

第五,赔偿决定。赔偿委员会作出的赔偿决定,是发生法律效力的决定,必须执行。作为刑事司法赔偿的最终处理机关,司法赔偿委员会所作的既非判决,也非裁定,而是按照少数服从多数的原则所作的决定,该赔偿决定是生效决定,必须予以执行;赔偿请求人或者赔偿义务机关对赔偿委员会作出的决定,认为确有错误的,只可以向上一级人民法院赔偿委员会提出申诉。

这种赔偿程序规则可具体归纳如下:

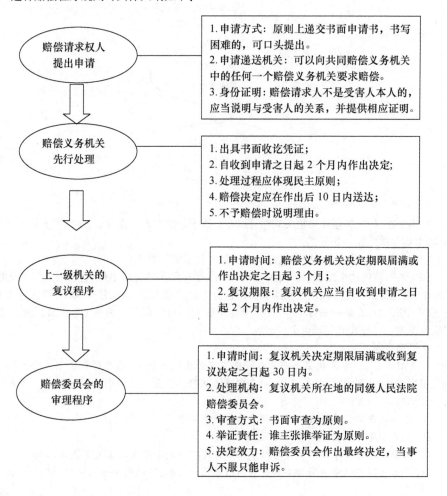

(二) 人民法院为赔偿义务机关的程序

相比公安机关、检察机关、安全机关和监狱管理机关为赔偿义务机关的赔偿程序，法院作为赔偿义务机关的赔偿程序省去了上级机关的复议程序。具体程序仅包含三个阶段：

(1) 申请程序。 人民法院作为赔偿义务机关，赔偿请求人同样应首先向赔偿义务机关提出赔偿要求。

(2) 赔偿委员会先行处理程序。 作为赔偿义务机关的法院应当自收到申请之日起两个月内给予赔偿，逾期不予赔偿或者赔偿请求人对赔偿决定有异议的，赔偿请求人可以自期限届满或收到决定之日起 30 日内向上一级人民法院赔偿委员会申请作出赔偿决定。

(3) 赔偿委员会最终处理程序。 接受申请的赔偿义务机关的上一级法院的赔偿委员会作出最终决定。

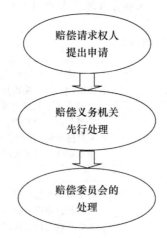

(三) 刑事追偿程序

在刑事赔偿中，赔偿义务机关同样可以在赔偿了请求权人的损失后，向有关工作人员进行追偿，追偿的适用要件如下：

(1) 刑事追偿的前提是赔偿义务机关已经履行了赔偿责任。

(2) 与行政追偿中赔偿义务机关可以向有故意或重大过失的工作人员追偿不同，在刑事赔偿中，被追偿人的范围仅限于实施暴力伤害行为的工作人员，违法使用武器、警械造成他人伤害的工作人员，在处理案件中有贪污受贿、徇私舞弊、枉法裁判行为的工作人员。因此，刑事追偿的范围相比行政追偿要更小。

◆经典真题

1. (2011-2-45) 李某被县公安局以涉嫌盗窃为由刑事拘留，后被释放。李某向县公安局申请国家赔偿，遭到拒绝，经复议后，向市中级法院赔偿委员会申请作出赔偿决定。下列哪一说法是正确的？（A）

A. 李某应向赔偿委员会递交赔偿申请书一式 4 份

B. 县公安局可以委托律师作为代理人

C. 县公安局应对李某的损失与刑事拘留行为之间是否存在因果关系提供证据

D. 李某不服中级法院赔偿委员会作出的赔偿决定的，可以向上一级法院赔偿委员会申请

复议一次

2. (2013-2-99)甲市某县公安局以李某涉嫌盗窃罪为由将其刑事拘留,经县检察院批准逮捕,县法院判处李某有期徒刑6年,李某上诉,甲市中级法院改判无罪。李某被释放后申请国家赔偿,赔偿义务机关拒绝赔偿,李某向甲市中级法院赔偿委员会申请作出赔偿决定。下列选项正确的是:(AD)

  A. 赔偿义务机关拒绝赔偿的,应书面通知李某并说明不予赔偿的理由
  B. 李某向甲市中级法院赔偿委员会申请作出赔偿决定前,应当先向甲市检察院申请复议
  C. 对李某申请赔偿案件,甲市中级法院赔偿委员会可指定一名审判员审理和作出决定
  D. 如甲市中级法院赔偿委员会作出赔偿决定,赔偿义务机关认为确有错误的,可以向该省高级法院赔偿委员会提出申诉

四、民事、行政案件赔偿

◆**重点法条**
《国家赔偿法》
  第三十八条 人民法院在民事诉讼、行政诉讼过程中,违法采取对妨害诉讼的强制措施、保全措施或者对判决、裁定及其他生效法律文书执行错误,造成损害的,赔偿请求人要求赔偿的程序,适用本法刑事赔偿程序的规定。

最高人民法院《关于审理民事、行政诉讼中司法赔偿案件适用法律若干问题的解释》
  第一条 人民法院在民事、行政诉讼过程中,违法采取对妨害诉讼的强制措施、保全措施、先予执行措施,或者对判决、裁定及其他生效法律文书执行错误,侵犯公民、法人和其他组织合法权益并造成损害的,赔偿请求人可以依法向人民法院申请赔偿。
  第二条 违法采取对妨害诉讼的强制措施,包括以下情形:
  (一) 对没有实施妨害诉讼行为的人采取罚款或者拘留措施的;
  (二) 超过法律规定金额采取罚款措施的;
  (三) 超过法律规定期限采取拘留措施的;
  (四) 对同一妨害诉讼的行为重复采取罚款、拘留措施的;
  (五) 其他违法情形。
  第三条 违法采取保全措施,包括以下情形:
  (一) 依法不应当采取保全措施而采取的;
  (二) 依法不应当解除保全措施而解除,或者依法应当解除保全措施而不解除的;
  (三) 明显超出诉讼请求的范围采取保全措施的,但保全财产为不可分割物且被保全人无其他财产或者其他财产不足以担保债权实现的除外;
  (四) 在给付特定物之诉中,对与案件无关的财物采取保全措施的;
  (五) 违法保全案外人财产的;
  (六) 对查封、扣押、冻结的财产不履行监管职责,造成被保全财产毁损、灭失的;
  (七) 对季节性商品或者鲜活、易腐烂变质以及其他不宜长期保存的物品采取保全措施,未及时处理或者违法处理,造成物品毁损或者严重贬值的;
  (八) 对不动产或者船舶、航空器和机动车等特定动产采取保全措施,未依法通知有关登记机构不予办理该保全财产的变更登记,造成该保全财产所有权被转移的;

（九）违法采取行为保全措施的；
（十）其他违法情形。

第四条 违法采取先予执行措施，包括以下情形：
（一）违反法律规定的条件和范围先予执行的；
（二）超出诉讼请求的范围先予执行的；
（三）其他违法情形。

第五条 对判决、裁定及其他生效法律文书执行错误，包括以下情形：
（一）执行未生效法律文书的；
（二）超出生效法律文书确定的数额和范围执行的；
（三）对已经发现的被执行人的财产，故意拖延执行或者不执行，导致被执行财产流失的；
（四）应当恢复执行而不恢复，导致被执行财产流失的；
（五）违法执行案外人财产的；
（六）违法将案件执行款物执行给其他当事人或者案外人的；
（七）违法对抵押物、质物或者留置物采取执行措施，致使抵押权人、质权人或者留置权人的优先受偿权无法实现的；
（八）对执行中查封、扣押、冻结的财产不履行监管职责，造成财产毁损、灭失的；
（九）对季节性商品或者鲜活、易腐烂变质以及其他不宜长期保存的物品采取执行措施，未及时处理或者违法处理，造成物品毁损或者严重贬值的；
（十）对执行财产应当拍卖而未依法拍卖的，或者应当由资产评估机构评估而未依法评估，违法变卖或者以物抵债的；
（十一）其他错误情形。

第六条 人民法院工作人员在民事、行政诉讼过程中，有殴打、虐待或者唆使、放纵他人殴打、虐待等行为，以及违法使用武器、警械，造成公民身体伤害或者死亡的，适用国家赔偿法第十七条第四项、第五项的规定予以赔偿。

第七条 具有下列情形之一的，国家不承担赔偿责任：
（一）属于民事诉讼法第一百零五条、第一百零七条第二款和第二百三十三条规定情形的；
（二）申请执行人提供执行标的物错误的，但人民法院明知该标的物错误仍予以执行的除外；
（三）人民法院依法指定的保管人对查封、扣押、冻结的财产违法动用、隐匿、毁损、转移或者变卖的；
（四）人民法院工作人员与行使职权无关的个人行为；
（五）因不可抗力、正当防卫和紧急避险造成损害后果的；
（六）依法不应由国家承担赔偿责任的其他情形。

第八条 因多种原因造成公民、法人和其他组织合法权益损害的，应当根据人民法院及其工作人员行使职权的行为对损害结果的发生或者扩大所起的作用等因素，合理确定赔偿金额。

第九条 受害人对损害结果的发生或者扩大也有过错的，应当根据其过错对损害结果的发生或者扩大所起的作用等因素，依法减轻国家赔偿责任。

第十条 公民、法人和其他组织的损失，已经在民事、行政诉讼过程中获得赔偿、补偿的，对该部分损失，国家不承担赔偿责任。

第十一条 人民法院及其工作人员在民事、行政诉讼过程中，具有本解释第二条、第六条规定情形,侵犯公民人身权的,应当依照国家赔偿法第三十三条、第三十四条的规定计算赔偿金。致人精神损害的,应当依照国家赔偿法第三十五条的规定,在侵权行为影响的范围内,为受害人消除影响、恢复名誉、赔礼道歉;造成严重后果的,还应当支付相应的精神损害抚慰金。

第十二条 人民法院及其工作人员在民事、行政诉讼过程中,具有本解释第二条至第五条规定情形,侵犯公民、法人和其他组织的财产权并造成损害的,应当依照国家赔偿法第三十六条的规定承担赔偿责任。

财产不能恢复原状或者灭失的,应当按照侵权行为发生时的市场价格计算损失;市场价格无法确定或者价格不足以弥补受害人所受损失的,可以采用其他合理方式计算损失。

第十三条 人民法院及其工作人员对判决、裁定及其他生效法律文书执行错误,且对公民、法人或者其他组织的财产已经依照法定程序拍卖或者变卖的,应当给付拍卖或者变卖所得的价款。

人民法院违法拍卖,或者变卖价款明显低于财产价值的,应当依照本解释第十二条的规定支付相应的赔偿金。

第十四条 国家赔偿法第三十六条第六项规定的停产停业期间必要的经常性费用开支,是指法人、其他组织和个体工商户为维系停产停业期间运营所需的基本开支,包括留守职工工资、必须缴纳的税费、水电费、房屋场地租金、设备租金、设备折旧费等必要的经常性费用。

第十五条 国家赔偿法第三十六条第七项规定的银行同期存款利息,以作出生效赔偿决定时中国人民银行公布的一年期人民币整存整取定期存款基准利率计算,不计算复利。

应当返还的财产属于金融机构合法存款的,对存款合同存续期间的利息按照合同约定利率计算。

应当返还的财产系现金的,比照本条第一款规定支付利息。

第十六条 依照国家赔偿法第三十六条规定返还的财产系国家批准的金融机构贷款的,除贷款本金外,还应当支付该贷款借贷状态下的贷款利息。

第十七条 用益物权人、担保物权人、承租人或者其他合法占有使用财产的人,依据国家赔偿法第三十八条规定申请赔偿的,人民法院应当依照《最高人民法院关于国家赔偿案件立案工作的规定》予以审查立案。

第十八条 人民法院在民事、行政诉讼过程中,违法采取对妨害诉讼的强制措施、保全措施、先予执行措施,或者对判决、裁定及其他生效法律文书执行错误,系因上一级人民法院复议改变原裁决所致的,由该上一级人民法院作为赔偿义务机关。

第十九条 公民、法人或者其他组织依据国家赔偿法第三十八条规定申请赔偿的,应当在民事、行政诉讼程序或者执行程序终结后提出,但下列情形除外:

(一)人民法院已依法撤销对妨害诉讼的强制措施的;

(二)人民法院采取对妨害诉讼的强制措施,造成公民身体伤害或者死亡的;

(三)经诉讼程序依法确认不属于被保全人或者被执行人的财产,且无法在相关诉讼程序或者执行程序中予以补救的;

(四)人民法院生效法律文书已确认相关行为违法,且无法在相关诉讼程序或者执行程序中予以补救的;

(五)赔偿请求人有证据证明其请求与民事、行政诉讼程序或者执行程序无关的;

(六)其他情形。

赔偿请求人依据前款规定,在民事、行政诉讼程序或者执行程序终结后申请赔偿的,该诉讼程序或者执行程序期间不计入赔偿请求时效。

第二十条 人民法院赔偿委员会审理民事、行政诉讼中的司法赔偿案件,有下列情形之一的,相应期间不计入审理期限:

(一)需要向赔偿义务机关、有关人民法院或者其他国家机关调取案卷或者其他材料的;

(二)人民法院赔偿委员会委托鉴定、评估的。

第二十一条 人民法院赔偿委员会审理民事、行政诉讼中的司法赔偿案件,应当对人民法院及其工作人员行使职权的行为是否符合法律规定,赔偿请求人主张的损害事实是否存在,以及该职权行为与损害事实之间是否存在因果关系等事项一并予以审查。

◆**知识要点**

1. 民事、行政案件的赔偿范围

与刑事案件不同,对于民事、行政案件,《国家赔偿法》规定的赔偿范围有限,只适用于以下三类案件:① 人民法院在民事诉讼、行政诉讼过程中,违法采取对妨害诉讼的强制措施;② 人民法院在民事诉讼、行政诉讼过程中,违法采取的财产保全措施;③ 人民法院对判决、裁定及其他生效法律文书执行错误,造成损害的。2016年最高人民法院《关于审理民事、行政诉讼中司法赔偿案件适用法律若干问题的解释》中,又增加了"违法先予执行错误"的损害赔偿以及人身权的损害赔偿。综上,对于民事、行政案件国家的赔偿范围具体包含以下五类事项:

(1) 违法采取对妨害诉讼的强制措施:① 对没有实施妨害诉讼行为的人采取罚款或者拘留措施的;② 超过法律规定金额采取罚款措施的;③ 超过法律规定期限采取拘留措施的;④ 对同一妨害诉讼的行为重复采取罚款、拘留措施的;⑤ 其他违法情形。

(2) 违法采取保全措施:① 依法不应当采取保全措施而采取的;② 依法不应当解除保全措施而解除,或者依法应当解除保全措施而不解除的;③ 明显超出诉讼请求的范围采取保全措施的,但保全财产为不可分割物且被保全人无其他财产或者其他财产不足以担保债权实现的除外;④ 在给付特定物之诉中,对与案件无关的财物采取保全措施的;⑤ 违法保全案外人财产的;⑥ 对查封、扣押、冻结的财产不履行监管职责,造成被保全财产毁损、灭失的;⑦ 对季节性商品或者鲜活、易腐烂变质以及其他不宜长期保存的物品采取保全措施,未及时处理或者违法处理,造成物品毁损或者严重贬值的;⑧ 对不动产或者船舶、航空器和机动车等特定动产采取保全措施,未依法通知有关登记机构不予办理该保全财产的变更登记,造成该保全财产所有权被转移的;⑨ 违法采取行为保全措施的;⑩ 其他违法情形。

(3) 违法采取先予执行措施:① 违反法律规定的条件和范围先予执行的;② 超出诉讼请求的范围先予执行的;③ 其他违法情形。

(4) 对判决、裁定及其他生效法律文书执行错误,包括以下情形:① 执行未生效法律文书的;② 超出生效法律文书确定的数额和范围执行的;③ 对已经发现的被执行人的财产,故意拖延执行或者不执行,导致被执行财产流失的;④ 应当恢复执行而不恢复,导致被执行财产流失的;⑤ 违法执行案外人财产的;⑥ 违法将案件执行款物执行给其他当事人或者案外人的;⑦ 违法对抵押物、质物或者留置物采取执行措施,致使抵押权人、质权人或者留置权人的优先受偿权无法实现的;⑧ 对执行中查封、扣押、冻结的财产不履行监管职责,造成财产毁损、灭失的;⑨ 对季节性商品或者鲜活、易腐烂变质以及其他不宜长期保存的物品采取执行措施,未及时处理或者违法处理,造成物品毁损或者严重贬值的;⑩ 对执行财产应当拍卖而未依法拍卖的,或者应当由资产评估机构评估而未依法评估,违法变卖或者以物抵债的;⑪其他错误情形。

(5) 人身权的损害赔偿。人民法院工作人员在民事、行政诉讼过程中,有殴打、虐待或者唆使、放纵他人殴打、虐待等行为,以及违法使用武器、警械,造成公民身体伤害或者死亡的,适用《国家赔偿法》的规定予以赔偿。

2. 国家不承担赔偿责任的情形

以下情形属于国家不予赔偿的情形:

(1) 属于《民事诉讼法》第105条、第107条第2款和第233条规定情形的:

①《民事诉讼法》第105条,"申请(财产保全)有错误的,申请人应当赔偿被申请人因保全所遭受的损失",此时国家不承担国家赔偿责任;②《民事诉讼法》第107条第2款,"申请人败诉的,应当赔偿被申请人因先予执行遭受的财产损失",此时国家不承担赔偿责任;③《民事诉讼法》第233条,"第二百三十三条 执行完毕后,据以执行的判决、裁定和其他法律文书确有错误,被人民法院撤销的,对已被执行的财产,人民法院应当作出裁定,责令取得财产的人返还;拒不返还的,强制执行",此时国家同样不承担赔偿责任。

(2) 申请执行人提供执行标的物错误的,但人民法院明知该标的物错误仍予以执行的除外;

(3) 人民法院依法指定的保管人对查封、扣押、冻结的财产违法动用、隐匿、毁损、转移或者变卖的;

(4) 人民法院工作人员与行使职权无关的个人行为;

(5) 因不可抗力、正当防卫和紧急避险造成损害后果的。

3. 国家赔偿责任的减免

(1) 受害人对损害结果的发生或者扩大也有过错的,应当根据其过错对损害结果的发生或者扩大所起的作用等因素,依法减轻国家赔偿责任;

(2) 公民、法人和其他组织的损失,已经在民事、行政诉讼过程中获得赔偿、补偿的,对该部分损失,国家不承担赔偿责任。

4. 赔偿义务机关的确认

民事、行政案件的赔偿义务机关为作出违法妨害诉讼的强制措施决定、财产保全决定、先予执行决定或执行决定的法院,但"人民法院在民事、行政诉讼过程中,违法采取对妨害诉讼的强制措施、保全措施、先予执行措施,或者对判决、裁定及其他生效法律文书执行错误,系因上一级人民法院复议改变原裁决所致的,由该上一级人民法院作为赔偿义务机关"。

5. 民事、行政案件的赔偿程序

(1) 民事、行政案件的赔偿程序适用刑事赔偿程序,此时的赔偿义务机关为法院,因此程序包含以下三个步骤:

① **申请程序**。人民法院作为赔偿义务机关,赔偿请求人应首先向赔偿义务机关提出赔偿要求。② **赔偿委员会先行处理程序**。作为赔偿义务机关的法院应当自收到申请之日起两个月内给予赔偿,逾期不予赔偿或者赔偿请求人对赔偿决定有异议的,赔偿请求人可以自期限届满或收到决定之日起30日内向上一级人民法院赔偿委员会申请作出赔偿决定。③ **赔偿委员会最终处理程序**。接受申请的赔偿义务机关的上一级法院的赔偿委员会作出最终决定。

(2) 当事人的申请时间。赔偿请求权人申请国家赔偿的,应当在民事、行政诉讼程序或者执行程序终结后提出,但有下列情形的除外:① 人民法院已依法撤销对妨害诉讼的强制措施的;② 人民法院采取对妨害诉讼的强制措施,造成公民身体伤害或者死亡的;③ 经诉讼程序依法确认不属于被保全人或者被执行人的财产,且无法在相关诉讼程序或者执行程序中予以补救的;④ 人民法院生效法律文书已确认相关行为违法,且无法在相关诉讼程序或者执行程序中予以补救的;⑤ 赔偿请求人有证据证明其请求与民事、行政诉讼程序或者执行程序无关的。

(3) 赔偿委员会对民事、行政诉讼司法赔偿案件的审查。人民法院赔偿委员会审理民事、行政诉讼中的司法赔偿案件,应当对人民法院及其工作人员行使职权的行为是否符合法律规定,赔偿请求人主张的损害事实是否存在,以及该职权行为与损害事实之间是否存在因果关系等事项一并予以审查。

◆经典真题

(2017-2-85)关于民事、行政诉讼中的司法赔偿,下列哪些说法是正确的?(ABD)
A. 对同一妨害诉讼的行为重复采取罚款措施的,属于违法采取对妨害诉讼的强制措施
B. 执行未生效法律文书的,属于对判决、裁定及其他生效法律文书执行错误
C. 受害人对损害结果的发生或者扩大也有过错的,国家不承担赔偿责任
D. 因正当防卫造成损害后果的,国家不承担赔偿责任

第四节 国家赔偿的方式和标准

一、国家赔偿的方式

◆重点法条

《国家赔偿法》

第三十二条 国家赔偿以支付赔偿金为主要方式。
能够返还财产或者恢复原状的,予以返还财产或者恢复原状。

◆知识要点

国家赔偿的赔偿方式是以金钱赔偿为主,其他赔偿方式为辅,其他方式具体包含返还财产、恢复原状、消除影响、恢复名誉、赔礼道歉。

二、人身权损害赔偿的范围与标准

◆重点法条

《国家赔偿法》

第三十三条 侵犯公民人身自由的,每日赔偿金按照国家上年度职工日平均工资计算。
第三十四条 侵犯公民生命健康权的,赔偿金按照下列规定计算:
(一) 造成身体伤害的,应当支付医疗费、护理费,以及赔偿因误工减少的收入。减少的收入每日的赔偿金按照国家上年度职工日平均工资计算,最高额为国家上年度职工年平均工资的五倍;
(二) 造成部分或者全部丧失劳动能力的,应当支付医疗费、护理费、残疾生活辅助具费、康复费等因残疾而增加的必要支出和继续治疗所必需的费用,以及残疾赔偿金。残疾赔偿金根据丧失劳动能力的程度,按照国家规定的伤残等级确定,最高不超过国家上年度职工年平均

工资的二十倍。造成全部丧失劳动能力的,对其扶养的无劳动能力的人,还应当支付生活费;

（三）造成死亡的,应当支付死亡赔偿金、丧葬费,总额为国家上年度职工年平均工资的二十倍。对死者生前扶养的无劳动能力的人,还应当支付生活费。

前款第二项、第三项规定的生活费的发放标准,参照当地最低生活保障标准执行。被扶养的人是未成年人的,生活费给付至十八周岁止;其他无劳动能力的人,生活费给付至死亡时止。

◆知识要点

1. 人身自由损害的赔偿标准

侵犯人身自由权的行为包括行政拘留、行政强制措施、非法拘禁、刑事拘留、逮捕、人身自由刑等。侵犯公民人身自由的,每日的赔偿金按照国家上年度职工日平均工资计算。此处的"上年度"是赔偿义务机关、复议机关或人民法院赔偿委员会作出赔偿决定的上年度。如果复议机关或者人民法院赔偿委员会决定维持原赔偿决定,按照作出原赔偿决定时的上年度执行。

2. 身体健康损害的赔偿标准

（1）造成身体伤害的,应当支付医疗费、护理费,以及赔偿因误工减少的收入。减少的收入每日的赔偿金按照国家上年度职工日平均工资计算,最高额为国家上年度职工年平均工资的5倍;

（2）造成部分或者全部丧失劳动能力的,应当支付医疗费、护理费、残疾生活辅助具费、康复费等因残疾而增加的必要支出和继续治疗所必需的费用,以及残疾赔偿金。残疾赔偿金根据丧失劳动能力的程度,按照国家规定的伤残等级确定,最高不超过国家上年度职工年平均工资的20倍;

（3）造成全部丧失劳动能力的,除赔偿上述费用外,对其扶养的无劳动能力的人,还应当支付生活费。

人身权损害赔偿的范围和项目		
人身自由损害赔偿	身体健康和生命权的损害赔偿	
侵犯公民人身自由的,每日赔偿金按照国家上年度职工日平均工资计算,此处的"上年度"是赔偿义务机关、复议机关或人民法院赔偿委员会作出赔偿决定的上年度。如果复议机关或者人民法院赔偿委员会决定维持原赔偿决定,按照作出原赔偿决定使得上年度执行。	身体伤害	医疗费、护理费,以及赔偿因误工减少的收入。
	部分丧失劳动能力	医疗费、护理费、残疾生活辅助具费、康复费等因残疾而增加的必要支出和继续治疗所必需的费用,以及残疾赔偿金。
	全部丧失劳动能力	医疗费、护理费、残疾生活辅助具费、康复费等因残疾而增加的必要支出和继续治疗所必需的费用,以及残疾赔偿金;对其扶养的无劳动能力的人,还应当支付生活费。
	死亡的	死亡赔偿金、丧葬费,总额为国家上年度职工年平均工资的20倍。对死者生前扶养的无劳动能力的人,还应当支付生活费。
有人身权损害的,后果严重的,还可要求国家支付相应的**精神损害抚慰金**。		

◆经典真题

1.（2009-2-49）2001年5月李某被某县公安局刑事拘留，后某县检察院以证据不足退回该局补充侦查，2002年11月李某被取保候审。2004年，县公安局撤销案件。次年3月，李某提出国家赔偿申请。县公安局于2005年12月作出给予李某赔偿的决定书。李某以赔偿数额过低为由，于2006年先后向市公安局和市法院赔偿委员会提出复议和申请，二者均作出维持决定。对李某被限制人身自由的赔偿金，应按照下列哪个年度的国家职工日平均工资计算？（C）

  A. 2002年度 B. 2003年度 C. 2004年度 D. 2005年度

2.（2012-2-100）廖某在监狱服刑，因监狱管理人员放纵被同室服刑人员殴打，致一条腿伤残。廖某经6个月治疗，部分丧失劳动能力，申请国家赔偿。下列属于国家赔偿范围的有：（ABC）

  A. 医疗费   B. 残疾生活辅助具费
  C. 残疾赔偿金   D. 廖某扶养的无劳动能力人的生活费

3.（2017-2-50）某市公安局以朱某涉嫌盗窃罪于2013年7月25日将其刑事拘留，经市检察院批准逮捕。2015年9月11日，市中级法院判决朱某无罪，朱某被释放。2016年3月15日，朱某以无罪被羁押为由申请国家赔偿，要求支付侵犯人身自由的赔偿金，赔礼道歉，赔偿精神损害抚慰金200万元。下列哪一说法是正确的？（A）

  A. 市检察院为赔偿义务机关
  B. 朱某不能以口头方式提出赔偿申请
  C. 限制人身自由的时间是计算精神抚慰金的唯一标准
  D. 侵犯朱某人身自由的每日赔偿金应按照2014年度职工日平均工资计算

三、财产权损害赔偿的范围与标准

◆重点法条

《国家赔偿法》

第三十六条　侵犯公民、法人和其他组织的财产权造成损害的，按照下列规定处理：

（一）处罚款、罚金、追缴、没收财产或者违法征收、征用财产的，返还财产；

（二）查封、扣押、冻结财产的，解除对财产的查封、扣押、冻结，造成财产损坏或者灭失的，依照本条第三项、第四项的规定赔偿；

（三）应当返还的财产损坏的，能够恢复原状的恢复原状，不能恢复原状的，按照损害程度给付相应的赔偿金；

（四）应当返还的财产灭失的，给付相应的赔偿金；

（五）财产已经拍卖或者变卖的，给付拍卖或者变卖所得的价款；变卖的价款明显低于财产价值的，应当支付相应的赔偿金；

（六）吊销许可证和执照、责令停产停业的，赔偿停产停业期间必要的经常性费用开支；

（七）返还执行的罚款或者罚金、追缴或者没收的金钱，解除冻结的存款或者汇款的，应当支付银行同期存款利息；

（八）对财产权造成其他损害的，按照直接损失给予赔偿。

◆知识要点

国家侵权行为造成公民、法人或其他组织财产权损害的，按照以下方式赔偿：

(1) 能够返还财产的应当返还财产;能够恢复原状的恢复原状,不能恢复原状的,按照损害程度给付相应的赔偿金。

(2) 处罚款、罚金、追缴、没收财产或者违法征收、征用财产的,返还财产。

(3) 查封、扣押、冻结财产的,解除对财产的查封、扣押、冻结,造成财产损坏或者灭失的,给付相应的赔偿金。

(4) 财产已经拍卖或者变卖的,给付拍卖或者变卖所得的价款;变卖的价款明显低于财产价值的,应当支付相应的赔偿金。

(5) 吊销许可证和执照、责令停产停业的,赔偿停产停业期间必要的经常性费用开支。此处的"必要的经常性费用开支"指企业为正常存续而必须付出的费用,如水电费、租金、职工工资、机器维修费用、必须缴纳的税费等,而经营利润等可期待性利益,国家不予赔偿。

(6) 返还执行的罚款或者罚金、追缴或者没收的金钱,解除冻结的存款或者汇款的,应当支付银行同期存款利息。

(7) 对财产权造成其他损害的,按照直接损失给予赔偿。

财产权损害的赔偿范围	
处罚款、罚金、追缴、没收财产或者违法征收、征用财产的	返还财产,返还并罚款或罚金、追缴或没收的金钱时应支付银行同期存款利息
查封、扣押、冻结财产的	解除对财产的查封、扣押、冻结,造成财产损坏或者灭失的予以赔偿,解除冻结的存款或汇款的,应同时支付银行同期利息
应当返还的财产损坏的	能够恢复原状的,恢复原状;不能恢复的,给付相应赔偿金
应当返还的财产灭失的	给付相应的赔偿金
财产已经拍卖或者变卖的	给付拍卖或者变卖所得的价款;变卖的价款明显低于财产价值的,应当支付相应的赔偿金
吊销许可证和执照、责令停产停业的	赔偿停产停业期间必要的经常性费用开支(水电费、房租、税费、工人工资、机器维修费用等,但营业利润不属于赔偿范围)
对财产权造成其他损害的	按照直接损失给予赔偿

◆ 考点归纳

(1) 国家侵权行为造成公民、法人或其他组织财产权损害的,国家仅赔偿侵权行为造成的直接损失。

(2) 吊销许可证和执照、责令停产停业的,赔偿停产停业期间必要的经常性费用开支,这里的"经常性费用开支"如上文所述,并不包含营业利润。这一点经常出现在考题中,考生须特别注意。

(3) 以下两点是《国家赔偿法》部分对财产赔偿的特别修改,请考生特别注意:① 财产已经变卖的,变卖的价款明显低于财产价值的,应当支付相应的赔偿金;② 国家在返还已执行的罚款或者罚金、追缴或者没收的金钱,解除冻结的存款或者汇款的,还应当支付银行同期存款利息。

◆**经典真题**

1. (2007-2-90)县工商部门以办理营业执照存在问题为由查封了张某开办的美容店。查封时,工商人员将美容店的窗户、仪器损坏。张某向法院起诉,法院撤销了工商部门的查封决定。张某要求行政赔偿。下列哪些损失属于县工商部门应予赔偿的费用?(BC)
   A. 张某因美容店被查封损坏而生病支付的医疗费
   B. 美容店被损坏仪器及窗户所需修复费用
   C. 美容店被查封停业期间必要的经常性费用开支
   D. 张某根据前一个月利润计算的被查封停业期间的利润损失

2. (2008-2-99)张某租用农贸市场一门面从事经营。因赵某提出该门面属于他而引起争议,工商局扣缴张某的营业执照,致使张某停业2个月之久。张某在工商局返还营业执照后,提出赔偿请求。下列属于国家赔偿范围的是:(AD)
   A. 门面租赁费
   B. 食品过期不能出售造成的损失
   C. 张某无法经营的经济损失
   D. 停业期间张某依法缴纳的税费

3. (2011-2-83) 2006年9月7日,县法院以销售伪劣产品罪判处杨某有期徒刑8年,并处罚金45万元,没收其推土机一台。杨某不服上诉,12月6日,市中级法院维持原判交付执行。杨某仍不服,向省高级法院提出申诉。2010年9月9日,省高级法院宣告杨某无罪释放。2011年4月,杨某申请国家赔偿。关于本案的赔偿范围和标准,下列哪些说法是正确的?(AB)
   A. 对杨某被羁押,每日赔偿金按国家上年度职工日平均工资计算
   B. 返还45万罚金并支付银行同期存款利息
   C. 如被没收推土机已被拍卖的,应给付拍卖所得的价款及相应的赔偿金
   D. 本案不存在支付精神损害抚慰金的问题

4. (2013-2-49)某法院以杜某逾期未履行偿债判决为由,先将其房屋查封,后裁定将房屋过户以抵债。杜某认为强制执行超过申请数额而申请国家赔偿,要求赔偿房屋过户损失30万元,查封造成屋内财产毁损和丢失5 000元,误工损失2 000元,以及精神损失费1万元。下列哪一事项属于国家赔偿范围?(B)
   A. 2 000元   B. 5 000元   C. 1万元   D. 30万元

四、精神损害抚慰金

◆**重点法条**

《国家赔偿法》

第三十五条 有本法第三条或者第十七条规定情形之一,致人精神损害的,应当在侵权行为影响的范围内,为受害人消除影响,恢复名誉,赔礼道歉;**造成严重后果的,应当支付相应的精神损害抚慰金。**

◆**知识要点**

精神损害赔偿是《国家赔偿法》的一处重大修改,但其适用按照上文规定必须符合以下两个条件:

(1) 国家机关及其工作人员的职务行为造成了公民的人身权损害,即人身自由和生命健康权的损害,如果仅存在财产权损害,公民不能因此要求精神损害赔偿;

(2) 造成了严重后果。

五、赔偿金的支付

◆重点法条
《国家赔偿法》
第三十七条　赔偿费用列入各级财政预算。

赔偿请求人凭生效的判决书、复议决定书、赔偿决定书或者调解书,向赔偿义务机关申请支付赔偿金。

赔偿义务机关应当自收到支付赔偿金申请之日起七日内,依照预算管理权限向有关的财政部门提出支付申请。财政部门应当自收到支付申请之日起十五日内支付赔偿金。

赔偿费用预算与支付管理的具体办法由国务院规定。

六、国家赔偿的请求时效

◆重点法条
《国家赔偿法》
第三十九条　赔偿请求人请求国家赔偿的时效为两年,自其知道或者应当知道国家机关及其工作人员行使职权时的行为侵犯其人身权、财产权之日起计算,但被羁押等限制人身自由期间不计算在内。在申请行政复议或者提起行政诉讼时一并提出赔偿请求的,适用行政复议法、行政诉讼法有关时效的规定。

赔偿请求人在赔偿请求时效的最后六个月内,因不可抗力或者其他障碍不能行使请求权的,时效中止。从中止时效的原因消除之日起,赔偿请求时效期间继续计算。

◆知识要点
(1) 请求时效是赔偿请求人行使国家赔偿请求权的时效。

(2) 赔偿请求人请求国家赔偿的时效为2年,自其知道或者应当知道国家机关及其工作人员行使职权时的行为侵犯其人身权、财产权之日起计算,但被羁押等限制人身自由期间不计算在内。

(3) 在申请行政复议或者提起行政诉讼时一并提出赔偿请求的,适用行政复议法、行政诉讼法有关时效的规定。

(4) 赔偿请求人在赔偿请求时效的最后6个月内,因不可抗力或者其他障碍不能行使请求权的,时效中止。从中止时效的原因消除之日起,赔偿请求时效期间继续计算。